꼬리에 꼬리를 무는

암살의 역사

ASSASSINS' DEEDS:
A History of Assassination from Ancient Egypt to the Present Day
by *John Withington*

[Copyright © 2020 by John Withington]
All rights reserved.
This Korean edition was published by Book21 Publishing Group in 2022
by arrangement with Reaktion Books Ltd. through KCC(Korea Copyright Center Inc.), Seoul.

꼬리에 꼬리를 무는

암살의
역사

존 위딩턴 지음
장기현 옮김

일러두기

- 인명을 포함한 외국어 표기는 국립국어원의 외국어표기법과 용례에 따라 표기했다.
- 단행본은 《 》로, 그 외의 작품들은 〈 〉로 표기했다.
- 인용된 작품들 가운데 국내에 출간된 것은 한국어판 제목으로 표기했고, 출간되지 않은 것은 원어로 표기했다.

앤을 위해

차례

7장 | 빗나간 죽음의 그림자
살아남은 자들

프롤로그

프롤로그

모두가 잠든 깊은 밤, 한 남자가 호텔 방으로 쓱 숨어든다. 남자는 고민에 빠진다. 적에게 무기를 공급하는 무기 상인이자 암살 목표물이 눈앞의 모기장 안에서 잠들어 있다. 모기장을 들어 올려야 하나? 그럼 깰 텐데. 아니면 모기장 위로 확 찔러 버려야 하나? 깜깜한 어둠 속에서는 모기장 옆으로 삐죽 튀어나온 발을 제외하고는 목표물이 잘 보이지 않는다. 창가에서 새어 나오는 빛에 목표물이 얼핏 비친다. 갑작스러운 소음에 소스라치게 놀란다. 발각된 건가? 아니다. 거리의 차 경적 소리다. 암살을 앞둔 지금, 이 공간과 전혀 다른 세계의 소리인 듯하다.

갑자기, 이대로 붙잡혀 고문당하고 처형당할지도 모른다는 두려움이 싹 사라진다. 지금부터 중요한 것은 목표물이 반격하거나 비명을 지르기 전에 처리하는 일이다. 주머니를 만지작거린다. 오른쪽 주머니에는 면도칼이, 왼쪽에는 단도가 들어 있다. 또다시 고민스럽다. 어떤 걸 써야 할까? 면도칼이 더 안전해 보이기는 하지만 왠지 내키지 않는다. 마치 목표물이 벌떡 일어날 것 같아 두렵고, 무거운 정적이 감도는 방 안 분위기에 오싹해진다. 하지만 아무 일도 일어나지 않는다.

남자는 궁금해진다. 만약 단도로 찌르면 목표물의 피부를 쉽게 뚫을 수 있을까? 칼이 잘 들어가지 않을 수도 있나? 괜히 칼끝을 자신의 몸에 대고 눌러 본다. 목표물의 발이 더 삐져나와 이제는 자신을 건드릴 것 같다. 그 순간 발이 움직인다. 벌레 한 마리가 피부 위를 기어가는 것처럼 느껴지면서 암살자의 두려움을 더한다. 아니다, 이건 피가 흐르는 것이다! 암살자의 피다.

눈이 어둠에 익숙해지기 시작한다. 목표물인 무기상은 속옷 차림으로 가로누워 있다. 심장을 공격하기 어려운 자세다. 게다가 너무 뚱뚱해서 갈비뼈를 공략하기엔 어려워 보인다. 그러므로 치명상을 입히려면 유두를 기준으로 삼아 공격해야 할 것 같다. 단도를 만지작거리며 어느 각도가 좋을지 계산해 본다. 거친 죽음의 소리가 목표물의 목구멍에서 흘러나오는 것 같다. 그러나 이내 곧 그 소리는 코골이로 바뀐다. 순간 남자는 재빨리 몸을 움직인다. 마치 나무판을 두 동강 내 버릴 듯 모기장 위로 무기상의 몸에 단도를 내리꽂는다.

희생양이 벌떡 몸을 일으키고, 침대 스프링의 반동 때문에 그의 몸이 튀어오른다. 암살자는 사력을 다해 이 목표물을 내리누른다. 목표물의 다리가 암살자의 가슴팍 근처에서 버둥대지만 쭉 뻗었다가 굳어 버리고 만다. 암살자는 확실한 처리를 위해 한 번 더 찔러야겠다고 생각한다. 그런데 칼을 뽑을 수 있을까? 칼을 뽑기가 망설여지고, 어깨가 아파 온다. 암살자의 팔에서 흐르는 피와 목표물의 가슴에서 뿜어져 나오는 피가 뒤섞인다. 암살자의 괴로움과 목표물의 괴로움이 한데 뒤엉킨 것처럼 느껴진다. 시간이 멈추어 버린 듯 두 사람 모두 꼼작도 하지 않는다. 암살자는 지금 이 순간 방 안에서 움직이는 것이라곤 미친 듯이 뛰고 있는 자신의 심장뿐인 것 같다고 생각한다. 이쯤이면 목숨이 끊겼으리라 확신하지만, 칼은 그대로 꽂혀 있다. 팔이 떨리기 시작한다. 섬뜩함과 피의 맛에 정신이 혼미해진다. 죽은 남자의 침대 시트 옆에서 정체를 알 수 없는 뾰족한 귀를 보자 암살자의 공포감은 더욱 커진다. 야옹. 길고양이가 어쩌다 들어왔나 보다. 고양이는 발코니로 도망친다. 암살자가 그 뒤를 따라 도시 거리로 돌아간다.

10분 후, 훔치려던 중요한 문서를 가져오지 않았다는 사실을 문득 깨닫는다. 다시 들어가야 한다. 그 방으로 돌아가는 것이 꼭 감옥에 가는 기분이다. 그러나 끔찍한 짓을 저질렀는데도 바뀐 건 아무것도 없는 듯하다. 아직 죽은 자의 옷이 침대에 걸려 있다.

조금 전에 본 심야 도박장에서 흘러나오는 직사각형의 불빛만이 이 공간을 비추고 있다. 베개 밑에 문서가 있을 것 같다. 그런데 무기상을 확실히 죽인 걸까? 문서를 빼내기 전에 눈을 질끈 감는다. 문서를 손에 넣자 무기상이 죽었다는 확신이 든다. 무기상은 눈을 뜬 채로 숨을 쉬지 않는다. 이불에는 피가 묻어 있다. 열쇠를 찾아 방을 나서서 문단속을 단단히 한 후 엘리베이터를 타고 내려간다. 끔찍한 짓으로 인한 죄책감이 남지는 않았는지 거울 속 자신의 모습을 확인한다. 멀쩡하다. 조금 피곤해 보이긴 해도 달라진 것은 없다.

이 암살자는 앙드레 말로의 공쿠르상 수상작인 《인간의 조건》의 도입부에 나오는 암살자로, 1927년 상하이에서 활동하며 중국 혁명에 참여한 젊은이다. 그렇다면 실제 암살자들은 어떨까? 안타깝게도 소설가처럼 현실 세계의 암살자들의 심리를 낱낱이 알려 주는 사람은 없다. 그러나 실제 암살자가 제임스 본드처럼 자신감 넘치는 멋진 킬러인지, 혹은 말로의 소설 속 주인공처럼 초조해 하고 자기 의심이 많은 서투른 청년인지 확인할 수는 있다. 이 책에서 4000년이 넘는 암살의 역사를 다루며 실제 암살자의 모습을 파헤쳐 볼 것이기 때문이다.

말로의 소설 속 암살자는 20세기의 인물이지만, 그가 고른 무기는 4000년 전에도 존재했다. 그렇다면 지난 4000년 동안 수많은 살인 기법이 발전하는 동안 암살 행위는 얼마나 변화했을까? 그리고 살인 동기도 있다. 말로의 소설 속 인물은 정치적 대의를 위해 암살을 결심한다. 정치적 명분을 위해 암살을 하는 경우가 흔할까? 종교, 개인적 야망, 금전 및 보상, 복수, 두려움 등 다른 이유와 비교하면 어떨까? 암살자는 어떤 사람일까? 말로의 소설 속 암살자는 저항군이었다. 그렇다면 통치자나 정부는 암살 계획에 얼마나 많이 가담했을까?

말로의 소설 속 피해자는 경계 태세를 전혀 취하지 않은 것처럼 보인다. 이런 경우가 흔할까? 수 세기 동안 공격 대상이 될지도 모르는 사람들은 얼마나 조심했을까? 그리고 그들이 취한 조치는 얼마나 효과적이었을까? 암살 행위는 효과가 있을까? 말로의 소설 속 인물은 수많은 역경에 부딪히고도 결국에는 목표물을 제거하지만, 이렇게 성공적인 암살이 자주 있을까? 암살자가 발각되는 경우가 많을까, 빠져나가는 경우가 더 많을까? 장기적으로 보았을 때 이런 암살 행위가 암살자의 목표 달성에 도움을 주었을까? 암살 행위가 얼마나 자주 예기치 않은 심각한 결과를 초래했을까? 만약 암살이 정당화될 수 있다면 신학자와 철학자, 정치 이론가는 이를 어떻게 설명할까?

말로의 소설 속 젊은 암살자는 무기상을 죽인 뒤 자연스럽게 탈출하는 데 성공하고, 중국 국민당 지도자인 장제스를 암살하려 한다. 그리고 유일한 방법은 자살 폭탄 테러밖에 없다고 생각한다. 그는 장제스가 매일 다니는 경로를 알아내 폭탄을 품은 채로 기다린다. 차량이 나타나자, 그는 폭탄과 함께 몸을 던져 차량을 폭파한다. 얼마 후 정신을 차리고 보니 다리 한쪽이 떨어져 나간 채로 온몸이 피투성이가 되어 있다. 저 멀리서 경찰이 다가오는 것을 겨우 알아차리고는 주머니에서 권총을 꺼내 입에 문다. 경찰이 그를 발로 차자마자 총이 발사되고 그의 숨이 끊어진다. 하지만 장제스는 살아 있다. 테러를 대비해 똑같은 차를 여러 대 마련해 두었기 때문이다. 장제스는 폭발한 차량에 타고 있지 않았다.

이 시점에서 우리에게 필요한 것은 암살에 대한 정의다. 모든 암살은 살인이지만 그 역은 성립하지 않는다. 모든 살인이 암살인 것은 아니다. 그렇다면 암살의 요건은 무엇일까? 케임브리지 사전에서 멋지고도 간결하게 정의해 두었는데, '주로 정치적 혹은 사상적 동기를 가지고 고용되거나 전문적인 살인 청부업자에 의해 수행되는 계획된 공격'이라 정의하고 있다. 전반적으로 이 정의에 따라 무엇을 암살로 볼 것인지 정했다. 따라서 일련의 법적 절차를 거쳐 처형된 경우는 이 책에서 다루지 않았다. 인질을 살해한 경우도 제외했다. 예를 들면 런던탑의 두 왕자 사건의 경우 몇몇 의심스러운 점이 있긴 하지만, 살해되었다고 가정하더라도 암살이라고는 보지 않았다. 특정 집단이 저지른 살인 사건도 생략했다. 조폭들 간의 세력 다툼으로 인한 암흑세계의 살인도 '암살'로 보는 경우가 있지만 이 책에서는 다루지 않는다.

　　각 장의 마지막 부분에서는 그 시대에 발생한 일부 암살 사건에 대해 간략히 수치로 설명했으나 언급한 사건들만이 대표적인 사례인 것은 아니다. 암살자가 누구였는지, 동기가 무엇이었는지, 어떤 암살 방법을 활용했는지, 암살자에게 어떤 일이 일어났는지, 행위의 결과는 무엇이었는지, 성공적이었는지 등의 질문에 답할 수 있을 만큼 충분한 정보가 있는 사례만 살펴보았다. 그리고 암살자가 결과에 만족했는지 알아내려 노력했다. 물론 이 판단은 매우 주관적이고 추측에 근거할 수밖에 없다. 마지막으로 암살 시도에서 살아남은 유명 인사들에 관해 다룬 장도 있다.

1장

전쟁보다 경제적인 전략
고대의 암살 사건들

인간의 본성을 생각하면 암살은 인간이 사회를 이뤄 살기 시작한 이후로 계속해서 있었다고 가정해도 무방할 것이다. 시카고 대학교의 인류학자 로렌스 킬리 교수는 고대 사회가 얼마나 잔인한지 연구했는데 "엄청나게 야만적이다."라고 결론을 내렸다. 현재 캘리포니아 지역의 선사 시대 원주민 공동체를 발굴하면서, 킬리 교수는 당시 폭력으로 인해 잔인하게 죽은 주민의 비율이 현대 미국과 유럽 지역보다 4배나 높다는 것을 발견했다. 또한 1만 2000~1만 4000년 전 고대 이집트 공동묘지에 안장된 시체의 40퍼센트는 머리나 목에서 날카로운 돌로 인한 다발성 손상이 발견되었다.

✎ 파라오, 인류 최초의 암살 희생자

인류 역사상 암살의 첫 희생자라고 알려진 유력한 후보 중 하나는 기원전 2333년에 목숨을 잃은 이집트의 파라오 테티다. 기원전 300년경, 글도 쓰고 그림도 그렸던 고대 이집트 역사학자인 마네토는 테티가 호위병에게 살해되었다고 기록했다. 테티는 '두 땅을 평화롭게 하는 자'로 불리는데, 일부 역사학자는 그가 격동의 시기에 왕위에 올랐다고 여긴다. 테티가 이집트 제6왕조의 첫 파라오였으며 전임 파라오였던 우나스는 후사 없이 사망했다는 것에는 논란의 여지가 없다. 테티는 우나스의 딸인 이푸트를 여러 아내 중 하나로 맞이하며 파라오가 되었다. 통치하는 동안 테티가 경비를 강화하려 했다는 기록이 남아 있다. 그는 호위병과 경비병의 수를 크게 늘리고, '파라오의 모든 거처의 보안을 총괄하는 경비 총책임자'라는 보직을 신설하기도 했다.

테티는 12~23년간 통치한 것으로 추정되며 그가 암살당했다는 데 모든 역사학자가 동의하는 것도 아니다. 어쨌든 암살을 주장하는 역사학자 마네토도 사건이 일어나고 2000년이 지나서야 기록을 남겼기 때문이다. 그러나 또 다른 증거가 있다. 재상을 포함해 상당수의 고위 관료와 수석 의사, 무기 감독관의 무덤이나 기념비에서 훼손된 흔적이 발견됐다. 기념비에서 그들의 이름과 그림을 긁어 없애고 시신을 옮긴 것이다. 이는 부랑자처럼 끊임없이 구천을 떠도는 운명을 짊어지게 한다는 의미였기 때문에, 주로 다른 이들의 미움을 산 범죄자에게 가해지는 끔찍한 벌이었다. 그렇다면 이러한 행위들로 볼 때 당시 파라오를 상대로 중대한 음모가 있었다는 걸까? 테티가 부인의 혈통 덕분에 왕좌에 올랐기에 왕위 계승의 정통성이 없다는 사실 때문에 누군가가 모략을 꾸밀 용기를 낸 걸까? 대다수의 파라오가 그렇듯 테티에게도 여러 명의 부인과 자녀가 있었다. 이는 곧 친족 간의 신경전과 질투가 밥 먹듯이 일어나고 야망에 가득 찬 누군가는 왕위 찬탈을 꿈꿀 수 있었다는 뜻이다. 테티의 아들로 추정되는 우세르카레가 테티의 뒤를 이어 아주 잠깐 왕위에 올랐다. 일각에서는 이푸트가 아닌 다른 부인과의 사이에서 태어난 아들이라고 주장한다. 우세르카레는 음모의 중심에 있었을까? 아니면 테티의 편에 서서 이푸트와 테티의 아들인 페피 1세를 위해 왕위를 잠깐 맡아 주었던 것일까? 결국 페피 1세는 아버지의 왕위를 계승해 40년 이상 통치했다.

테티 외에도 비슷한 암살 미스터리를 남긴 파라오가 또 있다. 바로 테티 왕조보다 1000년 후에 통치했던 람세스 3세다. 람세스 3세는 30년간의 통치 후 기원전 1155년에 생을 마감했다. 3000년 된 파피루스 종이에 적힌 재판 기록이 오늘날까지 전해지는데, 람세스 3세를 둘러싼 음모에 30명이 넘는 대담한 범죄자들이 재판에 회부되었다고 한다. 이 음모 이전에도 람세스 3세는 재임 기간 중 눈덩이처럼 불어난 정치적, 경제적 문제로 곤경에 처했다. 일례로 통치 말기에는 알려진 것으로는 역사상 최초로 파업이 발생했다는 기록이 남아 있다. 왕족의 묘지가 모여 있던 데이르 엘 메디나 지역의 네크로폴리스에서 숙련공들이 두 달간 임금을 받지 못하자 모두 연장을 집어 던지고 파업했다고 한다. 또 다른 문제도 있었다. 람세스 3세는 시리아인을 아내로 맞이했고 이는 추후에 불화의 씨앗이 됐다. 제1왕비인 아내를 따로 지정하지 않았기 때문에 어느 아들이 왕위를 계승할지 정해지지 않은 상태였다.

룩소르 지역 근처 람세스 3세의 하부Habu 신전에서 아름다운 계곡의 축제가 열렸는데, 암살은 이 기간을 틈타 이루어졌다. 주동자는 람세스의 아내 중 한 명인 티예 여왕으로 알려져 있다. 람세스를 죽이고 장남을 몰아낸 뒤 자신의 아들인 펜타웨어를 왕좌에 앉히기 위해서였다. 왕실 집사였던 메세두레, 왕실 총괄인이었던 페베카멘을 비롯해 왕실의 모든 사람이 암살에 가담하여 기소당했다. 우연하게도, 법원 서류에 실린 이름들은 욕설을 의미하는 단어였다. 메세두레는 '태양신이 싫어하는 사람'이라는 뜻이다. 페베카멘은 왕실의 총감독관을 교묘히 설득해 사람의 사지를 훼손하거나 장애를 가져다준다고 믿었던 마법의 밀랍 인형을 공수했다. 이외에도 다른 공급책에게서 유사한 물건을 구하기도 했다. 암살 공모자들은 초자연적인 도구들이 람세스의 경비를 무력화할 것이라 믿었다. 메세두레와 페베카멘은 재무 담당관 등 하렘 관료 열 명에게서 지원을 약속받았다. 왕실 서기관 세 명과 육군 사령관도 동참했다. 궁궐 문을 지키는 장교들의 부인 여섯 명도 비밀 메시지를 전달하기 위해 영입되었으며, 하렘 밖에 있는 공모자들의 친척까지 가담했다. 하렘에 살던 비넴위스는 누비아에서 궁수 대장을 맡고 있던 오빠에게 사람들을 부추겨 파라오에 대한 반란을 일으키라는 편지를 보냈다. 그렇게 함으로써 공모자들은 람세스를 죽이는 시점에 반란이 일어나기를 바랐다.

공모자들에 대한 재판이 진행될 때쯤에 람세스는 이미 사망한 후였다. 일부 역사학자들은 법정 기록이 공모가 있었다는 점만을 보여 줄 뿐 암살이 성공했다는 증거는 아니라고 주장한다. 그런데 2012년 이탈리아 보첸 볼차노 유럽 아카데미의 미라 연구소 연구진이 컴퓨터 단층 촬영을 통해 람세스의 목에서 뾰족한 칼로 베인 것으로 추정되는 깊숙하고 넓은 자상을 발견했다. 그는 그 자리에서 목숨을 잃었을 것으로 추정되며, 서로 다른 범행 도구로 생긴 여러 유형의 상처가 추가 조사에서 발견된 점으로 보아 다수의 자객이 있었다고 볼 수 있다.

공모자들에 대한 재판 결과는 꽤 충격적이었다. 재판관 두 명과 교도관 두 명이 일부 여성 수감자와 술을 마시며 유흥을 즐겼고, 이로 인해 코와 귀를 절단하는 형벌이 내려졌다. 그중 한 명은 자살했다. 재판 기록에 따르면 몇몇 피고는 왕에 대한 적대감을 표출했다는 명목으로 기소됐다. 현재 영국의 대테러법의 오래된 전신이라고 할 수 있는 규정도 보인다. 테러가 준비되고 있다는 사실을 알고도 경찰에 보고하지 않으면 범죄인 것처럼, 하렘의 전임 감독관 여섯 명과 집사 세 명을 포함해 열 명이 선동적인 말이 오가는 걸 들었음에도 제대로 보고하지 않았다는 이유로 기소되었다. 전체적으로 30명이 넘는 사람이 형을 선고받았다. 역사학계는 이들이 사형을 선고받았을 것이라 추측한다. 법원의 승인 아래 스스로 목숨을 끊은 사람도 많았다.

펜타웨어도 자살한 사람 중 하나였을 것이다. 람세스 3세의 자상을 발견했던 연구진이 18~20세 청년으로 추정되는 시체를 분석했는데, 유전적 증거를 고려했을 때 람세스 3세의 아들이라고 추정했다. 시체는 형벌로 보이는 '불경하게 처리된' 염소 가죽과 함께 매장되어 있었다. 연구진은 펜타웨어가 목을 매달아 죽었을 것으로 추정했다. 티예 여왕의 마지막 운명은 기록에 남아 있지 않지만, 람세스 3세의 장남이 람세스 4세로 즉위했다는 사실로 미루어 보아 충분히 짐작할 수 있다.

필라델피아에 위치한 펜 박물관에 따르면 기원전 3150~3131년에 약 170명의 파라오가 있었다고 한다. 다른 기관에서는 190명 이상이라고도 한다. 물론 고대 역사인 만큼 기록이 중간에 소실되었을 수도 있지만, 전체 파라오 중 대여섯 명 정도가 암살된 것으로 추정되며 파라오 시대가 끝나 갈수록 암살이 더 자주 발생한 것으로 보인다. 기원전 90년대에 프톨레마이오스 9세는 자신의 딸인 베레니케 3세와 결혼한다. 파라오는 순수한 혈통을 유지하려 노력했기 때문에, 드문 일이기는 했지만, 아예 없는 일은 아니었다. 람세스 대왕이라 불리는 람세스 2세도 적어도 세 명의 딸과 결혼했다고 한다. 프톨레마이오스 9세와 베레니케의 결혼은 철저히 국정 운영 때문이었을 것이다. 정치가이자 연설가였던 고대 로마 학자 키케로에 의하면, 베레니케 3세는 알렉산드리아에서 엄청난 인기를 자랑했다고 한다. 프톨레마이오스 9세는 시민들의 소요가 일어나는 와중에 자신의 입지를 공고히 유지해야 했다. 기원전 80년 프톨레마이오스 9세가 사망했을 때 베레니케 3세는 살아남은 유일한 후손이었고, 왕위를 계승해 3월부터 약 5개월간 혼자 이집트를 통치했다.

이전에도 왕비가 권력을 쥔 적은 몇 차례 있었으나 인정받기는 어려웠다. 게다가 당시 이집트의 옥수수 생산에 의존하고 있던 로마인들이 이집트 왕실에 관심을 보이기 시작했다. 그래서 로마인을 베레니케의 남편으로 만들고 싶어 했다. 이집트 왕족 중 정통성 있는 남자 후손은 베레니케 3세의 사촌이었던 알렉산더가 유일했다. 알렉산더는 프톨레마이오스 10세의 아들로, 프톨레마이오스 9세와 벌였던 여러 차례의 권력 다툼으로 인해 그의 이름은 왕위 계승 명단에 올라갔다, 지워졌다를 반복했다.

당시 알렉산더는 20대 중반이었고, 로마의 입장에서는 다행스럽게도 영향력을 행사할 수 있는 인물이었다. 알렉산더는 현재의 터키 지역인 폰토스 왕국의 왕이었던 미트라다테스에게 포로로 잡혀 코스섬에서 어린 시절을 보냈다. 그는 폰토스 법원에 인질로 소환되었지만 결국 탈출에 성공해서 로마인들과 함께 피신했다. 로마는 알렉산더를 이집트로 보내 베레니케 3세와 결혼시켰고 프톨레마이오스 11세로 즉위하게 한다. 결혼 생활은 순탄치 않았다. 베레니케 3세는 알렉산더를 보좌관으로서 원했을지도 모르나 이유가 무엇이든 결혼하고 얼마 지나지 않아 알렉산더는 베레니케 3세를 죽이고 이집트의 유일한 통치자가 되었다. 그러나 이 때문에 알렉산드리아인의 공분을 샀고 그도 19일 후 사형으로 생을 마감했다.

그의 사촌인 프톨레마이오스 12세가 뒤를 이었지만, 얼마 지나지 않아 기원전 58년에 일어난 민중 봉기로 왕좌를 빼앗기고 로마로 도망쳤다. 그 후, 프톨레마이오스 12세의 딸이었던 베레니케 4세가 왕위를 물려받았다. 베레니케 4세도 남편을 살해하는데, 왕권에 대한 야망보다는 개인적으로 경멸했기 때문이었던 것으로 보인다. 두 번의 결혼이 모두 실패로 끝난 후 베레니케 4세는 별볼 일 없는 시리아의 군주 셀레우코스와 결혼했다. 나중에 알렉산드리아인들은 그를 '염장 생선 장수'라고 불렀다. 몸에서 나는 냄새 때문인지 그의 우둔함 때문인지는 알 수 없지만, 베레니케 4세는 결혼한 지 며칠이 지나지 않아 그를 목 졸라 죽였다. 하지만 기원전 55년에 로마로 도망쳤던 프톨레마이오스 12세가 왕위를 다시 빼앗기 위해 로마인 군대를 매수해서 베레니케 4세를 죽였다. 공교롭게도 당시 로마 기병대 사령관이었던 마르쿠스 안토니우스는 작전 도중에 베레니케 4세의 여동생이었던 세기의 팜프파탈 클레오파트라에게 첫눈에 반했다.

✒ 가까운 사람을 조심하라

이집트에서는 암살이 상대적으로 드물게 일어났지만, 페르시아의 아케메네스 왕조에서 왕의 절반은 암살로 목숨을 잃었다. 기원전 550~330년에 열세 명의 왕 중 일곱 명이 암살로, 다섯 명이 자연사로 생을 마감했다. 반면 정확히 알려져 있지는 않지만 키루스 대왕은 평화롭게 그의 침대에서, 혹은 전장에서 숨을 거두었다. 물론 키루스 대왕은 암살당할 위험을 많이 고려하기는 했다. 고대 그리스의 역사학자 크세노폰이 기록하기를, 키루스 대왕은 식사 자리나 술자리, 잠자리만큼 암살의 희생양이 되기에 적합한 장소는 없다는 점을 깨달았다고 한다. 그의 후계자 중 하나는 실제로 잠자리에서 목숨을 잃었다.

키루스 대왕 통치 후 반세기가 지나고 그의 손자인 크세르크세스 대왕이 즉위했다. 크세르크세스 대왕은 그리스를 정복하려는 야망으로 널리 알려졌지만, 군대의 규모가 거대했는데도 300명의 스파르타인들에게 저지당한 치욕으로도 유명하다. 크세르크세스 대왕은 자신의 손으로 세운 수도 페르세폴리스에서 끝을 맞이했다. 그의 암살에 대한 기록은 구체적인 사실 관계에서는 차이가 나지만 전반적인 줄거리는 다음과 같다. 카스피해 남쪽 연안에 위치한 히르카니아 출신인 아르타바누스는 왕실 경비 총사령관으로, 세력과 영향력이 나날이 성장했다. 권력이 커지자 아르타바누스는 크세르크세스 대왕의 자리를 빼앗으려는 야망을 느끼면서 자신의 왕조를 세워야겠다고 생각하기 시작했다. 마침내 기원전 465년 법원의 주요 요직에 일곱 명의 아들을 앉히고, 환관의 우두머리였던 아스파미트레스와 아들들과 함께 침실에서 크세르크세스 대왕을 암살했다.

일부 기록에 따르면, 아스파미트레스는 크세르크세스 대왕의 아들인 아르타크세르크세스에게 형인 왕세자 다리우스가 왕을 암살했다고 주장했고, 아르타크세르크세스는 형 다리우스를 죽였다. 또 다른 이들은 크세르크세스 대왕이 암살되기 전에 이미 아르타크세르크세스가 형 다리우스를 암살했다고 주장했다. 어느 쪽이든 아르타바누스가 실세로 남은 것은 분명했다. 일부는 아르타바누스가 스스로 왕이 되었다고 하고, 다른 이들은 아르타크세르크세스 1세가 즉위하자 왕의 뒤에서 권력을 행사했다고 주장했다. 진실이 무엇이건 간에, 몇 달 후 아르타크세르크세스 1세는 아버지의 죽음에 대한 진실을 알게 되었다. 그 시점에 아르타바누스는 정변을 준비하고 있었는데, 핵심 인물이었던 장군이 마지막에 마음을 바꾸어 아르타크세르크세스 1세는 살아남았다. 아르타바누스는 결국 왕에 의해 처형을 당했거나, 내부 분열로 동료 공모자들에게 살해당했을 것이다.

아르타크세르크세스 1세는 40년간 통치했다. 여러 후궁에게서 아들이 열일곱 명이나 태어났으나 정당성을 확보한 후계자는 한 명뿐이었고, 그 아들이 기원전 425년에 크세르크세스 2세가 되었다. 아버지와는 달리 크세르크세스 2세는 겨우 40일 동안 왕권을 유지했다. 기원전 5세기의 그리스 역사학자인 크테시아스는 아르타크세르크세스 1세의 손자였던 아르타크세르크세스 2세의 주치의이기도 했는데, 그가 기록하기를 왕위 계승 후 6주 반 정도가 되었을 때 '술에 취해 궁에 누워 있던' 크세르크세스 2세가 두 명의 자객에게 암살당했다고 한다. 이는 아르타크세르크세스 1세와 '장밋빛'이라는 이름을 지닌 바빌로니아인 어머니 알로기

네 사이에서 태어난 이복동생인 소그디아누스가 사주한 것이었다. 그로 인해 소그디아누스가 왕이 되었다. 소식을 들은 또 다른 이복형제 오쿠스는 격분했다. 당시 그는 히르카니아를 통치하고 있었는데, 소그디아누스보다 본인이 왕위에 오르는 것이 맞다고 믿었다. 자신은 아르타크세르크세스 1세와 또 다른 바빌로니아인 후궁 사이에서 태어난 아들일 뿐만 아니라, 그의 아내는 아버지의 혈통을 이어받고 바빌로니아인 어머니를 둔 이복 누이였기 때문이다. 오쿠스는 당장 어마어마한 군대를 이끌고 가서 6개월 만에 소그디아누스를 쫓아냈다. 그는 쫓겨난 소그디아누스에게 절대로 칼이나 독, 기아로 죽게 하지 않겠다고 약속했으나, 결국 이복형제를 잿더미 속에 묻어서 질식시켜 죽이고 다리우스 2세로 즉위하여 19년간 나라를 다스렸다.

체취 때문에 목숨을 잃었을지도 모르는 셀레우코스를 제외하면, 고대의 암살 동기는 자기 자신이 권력을 잡든, 후손에게 권력을 물려주기 위한 것이든, 모두 개인적인 야망 때문이었다. 따라서 키루스 대왕이 경고했듯이 가사를 담당하는 시종이나 호위병처럼 역설적이게도 암살에서 자신을 보호하는 임무를 부여받은 주변인을 늘 조심하는 게 현명했을 것이다. 그러나 이보다도 더 경계해야 했던 사람은 가장 가까이에 있는 사랑하는 사람들, 즉 배우자나 자녀, 형제자매였다. 실제로 아시리아 제국에서 정권 교체를 꾀할 때 가장 인기가 많았던 방법은 존속살해였다.

투쿨티 니누르타 1세는 그의 업적에 관한 서사시를 따로 짓게끔 주문했을 정도로 상당히 교양이 있었을 뿐 아니라 고대 아시리아 제국에서 살아남은 유일한 왕이었다. 아시리아 제국의 영토를 엄청나게 확장한 대단한 정복자이기도 해서 전리품을 보관하기 위한 웅장한 박물관을 건립하기도 했다. 바빌로니아를 정복했을 때는 사원을 포함해 도시 전체를 약탈하고 죄수는 모두 노예로 삼았다. 나아가 저항하는 이들의 시체로 산의 동굴과 골짜기를 모두 채웠다는 문구를 비석에 새기기도 했다. 바빌로니아 왕의 목을 발로 밟아 받침대로 삼았고, 그를 벌거벗겨 사슬로 묶어서 아시리아 제국의 수도를 행진하게끔 했다.

아시리아인과 바빌로니아인은 같은 신을 섬기고 같은 설형 문자를 사용했으며 한때 같은 왕국이었던 적도 있었다. 그렇기 때문에 갈등 상황에서도 아시리아 왕들은 일정한 선을 지켰다. 그러나 투쿨티 니누르타 1세의 행동을 보며 법정도 그가 과도하게 선을 넘었다고 느끼기 시작했다.

바빌로니아 연대기에 따르면, 기원전 1208년에 투쿨티 니누르타 1세의 아들과 아시리아의 귀족들이 반란을 일으켜 왕좌에서 끌어내 왕을 칼로 죽였다고 한다. 대개는 투쿨티 니누르타 1세의 아들이었던 아슈르 나딘 아플리가 암살자라고 추정한다. 직접적으로 아버지를 살해하지 않았더라도 암살에서 중요한 역할을 맡았을 것이다. 암살 사건 때문에 아시리아 제국은 내전 상태가 되었으나, 아슈르 나딘 아플리는 질서를 재건하는 과정에서 새로운 권력으로 부상했다.

기원전 681년, 니누르타의 계승자도 그의 아들인 센나케리브에게 희생당했다. 센나케리브는 아시리아인으로, 영국 시인 바이런의 유명한 시 〈센나케리브의 멸망〉에 등장하는 인물이다. 시는 센나케리브의 군대에서 발생한 알 수 없는 재앙을 다룬다. 군대는 기원전 701년 첫 팔레스타인 원정에서 여러 마을을 정복하며 대승리를 거두었고, 기원전 689년에 다시 침략했다. 그때 너무나도 기이한 일이 일어났다. 병사가 자다가 단체로 떼죽음을 당했는데 어떠한 자상도 발견되지 않았던 것이다. 성경에서는 천사가 내려와 아시리아 군인을 5000명 이상을 죽였다고 설명한다. 이렇게 많은 사람이 한꺼번에 죽은 건 콜레라 때문일까? 어쨌든 센나케리브는 미궁에 빠진 채로 군대를 퇴각시킬 수밖에 없었고 이때 실추된 명예를 결코 회복할 수 없었다.

이교도 신에게 기도를 올리던 센나케리브를 두 아들이 칼로 찔러 살해하는 장면. 1300년경 시실리에서 그린 것으로 추정하는 초소형 그림.

성경에서는 센나케리브가 니스록 신전에서 기도를 드리다가 자신의 두 아들인 아드람멜렉과 사레셀의 칼에 찔려 죽었다고 한다. 더 생생하게 묘사하자면 그는 날개 달린 황소 동상 아래로 처참히 쓰러졌다. 센나케리브는 아드람멜렉과 사레셀보다 어린 에사르하돈을 후계자로 정해 놓은 상태였다. 아마 에사르하돈의 어머니가 왕실 여성의 우두머리로 부상하며 뛰어난 권모술수를 꾸며 낸 덕분이었을 것이다. 아버지의 암살 사건이 발생하고 약 10년이 지나 에사르하돈이 쓴 비문에는 형들이 계략을 꾸며 아버지에게 자신을 모함해 떠나게 했다고 적혀 있다. 바빌로니아 연대기에 따르면, 에사르하돈이 42일간 전쟁을 벌여 두 형을 물리치고 왕권을 손에 쥐는 데 성공했고, 그 후에 아버지인 센나케리브가 살해당했다고 한다. 그러나 일부 역사학자들은 사실 센나케리브를 죽인 사람은 아버지의 신망을 잃어버릴까 봐 두려워했던 에사르하돈이었다고 믿는다.

✎ 중국의 암살자들

기원전 500년경, 처음으로 암살을 연구한 학자가 등장했다. 인류 최초의 병법서라 평가받는《손자병법》을 쓴 고대 중국의 장군 손무는 "10만 명의 군대를 이끌고 장거리 원정에 나서는 것은 엄청난 인력과 국가 자원의 낭비일 뿐."이라며 암살이야말로 뛰어난 전략이라고 극찬했다. 가능하다면 대규모 군대를 동원하기보다는 적군의 수행원, 장교의 부관, 문지기나 보초병에게 뇌물을 주는 등 뛰어난 첩자를 고용해 요주의 인물 한 명만을 제거하는 것이 낫다는 말이다. 확실히 전쟁보다 가성비가 뛰어난 방법인 건 사실이었다. 일각에서는 손무가《손자병법》의 실제 저자가 아니라고 의심하기도 하지만, 실제로 손무가 꽤나 훌륭한 장군이라는 사실은 부정할 수 없는 듯하다. 손무는 후에 오나라 왕이 되어 합려라고 불린 공자 광이 어릴 때부터 옆에서 보좌했다.

공자 광은 왕위 계승을 두고 숙부와 다툼을 벌이는 와중에 숙부인 오왕 요에게 배신당했다고 주장했다. 공자 광은 왕위를 꼭 되찾고 싶었지만 오왕 요의 경비는 늘 삼엄했다. 가는 곳마다 최정예 병사 100명을 포함한 군대를 거느렸고, 항상 세 겹으로 된 갑옷을 입고 생활했다. 기원전 515년, 공자 광의 오른팔이었던 또 다른 장군인 오자서는 오왕 요를 제거하는 데 적합한 인물을 찾았다고 보고했다. 오자서가 추천한 암살자는 전제라는 흔하디흔한 이름을 가진 사내였다. 어머니가 세상의 전부였던 전제에게 공자 광은 오왕 요를 확실히 죽이기만 하면 어머니가 여생을 여왕처럼 호화스럽게 살게 해 주겠노라고 약속했다.

그렇게 거래가 성사되었으나 전제가 암살 준비를 하는 동안 그의 어머니는 아들의 임무에 어떠한 장애물도 남기지 않겠다는 말을 남기고 목을 매달아 스스로 생을 마감했다. 충격적인 상황에도 전제는 더욱더 결심을 굳혔다. 전제는 물리력만으로는 오왕 요를 제거할 수 없을 것이라 생각하고 요리 장인이 되어 궁중 요리사로 잠입했다. 그는 연회가 열리는 날, 커다란 생선 요리를 냈다. 요리를 내놓기 직전 경비병들이 철저하게 그의 몸을 수색했지만 수상한 점은 발견하지 못했다. 오왕 요가 장인 정신이 깃든 요리의 풍미를 맡기 위해 다가가자 경비병들은 물러났고, 왕과 수행인들이 황홀해 하는 잠깐을 틈타 전제는 생선 요리를 헤집고 비수를 꺼내 눈 깜짝할 사이에 엄청난 힘으로 여러 겹의 갑옷을 뚫고 왕의 심장에 칼을 꽂았다. 수십 명의 왕실 경비가 즉시 전제를 제압해서 난도질했다. 덕분에 공자 광은 왕좌를 되찾았고 후에 오나라 왕 합려가 되었다.

비슷한 이야기가 전달되거나 각색되어 내려왔기에 기원전 2세기경 중국의 위대한 역사학자 사마천의 기록에는 암살자들의 이야기만 모은 장이 따로 있을 정도다. 사마천은 암살자의 자기희생과 명예를 강조하며 그들을 숭배한 최초의 인물이었을 것이다. 전제는 임무를 마치더라도 아무 대가도 얻을 수 없다는 걸 알았고 임무 수행 후 죽을 것이 확실했지만 결코 포기하지 않았다. 숙부를 암살한 합려는 왕권을 손에 넣은 지 얼마 지나지 않아 또 다시 자객을 찾았다. 요의 아들인 경기가 아버지의 왕위를 되찾기 위해 군대를 모으고 있다는 소식을 들었기 때문이었다. 기원전 3세기경 유향이 쓴 전국시대 이야기 모음집인 《전국책》에 합려의 반응이 잘 묘사되어 있다. 전제를 데려왔던 오자서가 적임자를 찾았다며 합려에게 추천했다. 합려는 오자서가 데려온 요리라는 이름의 남자를 처음 만났을 때 흠칫 놀랐는데, 120센티미터 정도의 키에 뼈만 앙상하고 인상이 험악한 남자가 걸어왔기 때문이었다. 그러나 오자서는 요리가 겉보기에는 볼품없어 보이지만 내면은 누구보다 단단하며 흔들림 없는 용기로 모든 고난과 역경을 극복해 내고 합려가 원하는 걸 반드시 가져다줄 것이라며 확신시켜 주었다.

합려가 품은 의구심은 요리가 자신의 한쪽 손을 절단하고 온 가족을 죽여 줄 것을 왕에게 부탁하자 눈 녹듯 사라졌다. 요리의 계획은 다음과 같았다. 합려가 요리에게 끔찍한 짓을 저질렀다는 소문을 경기에게 알리고, 요리가 경기에게 부하로 일하겠다고 제안하면, 경기는 요리가 합려에 대해 적개심을 품고 있다고 착각해 그를 즉시 데려갈 것이라는 이야기였다. 실제로 경기는 요리를 고용했다. 경기의 함대가 양쯔강을 넘어 침략을 개시하자 요리는 경기의 뒤에 서 있었다. 경기가 강풍으로 눈을 감은 틈을 타 요리는 절단하고 남은 한 손에 들고 있던 창을 경기의 등에 그대로 꽂았다. 경기는 그 순간 모든 게 끝났다는 사실을 깨달았다. 경기는 침착하게 요리의 용기를 치하했고, 자신의 몸에서 창을 빼내며 병사들에게 요리를 처형하지 말 것을 명하고 죽었다. 승리의 순간이었지만 요리는 후회했다. 소름 끼치는 배신을 세 번이나 저질렀다는 것을 깨달았기 때문이다. 그의 요구로 인해 가족들이 목숨을 잃었고, 충성을 맹세한 경기와의 약속을 어겼으며, 신체를 훼손해 그의 부모를 욕되게 만들었다. 자신이 저지른 잘못을 깨달은 요리는 거센 물살에 몸을 던졌고, 다시는 그의 모습을 볼 수 없었다.

기원전 4세기 초반에 자기희생을 고스란히 보여 주는 중국의 암살자가 또 한 명 있었다. 섭정은 사람을 죽인 후 은둔하며 백정으로 살아가고 있었다. 그러던 어느 날 옛 친구이자 정부 관료였던 엄중자가 당시 떠오르는 정치가였던 협루가 역모를 꾸미고 있는 것 같다며 왕에게 보고했다. 엄중자는 협루가 자신에게 복수할 것임을 직감하고 자신을 보호해 줄 수 있는 섭정의 행방을 수소문하여 찾아냈다. 섭정에게 협루를 암살하면 엄청난 액수의 보상금을 주겠노라고 제안하지만 섭정은 어머니를 모셔야 한다는 이유로 거절했다. 이 말을 듣고, 엄중자는 섭정의 어머니를 극진히 대했다. 얼마 지나지 않아 어머니가 돌아가신 후 섭정은 그에 대한 보답으로 엄중자를 찾아가 이제 걱정 없이 임무를 수행할 수 있다고 말했다. 섭정은 교묘한 전략과는 거리가 먼 사람이어서, 대뜸 협루의 처소에 침입해 눈에 띄는 사람은 모조리 죽였다. 섭정은 영웅으로 기억되고 싶었지만 가족에게 폐를 끼치고 싶지는 않았기에 칼로 자신의 얼굴을 알아볼 수 없을 만큼 갈기 갈기 찢은 다음 자결했다.

한나라 조정에서는 섭정의 시체를 거두어 저잣거리에 전시하고 신원을 아는 자에게 금을 포상으로 내리겠노라고 발표했다. 그러자 섭정의 누이인 섭영이 시체가 남동생의 것이라고 용감하게 알렸다. 또한 섭정이 효심 때문에 처음에는 암살 임무를 거절했지만 어머니가 돌아가신 후 엄중자에 대한 충성심으로 임무를 수행했다고 전달했다. 이야기를 하던 섭영은 갑자기 비통함을 이기지 못하고 남동생 옆에서 숨을 거두었다.

중국의 첫 여성 통치자는 암살에 능숙하긴 했지만 자기희생이나 명예와는 거리가 멀었다. 기원전 206년, 진나라 말기 귀족 출신 항우와의 내전 끝에 소작농 유방이 한나라의 초대 황제인 고조가 되었다. 그의 부인은 남편보다는 출신이 나았지만 하층민 출신이었고, 후에 무시무시한 여태후가 되었다. 그 당시 중국에서 남성은 본처 한 명을 비롯해 자신의 능력만큼 여성을 아내로 맞이할 수 있었다. 황실의 경우 태후는 한 명뿐이었는데 황제의 아들 중에서 누가 후계자로 선정되느냐에 따라 태후로 승격되었다. 필연적으로 태후의 지위는 위태로웠는데, 후계자가 새로 선정되면 태후도 새로 선정되기 때문이었다. 처음에 고조는 여태후의 아들을 후계자로 정했으나 여태후의 매력이 점점 사라지면서 당시 애정을 쏟아붓던 척부인의 아들로 후계자를 교체하는 것은 어떨지 고민에 빠졌다. 하지만 여태후가 물밑 작업을 벌여 사인土人과 궁 고문관들을 설득해 후계자 교체에 반대하게 했다.

결국 고조는 기원전 195년에 죽기 전까지 후계자 교체에 대해 별다른 말이 없었다. 고조가 승하한 후 여태후는 척부인의 아들을 독살하고 고조의 총애를 받던 다른 여인들도 죽였다. 사마천에 의하면 척부인은 팔다리가 잘리고 눈알이 뽑히고 귀는 불태워지고 말을 하지 못하는 약물을 먹은 후 기괴한 구경거리가 되게끔 돼지우리에 던져졌다고 한다. 그 후 여태후는 어린 왕을 수렴청정하여 권력을 휘두르며 실질적으로 중국의 첫 여성 통치자가 되었다. 그의 아들이 겉보기에 자연사로 생을 마감하자 그녀는 다른 신생아를 왕좌에 앉히는 계략을 꾸몄다. 잠재적인 위협이 될 만큼 어린 왕이 성장하자 암살하고는 더 어린 왕을 왕좌에 앉히는 방식으로 끊임없이 권력을 이어 갔다. 게다가 여태후는 부유층을 살해한 후 그 재산을 빼앗아 친족들에게 나누어 주며 집안을 부유하게 만들었다. 기원전 180년, 여태후가 죽자 살아남은 고조의 아들들은 합심하여 여태후 일가를 모두 숙청했다.

이런 중국의 암살 사건은 주로 왕권에 대한 야망이나 두려움으로 발생한 것이었다. 하지만 개혁을 위해 암살을 활용한 경우도 있었다. 오기는 어렸을 적 자신의 팔을 깨물어 흐르는 피에 대고 고향을 떠나 성공하기 전까지 결코 돌아오지 않을 것이라 맹세했다고 한다. 수많은 전투에서 승리를 거머쥐며 장군으로서 입지를 차근차근 다져 나갔고 자기 절제와 조직력으로 이름을 떨쳤다. 한번은 전투를 위해 그의 부대가 대열을 정비하고 있을 때 한 병사가 뛰쳐나와 최전선에 있던 적군 두 명을 죽이고 다시 물러났다. 오기가 해당 병사를 즉각 처형하라고 명했지만 부하 장교가 병사의 능력을 칭찬하며 명령에 반대하자, 오기는 "그가 훌륭한 전사인 것은 맞지만 어쨌든 나의 명령을 거역하지 않았나."
라고 대답했다. 후에 오기는 초나라 도왕을 보좌하는 재상의 자리까지 올라갔다. 오기는 귀족들과 등지는 한이 있더라도 부패를 척결하고 정부 재정을 개혁해 권력과 돈을 중앙으로 집중시키려 했다. 그러나 기원전 381년 초나라 도왕이 죽자 그동안 모욕감을 느꼈던 귀족들이 도왕의 장례식에서 오기를 암살하기로 결정했다. 오기는 자기의 죽음을 예견하고 도왕 위에 엎어졌고, 화살을 맞고 죽었다. 그 과정에서 일부 화살대가 죽은 왕의 시체에 꽂혔고, 왕세자는 선왕의 시체를 모독했다는 사실에 격노하여 주동자를 모두 찾아내 처형시켰다.

✒ 암살은 도덕적이다?

기원전 4세기에 고대 인도의 교사이자 철학자, 왕실 고문이었던 차나키야는 암살에 관해 새롭고 정교한 이론을 펼쳤다. 손무와 마찬가지로 그는 암살자가 군사를 동원한 것만큼이나, 혹은 그보다 더 많은 일을 수행하며 혼자서 무기나 불, 독으로 목적을 달성할 수 있다고 찬양했다. 차나키야는 상대를 뒤흔들어 놓기 위해 미인계를 동원한다든가, 적군 지도자 사이에 불화를 조장하는 등 살 떨리는 암살 방법을 제안했다. 실제로 암살 사건이 발생하면 사람들은 질투에 사로잡힌 경쟁자가 죽었다고 여겼다. 사랑에 빠진 적장에게 가짜 의사를 투입해 사랑의 묘약으로 속여 독을 주입하는 방법은 또 어떤가? 만약 왕이 장수의 충성심을 의심한다면? 차나키야는 자객을 투입해 전투 도중에 그를 살해하고 전사한 것처럼 꾸미라고 제안했다. 차나키야는 목표물을 체포하거나 재판에 부치는 것보다 암살이 더 낫다고 주장했는데, 이는 목표물이 구금되었을 때 그의 지지자가 소동을 벌일 가능성을 없앨 수 있기 때문이라고 설명했다.

　이러한 방법들이 기만적이고 부정직해 보이지만, 차나키야는 암살 행위가 도덕적으로 정당하다는 근거를 제시했다. 군대 전체가 전투를 벌이는 것보다는 적군의 장수를 암살하는 편이 낫고, 도시 전체를 포위하는 것보다는 왕을 죽이는 편이 낫다는 것

인도 델리 락스미나라얀 사원에 있는 찬드라굽타 마우리아 조각상.

이었다. 더 나아가 후대의 학자들은 전쟁이나 혁명보다 암살이 인간적이라고 주장했다. 인명 피해의 규모가 훨씬 적고 피해자 또한 평범한 서민들이 아닌 권력자일 가능성이 높기 때문이었다. 차나키야의 제자 중 하나였던 찬드라굽타 마우리아는 기원전 4세기에 알렉산더 대왕의 원정군을 물리치고 인도와 파키스탄 지역에 거대한 왕국을 건설했다. 찬드라굽타는 알렉산더 대왕이 심어 놓은 마케도니아인 통치 세력을 암살할 계획을 꾸미기도 했다. 이 전략은 후에 그리스 관용구인 '키 큰 양귀비 잘라 내기'로 묘사되는데, '모난 돌이 정 맞는다'와 비슷한 뜻을 가진 말이다.

✒ 폭군을 죽여라

찬드라굽타처럼 민족주의와 해방이 암살의 동기가 된 경우도 있었지만, 고대의 암살 사건은 대부분 왕조 내, 혹은 왕조 간 권력 투쟁의 산물이었다. 정치체제를 두고 이념 갈등 때문에 일어난 최초의 암살 사건은 기원전 5세기 아테네에서 발생했다. 아리스토텔레스가 한 세기 후에 쓴 기록에 따르면, 청렴결백과 공덕으로 명성을 떨쳤던 에피알테스는 아테네에서 급진적 민주주의 혁명을 이끌었다. 기원전 462년에 스파르타에서 농노들의 봉기가 일어나자 귀족 세력의 우두머리였던 키몬이 스파르타 지방의 세력가들을 돕기 위해 원정을 나갔다. 에피알테스는 권력의 공백을 기회로 삼았다. 그래서 당시 권력의 중심이었던 귀족 회의체인 아레오파고스를 해체하고 더 민주적인 기구인 아테네 민회와 500인 평의회, 법원 등으로 힘을 이양했다. 위대한 역사학자이자 전기 작가인 플루타르코스가 500년 후 기록한 것에 따르면 이 사건으로 아테네가 완전한 민주주의로 발전했다고 한다. 키몬이 돌아왔을 때는 이미 사태를 되돌릴 수 없었고 새롭게 등장한 권력이 그를 추방했다.

　그러나 에피알테스는 민주주의의 승리를 그리 오래 누리지 못했다. 얼마 되지 않아 암살당했기 때문이다. 아리스토텔레스에 따르면 아테네 북부에 있는 마을인 타나그라 출신의 아리스토디코스라는 사내가 암살했다고 한다. 다른 기록엔 '암살자들'이라고 복수형으로 표기되어 암살에 가담한 사람이 한 명 이상임을 시사한다. 비교적 가장 정확하게 기록했다고 알려진 안티폰은 암살자들이 여전히 세상에 알려지지 않았고 시체조차도 숨기려 하지 않았다고 자세히 서술했다. 아리스토디코스라는 이름과 고향밖에 알려지지 않았을 뿐더러 암살 시도가 있었는지조차 확신하기 어렵다. 암살자 혹은 암살자들이 누구든지 간에 동기는 무엇이었을까?

　한 가지 명백한 사실은 에피알테스가 아테네 귀족 파벌의 희생양이었다는 것이다. 또한 기원전 1세기에 기념비적인 역사 총서를 집필한 시칠리아 출신의 역사가 디오도로스 시켈로스는 에피알테스가 귀족정에 반대해 대중을 선동한 죄로 처벌받았다고 서술했다. 그러나 에피알테스가 죽은 후 150년쯤 지났을 때 그리스의 역사학자 이도메네우스는 최초의 암살 음모론을 제기했다. 이도메네우스에 따르면 사실 에피알테스는 민주주의 파벌 간에 벌어진 내분의 희생양으로, 에피알테스의 인기를 시기한 또 다른 유력한 당원인 페리클레스가 그를 제거했다는 것이다. 실제로 에피알테스가 죽은 후에 아테네는 황금기로 들어서며, 페리클레스가 떠오르는 신예가 된 것이 사실이다. 파르테논 신전이 건설되면서 아테네는 교육과 예술, 문화, 철학, 의학의 중심지로 부상했다. 이 시기는 페리클레스의 영향력이 막강하여 페리클레스의 시대로 불리기도 한다. 하지만 이도메네우스의 주장은 그다지 신빙성이 있어 보이지는 않는다. 플루타르코스는 이도메네우스의 이론을 꺼림칙한 주장일 뿐이라며 일축했다. 그러나 에피알테스의 죽음과 관련해서 누가 주동자였는지는 여전히 의문으로 남아 있다. 분명한 것은 에피알테스를 죽였지만 민주주의로의 변화를 막지 못했고, 페리클레스가 민주주의를 더욱 발전시켰다는 것이다.

에피알테스가 암살되기 반세기 전까지 아테네에서는 수 세기 동안 암살이 만연했다. 이는 곧 폭군을 죽이는 것은 괜찮다는 생각으로 이어졌다. 당시 폭군tyrant이라는 단어에는 두 가지 의미가 있었다. 현대적인 시각으로 해석하면 잔인하거나 부조리한 방식으로 권력을 행사하는 통치자인데, 과거에는 비합법적인 수단으로 권력을 차지한 사람이라는 의미가 있었다. 아리스토텔레스는 전자를 폭정에 의한 것으로, 후자를 왕위 찬탈에 의한 것으로 분류했다. 다시 기원전 514년으로 돌아가 보면, 하르모디우스와 아리스토게이톤이라는 귀족 두 명이 당시 아테네의 폭군 히파르코스를 대규모 축제에서 죽이기로 했다. 둘은 암살에 성공하지만 히파르코스의 형 히피아스에게 붙잡혀 사형당했다. 머지않아 둘은 영웅이 되어 아크로폴리스에 동상이 세워지고 동전에 새겨졌다. 2000년 후 미국 작가 에드거 앨런 포는 자유를 지키려는 영웅을 잘못 처단했다며, 그들의 이름이 역사에 길이 남을 것이라고 높이 평가했다.

이 암살은 공익을 위한 용감한 자기희생으로 깊은 인상을 남겼다. 그러나 하르모디우스와 아리스토게이톤의 암살 사건이 일어난 지 100년이 지난 후, 엄격한 증거에 기반한 역사 접근법에 자부심을 가지고 있었던 고대 그리스인 역사학자 투키디데스는 앞선 기록을 대부분 반박했다. 아테네는 오랫동안 불안정한 시기를 겪었고, 기원전 546년에 평민의 지지를 얻어 페이시스트라토스가 참주로서 정권을 장악했다. 투키디데스에 의하면 그는 즉위 후 20년 동안 법과 질서를 세우고 국정을 잘 운영했다. 페이시스트라토스는 뛰어난 교양과 미덕을 갖추고 있었고 세금을 5퍼센트 이상 거두지 않고도 도시 곳곳을 정비하고 정복 전쟁을 수행하며 전리품을 신전에 바쳤다. 아테네인들은 지금보다 더 좋을 수는 없다며 만족했다. 페이시스트라토스가 죽은 후 그의 아들이자 히파르코스의 형인 히피아스가 뒤를 이었다. 여기서 첫 번째 사건의 발단이 등장했다. 투키디데스는 암살의 희생양이 진짜 독재자가 아니었으며 어린 정치적 동반자였을 뿐이라고 지적했다. 하르모디우스와 아리스토게이톤은 원래 형제를 둘 다 살해할 계획이었다. 그런데 공모자 중 한 명이 히피아스와 친밀하게 대화를 나누는 모습을 보고 배신당했다고 착각하여 겁을 먹고 당황했다. 그러던 와중에 히파르코스가 가까이 다가오자 하르모디우스와 아리스토게이톤은 단도를 꺼내 그를 즉각 암살했다. 하르모디우스는 히파르코스의 경비병에게 그 자리에서 즉각 살해당했고 아리스토게이톤도 곧 붙잡혀 무자비한 죽음을 맞이했다.

또한 투키디데스는 암살의 동기가 정치적이기보다는 개인적이라고 말했다. 하르모디우스는 당시 꽃다운 나이였고 아리스토게이톤은 중산층의 평범한 시민이었는데, 둘은 연인 사이였고 히파르코스가 하르모디우스를 빼앗아 가려고 했다. 따라서 히파르코스가 권력을 남용하여 무력으로 하르모디우스를 데려가지 않을까 하는 두려움에 암살 사건이 벌어졌다는 것이다. 예로부터 "사실이 좋은 이야기를 방해해서는 안 된다."라는 속담이 있다. 투키디데스가 주장한 불편한 사실은 전설적인 두 폭군의 살해 사건에 해를 끼치지는 않았다. 암살 사건 이후 히피아스가 폭정을 일삼고 많은 사람을 처단하는 폭군이 되어 퇴위당하고 추방됨에 따라, 투키디데스의 주장은 더욱 신뢰를 얻었다.

　손무와 차나키야가 통치자가 암살을 어떻게 활용할 수 있는
지 서술했다면, 다른 이들은 하르모디우스와 아리스토게이톤의
암살 사건처럼 통치자를 대상으로 한 암살 행위의 도덕성에 초점
을 두었다. 기원전 5세기에 소크라테스는 독재자가 평민들에게
의무가 아닌 복종을 강요한다면 극단적인 상황에서 폭군을 처단

하는 일은 정당화될 수 있다고 주장했다. 소크라테스의 제자 플라톤은 이 주장을 더욱 발전시켰다. 독재자가 부정부패를 통해 정치체제를 어지럽힌다면 살 권리를 박탈하는 게 당연하다는 것이다. 플라톤의 제자였던 키온은 기원전 4세기 흑해의 헤라클레아에서 왕권을 찬탈하여 참주가 된 폭군 클레아르코스의 곁에서 궁정 철학자로 일했는데, 기원전 352년에 클레아르코스 암살을 이끌었다. 키온은 어쨌든 자신이 모시는 군주였기에 민중이 폭정에 반발해서 봉기해 주기를 바랐지만, 그렇다고 해서 클레아르코스 정권에 불만을 가진 사람들과 인맥을 쌓으려고 하지는 않았다. 결국 키온과 공모자들은 클레아르코스를 지키던 경비병들에게 현장에서 즉각 처형당했다. 권력은 자연스럽게 클레아르코스의 형에게 넘어갔으나, 일부 주장에 따르면 형이 클레아르코스보다 더 엉망이었다고 한다.

플라톤의 또 다른 제자 아리스토텔레스는 인간은 정치적 동물이라고 여겼다. 인간은 정치 체계 내에서만 자신의 잠재력을 최대한 발휘할 수 있다고 믿었고, 독재 정치는 통치자의 이익을 위해서만 작동하기 때문에 제대로 된 정치 운영을 방해한다고 생각했다. 따라서 아리스토텔레스도 다른 대안이 없다는 전제하에 폭군 살해는 정당화될 수 있다고 주장하며, 만약 폭군을 제거하려 한다면 이는 통치자에게 더 쉽게 접근할 수 있는 상류층이 실행해야 한다고 생각했다. 다만 지배 계층의 경우 공공선이 아닌 다른 동기를 품을 수 있는 위험이 있다는 사실은 인정했다. 역사학자 크세노폰은 그리스 국가는 독재자를 처단한 자에게 무한한 영광을 선사한다고 했고, 중국에서도 공자 다음으로 중요한 학자로 평가받는 기원전 4세기의 맹자 등이 폭군 살해를 지지했다. 맹자는 폭군이 인의를 저버렸기 때문에 버림받는다고 말했다. 기원전 1세기 로마 최고의 연설가 키케로는 폭정은 정치 제도 전체를 좀먹는 역병과 같다며 폭군을 제거할 필요가 있다고 말했다. 그는 자신이 목격한 압제를 되새기며 한평생 폭정에서 로마공화국을 수호하려 애썼다.

✒ 독재관 율리우스 카이사르

기원전 48년, 율리우스 카이사르는 로마의 통치자가 되는 동시에 원래는 최대 반년 간 임기를 수행하며 국가 비상시에만 절대 권력을 휘두를 수 있는 독재관의 자리에 올랐다. 처음에는 10년 임기였는데, 56세였던 기원전 44년에 종신 독재관이 되었다. 카이사르의 생일은 국경일이 되었고 모든 신전에 그의 동상이 세워졌으며 초기 로마의 에트루리아 왕처럼 보라색 가운을 입고 월계수 왕관을 쓰고 다녔다. 카이사르가 권력을 잡기 전, 로마는 내전과 스파르타쿠스 반란 등 수년에 걸쳐 혼란의 시기를 보냈다. 그러나 카이사르에 대한 찬사 때문에 공화국 지지자들은 불안해지기 시작했다. 카이사르는 훌륭한 장군이자 빈틈없는 정치인으로, 당시 가장 큰 대중오락 시설이었던 키르쿠스 막시무스를 확장해 15만 명을 수용하게 만드는 등 대중을 위한 정책에도 큰 관심을 쏟았다. 대다수의 로마 부유층과 비교하면 꽤나 검소한 생활을 했으며 관대하기도 했지만, 교활하고 색을 밝히면서도 잔인하고 야망에 가득 찬 사람이기도 했다. 그러나 카이사르는 왕이라는 직위를 거부하는 것처럼 보였다. 사실 로마에서는 마지막 왕이었던 폭군 루키우스 타르퀴니우스 수페르부스가 쫓겨난 지 450년이 넘었지만 여전히 왕이라는 단어는 불경하게 여겨졌다. 속설에 의하면, 수페르부스는 전임자를 살해하고 왕권을 잡은 뒤 공포 정치를 시행하며 수많은 원로원 의원을 처형했다고 한다.

셰익스피어의 《율리우스 카이사르》에 영감을 준 《플루타르코스 영웅전》은 사건 발생에서 150년이 지난 후에야 쓰인 것이었다. 플루타르코스에 따르면 국가 연회에서 마르쿠스 안토니우스가 카이사르에게 세 번이나 왕위에 오를 것을 청했지만 카이사르는 모두 거절했다. 그러나 자신의 동상에 씌운 왕관을 몇몇 로마 호민관들이 치워 버리자 카이사르는 그들을 해고했다. 카이사르가 왕위를 진심으로 거절했는가에 대한 의문은 남아 있다. 그렇다면 안토니우스는 왕위를 제안할 때 단지 정치적인 분위기를 시험하려고 한 것이었을까?

한 예언자는 카이사르에게 3월의 이데스, 즉 3월 15일을 조심하라고 경고했다. 3월 15일은 고대 로마에서 통상적으로 빚을 청산하는 마감 기일이었다. 플루타르코스는 후에 셰익스피어의 《율리우스 카이사르》에도 등장하는 복선들을 일부 언급했다. 예를 들면 거센 폭풍이라든지, 불구덩이에서 기적처럼 살아남은 자들이 등장한다든지, 카이사르가 제물로 삼은 동물에 심장이 없었다든지, 부인 칼푸르니아가 남편의 시체를 들고 있는 악몽을 꾼다든지 등의 내용이었다. 그에 따르면 칼푸르니아가 카이사르에게 나가지 말라고 간곡히 요청했고 카이사르도 역모 계획에 대한 소문을 들었던 터라 찝찝하고 불안한 마음이 들었지만, 총애하던 데키무스 브루투스와의 만남이었기에 의혹을 떨쳤다. 여기서 브루투스는 그 유명한 마르쿠스 브루투스가 아니다. 데키무스 브루투스는 카이사르에게 원로원이 그에게 더 많은 영예를 수여할 계획이라 말했다. 만약 누군가가 두 사람에게 회의장을 즉각 떠나서 칼푸르니아가 길한 꿈을 꾼 후에 다시 돌아오라고 말해 주었다면 상황이 달라졌을까?

사실 데키무스 브루투스는 역모를 꾸민 자 중 하나였다. 이야기를 나누는 도중에 카이사르의 손을 잡고 집을 나서자고 재촉

하기도 했다. 한 철학자가 카이사르에게 경고문을 건넸지만, 사람들에게 이리 치이고 저리 치여 결국 그는 쪽지를 읽지 못했다. 카이사르는 원로원으로 향하는 길에 예언자와 마주쳤다. 플루타르코스에 의하면 카이사르가 그에게 "결국 3월 15일이 와 버렸네."라고 농담조로 말을 건넸다고 한다. 그러자 예언자는 "아아, 결국 이날이 오기는 했으나 아직 하루가 끝난 것은 아니건만."이라고 답했다.

원로원 회의가 열리는 건물에 다다르자 데키무스 브루투스는 카이사르가 체격이 좋은 마르쿠스 안토니우스와 장시간 대화를 나누게끔 자리를 마련했다. 카이사르가 입장하자 원로원은 경의를 표하며 일어났다. 공모자들은 겉보기에는 툴리우스 킴베르가 추방된 형제를 위해 제출한 탄원서를 지지하기 위한 것처럼 카이사르를 에워쌌다. 카이사르는 그들의 간청을 단번에 거절했지만, 공모자들은 그에게 몰려가 고집스럽게 자신들의 요구를 관철하려고 했다. 그 순간 카이사르가 격분하자 툴리우스 킴베르는 카이사르가 입고 있던 옷을 양손으로 잡고 끌어내렸고 그것이 공모자들에게 공격을 알리는 신호가 되었다. 카스카가 카이사르의 목을 처음으로 가격했다. 엄청난 역모의 시작이 그렇듯이 너무 혼란스러운 탓에 카스카는 치명상은커녕 깊이 찌르지도 못했다. 심지어 카스카가 동료들에게 가담할 것을 요청하는 동안에도 공격당한 카이사르는 칼을 잡고 카스카를 향해 고함을 쳤다.

역모 사실을 알지 못했던 자들은 도망치지도, 카이사르를 돕지도 못하고 그 자리에서 얼어붙었다. 카이사르는 완전히 포위되었다. 어느 쪽으로 몸을 돌리건 무기들이 사방에서 그의 얼굴과 눈을 향했고 여기저기 제물과 살육을 맛보려는 야수들로 가득했다.

여기에서 바로 그 유명한 마르쿠스 유니우스 브루투스가 등장했다. 그는 수 세기 전, 폭군 루시우스 타르퀴니우스 수페르부스의 타도를 도왔던 브루투스 가문의 후손이었다. 또한 그는 카이사르가 가장 신임했던 사람 중 하나였고 카이사르의 도움으로 요직을 차지하기도 했다. 그의 어머니는 카이사르가 가장 사랑했던 정부였다. 사실이 아닐 것으로 추정되지만 일각에서는 브루투스가 카이사르의 아들이라고 주장하기도 한다. 어쨌든 이때까지도 카이사르는 공격에 대항하려 애썼지만, 마르쿠스 브루투스가 단도를 꺼내는 걸 본 후 마음을 접고 브루투스가 자신을 찌를 수 있게 옷으로 자신의 얼굴을 가렸다. 그리고 카이사르는 한때 친구이자 사위였다가 정치적 라이벌이 되어 내전 후에 처형당한 폼페이우스 동상의 발아래 쓰러져 죽음을 맞이했다. 플루타르코스는 폼페이우스가 직접 복수를 행한 것처럼 보였다고 쓰기도 했다. 스물세 명의 공모자와 모든 원로원 의원이 한 차례씩 그를 공격했다. 아수라장이 된 와중에 서로를 찔러 상처를 입기도 했다.

거사를 치른 후 마르쿠스 브루투스가 원로원 앞에서 연설을 하려 했으나, 원로원 의원들은 회의장을 뛰쳐나와 도망치기 바빴

빈센조 카무치니. 〈카이사르의 죽음〉. 1804~1805년. 캔버스에 유채.

로마의 브루투스 대리석 흉상.
기원전 30~15년.

고 도시 전체가 불안과 공포로 뒤덮였다. 사람들은 문을 걸어 잠그고 나오지 않았다. 가게는 문을 닫고, 카이사르의 동료는 지인의 집에 몸을 숨겼다. 역모자들이 도망치기보다는 자신감에 넘치고 승리감을 만끽하며 카피톨리누스 언덕으로 행진했다고 플루타르코스는 기록했지만, 다른 학자들은 자신의 안위를 지키기 위해 달아나기 바빴다고 기록했다.

플루타르코스에 의하면 다음 날 원로원은 카이사르를 기리며 그의 시신을 조심스럽게 살짝 밟았고 동시에 역모자들에게 포상을 하기도 했다. 목표물을 성공적으로 제거했지만, 다른 암살자와 달리 카이사르 암살의 역모자들은 킬러 본능이 부족했던 것 같다. 티베르강에 시신을 던져 버리고 싶었겠지만, 결국에는 마르쿠스 안토니우스가 국장을 치렀다. 마르쿠스 브루투스의 처남이었던 카시우스는 안토니우스도 함께 죽였어야 한다고 말했지만, 브루투스는 카이사르가 죽고 나면 로마공화정이 기적처럼 다시 힘을 얻을 것이라 믿었다. 키온이 300년 전 그랬듯이 카이사르 암살의 역모자들은 뜻을 같이하는 사람과 동맹을 맺는 데 실패했고, 플루타르코스의 말처럼 대가를 치러야만 했다. 카이사르의 유언을 낭독하다가 그가 모든 시민에게 금 세 조각을 상속했다는 것이 알려지자 상황은 뒤바뀌었다. 대중은 광장을 따라 옮겨지는 만신창이가 된 카이사르의 시신을 보고 법과 질서에서 벗어나 자제력을 잃고 말았고, 분노에 휩싸여 공모자들을 찾아 그들을 갈기갈기 찢었다. 그러나 시민들이 사지를 분해하는 데 성공한 사람은 엉뚱하게도 카이사르의 친구이자 아무런 죄가 없는 킨나였다. 브루투스는 이미 카시우스와 함께 도시를 빠져나간 뒤였다.

카이사르 암살 사건은 14년간의 내전으로 이어졌다. 도망친 브루투스와 카시우스는 곧 패배했고 두 사람 모두 스스로 목숨을 끊었다. 플루타르코스에 따르면 사건에 조금이라도 발을 담그거나 역모에 가담했던 공모자들이 한 명도 남지 않을 때까지 끝까지 추적해 처벌했다고 한다. 일각에서는 카이사르의 암살은 독재자에 대한 공격이 아니라 로마 지배층의 파벌 간 싸움이라고 봐야 한다고 주장한다. 누구의 주장이 옳든 간에, 카이사르의 암살로 로마공화정이 부활하는 대신 카이사르의 양아들이자 훗날 아우구스투스가 되는 옥타비아누스가 로마의 첫 황제로 취임하며 로마제국이 탄생했다. 키케로는 독재자가 죽어도 폭정은 계속된다며 탄식을 금치 못했다. 키케로도 결국 옥타비아누스를 공개적으로 비판한 것을 빌미로 기원전 43년에 처형당했다.

브루투스의 원대한 계획은 수포로 돌아갔지만 그는 역사상 가장 유명한 암살자가 되었다. 카시우스는 개인적인 이유로 카이사르를 싫어했던 반면, 브루투스는 카이사르와의 우정에도 불구하고 진정으로 로마를 구하기 위해 역모를 꾸민 것 같다고 플루타르코스는 말했다. 그리고 브루투스는 규율에 저항했지만 카시우스는 통치자를 싫어했다고 기록했다. 1600년 후 셰익스피어의 희곡에서 마르쿠스 안토니우스는 영원한 숙적인 브루투스를 로마인 중 가장 품격 있는 사람이라고 일컬었다. 그리고 다른 역모자들은 시기심으로 거사를 치른 것이었다면 브루투스만은 진심으로 공익을 위해 행동했다고 주장했다. 그 후 2000년 동안 암살을 정당화하거나 비판하는 논쟁에서 브루투스의 이름은 빠지지 않고 언급되었고 그가 영웅이었는지, 악인이었는지에 대한 평가도 늘 갈렸다.

고대 세계를 살펴보면 암살이 발생했다는 것은 알 수 있지만, 분석하기에는 정보가 부족한 사건들이 많다. 물론 모든 기록이 소실되어 암살이 있었다는 것조차 알 수 없는 경우도 있다. 결론을 낼 수 있을 만큼 상세한 정보가 있는 암살 사건은 19건이었다. 전체의 절반이 넘는 10건이 지금의 중동 지역에서 발생했고 중국에서 4건, 인도와 아테네에서 각각 2건, 로마에서 1건이 발생했다.

19건의 희생양 중 7명이 왕이나 파라오였으며 1명이 황제였다. 여왕도 1명 있었고 여왕의 남편이나 왕자가 살해되기도 했다. 정치인 3명, 독재자 2명, 통치자 2명, 장군 1명도 목숨을 잃었다. 가장 흔한 암살 동기는 왕위에 대한 욕망으로 적어도 10건의 암살 사건이 여기에 해당하며, 2건은 외국인 침략자를 제거하고 민족 해방이라는 대의를 이루기 위해 행해졌다. 3~4건은 누가 권력을 쥘 것인가에 대한 논쟁을 초월해 정치 원칙을 두고 다툼을 벌이다 발생했고, 1건은 부패 척결 과정에서 패배한 자들이 꾸민 역모였다. 적어도 10건가량의 암살에서 역모가 이루어졌으며 왕위에 대한 야망이 가장 강력한 원동력으로 작용했다.

가족에게 암살당하기도 했는데, 아들에 의한 살인이 3건, 부인에 의한 암살이 2건, 남편 1건, 형제 1건, 조카 1건으로 새삼스러울 것도 없이 빈번했다. 암살자나 주동자 중 유일한 여성은 부인이었다. 암살자를 고용한 경우가 최대 5건, 귀족이나 지배 계층이 직접 암살한 경우도 3건이 있었다. 키루스 대왕에게는 별로 놀랍지도 않을 것 같지만 경호원이 2건의 암살을 저질렀다. 민족 해방이 목적이었던 경우 2건 모두 낮은 계급의 사람들이 실행했다. 인도의 알렉산더 대왕 수하의 지방관 중 1명이 해당 지역의 용병

46

에게 살해되었고 다른 1명은 부하에게 목숨을 잃었다. 암살자 중 제일 의외인 인물은 궁정 철학자였던 키온일 것이다.

10건의 암살 중에 칼을 이용해 찌르는 것이 7~8건으로 가장 인기가 많았고 활을 사용하거나 목을 조르고 무거운 동상으로 뭉개 버리는 일도 있었다. 암살자의 최후가 알려진 10건가량의 사건 중 적어도 7명의 암살자는 그 자리에서 즉시, 혹은 얼마 되지 않아 처형당했다. 2명은 집단 처형 시 함께 처단되었고, 중국 자객인 요리와 섭정은 자결했다.

장기간의 결과를 살펴보면 두 암살자 집단은 후에 순교자로 추대되었고, 5건의 암살 후에 심각한 대혼란이 일어났으며, 카이사르 암살 사건은 14년간의 내전으로 이어졌다. 키온이 폭군 클레아쿠스를 제거한 후에는 더 끔찍한 폭군에게 통치권이 넘어갔다. 한편 중국에서는 경기를 살해함으로써 전쟁을 막을 수 있었고 2건의 암살은 민족 해방을 진전시킨 듯하다. 암살로 인한 부차적인 피해가 발생한 경우도 있었다 섭정은 목표물을 향해 나아가는 길에 만나는 모든 사람을 죽였다. 그렇다면 결론적으로 암살은 효과적인 방법인가라는 질문이 남는다. 암살자들은 최종 결과에 만족했을까? 14건의 암살 사건 중 그나마 6건이 성공하고 8건은 실패로 끝났다고 결론을 내릴 수 있을 것이다.

2장

얽히고설킨 욕망의 분출

로마제국과 중세시대

✒ 꼬리에 꼬리를 물고 암살당한 로마의 황제들

19세기 초, 한 러시아 귀족은 러시아의 정치 제도를 암살에 가로막힌 폭정이라고 표현했다. 러시아제국을 두고 한 말이기는 했지만, 로마제국을 설명하기에 더할 나위 없이 적합한 말이기도 하다. 로마도 비슷한 양상이었기 때문이다. 앞서 언급했듯 카이사르가 암살된 후 14년간 내전이 이어졌고 전쟁이 끝날 무렵 그의 양아들이었던 옥타비아누스가 아우구스투스라는 칭호를 얻어 로마의 초대 황제가 되었다. 내전 당시 리비아 드루실라의 남편은 아우구스투스의 반대편을 지원했다. 원로원 의원이었던 그녀의 아버지도 마찬가지였다. 기원전 42년 필리피 전투에서 아우구스투스가 압승을 거두자 리비아의 아버지는 스스로 목숨을 끊었다. 리비아도 이탈리아를 떠나야 했지만 3년 후 사면받아 가족과 함께 고향으로 돌아왔다. 이때 아우구스투스와 리비아는 처음으로 만났다. 아우구스투스는 리비아의 기품 넘치는 미모에 반했고 두 번째 아들인 드루수스를 임신 중이던 리비아와 결혼하겠다고 다짐했다. 당시 리비아의 남편은 현명하게도 리비아와의 이혼에 동의했다.

아우구스투스와 리비아에게는 자녀가 없었고, 아우구스투스에게는 이전의 결혼에서 얻은 딸 율리아가 유일한 핏줄이었다. 로마제국이 새로 탄생한 후 왕위 계승에 관한 법이나 규정이 제대로 정립되지 않았기 때문에 아우구스투스는 자신이 죽은 후 질서 정연한 권력 이양을 위해 남자 후계자를 정해 둘 필요성을 느꼈다. 첫 번째 선택은 딸 율리아와 결혼한 자신의 조카 마르쿠스 클라우디우스 마르켈루스였다. 그러나 기원전 23년에 알 수 없는 이유로 첫 후계자는 사망했다. 독약 전문가들과 친하게 지내면서 자신의 두 아들 중 하나가 황위를 계승하기 바랐다고 여겨지는 리비아가 마르켈루스를 살해했다는 혐의를 받았다. 남편이 죽은 후 율리아가 맞이한 두 번째 배필은 아우구스투스의 부관인 아그리파였다. 기원전 17년, 아우구스투스는 카이사르가 자신을 입양한 것처럼 가이우스와 루키우스를 입양했다. 한편 리비아의 두 아들 드루수스와 티베리우스 또한 중요 보직을 차지했는데, 기원전 12년에 아그리파가 사망한 후 티베리우스가 섭정으로 지정되어 만에 하나 아우구스투스가 사망할 경우 가이우스와 루키우스가 왕위를 계승할 만큼 성장할 때까지 통치할 수 있는 권한을 부여받았다. 왕위 계승 문제는 확실히 해결된 듯 보였으나 가이우스와 루키우스는 각각 기원후 2년과 4년에 의문사했다. 로마의 역사학자이자 원로원 의원이었던 타키투스가 한 세기 후에 기록한 바에 따르면 두 사람의 죽음은 운명이거나 의붓어머니인 리비아의 반역에 따른 것이었다. 여기까지만 해도 리비아의 곁에서 생을 마감한 사람이 셋이나 되었다.

아내 리비아의 간청으로 아우구스투스는 그녀의 아들인 티베리우스를 입양했다. 드루수스는 기원전 9년에 말에서 떨어져 사망했다. 아우구스투스는 티베리우스와 더불어 아그리파의 마지막 남은 아들이었던 아그리파 포스투무스도 함께 입양했다. 그는 아버지 아그리파가 사망한 후 태어난 자식이었다. 늘 그렇듯이 아우구스투스의 후계자에게 저주가 내려졌고 2년이 채 지나지 않아 아그리파 포스투무스는 추방당했다. 어떤 이는 그가 무책임하고 건달같이 행동하며 낚시 말고는 무관심했다고 말하고, 다른 이들은 그가 아우구스투스에 대한 역모에 가담했기 때문이라고 했다. 타키투스는 연로한 아우구스투스를 꽉 쥐고 있는 리비아가 본인을 위협해 오는 것을 포스투무스가 감지했기 때문이라고 주장했다. 그러던 중에 기원전 14년, 리비아를 불안하게 만든 소문이 떠돌았다. 바로 아우구스투스가 포스투무스가 망명 중인 섬에 비밀스럽게 방문했고, 두 사람 모두 눈물과 애정으로 곧 화해할 것 같은 분위기가 조성되었다는 것이다. 타키투스는 아우구스투스의 기력이 쇠하자 일부 사람들은 그것이 아내 리비아의 소행이 아닌가 의심했다고 기록했다. 리비아는 아들 티베리우스에게 긴급 서한을 보냈고, 티베리우스는 아우구스투스가 병상에 누워 있던 황제의 별장으로 즉시 달려왔다. 아우구스투스가 마지막 숨을 거두기 전에 티베리우스가 도착했는지는 확실하지 않은데, 이는 리비아가 티베리우스의 왕위 계승을 선언할 수 있을 때까지 아우구스투스의 죽음에 대한 발표를 미루게 했기 때문이다.

타키투스보다 한 세기 이후의 역사학자 카시우스 디오에 따르면 아우구스투스는 가장 가까운 사람 손에 죽게 될까 봐 두렵다고 리비아에게 고백했다고 한다. 또한 통치자의 가장 심각한 약점은 적뿐만 아니라 친구와 동료이기도 하다며, 아무런 관련이 없는 자보다 주변인에 의해 음모에 휘말리는 지도자가 더 많다고 공공연하게 걱정을 토로하기도 했다. 키루스 대왕과 마찬가지로 통치자는 밤낮으로 사시사철 운동할 때건 잠잘 때건 만찬과 술을 즐길 때건 위험에 항상 노출되어 있다고 아우구스투스는 말했다. 그리고 적에게서 자신을 보호하기 위해 믿을 수 있는 사람을 배치할 수는 있지만 친한 이들에게서 자신을 보호해 줄 사람은 없다고 덧붙였다. 카시우스 디오에 따르면 몇몇 사람들은 아우구스투스의 죽음을 두고 그가 즐겨 먹던 무화과에 리비아가 독을 발라 암살했다고 말했다.

현대의 모든 역사학자가 리비아가 여러 명을 죽였다고 생각하지는 않는다. 아우구스투스가 살해당했다는 증거도 없고, 가이우스는 전쟁 중에 부상을 당했으며, 마르켈루스는 장티푸스로 사망했다고 한다. 그러나 카시우스 디오는 티베리우스가 왕권을 잡은 지 얼마 되지 않아 로마 백인대장이 포스투무스를 살해했다고 기록했다. 티베리우스는 아우구스투스가 남긴 명령을 수행한 것이라 주장했다. 그러나 카시우스 디오는 티베리우스와 리비아가 뒤에서 암살을 꾸몄을 것이라 추정했다.

티베리우스는 황제가 된 것을 그다지 기뻐하지 않은 듯했다. 아우구스투스의 딸인 율리아의 남편 아그리파가 죽자 티베리우스가 율리아와 재혼했다. 티베리우스는 율리아가 대놓고 빈번히 외도를 저질렀다는 이유로 기원전 6세기에 공직에서 한 번 은퇴했다. 게다가 아우구스투스의 강요로 율리아와 결혼하기 위해 진정으로 사랑했던 여인과 강제로 이혼해야 했다. 티베리우스는 아우구스투스가 죽은 후 원로원에서 공식적으로 황제로 임명하기 전 한 달간 모든 업무에서 잠깐 물러났다. 티베리우스는 근면성실했지만 사람들이 음침하다고 말할 정도로 수줍음이 많았고, 황위에 오른 후에는 어머니의 섭정을 견디기 힘들어했다. 그래서 리비아가 죽은 후 장례식에 가지 않겠다고 할 정도였다.

이 무렵 로마에서는 황제의 개인 경호를 담당하던 근위대장 루키우스 아엘리우스 세야누스의 권력이 점점 더 커지고 있었다. 티베리우스가 권력을 쥐기 전에는 이 근위대가 이탈리아 전국에 주둔해 있었지만 세야누스는 부대를 로마 주변에 집중적으로 배치했다. 황위에 오른 지 12년 만에 티베리우스는 또다시 은퇴를 선언한 후 카프리섬에 은둔했다. 다소 선정적으로 역사를 기록한 수에토니우스에 따르면 티베리우스는 식어 버린 열정을 다시 불태우기 위해 비밀 난교 파티를 열기도 했다. 또한 본인이 수영할 때 어린 소년들에게 다리 사이로 들어와 성기를 핥도록 했다고 한다. 그러나 일부 역사학자들은 카프리섬에 학식이 높은 자들을 데리고 간 점으로 보아 은둔 생활을 하면서 학문을 깊이 탐구하려 했다고 주장하기도 한다.

세야누스는 티베리우스의 외아들 드루수스의 아내인 리빌라를 유혹해 남편을 독살하게끔 음모를 꾸몄다고 전한다. 드루수스는 다른 가족들과 마찬가지로 의문만 가득 남긴 채로 죽음을 맞이했다. 티베리우스가 카프리섬에서 은둔 생활을 하는 동안 세야누스는 점점 더 황제 행세에 열을 올렸다. 자신의 생일을 공휴일로 지정하고 자신을 본뜬 황금 동상을 세울 정도였다. 그러나 일순간 티베리우스가 세야누스를 파면한 후 체포해 교살형에 처했다. 리빌라는 얼마 지나지 않아 자결했다.

이후 티베리우스는 통치 말기에 공포 정치를 실시하며 자신의 종손인 가이우스 카이사르를 아들로 입양했다. 역사 기록에서 칼리굴라로 등장하는 가이우스 카이사르는 어릴 적부터 카프리섬에서 살며 티베리우스의 방탕한 생활을 함께한 인물이었다. 티베리우스는 자신이 로마라는 굴에서 호랑이 새끼를 키웠다고 인정했다. 다만 가이우스가 시답지 않은 인물 중에서는 그나마 나은 차악이라고 여겼다. 37년, 마침내 호랑이가 깨어났다. 티베리우스가 어깨를 다친 후 혼수상태에 빠져 죽음의 그림자가 점점 다가오고 있었는데, 가이우스가 자신의 왕위를 공고히 하기 위해 티베리우스를 베개로 질식시켜 죽였다고 한다. 근위대장의 소행이라는 주장도 있었다. 근위대장이 가이우스를 칼리굴라 황제로 선포한 직후 좋지 않은 타이밍에 티베리우스가 의식을 되찾았다는 것이다. 이로써 티베리우스는 연달아 잔혹한 방식으로 끝을 맞이한 통치자 여덟 명 중 하나가 되었다.

역사학자 액턴 경의 "권력은 부패하기 쉽고, 절대 권력은 절대적으로 부패한다."라는 말은 어쩌면 칼리굴라를 두고 한 말일 수도 있다. 티베리우스는 황제의 일을 맡기기에는 24세의 젊은이가 못 미더웠는지 칼리굴라와 그의 사촌 티베리우스 게멜루스가 합동으로 통치해야 한다고 명했다. 그러나 1년이 지나지 않아 칼리굴라는 게멜루스를 처단했다. 게멜루스가 살해당했는지, 자결을 강요받았는지는 명확하지 않다. 수에토니우스에 의하면 칼리굴라는 티베리우스와 카프리섬에서 지내는 동안에도 타고난 잔혹함과 악랄함을 통제할 수 없었다고 한다. 사람들이 고문과 형벌을 받는 모습을 열정적으로 구경했고, 밤마다 가발과 긴 예복으로 신분을 숨긴 채 폭음과 간통을 일삼으며 흥청망청 놀았다.

수에토니우스의 기록에서는 자신의 말을 집정관으로 임명하거나 바다의 신 포세이돈에 대한 승리를 증명하기 위해 군인들에게 바닷가의 조개껍데기를 줍게 하는 등 칼리굴라의 기행이 드러난다. 더 나아가 신의 조각상을 모두 자신의 동상으로 교체하고 서커스에 가수, 검투사와 전차 마부로 직접 등장하기도 했다고 한다. 탈모로 대머리가 되었을 때는 누군가 그를 쳐다보기만 해도 공격으로 간주했다. 사람을 꿀로 뒤덮고 벌 떼를 풀어 놓는 등 기상천외한 고문 기법을 고안하기도 했다. 배짱이 두둑한 시민이 자신의 쇼를 비판하기라도 하면 바로 낙인을 찍거나 맹수에게 던지기도 하고 탄광으로 이송하거나 팔다리를 모두 묶어 가둬 버렸다. 또한 자신의 여동생인 드루실라와 근친상간을 했다고도 알려져 있다. 드루실라가 임신하자, 아이를 얼른 보고 싶다는 이유로 드루실라의 자궁을 갈라 버렸다. 수에토니우스가 떠도는 소문을 중심으로 자극적으로 기록한 면도 없지 않지만, 사료의 기원과 정확성을 꼼꼼히 따지는 다른 역사학자들도 칼리굴라의 국정 운영이 무절제 그 자체였다고 기록했다. 또한 칼리굴라는 이해타산에는 밝아서 근위대를 애지중지하며 차츰 그 수를 늘렸고, 로마인 부유층의 재산을 몰수해 자신의 곳간을 채우려고 부자들을 얼토당토않은 이유로 반역죄로 몰아가 재판에 부치기도 했다.

40년 말, 칼리굴라는 또다시 괴상한 계획에 착수했다. 살아있는 신으로 숭배받기 위해 은퇴한 후 이집트로 떠날 것을 선포한 것이다. 이 시기에 칼리굴라는 근위대 사령관이었던 카시우스 카이레아를 목소리가 여자 같다며 놀리기 시작했다. 농담이지만 해서는 안 될 모욕적인 언사였다. 카이레아는 칼리굴라의 아버지 게르마니쿠스가 이끄는 군대에서 복무하다가 생식기를 다쳤기 때문이었다. 수에토니우스의 말을 빌리자면 칼리굴라는 늘 철부지 악동처럼 행동했다고 한다. 카이레아가 감사를 표시하면 칼리쿨라는 입맞춤을 하라고 손등을 내밀고는 음란하고 외설적으로 손을 움직였다. 문제는 칼리굴라는 평범한 악동들과 달리 제멋대로 누구나 처형할 수 있는 황제였다는 것이다. 칼리굴라는 어느 날 재물의 여신에게서 카시우스를 조심하라는 경고를 받았다고 믿었다. 그는 즉시 아시아 지역의 총독을 맡고 있던 카시우스 롱기누스를 사형시켰지만, 그 카시우스가 아니었다.

아우구스투스나 티베리우스의 암살 여부에 대해서는 논쟁의 여지가 있지만 적어도 칼리굴라 암살에 대해서는 비교적 명확한 근거가 남아 있다. 41년 1월 24일, 칼리굴라는 그 전날 떠들썩한 만찬을 즐긴 탓에 밤새 소화가 되지 않아 점심 식사를 하기 위해 일어날까 말까 망설이고 있었다. 수에토니우스에 따르면 결국 황제는 몸을 일으키기로 했고 곧 오를 무대에서 연습을 하고 있던 명문가 출신의 아시아 소년들과 잡담을 나누었다.

그때 근위대장 카시우스 카이레아가 칼리굴라 뒤로 접근해 "이거나 받으시지요."라고 외치며 칼리굴라의 목을 깊숙이 찔렀다. 그 후에는 또 다른 공모자가 나타나 가슴을 찔렀다. 다른 기록에서는 율리우스 카이사르의 암살 장면을 연상시켰다고 전한다. 한 무리의 암살단이 칼리굴라를 일시에 공격해 서른 개의 자상을 남겼고 일부는 그의 은밀한 부위에 칼을 찔러 넣기도 했다고 한다. 가마꾼 몇몇이 칼리굴라를 보호하기 위해 장대로 암살범들을 밀쳐 냈다. 얼마 후 황실의 게르만 경호병이 도착했지만 이미 너무 늦었다. 게르만 부대는 일부 암살자와 더불어 아무런 죄 없는

로마 시대의 칼리굴라 동상. 기원후 40년 추정.

원로원 의원들을 죽이기도 했다. 칼리굴라는 겨우 28세였고 재임 기간이 채 4년도 되지 않았다. 암살 과정에서 공모자들은 칼리굴라의 부인도 죽이고 태어난 지 얼마 안 된 딸아이의 머리를 벽에 부딪쳐 깨뜨렸다. 일부 원로원 의원들은 칼리굴라가 죽은 후 제정이 막을 내리고 공화정으로 회귀할 것이라 예상했으나, 근위대가 칼리굴라의 숙부인 클라우디우스를 재빨리 새로운 황제로 추대했다. 암살 사건 당시 클라우디우스는 커튼 뒤에 숨어 두려움에 떠는 채로 발견되었다. 근위대장 카이레아는 사형을 선고받았고 자신이 칼리굴라를 죽일 때 사용한 칼로 처형받기를 원했다.

　클라우디우스는 소아마비 때문에 배만 볼록 나온 기괴한 몸매였다. 말도 더듬고 늘 침을 질질 흘리며 만성 경련에 시달렸고 지나다닐 때면 물건에 자주 부딪히고는 했다. 그러나 영민한 구석이 있어서 칼리굴라 통치 시절에는 조용히 학문에만 정진하며 황위에는 무관심한 척 눈에 띄지 않게 행동했다. 그러나 아내 복은 별로 없어서, 재임 7년 차인 48년에 다소 문란했던 발레리아 메살리나를 세 번째 아내로 맞이했다. 메살리나는 새로운 애인인 원로원 의원 가이우스 실리우스와 공모하여 군사 정변을 일으키려 했다. 결국 작전은 실패로 돌아갔고, 메살리나는 자결하고 실리우스는 처형당했다. 몇 달이 지난 후 클라우디우스는 자신보다 25세나 어린, 칼리굴라의 미모의 여동생 아그리피나와 혼인했지만 아그리피나의 행실도 결코 만만치 않았다. 이미 두 번이나 결혼한 상태였고 사돈 관계였던 사람과 내연 관계를 맺었으며 오빠였던 칼리굴라와 근친상간을 저지르고 두 번째 남편을 독살했다는 소문이 따라다녔다. 그녀는 결혼하면서 클라우디우스와 메살리나 사이에서 난 아들 브리타니쿠스보다 세 살이 많았던 아들 네로를 데려왔다. 아그리피나는 네로의 황위 계승 서열을 높이기 위해 클라우디우스에게 네로를 입양하게끔 했다. 또한 클라우디우스 황제의 딸 옥타비아의 약혼자를 자결하게 만든 후 옥타비아를 네로와 혼인시켰다.

클라우디우스는 칼리굴라의 집권이 처참한 대실패로 끝난 이유는 전임 황제인 티베리우스가 후계자 교육을 제대로 하지 않았기 때문이라고 믿었다. 따라서 네로가 국정 운영을 충분히 경험할 수 있도록 힘썼다. 초기에는 모든 것이 순조롭게 흘러가는 듯이 보였다. 그러나 54년 10월 네로가 열여섯 살이 되었을 때 그의 어머니 아그리피나는 클라우디우스가 브리타니쿠스를 후계자로 선정할지도 모른다는 불안감에 휩싸였다. 혹은 본인이 통제 가능할 정도로 네로가 어릴 때 왕좌에 앉히려는 계획 때문에 초조해졌을 수도 있다. 역사학자 타키투스에 따르면 어느 쪽이든 상관없이 아그리피나는 독약 전문가인 로쿠스타라는 여인을 고용했다. 로쿠스타는 당시 악명 높은 범죄자로 감옥에서 복역하고 있었다고 한다. 로쿠스타는 자신이 제조한 독약을 기미 환관인 할로투스에게 넘겼다. 할로투스는 클라우디우스가 고급 버섯 요리에 입을 대기 직전에 유독 물질을 뿌렸다. 그러나 독극물 때문에 속이 안 좋아지긴 했어도 죽음에 이를 정도는 아니었다. 그래서 할로투스는 사전에 포섭한 의사를 불러들였다. 의사는 전례 없이 큰 위험을 무릅써야 하는 범죄에 가담했다는 것을 알았지만 그에 따른 포상도 엄청날 것이라는 점을 누구보다 잘 알고 있었다. 겉으로는 황제가 구토하도록 돕는 척했지만 실제로는 효과가 빠른 독약을 묻힌 깃털을 클라우디우스의 목구멍에 집어넣었고, 작전은 성공했다.

근위대가 보초를 서는 동안 황위 계승을 두고 긴급회의가 열렸다. 아우구스투스가 사망했을 때와 마찬가지로 황후 아그리피나는 이 사건이 절대 새어 나가지 않도록 통제하고 클라우디우스의 건강이 차차 좋아지고 있다는 가짜 정보까지 퍼뜨렸다. 아그리피나와 점성술사들이 드디어 때가 왔다고 판단했을 때 아그리피나는 자신의 의붓아들인 브리타니쿠스가 방을 빠져나가지 못하도록 오랫동안 껴안고 있었다. 그리고 아그리피나가 심어 놓은 근위대 사령관과 함께 네로가 회의장에 등장했다. 일부는 축하를 건넸지만 다른 근위병들은 브라타니쿠스의 행방을 물었다. 시간이 지나도 클라우디우스의 친아들인 브리타니쿠스가 나타날 조짐이 없자 처음에는 고개를 갸우뚱했던 근위병들도 축하 인사에 동참하는 것이 현명하다고 판단하고는 하나둘씩 새로운 황제를 향해 환호했다. 젊은 네로는 근위대에게 두둑한 현금을 주겠다고 약속했고, 마침내 근위대는 네로를 황제로 추대했다.

황제 수업을 제대로 하지 않아 칼리굴라가 엉망진창으로 통치했다고 하지만 그렇다고 해서 황제 수업을 받은 네로도 제대로 통치한 것은 아니었다. 네로는 정치보다 가창, 연극 활동, 여성들과 어울려 노는 것을 즐겼다. 타키투스에 따르면 아그리피나는 동전 주화에 등장할 정도로 잠시 존재감을 뽐냈으나 네로는 자라면서 어머니를 점점 멀리했다. 그러자 아그리피나는 심지어 아들을 유혹하려 했다고 한다. 이와 동시에 브리타니쿠스를 황제로 교육한다. 그 결과 불안해진 네로는 브리타니쿠스를 처리하지 못하면 사형에 처하겠다며 로쿠스타를 다시 불러들였다. 역사가 수에토니우스에 따르면 첫 번째 시도가 실패로 돌아가자 네로는 로쿠스타에게 직접 채찍질을 가했다고 한다. 두 번째에는 성공했고 로쿠스타는 사면되는 동시에 많은 재산을 포상으로 받았다. 그 후 네로의 후임 황제인 갈바가 집권해 그를 사슬에 묶어 로마까지 끌고와 처형하기 전까지 로쿠스타는 14년 동안 부귀영화를 누렸다. 그 외의 네로의 정적들은 석연치 않은 죽음을 맞이했다. 그 무렵 아그리피나는 황궁 접근을 금지당했다. 그러나 이를 견디지 못한 아그리피나는 계속해서 계략을 꾸몄다. 전해 내려오는 이야기로는, 점성술사들이 아그리피나에게 네로는 언젠가 황제가 될 것이나 자신의 어머니를 죽일 운명이라고 말했다. 그러자 아그리피나는 네로가 황제가 되기만 한다면 목숨은 얼마든지 내줄 수 있다고 답했다고 한다. 예언의 첫 부분은 54년에, 뒷부분은 59년에 실현되었다.

네로의 인생은 친구의 아내였던 포파에아와 사랑에 빠지며 곤두박질치기 시작했다. 네로가 옥타비아와의 이혼을 꾸물거리자, 포파에아는 황제가 아그리피나의 꼭두각시일 뿐이라고 대놓고 조롱했다. 마침내 네로는 미덕과 명망을 모두 갖춘 옥타비아를 쫓아냈다. 다음 목표물은 어머니인 아그리피나였다. 그는 브리타니쿠스를 독살한 이후로 같은 방법으로 어머니를 제거하면 문제가 될 수 있다고 판단했다. 아그리피나는 또 나름대로 범죄에 일가견이 있었기에 음모에 대비해 촉각을 곤두세우고 경계하며 심지어는 해독제를 사용해서 체질을 강화했다고 타키투스는 기록했다. 이때 미세눔에 주둔해 있던 함대 사령관이 복잡한 기계장치를 고안하여 나폴리만으로 밤 출정을 나갔을 때 아그리피나를 물에 빠뜨리는 계획을 제안했다. 그러나 장치가 오작동하며 생각한 것과 달리 아그리피나와 시종 하나가 물에 빠졌다. 시종을 아그리피나로 착각한 공모자들은 장대와 노, 무기가 될 만한 물건은 모조리 동원해 죄 없는 시종을 죽였다. 그러나 정작 목표물이었던 아그리피나는 헤엄을 쳐서 탈출에 성공하여 작은 어선에 올라 타는 데 성공했다. 그 후 연안 마을로 무사히 피신했고, 마을 사람들은 바다에서 살아 돌아와서 천만다행이라고 안도했다.

아그리피나가 복수할지도 모른다는 두려움에 사로잡힌 네로는 더욱 어머니 살해에 열을 올렸다. 이번에는 함대 사령관이 정공법을 택했다. 공범 두세 명과 함께 아그리피나의 방에 쳐들어가 우선 머리를 가격한 후 한 명이 칼을 꺼내 치명상을 입힌 것이다. 아그리피나는 한때 네로를 품었던 자신의 자궁을 찌르라며 끈질기게 요구했고 결국 자궁을 포함해 수많은 곳에 자상을 입고 최후를 맞았다.

그 후 9년 동안 네로는 점점 칼리굴라처럼 변해 갔다. 마부나 음악가로 대중 앞에 서서는 자신이 벌이는 쇼에 충분히 열광하지 않는 사람을 골라내 채찍질하도록 명령했다. 나중에 황제에 오르는 베스파시아누스는 깜빡 졸았다가 목숨을 잃을 뻔했다. 64년에 로마에 큰 화재가 발생했다는 소식을 접했을 때도 네로는 시큰둥하게 도시를 재개발할 절호의 기회라며 경솔한 발언을 한 듯하다. 하지만 자신이 야심차게 진행하던 재개발 사업에 자금이 모자라자 부유층의 재산을 손에 넣기 위해 마구잡이로 그들을 처형하기 시작했다. 그중에서도 가장 치명적인 실수는 군대와 근위대를 등 돌리게 만든 것이었다. 68년 네로는 수차례 반란 이후 로마에서 달아나다가 시종의 손에 죽음을 맞이했다. 그리고 1년에 황제가 네 번이나 바뀌는 '4황제의 해'가 도래했다. 첫 타자는 근위대에 살해당한 갈바, 다음은 자살한 오토, 세 번째는 군인에게 살해된 비텔리우스였다. 그 뒤를 이어 베스파시아누스가 권력을 거머쥐었다. 베스파시아누스는 10년간 가까스로 왕권을 지켜내며 자연사로 생을 마쳤다.

베스파시아누스의 뒤를 이어 장남 티투스가 황제로 취임했지만 2년밖에 통치하지 못했다. 티투스와 그의 동생 도미티아누스의 사이가 썩 좋지 않았던 것은 사실이지만, 그렇다고 티투스의 죽음 배후에 도미티아누스가 있다는 소문에 증거가 있는 것도 아니었다. 왕위에 오른 후 도미티아누스도 경제 침체로 곤욕을 치르면서 화폐를 평가절하하고 세금을 인상해야 했다. 그 와중에도 새로운 궁전을 세우고 맛있는 음식을 먹는 데 돈을 아끼지 않았다. 이전의 황제들이 그랬듯 도미티아누스도 부유층을 숙청해 그들의 재산을 몰수했다. 하지만 96년에 사촌을 처형한 것이 치명타였다. 이는 로마에서는 누구도 안전하지 못하다는 것을 의미했다. 심지어 황제가 진심으로 사랑한 부인 도미티아조차 시종과 근위대 사령관이 꾸민 역모에 가담할 정도였다. 어느 날 도미티아는 팔에 부상을 입은 집사를 황제에게 소개했다. 그러나 집사로 위장한 청부업자는 사실 붕대 속에 단도를 지녔고, 암살범은 황제에게 인사하는 자리에서 칼을 꺼내 황실 시종들이 황제를 붙잡고 있는 동안 도미티아누스를 여덟 차례나 찔렀다. 도미티아누스가 죽은 후 원로원은 그의 이름을 로마의 역사 기록에서 깨끗이 지우는 기록말살형을 선고하고, 도미티아누스의 얼굴이 담긴 화폐를 수거해 녹이고 동상도 모두 철거했다.

암살은 정권 교체 수단으로 인기가 있었을 뿐 아니라 지배 계층이 밥 먹듯이 사용한 전술이었다. 아수라장 같은 1세기의 로

우제 샤를 귀스타브. 〈비텔리우스의 죽음〉. 1847년. 캔버스에 유채.

마제국 이야기를 읽다 보면 왜 대역사가 에드워드 기번이 《로마제국 쇠망사》에서 로마가 쇠퇴하던 시기를 1세기에서 한 세기가 더 지난 시점으로 설정했는지 의문이 들 것이다. 기번은 리들리 스콧의 영화 〈글래디에이터〉에서 악당으로 나오는 콤모두스를 쇠락의 원흉으로 꼽았다. 콤모두스는 위대한 철인 황제 마르쿠스 아우렐리우스의 껄렁껄렁한 아들로, 180년에 19세의 나이로 황위를 계승했다. 어디선가 많이 들어 본 이야기처럼 아버지의 갖은 노력에도 불구하고 콤모두스는 국정에 조금도 관심이 없었다. 대신 검투장에 매료되었다. 특히 자신이 헤라클레스 현신이라고 믿고는 사자 가죽을 입고 몽둥이나 칼을 휘둘렀고, 730경기 이상 출전했다. 그리고 검투사 급여를 높여 세금 부담을 대중이 고스란히 떠안게 만들었다. 기번도 콤모두스가 무기를 다루는 데 특출한 재능이 있다고 인정했지만, 황제를 다치지 않게 하기 위해 검투사에게 미리 불리한 조건을 걸어 놓고 대결했다고 한다. 특히 부상병이나 사지 중 하나가 절단된 상대를 선호했다.

기번에 따르면, 티베리우스의 통치 시절과 마찬가지로 콤모두스는 주권보다는 관능적인 욕구와 탐욕을 무절제하게 채울 수 있는 무소불위의 권력에 더 관심이 많았다. 자신의 상상을 실현하고 충족하기 위해 300명의 소녀와 300명의 소년을 한곳에 모으기도 했다. 콤모두스의 누이가 가담한 암살 미수 사건 이후, 콤모두스는 예상대로 공포 정치를 시행했다. 192년, 황실 시종과 근위대는 목숨이 언제 날아갈지 몰라 콤모두스가 가장 아끼던 정부와 공모했다. 정부가 그에게 독을 탄 와인을 건넸고 황제가 나른해진 틈을 타 격투 선수가 욕조 안에서 목을 졸라 살해했다. 공모자들은 콤모두스를 처리하는 데 성공했으나 내전은 악화되었고 곧 5황제의 해를 맞이했다.

모두 합해 40명가량의 로마 황제가 암살되었다고 추정되며

격투 선수에게 살해된 콤모두스. 페르낭 플리의 〈콤모두스의 죽음〉 중 일부. 1879년. 캔버스 뒷면에 판재 부착. 캔버스에 유채.

그중 10여 건은 근위대와 관련이 있었다. 가령 217년에 어머니가 사정하며 빌었는데도 남동생을 눈앞에서 살해한 카라칼라는 노상방뇨를 하다가 근위병이 찌른 칼에 사망했다. 그와 비슷한 운명을 맞이한 황제 중에 가장 화려한 이력을 자랑하는 것은 카라칼라의 후임이자 사촌이었던 엘라가발루스였을 것이다. 근위대장이었던 마르쿠스 오펠리우스 마크리누스가 카라칼라를 살해하고 제위에 올랐으나 얼마 되지 않아 처형당하자, 엘라가발루스가 황제의 자리에 올랐다. 당시 그의 나이는 14세에 불과했다. 그는 헤스티아 여신을 섬기는 신전에서 일하는 처녀와 결혼하겠다고 해서 모든 로마 시민의 공분을 샀고, 시리아 태양신의 이름을 사용하여 충격을 안겨 주었다. 또한 로마에서 가장 좋은 와인을 외국 신을 섬기는 제단에 가져다 부어 모두를 소스라치게 만들었다. 그러나 엘라가발루스가 진정으로 원한 것은 여성이 되는 것이었다. 볼과 눈썹에 화장을 하고 선술집이나 매춘업소, 심지어는 궁전에서도 남성들에게 몸을 팔았다. 역사가 카시우스 디오에 따르면 절개를 해서 여성의 질을 만들어 주면 엄청난 포상을 약속하겠다며 의사들에게 수술을 부탁했다고 한다. 엘라가발루스가 어머니와 함께 근위대에게 암살당했을 때 그는 겨우 18세였으며, 사지가 훼손되어 거리에 질질 끌려다니다가 결국 티베르 강에 던져졌다.

직접 티베리우스를 질식사시킨 칼리굴라를 제외하고는 로마 황제들은 주로 누군가를 고용해 손에 피를 묻히지 않고 다른 이를 제거했다. 하지만 서로마제국의 마지막 황제인 발렌티니아누스 3세는 달랐다. 그는 기원전 425년 여섯 살의 나이로 황제의 자리에 올랐다. 국가 통치에는 눈곱만큼도 관심이 없었지만 40년간 통치했다. 역사가 기번의 말을 빌리자면 발렌티니아누스 3세는 불륜에 온 열정을 바쳤으며 집권 초기에는 어머니에게, 어머니가 죽고 난 후에는 훌륭한 장군 아에티우스에게 골치 아픈 국정 운영을 맡겨 두고 인생을 즐기느라 바빴다.

그 무렵 반달족과 고트족, 훈족은 저물어 가는 로마제국을 노리며 다가왔다. 아에티우스는 용맹하게 맞서 싸워 당시 위세를 떨치던 훈족 왕 아틸라를 상대로 승리를 거두기도 했다. 그러나 허약하고 방탕하기만 했던 발렌티니아누스 3세는 아에티우스가 너무 기세등등해지자 두려움을 느꼈다. 기번에 따르면 454년 9월 21일, 불안해진 황제는 난생처음으로 칼을 뽑아 장군의 가슴에 갑자기 내리꽂았다고 한다. 환관과 신하가 가담해 아에티우스를 100번이나 난도질하여 처단했다. 물론 거사를 치르기 전 아에티우스의 친구와 지지자를 숙청했지만 발렌티니아누스 3세는 아에티우스 암살 이후로 내리막길을 걷기 시작했다. 야만적인 군인을 뽑아 경솔하게 경호를 맡겼고, 바로 이듬해 발렌티니아누스 3세는 마르스 광장에서 군사 경기를 관람하다가 경호병 두 명에게 암살당했다. 상당수의 신하들이 곁에 있었지만 아무 반격도 하지 않았으며 심지어는 폭군의 죽음에 기뻐하는 듯했다.

✒ 영국 최초의 암살 사건

영국 역사상 첫 암살 사건도 로마시대 때 일어난 것으로 추정된다. 기번의 말에 따르면 3세기에 라인강 하구에서 태어난 메나피족 사람 마르쿠스 카라우시우스는 출신이 미천했다. 그러나 항해 능력과 군인으로서의 능력이 출중해서 라인강 유역에서 활동하는 색슨족 해적에 대응하기 위해 로마군이 그를 고용했다. 카라우시우스의 독특한 방식은 해적들이 공격하도록 내버려 두었다가 약탈품을 가득 싣고 돌아가는 길을 막는 것이었다. 덕분에 적지 않은 재물을 축적했지만 막시미아누스 황제의 노여움도 함께 사면서 사형을 선고받았다.

그러나 카라우시우스는 오늘날의 영국인 브리타니아에 파견된 로마 부대 지원군, 지역 유지 세력을 뇌물로 매수하여 286년에 선제공격을 실시하는 동시에 스스로 브리타니아의 황제라고 선포했다. 카라우시우스는 오늘날의 스코틀랜드인 칼레도니아의 공격을 효과적으로 막아 내며 영토를 지키고 7년 동안 통치를 이어 갔다. 그러나 새로운 황제 콘스탄티우스가 불로뉴에 있던 대륙 기지와 함대를 점령하면서 상황이 반전되기 시작했다. 콘스탄티우스는 브리타니아 침공을 준비하는 동안 카라우시우스가 재무관이었던 알렉투스에게 살해되었다는 소식을 접했다. 브리타니아는 알렉투스가 3년 넘게 통치하다가 로마제국이 다시 정복하고 그를 살해하면서 또 다시 로마 영토로 편입되었다.

로마제국에서 암살을 지지하던 이들 중 소수는 공화정으로 회귀할 수 있을 것이라는 희망을 품고 있었다. 그러나 대부분의 암살은 본인 혹은 사랑하는 이가 권력을 잡길 바라는 야망에서 비롯된 것이었다. 그 결과 새로 부임한 상사나 예전에 있던 상사나 별 다를 바 없는 상황이 이어졌다. 물론 폭군을 제거하는 일이 정당화될 때도 있었다. 칼리굴라와 같이 지나치게 선을 넘는다든지, 도미티아누스나 콤모두스처럼 야심이 있어서라기보다는 황제를 죽이지 않으면 본인의 목숨이 위협받을 수도 있다는 두려움에서 비롯한 자기방어에 가까운 경우가 그랬다.

✎ 시카리오의 기원

로마제국에서는 현대 테러 조직과 유사한 모습을 띠는 새로운 형태의 암살 양상이 처음 등장하기도 했다. 로마에 저항한 유대인 단체인 시카리의 암살 방법은 간단했다. 은폐하여 단도로 찌르는 것이 끝이었다. 한때 유대계 저항군 지도자였지만 후에 로마의 열성적인 지지자가 된 역사가 플라비우스 요세푸스에 따르면 시카리는 대낮에도 도심부에서 대놓고 살인을 저질렀고, 특히 옷 속에 단도를 숨긴 채 수많은 사람 사이에서 몸을 숨기기 좋은 축제 기간에 주로 암살 작전을 수행했다. 목표물을 단도로 찌르고 나서는 군중 사이로 스며들어 살인의 끔찍함에 몸서리치는 사람들과 함께 맞장구를 쳤다. 이러한 방식 덕분에 명성은 자자했으나 결코 발각되지 않았다.

시카리라는 이름은 라틴어로 단도를 의미하는 시카에서 유래했다. 요세푸스에 의하면 시카리는 서기 6년 로마 지배에 항거한 유대인 저항 운동이 실패로 돌아간 후 결성된 조직이라고 한다. 이스라엘은 왕이 아닌 신을 섬겨야 하므로 로마에 세금을 내는 것은 유대교 율법에 어긋난다고 주장한 갈릴리 유다가 조직을 이끌었다. 일부 유대인은 납세를 거부하며 소극적인 방식으로 대항했지만, 시카리는 로마에 굴복하거나 동조하는 이들을 대상으로 테러를 저질렀다. 로마에 동조하는 세력은 적으로 삼아 재산을 약탈하고 소유한 소를 풀어 주거나 집에 불을 지르기도 했다. 그러나 반란은 수포로 돌아가고 갈릴리 유다는 살해당했다.

가룟 유다가 시카리의 일원이었다는 이야기가 전해지기는 하지만, 현대 역사가 대다수는 그다지 설득력이 있다고 보지 않는다. 실제로 갈릴리 유다가 사망한 후로 시카리는 역사에서 약 50년간 그 모습을 드러내지 않는다. 그러나 갈릴리 유다의 손자인 종교 교사 므나헴이 유사한 작전으로 활동을 재개하며 역사에 다시 등장한다. 이때는 로마인뿐만 아니라 성직자나 부유한 상류층 유대인 등 로마인의 앞잡이 노릇을 한 사람이나 동조한 세력 모두를 목표로 삼았다.

가장 유명한 희생양으로는 55년경에 암살당한 대제사장 조너선이 있다. 물론 일각에서는 당시 로마 속주의 총독이었던 안토니우스 펠릭스가 배후에 있다고 주장하기도 했다. 무엇이 진실이든 간에 요세푸스의 기록에서는 조너선 사망 이후 매일 살인 사건이 멈추지 않았고 시카리가 너무 재빠르고 정교하게 작전을 펼쳤기 때문에 살인 사건 그 자체보다 그로 인한 공포감이 더욱 큰 타격을 주었다고 한다. 사람들은 보이지 않는 적이 어디에나 있다고 믿게 되었고 친구나 동료를 불신했으며 피해망상에 시달리게 되었다. 66년 유대교 열심당이 로마에 대항해 대규모 봉기를 일으켰을 때 시카리는 봉기를 주도하지는 않았으나 동참했고 므나헴이 로마 병영 무기고를 급습하기도 했다. 약탈한 무기로 반란군은 예루살렘에서 로마를 몰아내는 데 성공했다.

그러나 이후에 내부 분열이 일어나기 시작했다. 특히 므나헴이 봉기에 성공하고는 자아도취에 빠지면서 야만적일 정도로 잔인해지고 예전의 폭군과 똑같이 행동했다. 결국 므나헴은 그를 따르던 많은 추종자와 함께 다른 반란군에 체포되어 고문을 당한 후 사형당했다. 나머지 시카리 구성원들은 마사다에 있는 자신들의 근거지로 도망쳤고 72년에는 로마의 지배를 받느니 차라리 죽음을 택하겠다며 집단으로 자결했다. 이때쯤에는 이미 로마가 예루살렘을 탈환한 후였다. 요세푸스에 의하면 시카리의 일부는 알렉산드리아로 탈출했고, 그곳에서 명성 있는 유대인들을 계속 살해했다. 그리고 로마인에게는 아무런 권한도 없으며 유일한 지배자이자 주인인 여호와만을 섬겨야 한다고 주장했다.

로마 원로원은 시카리를 포함해 모든 유대인을 대대적으로 소집했다. 이때 상당한 폭력을 가해 600명이 넘는 유대인이 강제로 소환당했고, 그들에게 로마제국의 권위를 인정하라며 생각해낼 수 있는 모든 종류의 고문과 고통이 가해졌다. 그런데 시카리를 좋아하지 않던 요세푸스조차도 누구도 굴복하지 않았다며 그들을 높이 평가했다. 실제로 시카리는 오히려 고통을 즐기는 것처럼 보였다고 한다. 아이들조차도 저항했고, 광기라고 불릴 만한 용감함이나 신념을 지키는 강인함에 모두 경탄을 금치 못했다.

시카리의 일원이자 방직공이었던 조너선은 비도덕적인 인물이라고 알려져 있다. 그는 리비아로 도망쳐 그곳에서 빈민층에게 종교적 계시와 성모를 보여 주겠다고 약속하며 조직을 결성했다. 그러자 일부 부유한 유대인들이 그를 속주 총독인 카툴루스에게 고발했다. 카툴루스는 조너선을 체포하고 그를 추종하던 사람을 대부분 죽였다. 조너선은 카툴루스에게 유대인 부유층이 일부러 불안함을 조장한 것이라고 설득했다. 카툴루스는 조너선을 살려주는 대신, 카툴루스가 평소에 제거하고 싶어 하던 특정 유대인들의 이름을 조너선이 말하게 했다. 그 후 다른 시카리 조직원들도 앞다퉈 고발하기 시작했다.

요세푸스에 의하면 카툴루스의 임기가 끝날 때까지 3000명이 넘는 부유층 유대인을 죽이고 그들의 재산을 몰수해 로마의 곳간을 채워 갔다. 이렇게 고발이 점점 확산되자, 요세푸스는 다음 공격 대상이 자신임을 눈치챘다. 그러나 운이 좋게도 황제인 베스파시아누스가 이상한 낌새를 알아채고 마녀사냥과 같은 고발 사주를 중단할 것을 명령했다. 결국 조녀선은 고문당한 후 산채로 화형에 처해졌다. 이후 시카리의 활동은 다시금 역사 속으로 사라졌지만, 시카리에서 파생된 '시카리오'라는 단어는 남미에서 청부살인업자나 암살자라는 뜻으로 여전히 쓰이고 있다.

🗡 암살과 기독교

시카리가 단도를 휘두르는 동안 새로운 사상이 로마제국에 침투해 뿌리내렸다. 바로 기독교였다. 기독교 신학자들은 폭군 살해 행위의 옳고 그름을 두고 논쟁을 벌이기 시작했다. 7세기 세비야의 성 이시도루스는 정의를 수호하고 유지하는 것이 통치자의 일이므로 이 임무를 수행하지 못한 폭군은 복종을 요구할 권리가 없다고 선언했다. 그러나 5세기경 가장 중요한 초기 기독교 사상가인 성 아우구스티누스는 더 신중했다. 그는 기독교인은 신만큼이나 통치자에게도 복종할 의무가 있다고 여겼다. 물론 신에 대한 의무가 항상 우위에 있는 것은 맞지만 두 의무가 상충된다면 피지배자는 수동적으로만 저항해야 하며 그에 따른 처벌도 마땅히 받아야 한다고 주장했다. 게다가 폭군이 하나님을 섬기는 일을 방해할 경우라는 아주 까다로운 예외 조항을 두기도 했다.

그러나 폭력에 대한 성 아우구스티누스의 예외 조항이 당시 로마제국을 통치하던 기독교 지배자나 교황에게 항상 도움이 된 것은 아니었다. 882년, 요한 8세가 최초로 암살당한 교황이 되었다. 그는 872년에 선출되어 교황으로서 일을 훌륭하게 수행했다. 동시에 사라센족에 맞서 대항하고 슬라브족을 기독교로 개종시키며 동방교회와의 의견 차이를 좁혔다. 그러나 안타깝게도 교황의 지위가 이탈리아 귀족 파벌 싸움의 장난감으로 전락하는 바람에 요한 8세는 위험한 적을 두게 되었다. 그중 하나가 나중에 교황으로 선출되었다가 파문당하는 포르모소였다. 포르모소는 교황의 제의를 입은 시신 상태로 재판에 넘겨져 위증죄 및 다른 범죄에서 유죄 판결을 받은 것으로 알려져 있다.

요한 8세의 집안사람들은 독살을 시도했으나 치사량에 미치지 못해 요한 8세를 몽둥이로 때려 죽였다. 암살의 동기와 배후는 밝혀지지 않았다. 요한 8세의 암살 이후 교황 시대 역사상 가장 어두운 시기로 불리는 창부 정치 시대를 맞이했다. 기번에 따르면 미모의 창부 마로치아의 서자, 손자와 증손자 모두 교황의 자리에 올랐다. 아들이라고 알려진 이는 세르지오 3세 교황과의 사이에서 낳은 아들이라는 소문이 있었다. 또한 마로치아는 요한 10세의 정부이기도 했다. 후에 마로치아는 감옥에서 베개로 질식당해 죽었다. 897년, 스테파노 6세와 레오 5세도 수감 중에 살해당했다.

✒ 이슬람 역사를 뒤바꾼 암살

시카리의 투쟁에는 민족 해방의 성격도 분명 있었지만 독실한 신앙심도 주요 동기였다. 또 다른 종교인 초기 이슬람 역사에서도 암살은 중요한 역할을 했다. 이슬람 예언자 마호메트가 사망하고 2년 후인 634년에 그의 장인 우마르가 2대 칼리프로 즉위했다. 잘나가는 상인이었던 우마르는 처음에는 새로운 종교인 이슬람교에 강력히 반대했다. 실패하기는 했으나 마호메트를 암살하려는 계획을 꾸미기까지 했다고 한다. 우마르가 개종한 616년은 이슬람 역사상 중대한 이정표로 여겨진다. 이슬람 반대파와 싸워 수차례의 전투에서 승리를 거두는 데 우마르가 결정적인 역할을 했기 때문이다. 기번은 우마르의 삶이 절제와 겸손 그 자체라고 말했다. 보리빵이나 대추야자, 물만 먹었고, 찢어지고 다 해진 넝마를 걸치고 설교를 했으며, 때로는 메디나 사원의 계단에서 부랑자와 함께 잠을 자기도 했다. 돈은 전혀 상관하지 않고 남들에게 베풀었다. 그러나 이러한 금욕적인 사생활과는 다르게 우마르는 위대한 정복자이기도 했다. 페르시아, 메소포타미아, 시리아까지 정복했고 팔레스타인과 이집트로 진격하기도 했다. 그러나 동시에 우마르는 확장된 영토에서 재물이 흘러들자, 신이 한 국가에 부를 내려 주실 때는 사람들 사이에 시기와 질투도 함께 자라고 그로 인해 계층 간 증오와 불평등이 생겨난다며 부가 불러올 결과에 대해 우려를 표했다. 따라서 우마르는 모든 사람에게 돈을 나눠 줄 수 있도록 보석과 장신구를 시장에 내다 팔았다.

아부 룰루 페로제는 우마르 군대가 페르시아를 정복하고 포로로 잡은 남성으로, 목수로 일할 것을 명받아 우마르 동료의 집에 세를 들어 살고 있었다. 우마르는 영토 확장에도 뛰어났지만 공정하고 사려 깊은 법관으로 정평이 나기도 했다. 644년 어느 날, 아부 룰루는 집세가 지나치게 비싸다며 우마르에게 탄원을 올렸다. 우마르는 꼼꼼하게 증거를 따져 본 후 현재의 집세가 합당하다는 판결을 내렸다. 다음 날 아침, 우마르가 사원에서 예배를 진행하고 있을 때 아부 룰루는 긴 예복 속에 시카리처럼 칼을 넣고 구석에 몸을 숨기고 있었다. 그러더니 갑자기 우마르에게 달려들어 다섯 번이나 가격했다. 아부 룰루는 항복을 거부하며

10여 명을 더 찔렀다. 아부 룰루가 진압당하기 전까지 아홉 명이나 죽인 것으로 보아 가공할 만한 검술인이었던 것으로 보인다. 결국 우마르 경호대가 그를 구석으로 몰아넣었고 아부 룰루는 자결했다. 일각에서는 그의 범행이 개인적인 악감정에서 비롯된 것이라고 주장하지만 페르시아 측이 심어 놓은 첩보원이라는 이야기도 전한다. 다만 명확한 증거는 발견되지 않았다.

우마르는 임종 직전에 후계자 선출 위원회를 소집했다. 마호메트의 사위인 우스만 이븐 아판과 알리 이븐 아부 탈립이 유력한 후보로 떠올랐다. 아부 탈립은 당시 너무 어리고 경험이 부족하다는 의견이 있어서 70세이던 우스만이 차기 칼리파로 선출되었다. 우스만은 독실하고 학구열이 뛰어나며 겸손했고 부유한 만큼 인심도 후했다. 교리를 체계적으로 정리해 코란의 초판을 만들기도 했다. 또한 우마르의 뒤를 이어 이슬람제국을 계속 확장했다. 다만 우마르보다는 덜 강압적이고 덜 과감한 방식을 택했다. 우스만은 화합에 기반을 둔 중앙 집권을 추구했기에 주로 친족을 파견해 지방을 통치하게 했다. 이 과정에서 우스만이 편애하는 사람들에게 과도하게 부가 집중된다는 느낌이 있었고 그로 인해 650년 여기저기에서 반란이 일어났다.

656년, 이집트에서 온 무장 세력이 메디나로 진군해 자신들의 지역을 통치하는 지배자를 해고할 것을 요구했다. 우스만이 여기에 동의하는 것으로 이야기가 마무리되는 듯했으나, 고향으로 향하던 이집트 반란군이 우스만의 긴급 서신을 이집트에 전달하려던 전령을 체포했다. 서신에는 이집트 지역 지배자에게 반란군이 돌아오면 즉시 사형에 처하라는 명령이 담겨 있었다. 반란군은 칼리프가 있는 메디나로 회군했고 사원에서 설교하던 우스만에게 돌팔매질하여 정신을 잃게 만들었다. 우스만이 집으로 이송되자 반란군은 집 주위를 포위했다. 우스만은 시종과 동료에게 저항하지 말라고 지시했고 반란군이 집 안으로 침입하게 두었다. 결국 우스만은 칼에 찔려 사망했다.

그 후 메디나는 대혼란 상태에 빠졌다. 우스만 정권에 불만을 품은 자들은 알리 이븐 아부 탈립에게 칼리프 지위를 받아들이라고 촉구했다. 그는 처음에는 연장자의 죽음으로 어부지리로 이익을 취하는 것 같아 칼리프 자리를 거절했지만, 권위 있는 마호메트의 동료들이 여러 차례 간곡히 부탁하자 마침내 받아들였다. 아부 탈립은 마호메트의 사촌으로 가장 가까운 혈족이자 가장 총애하던 딸의 남편이기도 했으며, 훌륭한 군인으로 수차례 마호메트의 생명을 구해 주었다. 어떤 전투에서는 무려 열일곱 군데나 부상을 입었다고 한다. 그는 우마르처럼 빈민층과 더불어 살았고 넉넉하게 인심을 베푸는 한편, 이슬람제국으로 흘러들어 오는 부와 재물로 인해 혹여 대중이 마호메트가 주창하던 검소한 생활을 저버릴까 봐 진심으로 걱정했다. 즉위한 후에는 지방 세력 와해를 골자로 하는 개혁 사업을 단행하기로 했다. 그러나 그 과정에서 여러 왜곡된 소문이 퍼져 나갔고 이슬람제국은 내전으로 분열되었다.

아부 탈립은 마호메트의 세 번째 부인 아이샤를 등에 업은 반란군을 무찌르는 데는 성공했지만 시리아 지역의 통치자인 무아위야는 물리치지 못했다. 무아위야는 우스만의 친족으로서 아부 탈립이 우스만 암살의 배후에 있다고 주장하며 대대적인 선전전을 일으켰다. 이러한 주장에 명확한 근거는 없었으나 아부 탈립의 지지 세력은 날이 갈수록 약화되었고, 아랍어로 '이탈자'라는 뜻을 지닌 하와리즈라는 단체가 등장했다. 661년, 하와리즈파는 내전의 책임을 거론하면서 무아위야와 아부 탈립을 모두 암살하기로 결정했다. 무아위야는 작은 상처만 입은 채 탈출에 성공하지만, 아부 탈립은 현재 이라크에 위치한 쿠파 대사원에서 기도를 올리다가 알무라디가 휘두른 칼에 머리를 찔렸다. 그는 아부 탈립에 대항해 싸우던 군인의 딸과 사랑에 빠졌는데, 구혼자가 칼리프의 머리를 가져오면 결혼해 주겠다고 말했다고 한다. 알무라디의 공격 직후, 신도들 사이에서 그의 칼을 차지하기 위해 몸싸움이 벌어졌다. 상처 자체는 심각하지 않았으나 칼에 독이 칠해져 있었기 때문에 아부 탈립은 이틀 후 생을 마감했다. 알무라디는 칼리프의 친족들에게 살해되었다.

쿠파 지역의 이슬람교도는 그 아들인 하산을 새로운 칼리프로 추대하며 충성을 맹세했지만, 무아위야는 하산을 인정하지 않고 대항했고 하산은 결국 두둑한 연금을 대가로 자리에서 물러났다. 하산은 퇴위 후 죽기 전까지 평온한 삶을 누렸다고 전하지만, 일각에서는 무아위야의 명을 받고 하산의 부인 중 하나가 그를 독살했다고도 한다. 무아위야는 칼리프로 즉위한 후 약 20년간 통치했으며 680년에 자연사로 생을 마감했다. 아부 탈립은 이슬람 역사에서 가장 큰 존재감을 자랑하는 인물 중 하나로, 이슬람이 시아파와 수니파로 갈라지는 분기점 역할을 하기도 했다. 시아파는 아부 탈립이 마호메트의 정통 계승자이므로 그 자손이 계속 왕위를 이어야 하는데 폭군들이 칼리프를 찬탈했다고 주장한다.

✎ 양귀비와 안녹산

8세기경 중국에서는 사랑 때문에 암살이 벌어졌다. 앞에서, 기원전 2세기경 한 고조의 총애가 새로운 소실에게로 옮겨 가자 피의 축제가 벌어졌다는 이야기를 다룬 바 있다. 그로부터 900년이 흘러 중국 당나라의 황제 현종이 비슷한 이야기의 주인공이 되었다. 50대였던 현종은 자신의 며느리이자 중국 역사상 가장 뛰어난 미인으로 알려진 양귀비의 매력에 푹 빠져 헤어나지 못하고 있었다. 양귀비의 목욕탕인 화청지에 세워진 동상을 보면 뛰어난 몸매를 자랑하는데, 일부 사료에 의하면 실제로 양귀비가 날씬하기보다는 약간 통통한 몸매였다고 한다. 그러나 실제 몸매가 어떠하든 간에 당대 시에서는 양귀비의 매력을 다음과 같이 서술했다. "양귀비가 고개를 돌려 미소를 지으면 자금성 육궁의 아름다움이 일순간 사라지는 마법이 벌어진다."

당 현종은 양귀비를 처음 만난 그 순간부터 모든 국정 업무에서 손을 뗐다. 그리고 아들과 며느리를 이혼시켜 양귀비를 제일 아끼는 후궁으로 삼았다. 양귀비는 밤의 독재자가 되었다. 밤은 너무 짧고 아침 해는 너무 빨리 떠올랐다. 그사이 권력 공백은 관료들의 파벌 싸움으로 메워졌다. 이와 동시에 양귀비는 지금의 우즈베키스탄 출신의 장수 안녹산에게 마음을 빼앗겼다. 안녹산은 엄청난 거구로 알려져 있는데, 양귀비는 가짜 입양 절차를 통해 그를 양자로 맞이했고 소문에 의하면 침실을 같이 썼다고 한다. 755년, 안녹산은 난을 일으켜 스스로 황제라고 선포한다. 그는 눈앞에 걸리는 모든 것을 해치워 나갔고 결국 당 현종은 도망쳤다. 도망치던 중에 자신의 군사가 양귀비를 처단하라며 반란을 일으키자 현종은 할 수 없이 요구를 승낙하여, 평생을 두고 후회한 결정을 내렸다.

이후 안녹산은 격노하는 일이 잦았고, 결국 757년 차남에게 암살당했다. 이 아들 또한 안녹산 수하의 장군에게 목숨을 잃고 장군은 또 아들에게 살해당하는 비극적인 순환이 반복되었다. 안녹산의 난은 이후로 6년 동안 또 다른 난을 불러왔으며, 마지막 난이 진압되었을 땐 잃어버린 사랑에 슬퍼하던 현종도 세상을 뜬 후였다. 반란 이후 전국이 파괴되고 일부에서는 대기근이 발생하여 3000만 명 이상의 목숨을 앗아 갔다고 한다.

✒ 캐럴의 주인공이 된 암살 희생자

인간이 하는 일의 대부분이 그렇듯, 암살이 의도치 않은 결과를 낳기도 했다. 그중 하나가 성 바츨라프와 같이 암살에 희생된 후 성인으로 거듭난 경우였다. 바츨라프 1세는 오늘날 체코 보헤미아 지역의 공작으로, 907년경에 태어나 할머니 루드밀라 밑에서 기독교인으로 자랐다. 루드밀라의 남편은 보르지보이 1세로 기독교를 처음 도입한 보헤미아 왕자였지만 온 나라를 기독교로 개종시키는 데는 실패했다. 보르지보이가 세상을 떠난 후 아들 라티슬라프는 드라호미라라는 야망 있는 비기독교인 여성과 결혼했다. 라티슬라프가 지금의 헝가리인인 마자르족과의 전투에서 목숨을 잃자 비기독교계 세력이 우위를 점했다.

바츨라프 1세가 공식적으로 즉위한 해는 921년이지만 당시에는 너무 어렸기 때문에 어머니인 드라호미라가 섭정했다. 이와 동시에 할머니인 루드밀라는 바츨라프에게 기독교를 발전시켜 달라고 간청했다. 루드밀라와 드라호미라의 의견 대립이 팽팽해지자 루드밀라는 프라하 근처로 근거지를 옮기고 정계에서 은퇴했다. 그러나 드라호미라가 고용한 바이킹족으로 추정되는 암살자 두 명이 루드밀라의 집에 침입해 루드밀라가 쓰고 있던 기도용 베일로 교살했다. 일부 역사학자들은 드라호미라가 라티슬라프와 결혼할 당시 이미 세례를 받았다는 점을 지적하며 루드밀라에 대한 암살 시도가 종교적 이유 때문이었는지에 대해 의문을 품는다. 그 후 루드밀라는 성인으로 추대되었다.

925년경 보헤미아 나라 전체가 기독교와 비기독교 간의 다툼에 지쳐 갈 무렵, 바츨라프 1세는 직접 정치적 지배권을 행사하여 어머니를 국외로 추방했다. 그리고 활발하게 기독교 전도 사업을 벌이며 기독교 왕자로서 과업을 이루기 시작했다. 10세기

말의 전기에 따르면 바츨라프 1세는 빈민층에게 구호품을 나눠
주고 기독교 성찬식을 위한 빵과 포도주를 준비했으며 순결 서약
을 하는 등 금욕적인 삶을 살았다. 그러나 929년에 독일 작센 지
역의 하인리히 공작이 보헤미아에 침공해 프라하를 점령하면서
평화가 깨지고 말았다. 바츨라프 1세는 연례 조공을 바치는 데 어
쩔 수 없이 동의하지만 독일인 성직자를 보헤미아로 데리고 오
면서 일부 귀족층의 분노를 샀고, 이것이 드라호미라가 작은아
들 볼레슬라프에게 형을 죽이라며 부추기는 결과를 낳았다고 전
한다.

    929년 혹은 935년 9월 28일, 볼레슬라프는 성인을 기리는 연
회에 형 바츨라프를 초대했다. 그러나 두 형제 사이에 격렬한 다
툼이 일어났고 바츨라프는 후회에 휩싸여 잠시 마음을 가라앉히
기 위해 교회로 향했다. 일부 주장에 의하면, 가는 도중 볼레슬

라프 수행원 세 명이 교회 문 앞에서 바츨라프를 죽이고 그의 몸을 산산조각 내었다고 한다. 바츨라프의 시종 하나가 암살자 하나를 죽이자 볼레슬라프가 그 시종을 교수형에 처했다는 이야기도 있다. 진실이 무엇이든 간에 후임인 볼레슬라프도 기독교인으로서 통치를 이어 나갔고 폴란드 전역에 기독교 교리를 전파하는 데 기여했다. 정치 능력에 있어서는 볼레슬라프가 보헤미아 영토를 일부 확장하기는 했으나 색슨족의 공격을 막아 내는 데 바츨라프보다 크게 뛰어나지는 않았다. 바츨라프는 무덤에 얽힌 전설과 함께 보헤미아의 수호성인이 되었고, 올바른 군주의 전형으로 숭배되며 사람들이 가장 좋아하는 크리스마스 캐럴의 주인공으로 자리 잡았다.

✦ 암살로 인해 성인이 된 왕

선한 왕 바츨라프가 성인으로 추대되고 나서는 심각한 정치 문제가 발생하지 않았으나, 또 다른 기독교 통치자가 암살당한 후에는 지각변동이 일어났다. 순교왕 에드워드로 알려진 잉글랜드 왕은 사실 성인과는 거리가 먼 인물이었다. 분노에 자주 휩싸여 폭력을 휘두르기 일쑤였고 주변 사람 모두의 신경을 곤두서게 만들었다. 아버지 평화왕 에드거가 975년에 갑자기 숨을 거두자 장남이었던 에드워드가 10대에 왕위를 물려받았다. 에드워드에게는 선왕 에드거와 두 번째 부인 앨프스리스 사이에서 태어난 이복동생 애설레드가 있었는데 몇 살 터울이었다. 에드워드의 폭력적인 성격 때문에 대다수 귀족이 그에게 등을 돌린 상태였고, 선왕이 죽자 일부는 둘째 아들을 왕위에 올리려고 물밑 작업을 행했다. 이로 인해 내전이 발발한다.《Anglo-Saxon Chronicle》에 기록된 바에 따르면 귀족층은 내전으로 인한 기근과 대혼란 중에도 수도원을 약탈했고, 수많은 부조리와 악행, 범죄가 일파만파로 확산되었다.

왕좌를 두고 대결 구도가 이어지는 와중에도 에드워드와 애설레드, 앨프스리스 사이의 개인적인 관계는 충분히 화기애애한 듯 보였다. 978년 3월 18일, 에드워드는 두 모자가 묵고 있던 도싯 지방의 코프 성에 방문했고, 애설레드의 신하가 깍듯이 예의를 갖추어 왕을 환영했다. 그러나 에드워드가 말에서 내리는 순간 집사 무리가 에드워드를 둘러싸고서 칼로 찔러 죽였다. 애설레드와 앨프스리스가 배후에 있다는 증거는 어디에도 없었지만 둘이 주동자라는 소문이 곧 퍼졌다. 에드워드는 왕에 대한 예우도 없이 매장되었고 암살 사건 발생 후 처벌받은 이는 단 한 명도 없었으며 한 달이 채 되지 않아 애설레드가 왕좌에 앉았다. 《Anglo-Saxon Chronicle》에서는 영국 역사상 이보다 더 끔찍한 사건이 없다며 개탄했다.

어떤 시에서는 "세속적인 살인자들이 이 땅에서 그의 기억을 모두 망가뜨렸을지 몰라도 하늘이 그의 명성을 널리 알림으로써 복수를 대신하네."라는 구절이 나온다.

에드워드는 성격이 결점이었음에도, 곧 성인으로 추앙되었고 시신을 꺼내 재매장되기도 했다. 사체를 꺼냈을 때 부패하지 않았다고 한다. 반면 애설레드는 '준비되지 않은 왕'이라는 오명을 쓰고 역사에 기록되었다. 시인 키플링은 그가 도입한 소위 데인겔트라는 전쟁세를 조롱하는 글을 남기기도 했다. 데인겔트는 바이킹족에게 공격을 자제해 달라고 부탁하며 바치던 막중한 세금인데, 많은 세수에도 불구하고 바이킹족의 피해를 줄이는 데에는 전혀 도움이 되지 않았다. 이후 1016년 애설레드가 숨을 거두었을 때는 사실상 잉글랜드 전역이 바이킹에 정복당했고 그는 죽어서 온전한 명예를 누리지 못했다. 에드워드의 암살에 실제로는 가담하지 않았더라도 그로 인해 이득을 취했다는 점 때문이었다. 왕가의 위신도 크게 손상되었다. 대중의 충성심이 애설레드에게서 성인으로 승격된 에드워드에게로 옮겨 가기도 했다.

　일부 역사학자들은 애설레드가 스스로 왕위를 부정하게 획득했다고 생각해 제대로 국정 운영을 할 수 없었다고 믿는다. 위대한 역사학자 프랭크 스텐턴 경이 쓴 '영국 옥스퍼드 역사' 시리즈의 제2권《Anglo Saxon England》에 따르면, 애설레드는 자신이 영국 이주 이래 최악의 범죄라고 여겨지는 암살 사건으로 권력을 잡았다는 생각을 결코 떨쳐 내지 못했다고 한다. 또한 다른 선대 왕들처럼 일반 대중에게서 자연스럽게 충성심을 얻어 내지 못한 애설레드는 늘 확신 없는 태도였다고 전해진다. 전쟁에서도 결단력을 보여 주지 못했고 주변 관계도 불신으로 얼룩져 있었다.

🗡 중세시대의 가장 창의적인 암살 장치

　로마시대와 중세시대에 이루어진 암살 중 가장 기발한 방식에 상을 준다면 두말할 것 없이 스코틀랜드의 피넬레 혹은 피넬라라는 부인이 받을 것이다. 피넬라는 스코틀랜드 애버딘셔의 페터캔에 살았다. 995년, 키나드 2세는 아들 말콤에게 왕위를 물려주려 애쓰고 있었다. 당시 스코틀랜드에서는 아버지가 아들에게 왕위를 직접 물려주는 것이 아니라 선왕의 모든 성인 남자 후손이 계승 후보가 되어 그중 한 명이 선택받는 방식이었다. 즉, 키나드 2세가 아들을 후계자로 삼으려면 다른 후계자들을 처리해야 한다는 의미였다. 이러한 방식은 미성년자 군주가 통치하는 것을 방지할 수 있다는 장점이 있지만, 왕위 계승을 두고 끊임없이 논

KING EDWARD the MARTYR treacherously ASSASSINATED at the Gate of Corfe Castle, by order of his Step-Mother ELFRIDA.

19세기 영국사에 묘사된 코프 성에서 암살당한 순교왕 에드워드.

쟁이 발생한다는 단점이 있었다.

　최초로 스코틀랜드의 전 역사를 엮은 연대기 작가 존 오브 포둔은 상당수 귀족들이 키나드에 반대했으며 대머리 콘스탄티누스는 끊임없이 역모를 꾸몄다고 한다. 마침내 콘스탄티누스는 뜻을 함께하는 이들과 같이 앵거스 백작의 딸 교활한 피넬라에게 도움을 요청했다. 피넬라는 키나드 2세가 자기 아들을 처형한 것 때문에 이미 악감정을 품고 있는 상태였다. 그녀는 외딴 오두막에 이전까지 듣도 보도 못한 기상천외한 덫을 설치했다. 모든 방향에 뾰족한 화살을 장전한 석궁을 배치하고는, 방 가운데에는 소년상을 놓아두고 아주 교묘하게 석궁과 연결해 두었다. 누군가가 소년상을 아주 조금 움직이기만 해도 활시위가 당겨져 석궁이 발사되고 화살이 튀어나와 목표물을 관통하도록 설치되었다.

　아들의 일에도 불구하고 피넬라는 항상 왕을 웃는 얼굴로 대했고 아첨과 사탕발림으로 왕의 환심을 얻었다. 어느 날 키나드 2세가 사냥하러 나갔을 때 피넬라는 그를 발견하고는 바로 무릎을 꿇고는 자신의 집에 꼭 한 번 들러 달라고 간곡히 애원했다. 자신의 아들은 벌을 받아 마땅했다고 딱 잘라 말했다. 만약 키나드 2세가 방문해 주지 않는다면 자신에게 앙심을 품은 자들이 자신의 충성심을 모욕하는 말을 왕에게 잘못 전달해 왕이 자신을 내칠지도 모른다는 두려움에 시달릴 것이라고 읍소했다. 그리고 왕을 확실히 속이기 위해 왕에 대한 음모를 꾸미는 자들의 이름을 가르쳐 줄 수 있다고 귀에 속삭였다. 키나드 2세는 완전히 속아 넘어가서 피넬라의 집 안으로 들어갔고 비밀이 새어 나가지 않도록 문을 꼭 닫았다.

　집에 들어오자마자 키나드 2세는 소년상에 매료되었다. 피넬라는 소년상의 머리를 만지면 신기하고도 재미있는 일이 벌어질 것이라고 이야기했다. 결국 호기심이 왕을 죽음으로 내몰았다. 그는 소년상의 머리에 손을 대었고, 석궁에 설치된 지렛대와 손잡이가 움직였다. 사방에서 날아온 화살이 키나드 2세의 온몸에 꽂혔다. 외마디 비명도 지르지 못하고 키나드 2세는 즉사했다. 피넬라는 재빨리 뒷문으로 도망쳤고 한동안 종적을 감추었다. 바깥에 있던 왕의 수행원들은 아무런 인기척이 없자 결국 대문을 부수고 들어갔다. 그들은 키나드 2세의 시체를 발견하고서 피넬라를 찾아 사방을 뒤졌지만 아무 소용이 없었고, 마을 전체에 불을 질러 잿더미로 만들어 버렸다. 그 후 피넬라를 찾아냈지만, 전설에 따르면 피넬라는 항복할 바에야 자결하는 편이 낫다며 약 45미터 높이의 암석에서 몸을 던졌다. 일부 역사학자들은 키나드 2세가 암살된 것은 맞지만 지나치게 정교하게 설치된 덫은 상상일 뿐이라며 피넬라는 허구의 인물이라고 주장하기도 했다. 키나드 2세가 사망한 이후 대머리 콘스탄티누스가 콘스탄틴 3세로 즉위했고 키나드 2세의 아들 말콤과 함께 참전한 전투에서 목숨을 잃었다. 1005년, 말콤이 왕좌에 올랐고 29년간 통치를 이어 갔다.

🗡 암살 트렌드 보고서

로마제국과 중세시대에서 분석할 만큼 충분한 자료가 있는 암살은 34건이었다. 이 중 23건이 로마제국에서 발생했다. 로마에서 암살이 이렇게나 많이 발생한 이유는 기록이 잘되어서라기보다는 정권 교체를 위해 암살을 자주 활용했기 때문일 것이다. 중동이 4건으로 2위를 차지했고 영국에서 3건이 발생했다. 한 암살 공격에서 2명이 살해되었고 총 35명의 희생자가 있었다. 대다수가 왕족이었다. 거의 절반인 17명이 황제였으며 2명은 황제의 아들, 1명은 황제의 어머니였다. 이외에도 사실상 실질 권력을 행사하던 섭정 대리인이 1명, 반역 황제 1명, 로마 황위 계승 후보자도 1명 있었다. 로마제국 이외의 지역에서는 바츨라프를 포함하면 3명, 왕의 할머니 1명과 왕자 2명이 희생되었다. 종교와 세속 권력을 모두 쥔 희생자도 4명이 있었는데, 칼리프 3명, 교황 1명이었다. 또한 중요한 종교 인사인 고위 성직자 1명도 암살당했다. 총 35명 중 2명이 여성이었다. 로마에서 일어난 23건의 암살 사건 중 최대 15건이 황제에게 충성해야 하는 근위대나 군대에 의해 자행되었다. 총 34건 암살 중 전문 암살자를 고용한 경우는 3건으로 추정되며, 거의 모든 암살이 음모에 의한 것이었다. 단독 암살로 볼 수 있는 경우는 2건으로, 그중 하나는 시카리에 의한 것이었다. 고대와 비교했을 때 여성이 암살에 가담한 경우가 크게 늘었다. 5명의 여성이 암살을 주도했으며 3명은 직접 암살을 행했다.

알려진 바를 종합해보면 34건의 암살 사건 모두 은밀한 공간에서, 주로 친밀한 관계에서 일어났다. 근위대 말고도 많게는 3명의 가족 구성원이 직접 암살을 실행했다. 1~2명은 양자, 나머지 1명은 형제였다. 음모를 꾸민 주동자 중에서는 형제가 2명, 부인이 2명, 아들과 할머니, 의붓어머니와 며느리가 각각 1명이었다. 암살자나 주동자 중 3명이 시종이었고 집사와 비서관이 각각 1명씩 있었다. 요한 8세 교황은 교단 사람에게 살해당했을 것이다. 많게는 11명의 로마 황제가 암살 주동자였다. 그러나 자신의 손에 직접 피를 묻힌 사람은 발렌티니아누스 3세이고, 칼리굴라도 의혹은 있다. 626년 중국에서는 당 태종 이세민이 세자 시절에 지지 세력의 도움을 받아 두 형제를 죽였다.

왕권에 대한 야망이 암살 동기인 경우가 전체 암살 중 절반을 차지하는 17건으로 가장 지배적이었다. 다음으로 8건의 암살은 분노나 원망 때문에 발생했다. 화를 북돋우는 행동이나 귀족층에 대한 탄압, 적군이 수당을 받는 모습을 목격하거나, 약탈을 금지당하는 등의 일이 분노의 원인이었다. 두려움도 또 다른 동기였다. 7건의 암살이 살해나 처벌, 정변에 대한 두려움 때문에 일어났다. 로마 황제 플로리아누스가 이끌던 군대가 276년 군사적 우위에 있던 적군이 두려워 저지른 암살도 두려움 때문이었다. 이 경우 암살은 선제공격에 가까웠다. 4건의 암살이 돈 때문에 발생했고 3건이 반란 혹은 민족 해방을 위해 일어났으며 2건은 복수심 때문에, 1건은 종교적인 이유로 발생했다. 정확한 암살 방식이 알려진 24건의 암살 중 16건은 칼로 목표물을 제거했고, 그중 하나는 독이 묻은 칼을 사용했다. 적어도 3건이 독살, 2건이 교살, 1건이 질식사였다. 독살과 몽둥이질로 암살한 경우가 1건, 활과 화살을 이용한 경우가 1건이 있었다. 앞서 살펴보았듯이 키나드 2세는 독창적인 발명품으로 목숨을 잃었다.

　　암살자와 주동자의 운명에 관해서도 알아보자. 군인들이 로마 황제를 살해한 경우 대부분 큰 처벌 없이 넘어갔다. 그러나 193년 페르티낙스 황제를 살해한 군인들은 후계자가 황위에 오른 후 처단되었다. 이외에도 처벌을 모면한 이가 3명이 있었고 단순히 추방으로 끝난 경우도 1건이었다. 4명은 자결했다. 네로 황제의 경우 어머니가 암살되고 9년 후에 암살자가 스스로 목숨을 끊었다. 5명이 처형당했고 정의가 구현되기까지 오랜 시간이 걸린 경우도 있었다. 독살 전문가인 로쿠스타는 14년이 지난 후에야 형이 집행되었다. 현장에서 사살당한 사람은 1명이었다. 5명의 경우 암살한 그해에 사형에 처해졌고 또 다른 6명은 6년 이내에 처형당했다.

　　때로는 암살 이후 거대한 전리품이 따라오기도 했다. 당 태종 이세민은 암살 후 즉위하여 위대한 황제로 역사에 남았고 평화롭게 자연사한 것으로 추정된다. 선한 왕 바츨라프의 암살 배후로 지목받는 볼레슬라프는 30년 이상 통치했다. 반면 통치자가 암살당한 후 후계자가 1년도 채 통치하지 못한 경우가 19건이었다. 그러나 통치 기간이 길었다고 해서 국정 운영이 성공적이었던 것은 아니다. 준비되지 않은 왕 애설레드는 35년 이상 각종 수모를 겪으며 살아남았지만 재위 시절은 전쟁과 모욕으로 얼룩졌다. 적어도 9건의 경우 암살 후 전쟁이나 심각한 사회적 혼란이 뒤따랐다. 물론 이 중 7건은 이미 암살 전에도 사회적 소요가 있었다.

암살자가 소기의 목적을 달성했는가에 관해서 고대 세계와 비교하면 실패가 성공보다 많았다. 로마와 중세시대에 일어난 암살 중 15건이 성공했다고 볼 수 있으며, 그럭저럭 만족할 만한 성과를 거둔 경우가 5건이었다. 13건은 대실패로 끝났고, 1건은 실패였다고 평가할 수 있다.

더럽혀진 기사도 정신
배신으로 얼룩진 기사도의 시대

✒ 어새신의 기원

암살자를 뜻하는 영어 단어인 어새신assassin의 기원은 13세기로 거슬러 올라간다. 탐험가 마르코 폴로는 여러 토착민에게서 물레헤트라는 나라에 사는 알로아딘이라는 산중 노인에 관해 이야기를 들었다고 기록했다. 그곳은 산봉우리와 골짜기로 둘러싸인 곳으로, 노인은 지금까지 본 것 중 가장 우아한 정자와 궁궐을 세우고 넓은 정원을 꾸몄다. 그곳에는 포도주와 우유, 꿀이 강처럼 흘렀으며 모든 종류의 과일을 맛볼 수 있었다. 그중에서도 가장 매력적인 점은 세상에서 가장 아름다운 여성과 처녀가 온갖 종류의 아름다운 악기를 연주하며 달콤한 목소리로 노래를 부르고 바라보기만 해도 황홀한 춤사위를 선보인다는 것이었다. 알로아딘은 이슬람 선지자 마호메트가 묘사한 천국의 모습을 본떠 골짜기를 설계했다.

정원은 어떠한 외부 세계의 침입도 막아 낼 수 있을 만큼 강력한 요새이기도 했다. 알로아딘의 초대를 받아야만 들어갈 수 있었는데, 알로아딘은 '하시신'이 될 만한 사람만 초대했다. 이 산중 노인은 군 생활에 소질이 있는 젊은이나 순진한 시골 청년들에게 몰래 수면제를 먹여 자신의 궁궐로 데려왔다. 잠든 청년을 골짜기에 데려다 놓으면 그는 잠에서 깨서 천국에 있다고 착각했다. 그리고 수많은 미인에 둘러싸여 만족할 때까지 즐겁게 놀며 자신이 꿈꿔 온 모든 환상을 충족했다. 그러면서 정원에 영원히 머물 수 있기를 간절히 바랐다. 바로 그때 청년에게 다시 수면제를 투여했다. 잠에서 깼을 때는 황홀경은 사라지고 알로아딘의 궁궐에 있는 자신을 발견했다. 현실로 돌아온 청년은 알로아딘에게 머리를 숙이며 그를 위대한 예언자라 칭송했고 마호메트가 설명한 천국을 맛보았다며 자신이 경험한 이야기를 털어놓았다.

알로아딘은 쉽게 마음이 흔들릴 만한 청년들을 모아 놓고 천국에 대한 경험을 들려주어 천국에 가고 싶다는 욕망에 불을 지폈다. 그리고 "천국으로 가는 표를 얻고 싶다면 지금 어디로 가서 누구누구를 죽이고 돌아오라. 무사히 귀환한다면 나의 천사들이 그대들을 천국으로 인도하리라."라고 말했다. 전하는 이야기에 따르면 하시신 활동을 끝내기만 하면 임무 중 전사하든, 살아서 돌아오든, 약속한 바대로 보상받았다. 따라서 알로아딘은 눈에 거슬리는 인물을 손에 피 한 방울 묻히지 않고 제거할 수 있었다. 실제로 왕자들도 알로아딘에 대한 두려움으로 그의 권위에 절대 복종했고, 그는 같은 방식으로 자신의 심복을 파견해 다마스쿠스와 쿠르디스탄 지역도 손에 넣었다.

생동감 넘치고 흥미로운 이야기이긴 하지만 이를 뒷받침하는 신뢰할 만한 이슬람 자료는 존재하지 않는다. 최근에는 산중 노인 일화의 주인공이 이슬람교 이스마일파 신학자이자 선교사였던 하산 에 사바흐라고 여겨진다. 1090년, 하산 에 사바흐는 당시 셀주크제국 소속이던 요새 수비대를 물리치고 오늘날 이란 지역의 알보르즈 산에 위치한, 독수리 둥지라는 뜻을 지닌 천연의 요새 알라무트를 점령했다. 마르코 폴로가 기록한 다소 선정적 이야기와는 대조적으로 하산 에 사바흐는 엄격하고 검소한 생활을 했으며 국정 운영도 금욕주의에 기반을 두었다. 예를 들어 하산 에 사바흐는 만취했다는 이유로 아들 한 명을 처형하기도 했다. 오늘날 암살자를 뜻하는 어새신이나 하시신hashishin의 기원이 대마초를 뜻하는 하시시hashish에서 비롯하기는 했지만, 실제로 하시신이라 불린 암살자들이 환각제를 복용한 상태에서 암살 임무를 수행했다는 증거는 없다. 이는 적군들이 퍼뜨린 비방일 가능성이 높다. 다만 하시신이라는 단어는 계속 살아남았다. 14세기에는 단테가 전문적으로 살인을 행하는 자를 가리킬 때 사용했고,

17세기에는 셰익스피어가 《맥베스》에서 던칸의 죽음을 묘사하며 사용했다. 단어의 기원과 연관성이 어찌 됐든 하시신은 실제로 존재했으며 그 영향력은 대단했다.

마르코 폴로가 15세기에 쓴 《동방견문록》으로 산중 노인이 하시신에게 약물을 먹인다는 이야기가 퍼져 나갔다.

    사실 하시신은 이슬람교 종파 간의 적대 관계 때문에 생긴 것이었다. 8세기에 시아파에서 이스마일파가 분리되어 나왔다. 이스마일파는 이집트에 새로운 왕조를 세우는 데 성공한 파티미드 왕조가 이끌었으며 바그다드에 근거지를 둔 수니파 아바스 왕조의 이슬람 세계에 대한 지배권을 빼앗는 것이 목표였다. 그러나 1094년에 이스마일파는 계승권을 두고 분열되었고, 그중 한 분파가 선왕의 장자인 니자르를 지지하던 니자르파였다. 이스마일파의 창시자인 하산 에 사바흐는 교리에 감명을 받았든, 혹은 당시 중동 전역을 다스리던 수니파 셀주크 왕조에서 독립을 꾀했든 간에, 호의적인 지방 유지의 도움으로 세력을 확장했다. 그 결과 오늘날 이란과 이라크 전역을 아울러 통치했다. 또한 적군의 진지나 도시에 비밀 요원을 파견해 오랜 시간 잠복하며 정찰한 후 궁극적으로 암살 임무를 수행하게 했다. 그가 이끌던 하시신

은 전문적으로 훈련받은 덕에 아
무도 눈치채지 못할 만큼 완벽하
게 작전을 수행했고, 암살을 예
술로 승화시켰다고 평가받기도
했다.

12세기 시리아에서 하시신이 발행한 동전.

하산 에 사바흐의 수하들은
꽤 많은 이슬람교도를 죽였다.
하시신 요원은 조건 없는 복종으로 자신의 목숨을 기꺼이 바쳤
다. 게다가 장거리 이동에도 철저히 대비했기에 실질적으로 이슬
람 세계 어디에서나 적을 해치울 수 있었다. 하시신의 첫 거물급
희생양은 위대한 재상이자 초대 총리로 알려진 니잠 알물크였다.
니잠은 이란 지역에서 셀주크 왕조의 영향력을 잇고 있었다. 관
용으로 널리 알려진 그는 명망 있는 학자로 학교와 요양 시설을
설립하고 빈민층에게 생계비를 나눠 주었다. 그에 반해 시아파나
이스마일파에게는 지나치게 적대적이었다. 1092년, 니잠은 이스
파한에서 바그다드로 향하는 도중 나하반드 근처에서 수피교 신
비주의자를 가장한 하시신 일원에게 살해당했다. 암살자가 광신
도였던 것은 당연했다. 한편 하산이 술탄의 통치 지역 내 니잠의
정치적 반대파와 손을 잡고 제거했다고 전해지기도 한다.

그로부터 4년 후, 유럽인들은 성스러운 땅에 기독교 왕조를
세우기 위해 제1차 십자군을 파견했다. 역사가 월터 스콧 경에 따
르면 관용, 의협심과 흠결 없는 명성이 있어야만 완벽한 기사가
될 수 있었던 시기에 십자군 원정은 기사도 정신을 알리기에 적
합한 대규모 사업이었다. 그 당시에는 명예가 부보다 더욱 인정
받는 가치였으며, 짧은 말이 천금과 같은 무게를 가지는 시기였
다. 하시신에게 십자군은 이교도이긴 했으나 수니파 이슬람교도
를 혐오하는 것과 크게 다르지 않았다. 실제로 십자군이 개입하

자 다른 이슬람교 내 경쟁자들은 외부의 적을 배척하느라고 하산에게 관심을 돌릴 수 없었다. 그사이 하산은 세력을 확장하며 어부지리를 얻었다.

또한 우연이든 필연이든 하산 세력은 서구 십자군에도 도움이 되었다. 1103년에 툴루즈 백작 레몽 4세가 홈스 지역에서 총독 소유의 성을 포위했을 때 하시신 일원 세 명이 사원에서 걸어 나오는 총독을 제거했고, 1113년에는 하시신이 막강한 영향력을 행사하던 모술 지역의 지배자 마우두드를 다마스쿠스 지역의 이슬람 대사원에서 제거했다. 여기에도 정적이 개입된 것이 아니냐는 의심이 불거졌다. 십자군 역사의 거장인 스티븐 런시만 경은 하시신의 부상으로 인해 이슬람 세계가 단결해서 십자군에 대응할 수 없었고 이는 재앙이었다고 기술했다. 하산은 근거지인 알라무트에 대한 셀주크 왕조의 지속적인 공격을 마지막 포위가 해제된 1118년까지 8년 내내 막아 내야만 했다. 그로부터 6년 후 하산은 침대에서 평화롭게 임종을 맞이했다. 그러나 하시신들도 암살을 피할 수 없었다. 1129년 다마스쿠스의 총독은 하시신의 뒤를 봐주고 있던 주요 후견인을 살해한 후 폭동을 일으키게 조종했고, 군중이 눈에 띄는 하시신을 모조리 죽이도록 부추겼다.

십자군이 가장 두려워했던 인물은 적군에게 살라딘으로 불린 수니파 지도자, 살라흐 앗딘 유수프 이븐 아이유브였을 것이다. 그는 1187년에 예루살렘을 탈환하면서 8년 동안의 십자군 통치를 끝냈다. 살라딘은 오늘날 튀니지부터 예멘, 터키와 이란에 이르는 지역까지 영토를 확장했고 십자군의 근거지를 일부 연안 지역으로 몰아서 영토를 축소시켰다. 살라딘 이야기는 과장된 면이 있기는 하다. 그러나 십자군이 예루살렘을 정복했을 때 지역 주민들을 학살한 것과는 달리, 살라딘은 예루살렘을 탈환한 후 십자군을 모두 살려 주었다. 십자군은 이슬람교에서 세 번째로 성스럽게 여기는 알아크사 사원을 마구간으로 사용하며 더럽혔지만, 살라딘은 기독교 교회를 존중했다. 14세기 이탈리아의 대작가 조반니 보카치오는 살라딘을 신사의 표본이며 빛나는 성품을 가진 인물이라고 표현했고, 단테는 로마와 트로이의 영웅과 견주어 그를 높이 평가했다. 약 8세기가 지난 후 영국에서는 자국의 장갑차에 살라딘이라는 이름을 붙이기도 했다.

툴루즈 백작 레몽 4세.

1170년대에 하시신은 살라딘에 대한 암살을 수차례 시도했다. 당시 하시신파 시리아 교구의 지도자는 산중 장로라 불린 라시드 앗딘 시난이었다. 첫 암살 시도는 살라딘이 1175년 알레포 지역을 포위하고 있을 때였다. 그러나 지역 총독이 하시신 측에서 살라딘을 암살하기 위해 요원을 파견했다는 것을 알아채면서 시도는 좌절되었다. 하시신은 총독과 살라딘 수행원 몇몇을 살해하기는 했으나 목표물인 살라딘에게는 접근조차 하지 못했다.

살라딘이 아자즈 지구를 포위하고 있을 때 하시신은 마침내 살라딘 군대로 침투하는 데 성공했다. 살라딘이 용감하게 맞서 싸운 자신의 병사를 치하하며 부대를 돌아다닐 때, 한 하시신이 단도를 꺼내 살라딘을 찔렀다. 그러나 살라딘은 촘촘한 갑옷을 입고 있었기 때문에 단도가 튕겨 나가 겨우 목숨을 구할 수 있었다. 살라딘은 즉각 범인을 땅으로 내동댕이쳤고 수비대가 그를 처리했다. 그 후에도 하시신은 세 차례나 더 암살을 시도했다. 그 과정에서 수많은 지역 지도자들이 희생되었지만 살라딘은 암살자들을 모두 무찔렀다. 암살 시도가 계속되자 살라딘은 철저한 대비책을 마련해 극도로 조심하기 시작했다. 나중에는 줄로 된 사다리로만 출입할 수 있는 목조탑에서 잠을 잤다.

살라딘이 시리아 지역의 교주 시난이 지배하던 마시아프를 포위하고 공세를 이어 가고 있을 무렵, 어느 날 밤 살라딘은 갑자기 잠에서 깨어나 오직 하시신만이 구울 수 있는 케이크가 침대맡에 놓인 것을 발견했다. 베개 옆에는 독이 묻은 단도와 함께 '네 목숨은 우리에게 달려 있다.'라는 쪽지가 꽂혀 있었다. 살라딘은 이렇게 삼엄한 경비를 완벽히 뚫을 수 있는 사람은 교주 시난 밖에 없을 것이라 짐작했다. 불안해진 살라딘은 시난에게 용서를 구하는 서한을 보내 신변만 보장해 준다면 다시는 하시신과 전쟁을 하지 않겠다고 약속했다. 그러자 시난은 살라딘에게 기회를

| 19세기 귀스타브 도레가 그린 위대한 살라딘.

한 번 더 주었고 살라딘도 약속을 지켰다.

1152년에 하시신의 손에 가장 먼저 무너진 십자군은 오늘날 레바논을 다스리던 트리폴리의 백작 레몽 2세였다. 레몽 2세는 당시 예루살렘의 젊은 왕인 보두앵 3세의 이모였던 오디에르나와 결혼했다. 오디에르나는 미모의 연인이었으나 도도하며 고집이 셌고, 레몽 2세는 질투심에 사로잡혀 오디에르나의 외도를 의심해 궁에 가두어 두려 애썼다. 오디에르나의 언니이자 예루살렘 왕의 어머니인 멜리장드는 트리폴리로 직접 찾아가 동생 부부를 화해시키고 오디에르나와 예루살렘에서 며칠간 휴가를 즐기겠다며 매부인 레몽 2세를 설득했다. 레몽 2세는 남쪽으로 가는 길에 그들과 잠깐 동행하다가 집으로 돌아왔다.

그런데 도시 외곽에 도착해 도심으로 완전히 진입하기 전, 하시신 일당을 만나 공격당했다. 하시신은 곧장 그를 칼로 찔러 죽이고 함께 있던 기사 두 명의 목숨도 끊어 놓았다. 공격은 눈 깜짝할 사이에 일어났고 범인들도 순식간에 달아났기에 레몽 2세의 경비대가 손쓸 시간이 없었다. 격노한 경비대는 미친 듯이 거리를 뛰어다니며 눈에 띄는 모든 이슬람교도를 학살했다. 레몽 2세를 암살한 이유는 명확하지 않으나, 일각에서는 1169년 십자군이 세운 예루살렘의 왕을 만나고 돌아가던 하시신 측 특사들을 템플기사단이 기습 공격해 모조리 숙청한 사실을 강조하기도 했다. 레몽 2세가 하시신이 극도로 경멸하고 철천지원수라고 여기는 템플기사단을 도왔기 때문에 암살당했다고 추정한 것이다.

하시신이 십자군을 살해한 경우는 드물기는 하지만, 1192년 몽페라의 콘라드 후작은 예루살렘의 왕으로 뽑혔다는 소식을 듣자마자 티르 지역에서 암살당했다. 콘라드 후작은 차기 왕으로 선출됐다고 전달받은 후 그 자리에서 무릎을 꿇고 신에게 왕이 될 자격이 없다면 이 영광을 거두어 가도 좋다고 기도했다고 한다. 그리고 보베의 주교였던 친구와 함께 저녁 식사를 하러 떠났다. 콘라드 후작이 집으로 돌아오는 길에 모퉁이를 돌자마자 갑자기 남자 두 명이 나타났다. 한 사람은 서류를 읽어 보라며 건넸고 다른 한 사람은 그를 칼로 찔렀다. 얼마 지나지 않아 콘라드 후작은 숨을 거두었다. 그를 죽인 남자 중 한 명은 경비병들이 현장에서 난도질하여 바로 살해했고 다른 한 명은 뒤를 쫓아 체포했다. 처형 직전에 범인은 하시신의 지도자 시난이 자신들을 보냈다고 자백했다. 알고 보니 두 암살자는 티르에 머무르며 때가 오기를 기다렸고 심지어는 머무는 동안 세례까지 받았다. 일부는 살라딘이 배후에 있었다고 주장하고, 다른 이는 또 다른 왕위 후보자였던 사자왕 리처드 1세가 꾸민 일이라 주장했다. 이외에도 하시신이 구매한 화물이 두둑하게 들어 있던 선박을 콘라드 후작이 압류해 시난이 화가 나서 암살했다는 주장도 있다. 그러나 이 사건 역시 의문점이 많았다. 단순히 레바논 연안 지역에서 십자군 세력이 점점 강력해지자 이를 위협으로 여겨 콘라드 후작을 제거했다고 추정하기도 했다.

어느 쪽이든, 콘라드 후작 암살 사건이 하시신과 십자군 사이의 유대 관계를 해치지는 않은 것으로 보인다. 2년 후, 콘라드 후작을 대신해 샹파뉴의 앙리 백작이 예루살렘의 통치자로서 왕좌에 올랐다. 하시신의 수장 시난이 1193년에 평화롭게 세상을 떠난 후 시난의 후임은 콘라드 암살 사건에 대해 사과했다. 그에 대한 보상으로 앙리 백작이 이름을 대기만 하면 원하는 사람을 암살해 주겠다고 약속하며 새로운 예루살렘의 왕으로 인정하고 깍듯하게 예우했다. 그러나 여전히 십자군에 대한 암살은 조금씩 계속되었다. 때로 적대 관계에 놓인 기독교인들이 암살을 주동하기도 했다. 13세기 초, 하시신은 노선을 변경해 구호기사단에게 조공을 바치며 그들의 요청으로 암살 임무를 수행했다. 1213년에는 보에몽의 장남 레몽과 안티오크의 왕자, 트리폴리 백작이, 그리고 이듬해에 예루살렘의 총대주교 알베르토가 암살당했다. 다만 알베르토 주교의 경우에는 경쟁 구도에 있던 또 다른 기독교인인 성령회 전임 병원장이 종교 행진에 참여하던 주교를 칼로 찔러 죽였다고도 한다. 알베르토 주교가 성령회 병원장의 범법 행위를 이유로 직위를 해제한 전적이 있었기 때문이다.

하시신은 사냥감을 찾아 이리저리 누비던 몽골인에 의해 결국 몰락했다. 칭기즈칸 대왕이 사망한 이후, 아들 차가타이는 이란의 일부 지역을 포함해 아버지가 정복한 땅을 나누어 상속받았는데, 자신의 지역에서 각종 이슬람교 관습을 모두 금지했다. 이에 대한 보복으로 하시신은 그를 암살했다. 몽골인들은 격노하여 더 이상 지배 지역에 대한 존중은 불가능하다고 결론내렸다. 그 와중에도 하시신은 살아남았지만, 1256년에 차가타이의 조카인 훌라구가 군대를 이끌고 하시신의 근거지 수십 군데를 차지하고 핵심 지역인 알라무트를 포위했다. 하시신의 교주는 항복했으나 하시신이 신도들 사이에 맹목적인 믿음을 효과적으로 전파한 덕분에 성주는 끝까지 항복을 거부했다. 결국 몽골은 성을 급습해서 점령했다. 이 와중에 하시신의 교주는 훌라구의 사촌 몽구를 찾아가 더 나은 조건으로 협상을 벌이려 했다. 몽구는 교주의 귀에 벼룩을 넣어 집으로 돌려보내고 돌아가는 길에 교주와 그의 수행단을 모조리 살해했다. 그리고 훌라구에게 더 강경한 노선을 취하라고 조언했다. 그 이후 몽골은 하시신의 마을을 점령할 때마다 지역 주민을 모조리 학살하여 초토화시켰다. 그리고 하시신 교단의 일원들을 인구조사라는 명목하에 소집한 후 잔인하게 죽였다. 하시신의 일부 원로 인사들은 과부가 된 차가타이의 부인에게 보내졌고 부인은 원하는 방식대로 그들을 살해했다.

1257년 말, 이란 지역의 하시신은 극히 소수만이 도망쳐 산속에서 살아가며 목숨을 부지했다. 그 후로부터 15년 이내에 하시신의 시리아 성도 무너져 내렸다. 그러나 그 와중에도 하시신은 암살을 멈추지 않았다. 1270년, 어떤 하시신 일원은 기독교인으로 개종한 것처럼 위장해 티르 지역의 예배당에서 십자군인 몽포르 남작 필리프를 암살하는 데 성공했다. 2년 후에는 나중에 잉글랜드 왕이 되는 에드워드 1세를 아크레 지역의 막사 안에서 독을 묻힌 단도로 찔렀다. 그러나 스코틀랜드의 망치라는 별명을 가진 에드워드 1세는 기독교로 개종한 척 위장한 하시신을 죽이는 데 성공했다. 그는 몇 달간 병상 신세를 지고 회복했다.

기독교인들도 이슬람 적군을 처리하기 위해 암살을 활용했다고 알려져 있다. 1146년에 바스라와 모술, 알레포를 모두 다스리던 통치자 이마드 앗딘 장기는 십자군에 대항해 처음으로 역습을 실행한 이슬람 지도자였다.《다마스쿠스 연대기》를 쓴 동시대 역사가 이븐 알칼라니시에 따르면 장기는 특별히 아끼며 곁에 두었던 야란카시라는 서유럽 출신 노예에게 살해당했다. 야란카시는 술을 마시고 인사불성이 된 장기를 찔러 죽였다. 야란카시는 현장에서 도망치는 데는 성공했으나 곧 붙잡혀 장기의 아들에게 넘겨졌고, 곧 사형당했다. 역사가 이븐 알칼라니시는 야란카시가 종교적이거나 정치적인 동기로 암살했다는 데 의구심을 품었고, 숨은 원한 때문에 주인을 살해했을 것이라 기술했다. 속설에는 장기가 자신의 술잔을 사용했다며 야란카시를 꾸짖자 불만을 품었다고 전하기도 한다.

십자군은 위대한 기독교 기사들의 여정이라는 공동의 대의하에 힘을 합하는 것이 원래 목표였으나, 원정을 떠난 기사들은 하시신의 도움 없이도 서로를 제거하는 데 소질이 있었다. 1134년, 야파 지역을 다스리던 위그 뒤 퓌제 백작은 주사위 놀이를 하다가 예루살렘의 거리에서 브르타뉴 기사의 칼에 찔렸고 그 자상으로 목숨을 잃었다. 위그는 용모가 뛰어난 젊은 청년으로 누구에게나 친절했다. 특히 사촌인 멜리장드에게 지나칠 만큼 친절한 모습을 보이기도 했다. 멜리장드는 앞서 살펴본 레몽 2세와 오디에르나를 화해하게 한 예루살렘의 왕 풀크 5세의 부인이었다. 위그와 멜리장드가 너무 친하게 지내자 위그와 풀크 5세의 사

3장 더럽혀진 기사도 정신

101

이가 완전히 틀어져 위그는 잠시 이집트를 떠나 있어야 했다.

이 시기에 위그는 시아파의 파티미드 왕조와 친분을 쌓고 동맹을 맺었다. 그렇다면 누가 브르타뉴 기사를 부추겨 위그를 죽인 것일까? 풀크 5세가 암살자를 법정에 세우고 사형에 처하기는 했으나, 많은 이들은 풀크 5세가 배후라고 지목했다. 그렇다고 해서 위그의 적이 풀크 5세만 있었던 것은 아니었다. 10대 후반에 위그는 10대 쌍둥이 아들 둘을 둔 부유한 과부와 결혼했는데, 의붓아들들은 위그를 증오해서 끊임없이 험담을 하고 다녔다. 또한 십자군 원정대의 많은 기사들이 위그가 이집트인들과 연합한 데 불만을 품기도 했다.

✒ 신뢰와 복종이 미덕인 배신자들

많은 암살 사건이 4000년보다 이전에, 혹은 적어도 이집트 파라오 시대 이후로 권력의 최정상, 즉 왕위를 두고 경쟁하는 과정에서 발생했다. 그러나 이번 장에서 신뢰와 복종이 미덕인 기사도의 시대에 얼마나 많은 배신이 일어나고 약속이 깨졌는지 살펴보면 놀라움을 금치 못할 것이다.

15세기 초반, 영국과 백년전쟁을 벌이던 당시에 '미치광이왕' 샤를 6세가 프랑스를 통치하고 있었다. 샤를 6세의 무능함으로 인해 그의 남동생인 루이 1세 오를레앙 공작과, 투르크족과의 전쟁에서 보여 준 용맹한 행동으로 용맹공 장이라고도 불린 조카 장 1세 부르고뉴 공작이 지배권을 두고 권력 투쟁을 벌였다. 1405년에 장 1세는 당시 왕세자였던 샤를 6세의 아들을 납치했다. 그러나 곧 루이 1세와 그의 정부라는 소문이 있던 왕비가 왕세자를 다시 데려왔다. 여성 편력으로 명성이 자자했던 루이 1세는 장 1세의 부인도 유혹하려 했으나 부인이 거절하자 강간까지 시도했다. 루이 1세와 장 1세의 적대감이 극에 치닫자 많은 이들이 내전으로 확대될 것을 우려할 정도였다.

그러다가 1407년 11월, 극적인 화해가 이뤄졌다. 루이 1세가 건강이 악화됐다가 회복했을 때 장 1세가 축하 인사를 건넸다. 둘은 같은 교회에서 미사도 함께 드렸고 마침내 한 연회에서 서로를 끌어안으며 우정을 맹세하기도 했다. 그러나 루이 1세는 자신에게 다가오는 배반의 그림자를 알고 있었을까? 장 1세는 그 전해 6월 파리에 집을 하나 장만하고 라울 당케통빌이라는 이름의 노르만족 기사가 이끄는 불한당을 포섭해 그곳에 머무르게 했다. 11월 23일 저녁, 루이 1세는 여왕과 만나고 있었는데 긴급한 일이 있으니 빨리 돌아오라는 국왕의 소환 명령을 받았다. 사실 장 1세가 보낸 가짜 서한이었다. 루이 1세는 대여섯 명의 수행원만 데리고 급히 출발했다. 들뜬 기분으로 나선 그는 채 200미터도 가지 않아 라울 당케통빌의 무리인 가면을 쓴 남자 여덟 명에게 공격을 당했다. 수행원 한 명이 목숨을 잃었고 두 명은 중상을 입었으며 나머지는 줄행랑을 쳤다. 목격자에 따르면 괴한들은 루이 1세의 머리를 둘로 쪼갰고 그가 말에서 떨어지자마자 매트리스를 털듯이 두들겨 팼다고 한다. 괴한 무리는 체포되기 전에 뿔뿔이 흩어졌다.

장 1세는 잔혹한 살인 사건에 경악하며 루이 1세의 장례식에서 관을 직접 옮기기까지 했다. 그러나 의심의 화살이 그를 향하자 자신이 루이 1세의 살인 사건을 주도했다고 인정했다. 장 1세는 파리를 떠났고 당케통빌에게는 두둑한 포상을 건넸다. 그리고 1408년에 자신의 행위는 왕과 국가를 지키기 위한 것이었으며 루이 1세가 흑마법을 통해 샤를 6세를 제거하려 했다고 주장했다. 샤를 6세는 즉각 장 1세를 사면했다. 그런데 장 1세와 왕세자 중 누가 왕위를 이을 것이냐를 두고 궁궐 내에서 논쟁이 이어졌다. 1418년, 이번에는 왕세자가 파리에서 도망쳐야 했다.

이듬해 장 1세와 왕세자는 평화협정을 체결했다. 두 달 후, 둘은 파리에서 70킬로미터 정도 떨어진 몽트뢰에 있는 다리에서 만나기로 약속했다. 양측은 작은 부대 규모의 수행단과 함께 만났으나 장 1세는 다음 만남에 강한 의구심을 품었다. 왕세자가 장 1세에게 얼굴을 비출 것을 요청하며 세 번이나 특사를 보냈지만 장 1세는 모두 거절했다. 네 번째로 요청한 끝에 1419년 9월 10일 장 1세는 각자 열 명의 수행원만 동행하여 만나기로 했다. 양측 모두 신사적으로 행동할 것을 맹세했다. 장 1세가 왕세자 앞에 무릎을 꿇고 충성을 약속했으나 그 순간 싸움이 일어났다. 왕세자의 수행원이었던 탕귀 드 샤스텔이 장 1세를 도끼로 찍어 쓰러뜨렸고 나머지가 마무리 작업을 했다. 그 과정에서 장 1세의 수행원 둘도 살해당했다. 일각에서는 왕세자가 장 1세에게 공격을 당할 수도 있다는 경고를 미리 주었다고 하고, 한편에서는 장 1세가 전혀 예상치 못한 공격을 받았다고 주장했다. 확실한 것은 거사를 치른 후 탕귀에게 적지 않은 보상이 주어졌다는 점이다. 장 1세를 암살한 데에는 분명 정치적인 동기가 있었고, 암살 당시 그가 입은 상처가 12년 전 루이 1세가 입었던 상처와 비슷하다는 점을 고려했을 때 삼촌의 복수가 또 다른 동기로 작용했을 수도 있다.

15세기 스코틀랜드에서도 배반의 무대가 펼쳐졌다. 스코틀랜드 왕 제임스 2세는 가장 영향력 있는 귀족인 더글라스 백작과 그다지 사이가 원만하지 못했다. 1452년, 제임스 2세는 호위대까지 보내며 저녁 식사를 함께하자고 더글라스 백작을 스털링 성에 초대했다. 그러나 백작이 도착했을 때 제임스 2세는 갑자기 그에게 역모 혐의를 뒤집어씌우며 칼로 그의 목을 찔렀다. 궁정 신하들이 잔인한 방식으로 마무리 작업을 했는데 도끼로 더글라스 백

벨기에 브뤼헤. 1470년의 연대기에서 나온 것으로 추정되는 몽트뢰 다리 위에서 벌어진 용맹공 장의 암살 사건.

작의 머리를 깨 버렸다는 이야기도 전한다. 그로부터 8년 후 제임스 2세도 비참한 최후를 맞이하는데, 아내를 위한 향연에서 축포를 쏘아 올리려다가 폭발 사고로 목숨을 잃었다. 여담이지만, 제임스 2세의 아버지인 제임스 1세도 그보다 15년 전 퍼스에 위치한 궁에서 경쟁하던 다른 왕위 후보자의 지지 세력에게 목숨을 잃었다. 하수관을 통해 반대 세력에게서 도망치려 했으나 안타깝게도 그 며칠 전에 테니스공이 자꾸 하수관으로 빠진다며 막아 버리라고 명령한 바람에 도망칠 곳이 사라졌다고 한다.

기사도 시대에 기사도와는 거리가 먼 암살 사건이 또 하나 일어났다. 이번에는 왕위를 차지하기 위한 술수가 아닌 정치적 혁명을 위한 것이었다. 프랑스와의 백년전쟁에 참전한 것으로 알려진 와트 타일러는 켄트 출신의 평범한 타일공이었다. 당시 전쟁 비용을 조달하기 위해 잉글랜드의 에드워드 3세 정권은 심한 반발에도 불구하고 1377년 인두세를 도입했다. 마침내 1381년에는 불만이 고조되어 수만 명의 민중이 결집해 런던으로 향했다. 주로 켄트와 에식스 주민들로 구성된 이 민중의 난은 후에 1381년 농민 봉기로 알려졌으며, 켄트 주민들은 와트 타일러를 지도자로 추대했다.

런던에 도착했을 때 농민들은 더 많은 추종자를 모았고 농노제 폐지를 요구하는 등 다른 불만도 토로하기 시작했다. 감옥을 열어 수감자를 풀어 주었고 궁궐과 매춘업소에 불을 질렀다. 이 때문에 매춘업소를 운영하던 윈체스터 주교가 격노했다. 농민군은 변호사나 네덜란드 무역상 등 민중의 적을 처단하기 시작했다. 새로 왕좌에 오른 리처드 2세는 당시 14세에 불과했고, 대다수의 군대가 스코틀랜드에 주둔해 있거나 포르투갈에 파병 중이었다. 리처드 2세는 런던탑으로 피신했다. 6월 14일, 리처드 2세는 농민군과 회동하여 농노제 폐지, 저렴한 토지 공급, 농민들이 배신자로 느낀 권력자 처벌 등 그들의 모든 요구 사항을 수락했다. 특히 리처드 2세는 농민군이 악의 근원이라고 지목한 인두세의 주요 설계자인 재무장관 로버트 헤일스 경과 캔터베리 대주교를 런던탑에 가뒀다. 런던탑에 1000명이 넘는 군인들이 배치됐지만 농민군은 아무런 저지도 받지 않고 재무장관과 대주교, 성직자 두 명을 현장에서 참수해 런던교에 효수했다. 그렇다면 리처드 2세는 의도적으로 이들을 처리한 것일까? 이유가 무엇이든 리처드 2세는 자신이 한 약속을 담아 헌장을 새롭게 쓰기 시작했고,

에식스의 농민군도 해산했다.

　6월 15일, 리처드 2세는 켄트 농민군과 추가로 협의하기 위해 엄청난 규모의 수행단을 이끌고 스미스필드로 갔다. 와트 타일러는 평소와 다름없이 마부만을 데리고 왕을 만나러 나섰다. 타일러는 왕의 손에 가볍게 입맞춤하는 대신 꽤 과격하게 악수하며 "형님, 기운 내쇼."라는 다소 격식에 어긋나는 말을 건넸다. 그러고는 새로운 요구 사항을 줄줄이 내놓았다. 농노제 폐지는 물론이고 귀족의 특권을 모두 없애서 왕을 제외하고는 모든 이가 평등을 누릴 수 있게 해 달라고 주장했다. 그리고 교회 재산을 모두 몰수해 사람들에게 나누어 줄 것을 요구했다. 예상대로 리처드 2세는 모든 항목에 동의하며 타일러에게 안심하고 집으로 돌아가라고 했지만 타일러는 수상한 낌새를 느꼈다. 의견 교환을 마치자마자 왕의 신하들이 타일러를 포위했다. 런던 시장 윌리엄 월워스가 타일러를 칼로 찔러 말에서 끌어 내렸고 다른 왕실 수행원이 땅으로 떨어진 그를 마무리했다.

　나머지 농민군은 너무 멀리 있었기에 정확히 무슨 일이 벌어지고 있는지 파악하기 어려웠다. 처음에 농민군은 왕이 타일러에게 기사 작위를 수여하는 거라고 생각했다. 그러나 진위를 파악하는 도중에 농민군이 점점 동요하자, 어린 왕 리처드 2세는 놀라울 정도로 평정심을 유지하며 무리에게 다가가 "이제부터 내가 너희의 지도자다. 나를 따르라!"라고 소리치며 농민군을 근처의 들판으로 유인했다. 월워스는 정규군 몇몇과 함께 자원군을 꾸려 미리 병력을 강화했고, 영문을 모르는 농민군이 장소에 도착했을 때 군대가 그들을 둘러쌌다. 리처드 2세는 농민군에게 죄를 묻지 않겠으니 모두 집으로 돌아가라고 명령했다. 그리고 월워스에게 기사 작위를 내렸다. 농민군은 고향인 켄트로 가기 위해 줄을 지어 런던교를 건너며 말뚝에 걸린 타일러의 머리를 목격했다.

이후 월워스가 공포 정치를 선포하면서 런던에 남아 있는 반란군처럼 보이는 자들은 모두 즉결 처형의 대상이 되어 버렸다. 왕의 약속이 담긴 헌장은 한낱 종잇조각으로 전락했다. 리처드 2세는 태세를 전환해 농민군에게 "너희는 평생 노예로 살 것이다. 다만 이전과는 다른 방식으로 살 것이다. 과거보다 더 혹독한 삶을 살게 하겠다. 우리가 살아 있는 한, 신의 은총이 이 나라에 존재하는 한, 우리는 온 마음과 힘, 모든 자원을 동원해 너희를 억압할 것이고 노예의 혹독한 삶이 어떤 것인지 후대에 본보기가 되도록 너희를 가혹하게 대하겠다."라고 선포했다. 현실 정치의 측면에서 보았을 때 리처드 2세는 와트 타일러 암살에는 성공했을지 몰라도 그 후 내리막길을 걷기 시작했다. 1399년에는 왕좌에서 쫓겨나 이듬해 암살 혹은 아사로 생을 마감했다.

⚔ 쇼군 암살 사건

이념보다는 실리만 추구하는 현실 정치 때문에 기사도 정신이 더럽혀진 것은 유럽에만 국한된 일은 아니었다. 1441년, 당시 일본의 쇼군은 세습을 통해 무가 정권을 잡은 통치자를 의미했다. 쇼군이었던 아시카가 요시노리는 어느 날 연회에 초대받아 저녁 공연을 관람하다가 집주인에게 살해당했다. 그는 상류층 가문의 셋째 아들로 원래는 불가에 귀의하여 승려의 길을 걷고 있었다. 그러나 연이은 병마와 불운이 지배층을 휩쓸고 지나갔고 새로운 후계자를 뽑아야 하는 상황이 되었다. 그래서 하늘의 뜻을 반영하기 위해 전임 쇼군이 속한 아시카가 가문의 네 아들을 두고 제비뽑기를 해서 다음 쇼군을 뽑았다. 처음 쇼군으로 뽑혔을 때 요시노리는 불교 사원에 남고 싶다며 거절했다. 결국에는 이것도 신의 뜻으로 받아들여 복종해야 한다며 스스로 마음을 바꿔 쇼군의 자리에 올랐다.

요시노리는 국정 운영 능력은 뛰어났으나 화를 조절하지 못하여 다른 이들을 공포에 떨게 했다. 5년의 재임 기간에 80명의 상류층이 목숨을 잃었다. 사소하기 그지없는 일에 발끈하는 경우도 종종 있었다. 일례로 어느 사무라이는 맛없는 음식을 대접했다는 이유로 사형에 처해졌다. 이외에도 어린 남자 광대에게 푹 빠져 일본에서 가장 영향력 있는 집안의 우두머리였던 아카마쓰 미쓰스케 소유의 영토를 하사했다. 1441년 7월의 어느 날, 아카마쓰 가문은 성대한 연회를 열어 요시노리를 초대했다. 노能가 한참 공연되는 도중에 갑자기 무장 세력이 침입했고 그중 세 명이 요시노리를 붙잡아 머리를 베어 버린 후 못을 찔러 넣었다. 요시노리 일당이 반격을 시도했으나 모두 난도질당해 죽음을 맞이했다. 요시노리의 폭정에도 불구하고 동시대 귀족층은 그의 암살이 입에 담지도 못할 만큼 최악의 행위라고 비난했다. 이 사건으로 쇼군 체제의 근간이었던 충성심이 약화되었고 그 후 막부시대는 몰락의 길로 접어들었다. 무가 정권 사이에 길고 긴 권력 투쟁이 벌어졌고 결국에는 내전으로 이어졌다. 아카마쓰 미쓰스케는 전쟁에서 패했다는 소식을 들은 직후 일족과 함께 자결했다.

✦ 성당과 교회도 안전하지 않다

성당은 범죄자들조차도 안전하게 몸을 숨길 수 있는 성역이다. 그러나 기사도의 시대에는 가장 사랑받는 암살 장소이기도 했다. 1127년 재의 수요일, 플랑드르 백작 '선량공' 찰스 1세는 브뤼헤에 위치한 성 도나티아누스 성당에서 그가 자신들의 권세를 꺾어 놓을까 봐 두려워하던 에렘발드 가문에게 살해당했다. 사실 가누토 성인으로도 알려진 찰스 1세의 아버지 덴마크 왕 크누트 4세도 성당에서 암살당했다. 로버트 더 브루스는 1086년에 오덴세의 성 알반에서 일어난 반란 때문에 피란하다가 1306년에 스코틀랜드 왕이 되었는데, 덤프리스의 그레이프라이어스 교회에서 원수였던 존 코민을 만나서 칼로 찔렀다. 교회 수사가 코민을 보호하려 했지만 브루스 일행은 단도로 그의 목숨을 완전히 끊어 버렸다. 1478년에는 메디치 가문의 줄리아노 데 메디치가 피렌체 대성당에서 미사 도중에 열아홉 차례나 칼에 찔려 사망했는데, 교황의 사주에 넘어간 적대 관계이던 은행가 집안인 파치 가문이 공격의 배후에 있었다. 줄리아노의 형인 로렌초 데 메디치는 다행히 목숨을 건지고 부상만 입었다. 파치 가문의 공모자들은 메디치 가문이 지배하는 시대가 막을 내릴 것이라 기대했지만 예상과는 달리 피렌체 군중에게 오히려 자신들이 살해당했다.

성인을 기리는 축일도 암살 사건을 막을 수는 없었다. 1156년, 크리스마스에 스웨덴의 왕 스베르케르 1세는 예배를 보러 가다가 수행원 하나가 찌른 칼에 목숨을 잃었다. 왕위를 노리고 있던 망누스 헨릭손과 에리크 예드바르손이 암살을 꾸민 것이 아니냐는 혐의를 받았다. 사실 스베르케르 1세는 참으로 많은 우여곡절 끝에 왕위에 올랐다. 잉에 2세가 1125년에 생을 마감했을 당시 왕비인 울브힐드가 독살한 것이 아니냐는 추측이 난무했다. 항간의 소문에 의하면 왕비는 밀애를 나누고 있었는데 그 대상이 스베르케르 1세라고 짐작하는 이들이 있었다. 남편을 잃은 울브힐드는 자신보다 스무 살이나 많은 덴마크의 왕과 재혼했지만 행복한 결혼 생활은 아니었다. 결국 그녀는 스베르케르 1세와 도망치는데, 그가 왕실 혈통이 아님에도 불구하고 스웨덴의 국왕이 된 다음이었다. 울브힐드는 두 번째 남편이 1134년에 전장에서 죽자 스베르케르 1세와 결혼했다. 덕분에 스베르케르 1세는 군주로서 정당성을 높일 수 있었다. 그러나 이러한 난관 끝에 왕좌를 차지하고도 암살을 당했고, 그 후 에리크 예드바르손이 왕위에 오르며 에리크 9세가 되었다. 일각에서는 그가 교회를 박해했다고 주장하지만, 어쨌든 기독교 부흥에 기여했다는 평가를 받으며 성인이라는 칭호까지 얻었다. 그러나 4년 후 축하 미사를 드리고 교회를 떠나는 와중에 망누스 헨릭손이 보냈다고 추정되는 자객에게 급습을 당해 목숨을 잃었다. 그 후 망누스가 왕좌에 오르긴 했지만, 그도 이듬해 스베르케르 1세의 아들 찰스 7세에게 살해당했고, 찰스 7세 또한 1167년에 암살당했다.

하지만 이런 얽히고설킨 왕실 살인 사건보다 더 충격적인 암살 사건이 있었다. 왕에게 맞서 대항하다가 미사를 봉헌하는 도중에 성당에서 끌려 나와 살해된 고위 성직자가 있었다. 폴란드 크라쿠프의 주교로 나중에 성인으로 시성된 성 스타니슬라오는

19세기 덴마크사에 묘사된 1086년 국왕 크누트 4세의 암살.

1079년 폴란드 왕 볼레스와프 2세에게 살해당했다. 왕이 직접 주교를 처리했다고 전하지만, 일부 역사학자는 의구심을 품고 있다. 스타니슬라오는 왕의 부도덕성과 폭정을 비난했고, 볼레스와프 2세는 주교가 내란을 계획하고 있다고 주장했다. 진실이 무엇이든 스타니슬라오가 세상을 떠난 후 왕도 추방되어 결국 망명 상태로 생을 마감했다. 중세 유럽에서는 종교와 국가가 비등하게 부와 권력을 쥐고 있었기 때문에 양측이 서로 충돌하는 것은 당연했고 때때로 유혈 사태가 빚어지기도 했다. 1225년, 또 다른 고위 성직자가 목숨을 잃었다. 쾰른의 대주교 성 엥겔베르트는 자신의 사촌인 이젠부르크의 프리드리히 백작에게 에센 수도원을 너무 부당하게 대우한다며 이의를 제기했고, 그 후 프리드리히 백작과 그의 하수인에게 급습당해 세상을 떠났다.

하지만 앞서 말한 쟁쟁한 암살 사건 중에서도 토마스 베케트 암살 사건은 기독교계 전체를 공포에 빠뜨리며 역사상 가장 악명 높은 암살이 되었다. 베케트는 런던 칩사이드 지역의 상인 출신으로, 뛰어난 능력으로 출세 가도를 달렸다. 결국 캔터베리 대주교였던 테오발드 사단에 들어가 일했다. 당시 왕을 제외하고 내각에서 가장 중요한 직책은 대법관이었는데, 대법관이 공석이 되자 테오발드 주교가 베케트를 추천했고 헨리 2세는 이를 승낙했다. 베케트는 전장에서의 담대함뿐만 아니라 행정 능력, 고급스러운 취향과 남다른 사교성을 보여 주었고, 헨리 2세는 그의 매력에 빠져 둘은 절친한 사이가 되었다. 치장에도 뛰어났던 그는 프랑스에 외교 사절로 파견될 때 실크 옷을 스무 벌 넘게 가져가기도 했다. 또한 교회 자금을 왕실 금고로 옮기는 데에도 능했다. 중세 시대의 군주가 대개 그랬듯 헨리 2세도 교회 세력과 불화가 심했다. 따라서 테오발드 대주교가 1161년에 서거하자 헨리 2세는 기독교를 자신의 통제하에 둘 수 있는 절호의 기회로 여겼다. 그래서 성직자 신분도 아니었던 자신의 오른팔인 대법관 베케트를 캔터베리 대주교 자리에 앉히려 했다. 기독교계를 무릎 꿇리는 데 베케트보다 더 적합한 자가 또 있었을까? 처음에 베케트는 제안을 거절했지만 마침내 승낙했다. 1162년 6월 2일, 베케트는 사제품을 받고 다음 날 대주교로 임명되었다.

그러나 베케트는 대주교가 되자마자 눈 깜짝할 사이에 기독교로 스며들었다. 교회 재산을 빼돌리기는커녕 헨리 2세가 몰수한 토지를 교회 측으로 반환하는 데 전력을 기울인 것이다. 대중 앞에서 더없이 겸손하고 검소한 모습을 보였고, 빈민층을 자신의 궁으로 초대하거나 그들의 발을 씻겨 주기도 했다. 또한 고행을 위해 해충이 가득한 옷가지를 아무도 모르게 예복 안에 입고 있었다는 사실이 살해당한 후 발견되었다. 그 이유가 무엇이었을까? 베케트가 갑자기 성 바오로처럼 살기로 결심했을까? 그게 아니라면 새로 부여받은 직위에서 신의 기대를 저버린다면 자신의 부도덕한 영혼이 위험에 처할 지도 모른다고 두려워할 만큼 신앙심이 생겼을까? 혹은 그저 처한 상황이 바뀌어서 그런 것이었을까? 대법관직을 수행할 때는 왕의 이익을 위해, 대주교직을 수락한 이후에는 교회를 위해 최선을 다한 것일까? 양극단을 오가며 얼마나 큰 내적 갈등을 겪었을까? 물론 주교로 임명된 후 그의 태도 변화를 예견할 만한 징조는 있었다. 대주교로 승격되기 전 베케트는 자신이 대주교가 되고 난 후가 걱정된다며 친구에게 고민을 털어놓았다. 자신은 이미 왕을 속속들이 잘 알고 있는데 절친한 헨리 2세의 신의를 잃을 것인지, 아니면 전지전능한 신에 대한 믿음을 저버려야 할 것인지를 두고 깊은 고민에 빠졌다고 한다.

헨리 2세와 교회의 사이가 틀어진 결정적인 계기는 범죄를 저지른 성직자에 관한 문제였다. 범죄 행위로 기소된 성직자를 종교 재판에 회부해야 할지, 혹은 일반 법정에 세워야 할지를 두고 의견 충돌이 벌어졌다. 평소에도 내정 개혁에 열정적이던 헨리 2세는 교회가 피소된 성직자에게 지나치게 관대한 것을 우려해 성직자를 국왕의 사법 담당권 아래에 두고 싶어 했다. 베케트는 저항했다. 한때 친구였던 둘은 합의한 것처럼 보였으나, 마지막에 베케트가 그 결정을 서면화하기를 거부했다. 그때부터 상황은 걷잡을 수 없이 악화되었다. 헨리 2세는 전 대법관 베케트를 횡령죄로 고소했고, 베케트는 프랑스 왕 루이 7세의 도움을 받아 프랑스로 망명했다. 헨리 2세는 베케트가 루이 7세와 손을 잡은 것에 특히 격노했다. 자신의 부인인 아키텐의 엘레노르가 루이 7세의 전 부인이었기 때문이다.

　　베케트는 프랑스에서 더더욱 금욕적인 생활을 하기 시작했다. 단식은 물론이고 자신을 스스로 채찍질하기도 하며 딱딱한 나무판자에서 잠을 자는 등 수도자처럼 하루를 보냈다. 성직자들조차도 베케트의 행동이 지나치다고 여길 정도였다. 일부 영국인들은 그의 달라진 모습에 분개하기도 했으나 베케트는 태연했다. 1166년에 베케트는 영국 교회의 주요 인사를 포함해 여덟 명의 주교를 파문했고, 심지어는 헨리 2세에게도 파문할 것이라고 협박했다. 살얼음판 같은 협상이 4년 동안 이어졌고, 마침내 1170년 12월 1일 영국으로 돌아오라는 제안을 받아들였다. 그러나 프랑스를 떠나기 전에 파문 절차를 재개하겠다고 선언했다. 베케트는 국민 영웅과 같은 환대를 받았고 캔터베리 대성당에 맨발로 걸어 들어가며 본인에게 유리하게끔 상황을 최대한 활용했다. 이에 헨리 2세는 천인공노했다. 왕이 파견한 대표단이 베케트에게 파문 건을 백지화할 것을 요청했으나, 그는 단칼에 거절했다.

　　교황 등 베케트의 결정을 지지하던 일부 인사들조차 그의 완고함에 난처해 했다. 베케트의 비서이자 든든한 지원자, 서기관이었던 솔즈베리의 요한도 베케트가 왕을 도발했다고 보았다. 그가 뜻을 굽히지 않는다는 소식을 접하자, 프랑스의 사유지에서 크리스마스를 보내던 헨리 2세는 자신의 옷을 찢으며 왜 크리스마스에 이렇게 소리를 지르게 하느냐고 한탄했다. "이 소란스러운 사제에게서 나를 구해 줄 사람이 아무도 없단 말인가?" 과연 다혈질인 왕이 분노에 휩싸여 생각 없이 내뱉은 말이었을까, 아니면 왕의 명령이었을까? 헨리 2세의 기사 네 명은 이를 후자의 뜻으로 받아들였다. 왕과 함께 프랑스에 있던 네 명의 기사, 즉 리처드 르 브르통, 위그 드 모르빌, 윌리엄 드 트레이시, 레지날드 피처즈는 곧장 배를 타고 영국으로 건너갔다.

12월 29일, 네 명의 기사는 자신들보다 더 경험이 많은 베케트의 오랜 정적과 접촉했다. 라눌프 드 브록이라는 자로, 왕의 매춘부 관리를 포함해 왕실 대소사와 문지기 역할을 몇 대에 걸쳐 수행한 인물이었다. 브록은 새내기 성직자였던 휴 호시를 포함해 소수 정예 조직을 꾸려 캔터베리를 향해 떠났다. 헨리 2세 역시 베케트를 체포하기 위해 에식스 백작이 이끄는 전통적인 방식의 조직을 파견했다. 그러나 때는 12월이었다. 영국과 프랑스 사이의 해협을 건널 때 기사들의 날씨 운이 더 좋았는지, 그들이 캔터베리 대성당에 먼저 도착했다.

캔터베리에 도착한 브록과 일당은 대성당 주변을 포위했다. 기사들은 베케트를 직접 대면하기 위해 그의 방으로 찾아갔다. 기사들은 그에게 파문을 취소할 것을 요구했지만 그는 냉정히 거절하고, 파문 건은 교황이 결정할 문제라며 선을 그었다. 실랑이가 격해지자 베케트 밑에 있던 수도자들이 그를 대성당 내에 있는 보호 구역으로 피신시켰다. 수도자들이 성당 문을 걸어 잠그려 하자 베케트는 이를 말리고 신의 집을 요새로 전락시켜서는 안 된다며 반대했다. 땅거미가 일찍 내려앉은 12월 오후, 네 명의 기사와 새내기 성직자 휴 호시는 대성당으로 들어와 다시 한번 그에게 파문을 철회할 것을 촉구했다. 베케트가 거절하자 이번에는 살해하겠다며 협박했다. 피처즈가 기사들 사이에서 대변인 역할을 했던 것처럼 보인다. 당시 상황을 직접 목격한, 베케트의 밑에서 일하던 에드워드 그림의 진술에 따르면 고성과 험한 말이 오갔다고 한다. 피처즈는 베케트를 배신자라고 불렀고 베케트는 피처즈를 뚜쟁이라고 욕했다. 자신의 계급과 걸맞지 않게 낮은 지위의 기사들이 몰려와 대항한다는 점도 베케트를 더욱 화나게 했을 것이다.

그 후 품위라고는 도저히 찾아볼 수 없는 상황이 전개되었다. 기사들이 베케트를 대성당에서 끌어내면서 피처즈가 그의 망토를 잡아당겼고, 드 트레이시는 그를 들어 올리려고 낑낑댔다. 베케트는 대성당이 싸움터가 되는 것을 막으려고 했으나 그의 기대는 일순간 무너졌다. 피처즈가 그를 잡아당기자 베케트가 엄청난 힘으로 밀쳐 냈고 피처즈는 그대로 고꾸라졌다. 그림이 대주교를 꽉 잡고 있자 기사들은 베케트를 데리고 갈 수가 없었다. 이때쯤 저녁 기도를 위해 마을 사람들이 하나둘씩 대성당으로 들어오기 시작했다. 기사들은 마을 사람들이 베케트를 구할까 봐 위기감을 느꼈다. 4시 30분쯤 베케트는 자신의 죽음이 눈앞에 왔음을 직감하고 항복하는 자세를 취했다. 머리를 숙이고 두 손을 기도하는 듯이 모아 신에게 자신을 맡겼다.

모르빌이 멀리서 몰려오는 신자들을 막아서며 시간을 끌었고, 아마도 피처즈가 첫 번째로 공격했을 것이다. 그림이 저지하려 했지만 칼은 팔뼈를 가르고 베케트의 머리 윗부분을 베어 냈다. 그를 완전히 쓰러뜨린 두 번째 공격은 드 트레이시가 했을 것이다. 베케트는 "예수님의 이름으로, 그리고 교회의 보호하에 나는 마침내 죽음을 받아들일 준비가 되었네."라고 말하며 땅으로 고꾸라졌다. 마지막으로 르 브르통이 칼이 부서질 정도의 일격

116

을 가했다. 마지막으로 휴 호시가 베케트의 목을 밟으며 쪼개진 두개골에 칼을 집어넣고 뇌를 뽑아 바닥에 흩뿌렸다. 그리고 "기사들이여, 이제 떠납시다. 이자는 다시는 일어나지 못할 것이오." 라고 소리쳤다. 그림은 베케트가 신음 한번 내지 않고 죽음을 받아들였으며, 자신의 피로 교회가 자유와 평화를 찾기를 바랄 뿐이라고 말했다고 전했다. 암살을 마친 기사단은 대성당을 곧바로 빠져나와 구경꾼 사이를 헤치고 베케트의 방에서 물품을 약탈한 다음 현장을 떠났다. 그림은 베케트가 교회를 위해 보여 준 성스러운 희생을 찬양하는 동시에 그의 뛰어난 정치술에도 경의를 표했으며 베케트는 뱀의 지혜와 비둘기의 소박함을 모두 겸비한 위대한 인물이라고 칭송했다. 그리고 교회를 안전하게 지키기 위해 자신의 몸을 바쳤으며, 그가 속세에 대한 욕심을 버렸기 때문에 그를 무릎 꿇게 하려던 세상이 의도하지 않게 그의 품격을 높여 주었다고 기록했다.

역사상 가장 악명 높은 암살 사건으로 남은 토마스 베케트 암살 사건. 안트베르펜 제단에 묘사된 당시 장면.

헨리 2세는 캔터베리에서 일어난 일을 듣자마자 진심으로 통탄을 금치 못했다. 베케트의 죽음과 관련해 자신은 어떠한 명령도 내린 적이 없다며 암살 명령을 강력히 부정했고, 사흘 동안 방에서 나오지 않았다. 만약 에식스 백작이 캔터베리에 먼저 도착했다면 이야기가 달라졌을까? 베케트가 높은 귀족 출신과 대면했더라면 모욕감을 덜 느끼고 왕의 요구 조건을 들어주거나 체포되는 것에 동의했을까?

어쨌든 그는 숨을 거둔 후 더 큰 명예를 얻었다. 캔터베리에는 사람들이 여기저기 흩어진 그의 피를 천에 묻혀 가져가려 몰려들었고, 헨리 2세가 슬픔에서 빠져나와 다시 세상 밖으로 나왔을 때는 이미 곳곳에서 기적이 일어나고 있었다. 암살 사건으로 기독교 전체에서 분노가 들끓었고, 그로 인해 헨리 2세는 성직자들을 세속 법정에서 심판하겠다는 계획을 파기해야 했다. 일부 역사학자들은 태형이 실질적인 고통을 주기보다는 상징적인 징벌에 가까웠다고 주장하긴 하지만, 어쨌든 헨리 2세는 대중 앞에서 주교나 수도자에게 태형을 받는 등 속죄 행위를 공공연하게 보여 주어야 했다. 베케트는 성인으로 추대되었고 그의 묘지는 오늘날까지 유럽에서 가장 사랑받는 성지 순례 장소가 되었다.

암살을 수행한 기사들은 헨리 2세에게 포상을 전혀 받지 못했다. 기사들이 교수형에 처해지기를 많은 사람이 바랐지만, 헨리 2세는 그들에게 스코틀랜드로 떠나라고 했다. 그러나 그들은 그곳에서도 목숨을 잃을까 봐 두려워 도망 다녀야 했다. 헨리 2세는 기사들을 교황에게 넘겼고, 교황은 성지인 팔레스타인에서 속죄의 삶을 살라며 유배를 보냈다. 드 트레이시는 유배 장소에 도착하기도 전에 이탈리아 남부에서 끔찍한 병에 걸려 고통 속에 생을 마감했다고 전한다. 살아 있는 동안 살이 썩어 문드러지기 시작해 자기 손으로 살을 벗겨 내야 했으며 쉴 새 없이 성 토마스에게 기도를 올렸다고 한다. 피처즈와 모르빌도 베케트를 암살한 후 5년이 채 지나지 않아 죽음을 맞이했다. 르 브르통만이 저지섬에서 평화롭게 생을 마감한 것으로 추정된다. 라눌프 드 브록은 어떠한 처벌도 받지 않고 1179년에 사망했다고 한다. 사건 이후 휴 호시의 삶은 기록된 바 없다. 헨리 2세는 19년 동안 통치를 이어 가기는 했으나 이미 명성에 큰 타격을 입었다. 또한 재위 기간동안 엘레노르 왕비의 부추김에 넘어간 아들들이 일으킨 반란을 제압하는 데 대부분의 에너지를 쏟아야 했다.

교회 바닥의 핏자국이 여전히 남아 있는 와중에 신학자들은 암살 행위에 대한 옳고 그름을 두고 논쟁을 이어 나갔다. 베케트를 성인의 반열에 오르게 한 자서전을 쓴 비서 요한 솔즈베리는 폭군 살해는 정당화될 수 있으며 올바른 왕이란 서민들의 안위를 지키는 수호자와 같아야 한다고 주장했다. 그에 따르면 만약 통치자가 자신에게 주어진 임무를 수행하지 못할 경우 피지배계층은 이를 시정할 권리가 있으며 필요하다면 지배자를 제거할수 있었다. 폭군이 쥔 권력은 물리적인 힘에만 의존하고 있기 때문에 《마태복음》26:52에도 적혀 있듯 '칼을 가진 자 칼로 멸망할 것'이라고 보았다. 가장 뛰어난 중세 신학자인 성 토마스 아퀴나스도 사회나 신이 세운 법을 어긴 통치자는 살인이라는 가장 강력한 형태의 저항도 맞이할 수 있다며 비슷한 견해를 보였다. 그는 물론 폭정에 대한 저항은 개인이 직접 행하기보다는 국가의 제도나 절차를 통해 이루어져야 한다고 제안했다.

중세의 프란치스코회 신학자인 장 프티는 장 1세가 루이 1세 오를레앙 공작을 암살한 이유는 그가 폭군이었기 때문이며, 시민이 반역자나 임무를 저버린 폭군을 제거하는 행위는 합법적이라며 장 1세를 옹호했다. 그러나 이 주장은 장 1세가 장 프티의 후원자였음을 고려해야 한다. 그로부터 8년 후 로마 가톨릭교회는 콘스탄츠 공의회에서 폭군 살해를 금지했다. 그리고 단테는 지옥도에서 카이사르를 암살한 희대의 살인자 브루투스를 사탄과 가룻 유다가 위치한 심연에 그려 넣었다.

⚔ 최연소 암살자 칭기즈칸

기사도 시대에 가장 자주 쓰인 암살 방식은 단연 칼로 찌르기였지만, 1167년 미얀마에서 일어난 암살은 예외였다. 만약 칼리굴라가 자신의 양아버지인 티베리우스의 얼굴을 베개로 덮어 암살한 것이 사실이라면, 후에 미얀마 바간 왕조의 나라투 왕도 칼리굴라와 마찬가지 방식으로 선왕 알라웅시투를 질식사시켰다. 81세의 고령이었던 알라웅시투는 의식을 잃은 후 건강 상태가 몹시 좋지 않은 상태였다. 나라투는 선왕을 그가 제일 좋아하던 절로 옮겼는데, 선왕은 그곳에서 갑자기 의식을 되찾고는 자신이 왜 궁이 아닌 절에 있는지 상황 설명을 요구했다.

나라투는 이 소식을 듣자마자 절로 달려가 담요를 이용해 아버지의 생을 자신의 손으로 끝냈다. 나라투의 형은 동생이 살인했다고 의심했지만, 세상에 이를 알리기도 전에 나라투가 독살해 입막음했다. 손에 피를 묻힌 나라투는 왕위에 올랐지만 칼리굴라가 통치한 기간만큼도 채우지 못하고 목숨을 잃었다. 나라투왕은 아내 한 명을 자신에게 충분한 존경심을 보이지 않는다는 이유로 처형시켰고, 자식을 잃은 아내의 아버지가 자객을 보내 1170년에 그를 칼로 찔러 죽였다.

기사도 시대의 최연소 암살자는 칭기즈칸이었다. 그는 불과 14세에 이복형제를 자신의 손으로 처단했다. 물론 그 당시에는 권력을 잡기 전이었기에 테무친이라는 이름으로 불렸다. 칭기즈

칸은 사해의 군주라는 뜻으로, 후에 그에게 붙여진 칭호다. 테무친은 험난한 출세길을 거쳤다. 몽골의 작은 부족장의 아들로 태어났는데, 아홉 살 때 아버지가 독살로 세상을 떠났다. 남겨진 어머니, 형제자매와 테무친은 살기 위해 갖은 노력을 기울였다. 눈에 보이는 사냥감은 닥치는 대로 모두 잡았다. 그럼에도 불구하고 배를 곯는 일이 허다했다. 근근이 살아가던 1170년대 말의 어느 날, 테무친은 형제 세 명과 함께 낚시를 나가 밝은 색의 물고기 한 마리를 잡았다. 테무친의 이복형 벡테르가 욕심을 부려 잡은 생선을 나누지 않고 빼앗았다. 벡테르는 그 전날에도 함께 잡은 새 한 마리를 모두 가져갔다. 화가 난 테무친과 다른 형제는 벡테르를 몰래 뒤쫓았고, 언덕에 앉아 있는 그를 발견하고는 살금살금 다가가 그를 화살로 쏘아 죽였다.

물론 칭기즈칸에게 배고픔 이외의 살해 동기가 있었을지도 모른다. 일각에서는 벡테르가 작은 집단의 우두머리로서 자신의 위력을 과시했고, 테무친은 위험한 경쟁자를 미리 제거할 필요가 있다고 판단했다고 한다. 대다수 암살자는 비참한 최후를 맞이하지만, 칭기즈칸만은 달랐다. 그는 베이징에서 카스피해에 걸친 방대한 제국을 정복하고 다스리며 대왕의 자리까지 올랐다.

또 다른 10대 암살자로는 슈바벤의 존 공작이 있다. 그는 원래 보헤미아 왕국의 다음 왕위 계승자였으나 1306년에 숙부인 합스부르크 알베르 1세가 자신의 아들을 대신 왕좌에 앉혔다. 2년 후, 어린 존 공작은 조력자를 모아 오늘날의 스위스 빈디

칭기즈칸.

슈 지역에 있는 강을 건너던 알베르 1세에게 도끼로 치명상을 입혔다. 알베르 1세의 아들이 복수하려 했지만 존 공작은 이미 종적을 감추었고, 그 후로는 아무런 소식도 들을 수 없었다.

✒ 암살 트렌드 보고서

기사도 시대의 암살 사건 중에서 분석할 만큼 충분히 정보를 갖춘 사건은 총 40건이다. 오늘날의 영국에서 일어난 암살 5건을 포함해 23건이 유럽, 12건이 중동 지역, 그리고 5건이 동아시아에서 발생했다. 9명의 왕, 3명의 황제를 포함해 총 18명의 통치자가 희생되었다. 그 외 주요 성직자 5명, 하층민 출신 반란군 1명과 유일한 여성 희생자인 왕세자의 정부가 암살로 목숨을 잃었다. 암살자의 신원이 알려진 경우는 모두 37건이다. 그 가운데 하시신 일원이 혼자 암살을 행한 3건을 포함해 12건이 단독 범행이었다. 하시신이 저지른 나머지 5건의 암살은 조직적으로 이루어졌다. 암살자를 고용한 경우 명확하게 알려진 것은 1건에 불과했다. 오를레앙 공작 루이 1세를 제거할 때 폭력배 일당이 고용됐다.

이 시기에는 왕족들이 직접 거사를 치르는 경우가 늘어났다. 6명의 왕 혹은 왕위 계승자가 직접 암살에 참여했고, 1323년 몽골 황제 게겐 칸을 암살하는 데 5명의 왕자가 가담했다. 암살 사주는 5건이었다. 그중 2건은 동일한 술탄이 내린 명령이기는 했지만, 이 시기에는 왕족이 누군가에게 암살 임무를 부여하기보다는 스스로 암살에 가담하는 것이 더 보편적이었다. 이 장에서 살펴본 40건의 암살 사례를 보면 암살자건 암살 수행원이건 간에 암살과 관련한 여성이 단 한 명도 없다는 점에서 암살이 남성의 전유물이었음을 알 수 있다. 믿었던 심복 2명이 칼을 휘둘렀던 경

122

우를 제외하고는 가까운 이들에 의한 암살은 줄었다. 로마시대와는 대조적으로 기사도 시대에 자신이 이끌던 군인에게 살해된 경우는 1건에 불과했다. 아들 1명, 이복형제 1명이 암살을 저지르고 조카 2명이 주동자로 가담하기는 했으나 존속살해 건수도 전체적으로 줄어들었다. 왕권에 대한 욕심이 암살 동기로 작용하는 경우가 줄었기 때문일 수도 있다. 왕좌를 노리고 암살을 저지른 경우는 9건에 불과하지만 다른 정치적인 목적이 있는 경우는 16건이었다. 암살의 주된 원인을 살펴보면 부조리에 대한 분노가 8건, 복수가 6건, 두려움이 6건이었다. 두려움의 경우 처벌이나 무시무시한 적을 대면하는 일, 귀족층에게 주어지는 기득권 상실에 대한 공포 등이 이유였다. 종교로 인한 암살은 5건이었다.

　암살 방법이 알려진 30건의 사건 중 5건을 제외하고는 모두 목표물을 칼로 찔러 죽였다. 5건의 경우 도끼를 사용한 것이 2건, 질식사, 교살, 교수형이 각각 1건이었다. 현재까지 암살자나 주동자의 결말이 알려진 경우가 33건이다. 사형을 당하거나 현장에서 즉각 처형된 경우가 12건, 5년 이내에 잔인한 방식으로 죽음을 맞이한 경우가 6건이었다. 추방당한 경우도 2건 있었다. 처벌을 모면한 경우가 7건이 있었고, 암살 사건으로 암살자가 포상을 받은 경우가 3건이었다. 스페인 카스티야의 헨리 2세는 1369년에 이복형제를 살해한 후 그의 뒤를 이어 왕이 되었다. 암살 희생양 중 4명이 성인으로 추대되었다. 줄리아노 데 메디치가 살해된 후 메디치 가문이 피렌체에 대한 지배력을 강화한 것처럼 암살 사건으로 현실적인 이득을 본 경우도 2~3건이었다.

　암살 사건으로 발생한 거시적인 결과를 들여다보면 적어도 20건은 심각한 사회적 불안정을 불러왔다. 예를 들어 스웨덴 왕 스베르케르 1세가 암살당한 후 왕좌에 오른 3명의 왕은 모두 끔찍한 죽음을 맞이했다. 그러나 앞서 말한 20건 중 16건의 경우 암살 전에도 이미 사회 불안이 있었다. 암살의 성공으로 사회 불안이 끝난 경우도 최소 5건이었다. 로버트 더 브루스가 1306년에 스코틀랜드 왕위를 두고 경쟁자를 제거한 후 잉글랜드와 몇 차례 전쟁을 치러야 했지만, 결국 스코틀랜드의 독립을 이루고 통치자로 부상한 것이 그 예다. 반면 부르고뉴 공작을 살해한 왕세자는 파멸을 맞이했다. 장 1세의 후계자가 프랑스에 있던 잉글랜드 측과 거래하여 잉글랜드의 헨리 5세가 프랑스 왕위를 장악하도록 도왔기 때문이었다. 기사도 시대 암살 중 2건은 끔찍한 복수를 초래하기도 했다. 1152년, 트리폴리 백작 레몽 2세가 살해된 후에는 이슬람교도에 대한 무차별적인 학살이 뒤따랐다.

하지만 암살 뒤에 상대적으로 더 평화로운 시기가 찾아온 경우도 3건이나 있었다. 예를 들어 와트 타일러의 죽음 이후로 농민 봉기는 빠르게 마무리되었다. 전반적으로 명확한 결과가 있는 29건의 암살 사건 중 약 10건은 암살자가 원치 않는 결말을 맞이했다는 점에서 실패했다고 평가할 수 있고, 14건은 성공, 나머지 5건은 비교적 성공했다고 평가할 수 있을 것이다.

앞서 살펴보았듯 기사도 시대에 일어난 암살은 배신이 중요한 동기로 작용했다. 희생양과의 약속을 저버린 경우가 5건, 은혜를 원수로 갚은 경우가 1건이었다. 또한 적어도 10건에서 신성한 종교를 섬기던 장소가 암살의 무대로 전락했다. 교회와 성당에서 7건, 이슬람 사원에서 2건, 그리고 절에서 1건의 암살이 벌어졌다. 야외 미사를 보거나 종교 행진을 하다가 살해당한 경우가 있었고, 스베르케스 1세는 크리스마스 당일 교회로 가던 길에 살해당했다. 페드로 데 아르부에스는 성스러운 장소에 대한 경외심이 부족하다며 비판의 목소리를 높이기도 했으나, 그도 스페인 종교재판에 참여한 고위 인사로서 사라고사 대성당에서 암살당할 당시 촘촘한 갑옷과 철모를 입고 있었다. 종교의 이면을 잘 보여 주는 예는 피렌체 대성당에서 미사를 보던 줄리아노 데 메디치가 살해당한 사건의 배후에 교황과 대주교가 있었다는 사실일 것이다.

4장

신이 암살을 원하신다
종교전쟁시대의 암살

항간에 떠도는 소문에 의하면 1517년 10월 31일 마르틴 루터는 95개의 논제가 적힌 종이를 독일 비텐베르크에 있는 한 교회의 문에 붙여 놓고 종교 개혁을 제창했다고 한다. 대다수 현대 역사학자들은 과연 루터가 실제로 문서를 이렇게 발표했는지에 대해서 의구심을 품지만, 좌우간 이 시기에 루터가 제기한 교회에 대한 비판은 비난이라기보다는 의문을 제기하는 쪽에 가까웠다고 주장한다. 그럼에도 불구하고 이 문서 한 장이 불러온 파장은 엄청났다. 서유럽의 기독교가 가톨릭에서 떨어져 나와 개신교로 나뉘면서 서유럽은 약 250년간 종파 분열과 전쟁으로 조용할 날이 없었다. 이슬람 국가에서 종파 간의 불화가 얼마나 많은 암살 사건을 일으켰는지 앞 장에서 살펴본 바 있다. 가톨릭과 개신교가 서로를 이단으로 규정하며 일어난 종교 갈등 때문에 기독교 국가에서도 피바람이 불기 시작했다.

✒ 암살의 윤리학

지배자가 피지배계층과 사회계약을 맺었고 이 계약이 권력에 한계를 긋는다는 주장은 그리스 철학자들에게서 처음 비롯된 것이지만, 종교전쟁시대에 재조명받기 시작했다. 16세기 말, 스페인의 개신교 예수회 수도사 후안 데 마리아나는 군주가 이단이라면 그는 사회계약을 위반한 것으로 제거당할 수 있으며, 따라서 피지배민 누구나 군주를 처단할 권리를 가진다고 주장했다. 영국 윈체스터 주교이자 종교 개혁가 존 포넷은 많은 부분에서 마리아나와 의견 차이가 있었다. 그러나 《Short Treatise on Political Power》에서 폭군 살해에서만큼은 권력을 남용한 지배자는 다른 범죄자와 같이 다뤄야 하며 필요하다면 사형까지 행할 수 있다고 주장했다. 물론 마리아나와 포넷은 암살을 당해도 싼 통치자가 누구인가라는 문제에서는 극명한 견해차를 보였을 것이다. 포넷은 '피의 메리'라는 별칭으로 알려져 있는 메리 1세가 개신교도를 화형했을 때 영국에서 도망쳤다. 그로부터 거의 한 세기가 흘러 위대한 시인 존 밀턴은 찰스 1세가 처형당한 직후 고전과 성경을 인용하며 군주 살해를 정당화하는 글을 쓰기도 했다. 고대 로마 시대의 사상가 세네카는 "신에게 바칠 제물로 부도덕하고 사악한 왕만큼 적합한 것이 없다."라는 말을 남겼고, 성서에서도 폭군을 처형하는 일이 유대인 사이에서는 흔한 일임을 확인할 수 있다.

루터가 교회 개혁을 담은 논문 작성에 몰두하고 있을 무렵, 근대 정치학의 효시로 불리는 니콜로 마키아벨리는 냉철한 국정 운영 전략을 담은 희대의 걸작《군주론》을 쓰고 있었다. 마키아벨리는 암살의 옳고 그름을 따지기보다는 통치자가 어떻게 하면 효과적으로 암살을 모면할 수 있는지에 관해 유용한 정보를 제공했다. 물론 실천보다는 말로 하는 것이 쉽긴 하지만, 그가 제안한 권고 사항은 간단명료했다. 군주는 미움과 멸시를 받아서는 안 된다. 군주가 계속 사람들의 지지를 얻는다면 역모자가 군주를 살해할 경우 대중이 분노할 것이라고 생각해 감히 역모를 꾀하지 못할 것이기 때문이다. 군주는 백성의 재산과 여인을 탐하거나 빼앗아서도 안 된다. 미움을 살 수 있기 때문이다. 동시에 변덕스럽고 어리석고 유약하며 사악하거나 우유부단한 모습을 비춰서도 안 된다. 멸시당할 수 있기 때문이다. 만약 어쩔 수 없이 미움을 받아야 한다면 강한 자보다는 약한 자에게 미움받도록 해야 한다. 또한 군주는 더러운 일을 처리할 때는 반드시 하수인을 시키고 자신은 선한 행위만 하는 것처럼 보여야 한다. 사람들에게 원성을 살 법한 일이 생긴다면 다른 이들에게 그 일을 맡기고 사람들을 행복하게 만드는 일만 직접 행해야 한다……

또한 마키아벨리는 수많은 반역이 일어나지만 성공으로 끝나는 경우는 극히 드물다며 안도감을 심어 주었고, 깊은 경외심을 받는 군주는 공격의 대상이 되지 않는다고 덧붙였다. 한편 그는 줄리아노 데 메디치가 대성당에서 살해당했을 때 피렌체에 살던 어린 소년이었는데, 극히 드물기는 하지만 죽음도 두려워하지 않는 결단력과 대담함을 가진 암살자가 군주를 공격할 경우 이를 막을 방도가 없다고도 말했다. 마키아벨리는 가장 탄탄한 체제를 갖추고 제대로 국정 운영이 이루어지는 곳으로 프랑스를 꼽았고, 프랑스 국왕이 대중의 사랑을 유지하는 데 탁월하다고 호평했다. 그러나 이성적인 마키아벨리도 프랑스와 다른 국가들이 종교의 광기에 넘어간다거나 자신의 목숨을 기꺼이 바치는 것을 두려워하지 않는 암살자가 생각보다 많았다는 점은 전혀 예상하지 못했다.

✎ 피로 물든 파리

프랑스 종교전쟁은 1562년에 로마 가톨릭을 따랐던 권세가 기즈 가문을 지지하던 세력이 프랑스의 개신교 신자를 일컫는 위그노파 신도들을 대량 학살하며 시작되었다고 본다. 이 분쟁은 무려 36년간 지속되었다. 프랑스의 제독 가스파르 드 콜리니는 개신교 위그노파의 지도자로 부상했고 개신교에 종교적 관용을 베풀 것을 촉구했다. 반면 전통 가톨릭이었던 기즈 가문은 이단을 강력히 통제할 것을 촉구했고, 군주는 둘 사이에 끼여 이러지도 저러지도 못하는 상태였다. 1572년 여름, 평화를 되찾기 위한 여러 차례의 시도가 이루어졌다. 유력한 개신교 인사인 프랑스 나바르 왕국의 엔리케 3세(앙리 4세)와 가톨릭 측 왕녀인 샤를

9세의 여동생 마르그리트 드 발루아의 혼담이 오간 것이다. 엔리케 3세가 보낸 화환이 8월 18일에 열릴 결혼식을 위해 가톨릭의 주요 본거지인 파리에 도착했다.

결혼식이 열리고 나흘 후, 국왕이 루브르 박물관에서 주재한 회의에 참석한 개신교 지도자 콜리니가 집으로 돌아가는 길에 한 발의 총성이 울린다. 다행히 콜리니가 신발을 정리하기 위해 몸을 숙여 치명상은 면할 수 있었다. 조금만 늦었어도 목숨을 잃었을 터였다. 총알은 그의 왼쪽 팔을 스치고 오른손 검지를 모두 찢어 놓았다. 함께 있던 동료가 총알이 발사된 곳으로 달려갔지만 그 자리에는 창문이 열린 채 연기가 나는 총만 덩그러니 놓여 있었다. 암살을 다룬 고전 소설 프레드릭 포사이스의 《자칼의 날》에서 샤를 대통령이 예기치 못하게 몸을 앞으로 숙여서 자칫 그의 목숨을 앗아 갈 뻔한 총알이 비껴 나가는 장면과 유사했다.

암살 미수 용의자는 삼류 귀족이자 모험가로 프랑스 모르베르 지역의 유지인 샤를 드 루비에르였다. 그렇다면 누구의 지시로 벌인 일이었을까? 유력한 배후는 당연히 기즈 가문이었다. 루비에르는 기즈 가문의 시종으로 일한 적이 있었을 뿐만 아니라 3년 전에는 콜리니 산하의 중위 한 명을 살해한 전적이 있었다. 또한 총알이 날아온 장소는 기즈 가문에서 한때 가정교사로 일했던 사람이 빌린 집이었고, 기즈 가문에서 일하는 사람이 루비에르를 그 장소로 안내하기도 했다. 그러나 다른 용의자들도 있었다. 스페인 대사는 왕의 어머니인 카트린 데 메디치가 수상하다고 생각했다. 샤를 9세가 어렸을 때 어머니인 카트린이 섭정했고, 왕이 22세의 건장한 청년이 되었을 때도 그녀는 여전히 강력한 영향력을 행사했다. 그러나 장성한 아들이 자신이 아닌 콜리니의 말에 더 귀 기울일까 봐 초조해 하고 있던 터였다.

누가 배후에 있었든지 간에 엔리케 3세와 콜리니의 동료 몇

몇은 샤를 9세에게 사법 처분을 내려 달라고 요청하며, 만약 적법한 처벌이 이루어지지 않는다면 자체적으로 범인을 심판하겠다는 의지를 명확히 밝혔다. 샤를 9세는 진범을 찾아 반드시 처벌하겠다고 약속했으나 법원은 위그노파의 다음 행보를 두려워했고 결국 샤를 9세는 선제공격을 결심했다.

8월 24일, 동이 트기도 전에 앙리 드 기즈 공작은 병사 몇 명을 이끌고 콜리니의 자택에 침입했다. 병사들은 콜리니를 엄호하던 경비병을 모두 살해하고 콜리니를 칼로 찌른 후 창 밖으로 던졌고 시체는 기즈 공작의 발 앞에 떨어졌다. 시체는 도시 전체를 질질 끌려 다닌 후 교수대에 거꾸로 매달렸다. 파리 전역에서 세기의 결혼식에 초대받았던 위그노파 귀족들은 본인들의 병사와 함께 모두 살해되었다. 엔리케 3세는 가톨릭으로 개종한다는 조건하에 목숨을 건졌다. 그러나 가톨릭 신도들이 대량 학살에 가세해 평범한 위그노파 신도나 상점 주인을 무차별적으로 공격했다. 이외의 지방에서도 개신교인 위그노파는 때로는 당국에 의해, 때로는 가톨릭 군중에게 학살당했다.

이 사건이 성 바르톨로메오 축일의 대학살이다. 파리의 사망자만 3000명에 달했고 전국적인 사망자 수는 수만 명에 이르렀다. 샤를 9세는 이틀 후 살육을 멈추라는 명령을 내렸다. 그리고 콜리니와 부하의 사망에 책임을 통감하고, 선을 수호하고 악을 처단해야 한다고 선언했다. 전하는 이야기로는, 샤를 9세는 대량 학살 이후로 두려움에 사로잡혔고 결국 건강이 악화되어 2년도 지나지 않아 결핵으로 사망했다. 학살 이후에 칼뱅주의 개신교 사상가들이 등장해 그리스어로 '군주에 대항하는 자'라는 비속어에서 유래한 모나코마르라는 반군주제 단체를 결성했다. 이들은 스페인 예수회의 마리아나와 비슷한 이론을 펼치며, 군주가 인민과 계약을 어긴다면 반란은 정당화될 수 있다는 입장을 취했다.

19세기 폭스의 《Book of Martys》에 나타난 프랑스 개신교 영웅인 가스파르 드 콜리니 제독 암살 사건.

대량 학살에도 종교전쟁은 끝나지 않았다. 오히려 그 반대였다. 암살은 계속해서 주요 전략으로 활용되었다. 샤를 9세의 동생이자 후계자였던 앙리 3세는 위그노파와 싸우기도 하고 타협해 보기도 하고 세력을 꺾으려고도 했으나 모두 소용이 없었다. 앙리 3세는 성 바르톨로메오 축일의 학살에 가담한 듯 보이지만 기즈 공작이 이끄는 가톨릭 신성 동맹은 그의 힘이 너무 약하다고 판단해 폐위해 버리려 했다. 1588년 파리에서 왕에 대한 봉기가 일어났고, 앙리 3세는 피신했다. 그 후 앙리 3세는 크리스마스 이브에 기즈 공작과 공작의 형제 루이를 살해할 계획을 준비하고 파리를 포위하기 위해 엔리케 3세에게 도움을 요청했다.

1589년 8월 1일, 도미니코회의 수도사인 자크 클레맹이 왕을 알현하러 왔다. 가톨릭 신성 동맹의 열렬한 신봉자인 클레맹은 앙리에게 전달할 편지를 손에 넣었다. 앙리 3세를 접견한 그는 기밀로 전달할 중요한 사안이 있다고 말했고 앙리 3세는 신하들에게 물러가라고 명했다. 그 순간 클레맹은 망토 속에 숨겨 두었던 단도를 꺼내 앙리 3세를 찔렀다. 수행원들이 즉시 들어와 클레맹을 죽였지만, 왕은 다음 날 세상을 떠났다. 마키아벨리가 자신의 목숨 따위는 신경 쓰지 않는 암살자에 대해 무엇이라고 했던가? 교황은 클레맹의 용기를 격찬했고, 일부는 그를 성인으로 공표해야 한다고 제안하기도 했다.

앙리 3세는 죽기 전에 엔리케 3세를 후계자로 지목했고 엔리케 3세는 왕위에 올라 앙리 4세가 되었다. 앙리 4세는 1572년에 다시 한번 개신교로 개종했으나 신앙 생활은 그리 오래가지 못했다. 앙리 4세는 종교보다는 여자들과 어울리는 일에 훨씬 관심이 많았다. 악명 높은 호색가로 여러 정부와의 사이에서 태어난 혼외 자식만 하더라도 열한 명에 달했다. 그는 파리에서 권력을 더욱 공고히 하기 위하여 어느 정부의 조언에 따라 가톨릭으로 다

폴 들라로슈. 〈기즈 공작의 암살〉. 1834년. 캔버스에 유채.

시 개종했고 "파리는 개종해서라도 미사를 거행할 만한 가치가 있다."라는 말을 남겼다. 후에 앙리 4세는 엄청난 인기를 얻으며 '선왕' 앙리 4세라는 칭호를 얻기도 했다. 그는 종교전쟁의 막을 내렸고 가톨릭 신성 동맹과 함께 프랑스에 대한 스페인의 내정 간섭을 끝냈다. 또한 조잡한 왕실 재정을 정리하고 경제를 부흥 시키고 프랑스 일반 가정의 살림살이를 대폭 개선했으며 대규모 공공사업을 실시해 프랑스가 유럽의 패권 국가로 성장하도록 초 석을 다졌다.

하지만 극단주의자들에게 앙리 4세의 업적은 그다지 중요하 지 않았다. 앙리 4세는 최대 20건이 넘는 암살 음모에 시달렸다고 한다. 17세기 파리는 유럽에서 가장 큰 도시였고, 좁은 길 때문에 교통체증으로 악명이 높았다. 1610년 5월 14일, 왕이 신하 셋과 재무장관을 만나러 가는 길에 레알 지구에서 마차가 크게 요동치 며 멈춰 섰다. 갑자기 키가 큰 사람이 빨간 머리를 휘날리며 군중 속에서 튀어 올라 마차로 다가왔고, 앙리 4세를 칼로 세 차례 찔 렀다. 왕은 얼마 지나지 않아 숨을 거뒀다. 군중이 범인을 제압했

자크 클레맹이 프랑스 앙리 3세를 암살하는 장면을 담은 16세기 판화.

앙리 4세의 암살을 담은 17세기 판화.

지만 그는 탈출 시도도 저항도 전혀 하지 않았고, 오히려 경찰이 집단 폭행에서 그를 구출해야 했다.

범인은 33세의 가톨릭 광신도인 프랑수아 라바이약으로, 개신교 마을로 둘러싸인 채 가톨릭 소수자가 모여 사는 앙굴렘 출신이었다. 라바이약은 아버지가 떠나 버린 가난한 집안에서 태어났고 성경 필사나 남의 시종 노릇을 하며 근근이 살아가고 있었

136

다. 그는 개신교 예수회 신자가 되려 했지만 번번이 실패했다. 결국 종교적인 환각의 포로가 되어 앙리 4세가 교황과 전쟁을 벌이려 한다는 생각에 빠졌다고 한다. 재판에서 라바이약은 왕에게 모든 개신교 신자가 가톨릭교로 돌아오게 만들어야 한다고 이야기해 주려 했지만, 왕실 경비병들이 번번이 그를 돌려보냈다고 진술했다. 또한 그는 앙리 4세가 폭군이며 신이 그를 제거하기를 원했다고 말했다. 많은 사람이 이번 암살은 더 커다란 음모론의 일환일 뿐이라고 믿었다. 왕을 제거하려는 계략을 꾸민 가톨릭 귀족에게 금전적인 지원을 받은 적이 있긴 했으나 라바이약은 고문을 당하면서도 끝까지 단독 범행이라고 주장했다. 그는 말로 사지를 찢어 죽이는 능지처참을 당했고 친척들은 해외로 추방되었으며 다시는 가문의 성을 쓰지 못하도록 금지당했다.

프랑스인들은 앙리 4세의 죽음을 두고 통탄을 금치 못했고 수많은 여성이 머리카락을 쥐어뜯으며 통곡했다고 한다. 그리고 대중은 군주에 대한 암살 분위기를 조장한 스페인 예수회의 수도사 후안 데 마리아나를 탓하기 시작했다. 예수회는 앙리 4세가 개신교를 택할 경우 왕위 계승의 정당성이 훼손될 수 있으며 위법하게 통치하는 폭군으로 취급받을 수 있다고 주장해 왔기 때문이었다. 마리아나는 스페인에서 평화롭게 살고 있었으나 프랑스에서는 그의 저서 《De rege et regis institutione》를 공식적으로 불태웠다. 1615년, 교황은 기독교는 폭군 살해를 전적으로 금지한다고 재천명했다. 앙리 4세가 죽은 후 당시 여덟 살이던 그의 아들이 왕위를 계승해 루이 13세가 되었다. 프랑스 사회가 또다시 무질서와 혼란에 빠지는 것이 아닌가 하는 우려와 전운이 감돌았지만 루이 13세는 33년간 통치를 이어 갔고 아들인 태양왕 14세에게 자리를 물려주었다. 루이 14세는 70년 이상 집권하며 앙리 4세가 개신교를 위해 보여 준 종교적 관용에 종말을 고했다.

✒ 암살의 쌍두마차

종교전쟁시대에는 암살에 대한 새로운 동기가 생겨났을 뿐만 아니라 신기술도 발명되었다. 그중 하나가 화약으로, 1567년 스코틀랜드의 여왕 메리 1세의 남편을 살해하는 데 등장한다. 메리 1세는 사촌인 헨리 스튜어트 단리 경에게 그보다 더 다부지고 뛰어난 몸매와 수려한 외모를 자랑하는 이를 보지 못했다고 칭송했다. 그의 키는 180센티미터가 넘었다. 16세기에는 엄청난 장신이었다. 메리 1세는 태어나고 채 며칠이 지나지 않아 스코틀랜드의 여왕으로 취임했다. 하지만 다섯 살이 되던 해, 훗날 프랑스의 왕이 되는 프랑수아 2세와 결혼을 준비하기 위해 프랑스로 떠나 프랑스 왕실에서 자랐다. 15세가 되자 결혼했지만 2년 후 프랑수아 2세가 뇌종양으로 세상을 떠났다.

1561년에 메리 1세는 유년 시절을 보낸 프랑스를 떠났고, 종교전쟁이 발발하기 직전 스코틀랜드에서 다시 권력을 잡았다. 그러나 고향에서 반목으로 얼룩진 종교 정치를 시행하면서 그다지 환대를 받지 못했다. 메리 1세는 가톨릭이었고 스코틀랜드의 공식 종교는 개신교였기 때문이다. 당시 스코틀랜드 개신교 전도사인 존 녹스는 설교에서 여왕을 이단으로 규정하고 부정한 여자이자 외국인이라며 주기적으로 거친 비난의 말을 쏟아 냈다. 취임 후 초기 2~3년 동안 메리 1세는 개신교 지도자였던 이복형제 모레이 백작이 자신의 어머니로서 왕국을 섭정하던 마리 드 기즈를 쫓아냈음에도 불구하고 그의 조언을 받아들였다. 그러나 1565년에 메리 1세가 단리 경과 가톨릭 방식으로 혼례를 치르고 내각을 가톨릭 인사들로 꾸리기 시작하자, 모레이 백작과 개신교 귀족들은 반란을 일으켰다. 개신교 반란 세력은 국경까지 밀려났고 결국 개신교 세력이 주가 된 잉글랜드로 피신했다.

불행히도 단리 경의 인성 문제는 화려한 외모에 감추어졌다. 그의 관심사는 사냥, 음주, 그리고 메리 1세가 아닌 다른 여자와 성관계를 맺는 것이었고, 웃어야 할지 울어야 할지 모르겠지만 가톨릭과 개신교 모두에게 미움을 사며 양측을 단합시키는 위대한 업적을 이루었다. 또한 단리 경은 질투도 많고 팔랑귀여서 남에게 잘 속아 넘어갔다. 누가 보아도 거짓인데도 여왕이 이탈리아 출신의 수석 비서 다비드 리초와 바람이 났다고 개신교도들이 속이자 이를 철석같이 믿어 버렸다. 1566년 3월, 단리 경은 몇몇 개신교 귀족과 함께 메리 1세가 리초를 위해 준비한 간소한 만찬 자리에서 리초를 끌어냈고, 메리 1세가 보는 앞에서 50차례나 넘게 리초에게 칼을 꽂았다. 2~3일이 지난 후, 당시 단리 경의 아이를 임신하고 있었던 메리 1세는 남편과 화해하는 척했지만, 평생 그를 용서하지 않았다.

리초가 살해당한 저녁, 암살자들이 노리는 인물이 하나 더 있었다. 바로 보스웰 백작으로, 그는 창문을 통해 도망치는 데 가까스로 성공했다. 보스웰도 다듬어지지는 않았지만 잘생긴 외모를 지녔다. 그는 공식적으로는 개신교 신자였지만 메리 1세의 어머니를 위해 최선을 다하고 모레이가 일으킨 반란을 진압하는 데 도움을 주어 여왕의 신임을 얻었다. 그 결과 그는 여왕의 가장 친한 친구이자 자문관이 되었다. 리초가 죽고 난 후 보스웰 백작은 모레이와 추방당한 개신교 인사를 다시 고향으로 돌아올 수 있게끔 해 달라고 설득하는 한편, 단리 경을 어떻게 처리해야 할지를 두고 고민했다. 이혼 혹은 암살이라는 두 가지 해결책이 있었다. 이혼을 택할 경우 1566년 6월에 메리 1세가 단리 경의 아들을 낳았기 때문에 추후에 문제가 생길 소지가 있었고, 여왕은 왕위 계승의 정당성을 훼손할 만한 행위는 피하고 싶어 했다. 따라서 암살이 유일한 수단으로 떠올랐다.

1567년 초 단리 경은 천연두에 걸려 회복 중이었고 메리 1세는 그를 에든버러로 데려가 직접 간호했다. 2월 9일 새벽, 결혼식에 참석하느라 메리 1세가 자리를 비운 사이 큰 폭발이 일어나 여왕 부부가 머물던 저택이 순식간에 잿더미로 변했다. 누군가가 단리 경의 침실 아래 커다란 화약 두 통을 설치해 놓은 것이었다.

그러나 단리 경을 죽이거나 치명상을 입힌 것은 폭발이 아니었다. 현장에서 발견된 잠옷 차림의 단리 경과 시종의 사체를 살펴본 결과, 목이 졸린 흔적이 선명하게 남아 있었다. 그렇다면 폭발물은 그를 겨냥한 것이었을까? 만약 단리 경이 탈출에 성공한 것이라면 암살자의 손에 붙잡힌 걸까? 친구들이나 암살단의 내부자가 계략에 대해 그에게 귀띔해 준 것일까? 혹은 암살을 준비하는 경쟁 관계의 집단들이 있었던 것일까? 정확한 사실은 아무도 모르지만 의심의 눈초리는 한곳을 향했다. 바로 메리 1세와 보스웰 백작이었다.

의심이 커져 가던 와중에, 보스웰이 메리 1세를 납치했고 메리 1세의 진술에 따르면 자신을 강간해 결혼할 수밖에 없다고 했다. 그러나 많은 사람이 단리 경이 죽기 전부터 두 사람이 불륜 관계였다고 믿었고, 강간 이야기는 그저 결혼이 불러올 맹비난을 잠재우기 위한 시도에 불과하다는 것을 알고 있었기 때문에 그다지 설득력이 없었다. 두 사람은 개신교식 결혼식을 올렸으나 그것만으로는 반란을 일으킨 개신교 인사들을 달래기에 역부족이었다. 메리 1세는 왕위를 포기해야 했고, 스코틀랜드의 제임스 6세이자 후에 잉글랜드의 제임스 1세가 되는 갓 태어난 아들의 섭정 대리인으로 모레이를 지정했다. 보스웰은 덴마크로 피신해 그곳의 감옥에서 1578년에 숨을 거뒀다. 메리 1세는 헨리 7세의 증손녀로서 왕위 계승권을 가지고 있다고 주장하는 바람에 가톨릭 반대파에게 위험인물로 낙인이 찍혔고, 엘리자베스 1세 여왕의 감옥에 수감되었다. 그리고 엘리자베스 1세를 노리는 음모에 가담한 혐의로 1587년에 처형당했다.

오늘날까지도 단리 경을 죽인 범인은 드러나지 않았다. 보스웰의 시종 세 명이 체포되었는데, 그중 최소 한 명은 고문을 당했고 결국 셋 모두 형장의 이슬로 사라졌다. 보스웰도 재판에 회부되어 무죄를 선고받았지만 일각에서는 재판이 조작되었다고 주장했다. 2015년 영국 에든버러왕립학회가 현대 기술을 활용해 조사한 결과, 메리 1세는 단리 경의 죽음에 가담하지 않았다고 결론이 났다. 또한 단리 경은 다른 곳에서 살해되었고 처음 발견된 곳으로 시체가 옮겨졌다는 증거도 드러났다.

✎ 최초의 총기 암살 사건

이 시기에 새롭게 등장해 가장 중요한 암살 도구가 된 것은 총기였다. 1572년 가스파르 드 콜리니 암살 미수 사건에서 볼 수 있듯이 그 당시 총기는 이미 널리 쓰이고 있었다. 1566년, 일본 군벌인 미무라 이에치카는 회의 중에 총살당했다. 이에치카는 박쥐처럼 서로 다른 가문에 충성을 맹세하면서 수많은 적을 두었고, 그중 하나의 사주를 받은 두 형제가 화승총으로 그를 사살했다. 그보다 몇 해 전인 1536년에는 개신교 편에 서며 성직자들의 탐욕을 날카롭게 비판했던 로버트 패킹턴이라는 영국 의원이 의문사했다. 그는 큰 재물을 얻은 성공한 상인으로, 당시 잉글랜드 교회가 로마 가톨릭에서 분리되도록 주도한 헨리 8세의 수석 장관 토머스 크롬웰과 개인적인 친분이 있었다. 1536년 11월 13일, 패킹턴은 예배를 보러 가다가 런던 칩사이드 지역을 지날 때 총에 맞아 사망했다. 당국이 막대한 포상을 내렸다는 것 이외에 무슨 일이 벌어졌는지는 아무도 정확히 알지 못했다. 오늘날까지도 그의 죽음이 정치적 혹은 이념적 동기로 인한 암살인지, 다른 원인이 작용했는지 알 수 없다. 이 시기에 잉글랜드도 격동의 시기였고, 나중에 은총의 순례 사건으로 알려지는 가톨릭교의 반란이 시작되고 있었다. 패킹턴의 동료 의원은 그가 성직자에게 직접

린리스고에서 모레이 백작 암살을 앞둔 제임스 해밀턴을 묘사한 19세기 그림.

살해당했거나 성직자의 명령을 받아 살해당한 것이라 주장하기도 했다. 그러나 결정적인 증거는 어디에도 없었다.

패킹턴 암살 사건을 제외한다면 유럽에서 알려진 최초의 총기 암살은 1570년 스코틀랜드에서 발생했다. 스코틀랜드 여왕 메리 1세는 퇴위한 후 정치권에서 재기를 꾀했지만, 메리 1세의 아들을 대신해 섭정하고 있던 모레이 백작이 1568년 랭사이드에서 메리 1세를 상대로 승리를 거두었다. 당시 메리 1세 편에 서서 함께 싸운 사람들 중에 성 앤드루 대주교의 조카였던 제임스 해밀턴이라는 인물이 있었다. 1570년, 모레이 백작이 말을 타고 린리스고를 지나가고 있을 때 해밀턴은 삼촌인 대주교가 소유한 집 앞에서 아브로스 수도원장이 구해 준 카빈총으로 무장한 채 그를 기다리고 있었다. 작전은 빈틈없이 계획되었다. 발소리를 없애기 위해 잠복한 곳에 매트리스를 깔았고, 그림자를 숨기기 위해 창문에 검은색 커튼을 달았다. 앞서 살펴본 모르베르가 암살에 실패한 바로 그 장소에서 해밀턴은 성공했다. 창문에서 발사한 강철 총알은 모레이에게 치명상을 입혔다. 당대 기록에 따르면 해밀턴은 뒤뜰을 통해 탈출해 준비해 둔 명마에 올라탔다고 한다. 모레이의 부하들이 그를 쫓았지만 해밀턴은 이들을 따돌리는 데 성공했다. 해밀턴은 넓은 호수를 건너기 위해 달리는 와중에 말 엉덩이에 단도를 내리꽂기도 했다고 한다. 모레이는 복부에 총을 맞고 그날로 숨을 거두었다. 이는 장거리 암살에 성공한 최초의 사례였다. 해밀턴은 탈출에 성공했지만 그의 삼촌인 대주교는 체포되어 재판을 받았는데, 그 암살뿐 아니라 단리 경을 살해한 혐의로 유례없이 빠른 속도로 사형에 처해졌다. 정황상 모레이 백작이 제임스 해밀턴의 가문을 홀대한 것에 대한 악감정 때문에 암살이 일어난 것으로 추측하기도 한다. 그 후 해밀턴은 프랑스로 무사히 탈출했다. 콜로니 암살에 가담할 것을 제안받기도 했는데, 해밀턴은 돈이든 종교적 이유든 다른 사람을 위한 복수는 절대 하지 않겠다고 분개하며 제안을 거절했다. 하지만 그는 스페인 가톨릭을 상대로 독립운동을 벌인 네덜란드의 개신교 지도자이자 침묵공 빌럼 1세로 더 잘 알려진 빌럼 판 오라녜에 대한 암살 미수 사건에 가담하여 얼마간 옥살이를 했다.

✎ 침묵공 빌럼 1세

스페인 펠리페 2세가 빌럼 1세의 목에 건 엄청난 포상금 때문에 빌럼 1세를 상대로 끊임없이 음모가 일어났다. 그중에는 그가 즐겨 먹던 장어 요리에 몰래 독을 탄다든지, 교회의 지정석 아래에 폭발물을 설치하는 등 기발한 묘안도 포함되어 있었다. 도미니크회 수도사도 그중 하나로 1582년에 처형되었고, 이듬해 안

144

트베르펜 지역에서도, 그리고 그 다음해 플리싱겐 지역에서도 같은 운명을 맞이한 암살 미수범이 있었다. 그때쯤 발타자르 제라르라는 부르고뉴 출신의 가톨릭 맹신도가 당시 왕자였던 빌럼 1세를 살해하고 싶다는 소망을 몇 년이나 품었다. 제라르는 예수회 수도사, 프란치스코회 수도사 그리고 필리페 2세가 네덜란드에 심어 놓은 굉장한 장군이었던 파르마 공작에게서 격려를 받았다. 그러나 파르마 공작은 제라르가 계획을 실행하기 전에 선금을 지불하기를 꺼렸다. 이미 암살을 자처한 많은 이들이 말로는 거창한 암살 계획을 약속하고서는 실제로 이행하지 않은 경우가 여러 차례 있었기 때문에 더 이상의 도박은 꺼림칙했던 것이다.

그러나 제라르는 쉽게 포기하지 않았다. 1584년 7월까지 그는 부친이 프랑스 종교전쟁 당시 처형당했으며 자신도 독실한 칼뱅파라고 자처하며 빌럼 1세의 신임을 얻었다. 빌럼 1세는 파르마가 주지 않았던 돈을 선뜻 내놓았고, 제라르는 그 자금으로 권총 두 자루를 구매했다. 7월 12일, 제라르는 델프트에 위치한 빌럼 1세의 저택을 찾아가 자신이 고향에 돌아갈 수 있도록 여권을 발급해 줄 것을 부탁했다. 당시 가스파르 드 콜리니의 딸이자 빌럼 1세의 부인이었던 왕비가 그를 예의 주시했으나, 빌럼 1세는 가족들과 점심 식사를 하는 동안 비서관에게 여권을 발급해 두라고 명령했다. 존 모틀리는 그의 기념비적인 저서 《The Rise of the Dutch Republic》에서 보잘것없고 존재감 없던 27세 청년이 큰 위력을 보여 주었다고 기술한 바 있다. 모두가 제라르를 무해하지만 중요한 일을 맡기기에는 무능하다고 생각했다. 그러나 빌럼 1세의 거처로 잠입하는 데 성공한 그는 식당 앞 계단 아래에 몸을 숨기고 때를 기다렸다. 1시간 30분 후 빌럼 1세를 필두로 왕실 가족들이 모습을 드러냈다. 빌럼 1세가 계단을 채 밟기도 전에 제라르는 몸을 던져 불과 60센티미터 정도의 거리에서 총으로 왕의 흉부를 겨누어 세 차례 발사했다. 총알 한 발이 몸을 완전히 관통했다. 빌럼 1세는 그 자리에서 고꾸라지며 "신이시여, 제 영혼을 불쌍히 여기소서!"라는 외마디 비명을 지른 후 곧바로 숨을 거두었다. 제라르는 뒷문으로 빠져나와 좁은 골목길로 도망쳤다. 원래 계획은 마을 주변을 둘러싼 성곽에서 뛰어내려 성 주위의 해자를 헤엄쳐 대기 중인 말에 올라타는 것이었다. 그러나 창을 든 군인들이 그의 뒤를 맹렬히 쫓았고 결국 제라르를 잡아 당겨 쓰레기 더미 위로 쓰러뜨렸다. 그러자 제라르는 도망칠 생각도 하지 않고 자신이 한 일을 자랑스럽게 털어놓았다.

침묵공 빌럼 1세 암살 장면을 묘사한 17세기 그림.

치안 판사 앞에서 제라르는 자신이 마치 골리앗을 물리친 다윗과 같다고 선언했다. 극심한 고문을 당하고도 용감하게 고통을 인내했고 심지어 고문관들조차 그의 결기에 놀라움을 금치 못했

146

다. 반성의 기미는 일절 드러내지 않았으며 파르마 공작과의 결탁은 끝까지 부인했다. 처형 방식 역시 끔찍했다. 달아오른 집게로 뼈에서 살을 도려낸다든지, 사지를 절단하거나 산 채로 할복하는 등 잔인한 방식이 여럿 동원되었다. 주로 네덜란드 반란군을 선하고, 스페인 사람을 악하다고 묘사했던 역사학자 존 모틀리조차도 제라르만큼은 불굴의 용기를 가진 자라고 인정했다. 파르마 공작은 제라르의 부모에게 넓은 땅을 주고 귀족으로 승격시켰다. 스페인은 빌럼 1세가 네덜란드의 반란을 부추기고 뒤에서 각종 전략을 짠 인물이라고 판단했기에, 그가 죽는다면 모든 것이 끝날 것이라고 믿었다. 그러나 파르마 공작이 오늘날의 벨기에인 남부 네덜란드를 재탈환했음에도, 오늘날에도 네덜란드라고 불리는 북부 지역은 1588년에도 계속해서 투쟁을 이어 갔고 마침내 1648년에 독립을 인정받았다. 벨기에는 1830년까지도 독립국가의 형태를 갖추지 못했다.

✒️ 이탈리아의 미인계

종교가 새로운 암살 동기가 된 것도 사실이지만, 그렇다고 해서 전통적인 암살 동기가 완전히 사라진 것은 아니었다. 개신교가 뿌리내린 잉글랜드에서 이탈리아는 쉴 틈 없이 창의성이 샘솟는 곳이자 마키아벨리적인 교묘한 악행이 일어나는 곳으로 여겨졌다. 존 웹스터가 쓴 다소 선정적인 비극《말피 공작부인》에서는 암살을 꿈꾸는 자가 낭심 보호용 앞주머니에 권총을 숨기는 장면이 나온다. 그런데 소설만큼이나 심장이 쫄깃한 암살 사건이 프랑스의 앙리 3세의 어머니 카트린 드 메디시스의 이복 오빠 알레산드로 데 메디치에게 실제로 일어났다. 오늘날 미인계라고 불리는 계략에 빠진 것이다. 알렉산드로는 아프리카인 노예였던 어머니와 우르비노 공작이었던 로렌초 데 메디치 사이에서 태어난 무어인이라고 알려져 있다. 일부 역사학자들은 사실 그의 아버지가 로렌초가 아닌 그의 사촌이자 교황 클레멘스 7세가 되는 줄리아노라고 주장하기도 한다. 알렉산드로가 스물두 살이 되던 해 로마 황제 카를 5세는 400년의 역사를 가진 피렌체공화국을 11개월 동안 포위한 후 점령했고, 알렉산드로를 피렌체의 통치자로 임명했다. 1536년에 알렉산드로는 카를 5세의 혼외 자녀 마가렛과 결혼하지만 몇 개월 후 아름다운 미모의 유부녀인 카트리나 데 지노리라는 여인에게 마음을 빼앗겼다.

알렉산드로에게는 로렌치노 데 메디치라는 먼 사촌이 있었다. 로렌치노를 비판한 세력에 따르면 그와 그의 매춘 알선업자는 알렉산드로에게 카트리나를 반드시 꾈 수 있으며 자리를 마련해 주겠다고 약속했다. 그리하여 1537년 1월 5일, 로렌치노는 알렉산드로에게 카트리나의 남편이 멀리 나폴리로 떠났으니 자신의 아파트에 가서 기다리고 있으면 이 아리따운 여성을 데려오겠다고 말했다.

알렉산드로는 한껏 꾸미고 차려입었다. 다만 한 가지 아쉬운 점이 있었다면 칼에 찔리는 것에 대비해 보호 장구처럼 입고 다니던 촘촘한 갑옷 때문에 상의 차림새가 마음에 들지 않는다는 것이었다. 로렌치노의 아파트에 들어서자 알렉산드로는 칼을 내려놓고 잠시 후 맛볼 쾌락을 기대하며 낮잠을 청하기 위해 누웠다. 로렌치노는 그가 잠에 든 것을 확인하고 살포시 그의 칼을 멀리 치운 다음, 아파트에서 살금살금 빠져나와 자신에게 빚진 스코론콘콜로라는 자에게 연락을 취했다. 로렌치노는 알렉산드로의 정체는 숨긴 채 스코론콘콜로에게 자신을 속인 사기꾼이 지금 아파트에서 자고 있으니 처리해 달라고 요청했다. 둘은 조용히 잠입했다. 알렉산드로는 로렌치노의 칼이 배를 관통했을 때에야 일어났다. 알렉산드로는 의자로 공격을 막으며 가까스로 문까지 도망쳤지만, 스코론콘콜로가 칼로 그의 뺨을 그어 버렸다. 알렉산드로는 로렌치노가 자신을 끌고 가려고 하자 그의 엄지를 콱 깨물어 버렸는데, 너무 세게 물려서 로렌치노는 잠시 기절하고 말았다. 그러나 스코론콘콜로가 알렉산드로의 목에 칼을 꽂았고 그것으로 끝이었다. 암살자 둘은 사체를 침대 위에 두고 천을 덮었고, 로렌치노는 베네치아로 도망쳤다.

로렌치노는 피렌체공화국 재건을 위한 반란 분위기를 조성하기 위해 알렉산드로를 암살했다는 입장이었다. 그러나 반란의 기미는 전혀 보이지 않았고 알렉산드로의 친척인 코시모가 피렌체의 새로운 통치자로 임명되었다. 다른 동기를 주장한 이들도 있었다. 알렉산드로가 법적 다툼에 휘말린 자신을 도와주지 않자 로렌치노가 앙심을 품었다든지, 알렉산드로가 적으로 둔 수많은 이들 중 일부와 손을 잡고 그들을 대신해 암살을 행했다든지, 혹은 단순히 알렉산드로의 혈통을 시기했다는 등 많은 이유가 제시되었다. 하지만 한 가지 확실한 점은 로렌치노도 결국 코시모 혹은 카를 5세의 지령을 받은 살인 청부업자에게 1548년 베네치아에서 목숨을 잃었다는 사실이다.

✒ 주변의 미움을 사지 말 것

마틴 루서 킹이 폭력은 더 큰 폭력을 낳는다고 경고한 것과 마찬가지로, 앞서 살펴본 로렌치노의 일화처럼 암살은 또 다른 암살을 불러왔다. 잉카제국을 멸망시킨 위대한 정복자 프란시스코 피사로를 살해한 자도 이 순리를 비껴갈 수는 없었다. 지독한 가난에서 벗어나기 위해 소수의 사람들과 지구 반대편으로 건너가 알려지지 않은 땅을 정복하다 보면 자연스레 주변인에게 원성을 사기 마련이었다. 피사로도 마찬가지였다. 본격적으로 성공 가도에 오르기 전, 일을 막 시작했을 무렵에 피사로는 한때 동료이자 태평양을 발견한 바스코 누네즈 데 발보아를 배신하고 적에게 넘겼고, 결국 바스코는 목숨을 잃었다. 이후에도 피사로는 동료 탐험가 디에고 알마그로와 사이가 틀어지자 1538년에 동생인 에르난도 피사로와 전투를 벌이게 했다. 승리한 피사로는 디에고를 처형했다.

한 가지 확신할 수 있는 것은 피사로가 《군주론》을 읽지 않았다는 점이다. 그는 문맹이었고 마키아벨리의 현명한 조언을 따르지 않은 것으로 보인다. 페루의 수도 리마를 건설하고 있을 무렵, 피사로는 디에고를 제거한 일이 마치 커다란 말벌 집을 차 버린 것과 같다는 사실을 순진하게도 눈치채지 못하고 있었다. 그는 오랜 동료였던 디에고의 지지 기반을 자기편으로 흡수하기 위해 노력해야 했지만, 페루 정복에 관한 역사를 쓴 윌리엄 프레스콧에 따르면 피사로는 속이 너무 좁아서 그러한 아량을 보여 주지 못했다고 한다. 동생 에르난도가 디에고의 군대를 한 군데로 모이지 않게 여기저기 흩어 놓아야 할 것 같다고 제안했지만, 피사로는 겁쟁이처럼 예방조치 따위를 시행하고 싶지 않다며 동생의 조언에도 귀 기울이지 않았다. 결국 디에고의 아들이 리마에 머무르는데도 아무런 행동도 취하지 않았고 디에고의 지지 세력은 그의 아들을 따르기 시작했다. 이때 피사로는 디에고의 아들이 재산을 축적하는 것을 막고 아버지에게 물려받은 새로운 톨레도 지역의 통치권도 빼앗았다. 통치권을 빼앗기고 경제적 압박이 심해진 디에고 측의 분노가 더해 간다며 피사로에게 경종을 울리는 사람도 있었다. 심지어 그들은 피사로를 길에서 마주치더라도 모자를 벗고 인사조차 하지 않았기에 피사로 또한 그들의 불만을 체감하고 있었다. 하루는 광장에 위치한 교수대 밧줄에 피사로와 그의 심복의 이름이 걸려 있기도 했다. 그러나 피사로는 전혀 개의치 않고 자유롭게 돌아다녔으며, 피사로 지지자들은 디에고 지지자들 앞에서 화려한 사치품을 노골적으로 자랑하며 상대편의 적대감에 불을 지폈다.

1541년 중반, 디에고 지지자들은 참을 만큼 참았다며 6월 26일에 피사로를 제거하기로 마음먹었다. 대성당 옆 큰 광장에 있는 디에고의 아들 집에 모였다가 미사를 마치고 나오는 피사로를 습격할 계획이었다. 디에고의 아들이 이 암살 계획에 대해 전혀 몰랐다는 말은 신빙성이 몹시 떨어지지만, 적어도 그가 핵심적인 역할을 한 것 같지는 않아 보인다. 주동자는 라다라고 불린 후안 데 아라다로, 주로 디에고파에게 자문을 제공하는 자였다. 차근차근 준비를 하다가 공모자 하나가 갑자기 양심의 가책을 느껴 신부에게 암살 계획에 대해 고해성사를 했다. 설상가상으로, 신부는 고해성사의 비밀 엄수 수칙을 어기고 피사로에게 이 소식을 전했다. 그럼에도 불구하고 피사로는 음모자들을 체포하기는커녕 전혀 흔들림 없이 일상 업무를 수행했다. 물론 병환을 핑계로 미사에는 참여하지 않았다.

6월 26일에 피사로가 성당에 나타나지 않자 라다를 필두로 뜻을 함께한 20명의 공모자는 공황 상태에 빠졌다. 계획이 발각된 것인가? 일부는 피사로가 무슨 일이 벌어졌는지 모르고 지나가기를 간절히 바라며 계획을 전면 취소하고 모임을 해체하자고 말했고, 다른 이들은 그의 집으로 쳐들어가서 공격을 재개하자고 주장했다. 결국에는 가택 침입파 한 사람이 갑자기 문을 박차고 거리로 뛰어나가 함께 거사를 치르지 않으면 세상에 큰 소리로 계획을 폭로해 버리겠다고 하는 바람에 어쩔 수 없이 일이 진행된 것으로 보인다. 고민의 순간이 모두 지나간 후 공모자들은 모두 뛰쳐나와 "폭군에게 죽음을!"이라는 구호를 외치기 시작했다. 수많은 리마 주민은 이 광경을 보고도 누구도 피사로에게 달려가 경고해 주지 않았다. 피사로의 집은 광장에 위치했는데, 안으로 들어가기 위해서는 마당을 두 개나 지나야 했다. 첫 번째 마당은 라다와 주동자 수보다 훨씬 큰 규모의 경비대가 있어서 충분히 막을 수 있었지만 무방비 상태로 방치되었다.

"폭군에게 죽음을!"이라고 외치며 디에고파는 두 번째 마당으로 진입했고 두 명의 하인과 맞닥뜨렸다. 한 명은 그 자리에서 제거되었고 나머지 한 명은 도움을 요청하며 달아났다. 이때 피사로는 그에게 안부를 물으러 온 20명 정도의 친구와 식사를 하고 있었다. 일부는 소란스러운 소리가 들리자 정원으로 탈출했다. 피사로는 도망친 손님들이 지원 세력을 데리고 오기를 바라며 그동안 믿고 의지하던 군인 프란시스코 데 차베스에게 출입구를 막으라고 명령을 내렸다. 차베스와 그의 이복형제 돈 마르티네스 데 알칸타라는 갑옷을 입기 시작했다. 그러나 차베스는 문을 열고 저지하기는커녕 반란 세력을 찬찬히 타이르기 시작했다. 물론 대화는 그다지 오래가지 못했다. 암살단은 차베스를 처리하고 사체를 계단 아래로 던졌다. 피사로의 시종들이 디에고파를 막아섰으나 결국 막아 내지는 못했다. 알칸타라는 상황을 파악한 후 라다 일당을 상대하기 위해 젊은 기사 두 명과 함께 달려갔다. 피사로는 여전히 갑옷을 입으려 낑낑대고 있었다. 처절한 싸움 끝에 라다 일행 둘이 목숨을 잃었다. 알칸타라와 젊은 기사들은 계속해서 공격을 받았다.

알칸타라가 쓰러지자 피사로는 60대의 나이에도 불구하고 사자처럼 일당에게 달려들었다. 피사로는 상대편 두 명을 제거했다. 복도가 좁아서 로마 신화의 영웅인 다리 위의 호라티우스

19세기 말 피사로의 암살을 담은 프랑스 판화.

처럼 그와 젊은 기사들이 어느 정도는 시간을 끌 수 있었지만 끝내 기사 둘은 쓰러지고 말았다. 싸움을 이어 가다가 디에고파의 일원이 죽기 전에 피사로의 목에 부상을 입혔고, 상대방의 몸통에 꽂힌 칼을 빼낼 수 없게 된 피사로는 결국 숨을 거두었다. 한때 잉카제국을 호령한 피사로가 고꾸라지자 다른 이들이 그에게 칼을 꽂았다. 피사로가 피가 흥건한 바닥에 십자가를 긋자 최후의 일격이 가해졌다. 디에고파는 거리로 달려 나가 피 묻은 무기를 자랑스럽게 휘두르며 "마침내 폭군이 사라졌다!"라고 외쳤다. 피사로는 최소한의 장례 절차를 거치고 대성당의 컴컴한 구석에 급히 매장되었다. 그의 내각에 있던 사람은 모두 추방당하고 디에고의 아들이 페루의 새로운 지배자로 등극했다. 그러나 그는 권력에 오른 지 15개월 만에 스페인에서 보낸 새로운 통치자와의 전투에서 패배해 처형당했다. 피사로 암살에 가담한 수십 명의 디에고파 일당도 전사하거나 처형되었다.

✎ 암살의 세계화

피사로 같은 정복자, 탐험가가 지배 영역을 늘려 감에 따라 유럽인이 사는 세계도 덩달아 확장되었다. 정치적 살인도 전 세계에서 벌어지면서 암살이 점점 더 넓은 무대로 뻗어 나가기 시작했다. 케임브리지 대학교 최초의 역사학 교수는 칼뱅파 네덜란드인 아이작 도리스라우스였다. 1627년에 그는 32세의 젊은 나이로 교수직을 제안받았고 얼마 되지 않아 논쟁의 중심에 놓였다. 고대 로마제국의 황제 권력의 기원에 대해 강의하다가 백성을 탄압하는 지배자는 폐위시켜야 한다고 주장하며 루키우스 타르퀴니우스 수페르부스의 사례를 인용했다. 피터하우스 칼리지 학장은 그의 수업이 위험한 사상으로 가득하다고 여겼다. 의회와 훗날 내전으로 이어진 갈등을 겪고 있던 찰스 1세는 도리스라우스가 더 이상 강의를 하지 못하게끔 막았다. 1649년, 찰스 1세는 내전에서 패배하여 그의 인생이 달린 재판대에 올랐다. 잉글랜드 내전은 일반적으로 왕과 의회의 정치적 다툼으로 묘사된다. 그런데 급진적인 개신교 신자들이 주로 의회파였고 영국 고교회파 성공회, 로마 가톨릭이 왕당파였다는 점에서 종교적 색채도 강하게 띠고 있었다. 변호사로 활동하던 도리스라우스는 검사인단의 일원으로 지명되기도 했다. 게다가 그가 1649년 1월 30일 찰스 1세의 교수형 집행 당시 가면을 쓰고 실제로 형을 집행한 사람 중 하나라는 소문이 떠돌기도 했다. 이듬해 봄에 도리스라우스는 도서관 사서로 내정되어 있었는데, 본격적으로 업무를 시작하기 전에 그를 높이 평가한 올리버 크롬웰이 도리스라우스를 네덜란드 헤이그에 외교 사절로 파견했다. 의회 대표인 월터 스트릭랜드와 함께 도리스라우스는 네덜란드공화국과 동맹을 체결할 임무를 부여받았다.

또 다른 암살 사건의 전조가 보였다. 후에 찰스 2세가 되는 찰스 1세의 아들이 헤이그에 머무르고 있었고 그 외에도 추방당한 왕당파 인사들이 도시 곳곳에 있었다. 왕을 처형한 사람이 헤이그로 온다는 소식을 듣자 이들은 분노에 휩싸였다. 스코틀랜드의 왕당파 장군인 몬트로즈 후작이 존 스포티스우드 경과 주교의 아들인 월터 위트포드 대령 등 함께 도망쳐 온 쟁쟁한 왕당파 인물 몇몇을 엄선해 한 팀을 꾸린 후 분노의 화살을 한 곳으로 돌렸다. 4월 29일, 도리스라우스는 화이트 스완 여관에 짐을 풀었다. 공모자들이 공공연하게 도리스라우스의 머리 가죽을 벗겨 버릴 것이라고 자랑하듯 떠들어 대자, 이 소식이 스트릭랜드의 귀에까지 흘러 들어갔다. 스트릭랜드는 도리스라우스에게 더 안전한 자신의 집으로 거처를 옮기자고 설득했다. 그러나 피사로만큼이나 태평했던 도리스라우스가 취한 조치라고는 도시를 가로질러 스트릭랜드를 만나러 가는 일정을 취소한 것뿐이었다. 5월 1일, 공모자들은 암살 시도에 실패하기는 했으나 목표물은 여전히 그 자리에 있었다.

다음 날, 도리스라우스가 외출하지 않겠다고 했기에 스트릭랜드가 여관에 찾아오기로 일정을 잡았다. 회의 후 스트릭랜드가 떠났고 도리스라우스는 저녁 식사를 기다리며 앉아 있었다. 갑자기 열댓 명의 무장한 장정들이 여관에 침입했다. 공모자들은 이미 뒷조사를 끝낸 후였기에 도리스라우스가 어느 방에 묵고 있는지 알고 있었다. 그들은 복도에 있는 모든 조명을 꺼 버린 후 칼과 권총을 들고 뛰어다녔고 여관 직원은 "살인이야!"라고 소리쳤다. 도리스라우스의 방 안에서 문에 기대고 있던 시종 둘이 암살단에 대항하는 동안 도리스라우스는 다른 출구를 찾아 헤맸다. 탈출구가 보이지 않자 도리스라우스는 운명을 받아들인 듯했다. 그의 시종은 "의자로 돌아가 팔짱을 끼고 기대며 문을 향해 얼굴을 돌렸다."라고 진술했다.

암살단은 문을 박차고 들어와 먹잇감이 평온하게 자신들을 바라보며 앉아 있는 모습을 발견했다. 무방비한 시종들은 칼과 총을 들이대며 붙잡아 놓았고, 위트포드가 도리스라우스의 머리를 칼로 베어 처리했다. 다른 공모자들은 죽어 가고 있는 몸에 무기를 꽂았고 "이렇게 왕을 재판한 자 한 명을 해치웠다!"라고 소리치며 달아났다. 위트포드는 암살 음모에 가담한 포르투갈 대사의 도움으로 스페인령 네덜란드 국경을 넘는 데 성공했고 왕실 연금을 받으며 삶을 이어 갔다. 불행히도 스포티스우드는 찰스 2세를 스코틀랜드 국왕으로 세우려다 실패하고 사형으로 생을 마감했고, 몬트로즈 후작도 찰스 2세에게 버림받은 후 처형당했다.

도리스라우스는 의회파가 웨스트민스터 사원에 안장했지만 찰스 2세가 복권한 후 명예가 강등되어 세인트 마가렛 교회로 옮겨졌다.

⚔ 47인의 사무라이

　　많은 유럽인이 밥 먹듯이 펼쳐지는 암살 사건에 경악을 금치 못하는 동안, 일본에서는 전설처럼 회자되는 살인 사건이 발생했다. 앞 장에서 살펴보았듯, 15세기 일본에서는 무사 정신이 점점 사라지는 것이 아니냐고 우려하는 목소리가 있었다. 그러나 18세기 초에 사무라이의 윤리 규범인 무사도를 잘 드러내는 살인 사건이 일어났다. 1701년, 오늘날의 도쿄인 에도에서 고위급 막부 장군이었던 기라 요시나카는 아사노 나가노리와 가메이 사마라는 지방 영주 둘에게 예절을 가르치고 있었다. 당시에는 제자가 스승에게 선물을 주는 것이 통상적인 관례였다. 그러나 아사노와 가메이가 가져온 선물이 자신의 품격에는 한참 못 미친다고 여긴 기라는 둘을 홀대했다. 아사노는 이를 악물고 불만을 참았으나 가메이는 격노해서 기라를 암살할 계획을 꾸몄다. 그런데 가메이의 사람들이 기라에게 조심스레 뇌물을 건넸고, 그 이후 기라가 가메이를 대하는 태도가 한층 누그러졌다. 그러나 또 다른 제자였던 아사노가 뇌물을 주지 않았다는 사실에 화가 났는지, 예의라고는 눈곱만큼도 없는 시골 촌뜨기라고 아사노를 비난하며 한층 더 가혹하게 대했다. 아사노는 더 이상 분노를 참을 수 없어서 단도를 들고 기라에게 돌진했다. 경호원이 그를 끌어내기 전까지 아사노는 기라의 얼굴을 가격했다. 막부 장군을 이런 식으로 공격한 것은 중대 범죄여서 아사노는 전통에 따라 스스로 할복해야 했다.

그러나 아사노를 따르던 사무라이 300명이 정황을 알고 격분했다. 그중 47명은 무사도 정신에 따라 기라를 살해하여 아사노의 죽음을 복수하려 했다. 기라는 이러한 상황 전개를 예상하고 경비를 더 강화했다. 47명의 사무라이는 묘안을 짜내 기라를 속이기로 했다. 그들을 이끌던 오이시 요시오는 아내와 헤어진 후 엉망이 되어 매춘과 음주를 일삼는 방탕한 삶을 사는 것처럼 꾸몄고 복수단이 와해된 것처럼 가장했다. 다른 사무라이는 계획을 실행하기 위해 집 구조를 파악하려고 상인이나 일꾼으로 위장해 기라의 집을 드나들었다. 1703년, 마침내 기라의 경비대 규모가 축소되었고 요시오가 이끄는 47명의 사무라이는 준비를 끝냈다. 눈 내리는 추운 어느 12월 아침에 공격을 개시했고 그들은 기라를 포위하기 전에 적어도 기라의 부하 16명을 죽였다. 암살단이 기라를 불러 명예롭게 할복할 기회를 주겠다고 했으나 기라가 거절하자 요시오가 그의 목을 베어 버렸다. 그리고 벤 목을 아사노의 무덤 앞에 가져다 두고 기도한 후 막부 통치자에게 찾아가 자수했다. 처음에는 사형이 선고되었다. 그러나 사무라이들의 무사도 정신을 높이 평가한 많은 이들이 청원서를 내자, 막부 통치자는 사무라이들에게 존엄하게 죽을 수 있도록 할복을 허락했다. 당시 너무 어렸던 요시오의 아들만 유일하게 사면되었다. 47인의 사무라이 이야기는 연극과 오페라, 대여섯 편이 넘는 영화로 제작되기도 했다.

✒ 지금부터 서로 죽여라

오스만제국의 암살에 특이한 점이 있다면 바로 국가에서 공식적으로 허가한 정책이었다는 점이다. 1453년, 동로마제국의 수

義士四十七図

47인의 사무라이 대장 오이시 요시오. 오가타 게코. 1897년. 색채 양각 목판화.

도 콘스탄티노플을 정복한 오스만제국의 술탄 메흐메트 2세는 "내 아들 중 누군가가 왕좌에 오른다면 모든 이를 위해 형제를 모두 죽여도 좋다."라고 선언했다. 또한 대다수 이슬람의 학자들이 이러한 방식을 승인한다고 덧붙였다. 조금 잔인하게 들릴지는 모르겠으나 설득력 있는 주장이기는 하다. 핵심은 왕권을 노리는 잠재적인 경쟁 상대의 싹을 잘라 버림으로써 평화를 보장할 수 있다는 것이었다. 15세기 초에 왕좌를 두고 벌인 네 왕자의 싸움은 10년 내전으로 이어졌다. 그로부터 약 100년 정도가 지난 후 시리아 출신의 한발리파 학자 카르미는 친형제나 이복형제를 살해하는 것이 차악의 선택이라며 이론적인 정당성을 부여했다. 다수를 지키기 위해 소수를 희생할 수 있다고 여긴 것이다.

메흐메트 2세는 따로 후계자를 명확히 선정하지 않았다. 가장 운이 좋거나 기지가 뛰어난 자가 자연스럽게 최고의 지위에 오를 것이고, 현재 술탄이 가장 총애하는 아들을 적극적으로 지지할 것이 당연했기 때문이다. 형제를 살해하는 일이 아주 보편적인 것은 아니었지만, 150년 동안 약 80명의 왕실 혈통이 목숨을 잃었다. 1595년에 메흐메트 3세가 술탄으로 즉위했을 때에는 젖먹이를 포함해 비단 손수건으로 목을 졸라 죽인 형제만 해도 열아홉 명에 달했다. 왕실 귀족의 피를 흘리게 해서는 안 된다는 터키 전통이 있었기 때문에 주로 교살을 선호했다.

대규모 학살에 가까운 형제 살인이 계속되자 거센 항의가 빗발쳤다. 결국 메흐메트 3세의 아들 아흐메트 1세는 이러한 관습을 없앴다. 일각에서는 이전의 적자생존 방식으로 가장 능력 있는 계승자가 왕좌에 올랐기 때문에 이런 관습의 폐지는 오스만제국이 내리막길로 가는 원인이 되었다고 주장하기도 한다. 형제 살인이 금지된 후 왕위는 자연스럽게 현 술탄의 형제 중 가장 연장자에게 계승되었고, 이에 따라 어린아이가 왕좌에 오르는 위험을 줄일 수는 있었다. 그러나 단점이 아예 없는 것은 아니었다. 아흐메트 1세가 통치하던 시절부터 술탄을 제외한 왕실 구성원은 살해당하는 대신 이스탄불의 톱카프 궁전에 죄수처럼 갇혀 지내야 했고, 나이 든 후궁과 매듭 공예를 하는 것 말고는 할 수 있는 일이 없었다. 따라서 술탄으로 지목된 순간 후계자는 아무 능력도 갖추지 못한 채 왕관의 무게를 견뎌야 했다.

✒ 30년 전쟁

종교와 관련된 전쟁 중 가장 극심한 피해를 낳은 것은 처음으로 유럽 전역에서 발생한 30년 전쟁이었다. 전쟁은 1618~1648년에 신성로마제국의 광대한 영토에서 전개되면서 중앙 유럽을 초토화시켰다. 프랑스의 작가 볼테르는 30년 전쟁을 성스럽지도, 로마 정신에 부합하지도, 제국에 걸맞지도 않은 싸움이라면서, 신성로마제국을 가리켜 오늘날의 독일과 오스트리아, 벨기에, 체코 공화국 및 프랑스와 스위스, 폴란드 영토 일부에 산발적으로 위치한 독립국가들의 모임일 뿐이라고 비판했다. 신성로마제국의 황제가 모든 지역에 어느 정도 권한을 행사할 수 있었던 것은 맞지만, 개별 국가들은 자신의 권리와 권력을 빈틈없이 지키려 했다. 처음에는 가톨릭과 개신교 간의 싸움으로 시작했지만, 나중에는 스페인과 프랑스라는 두 가톨릭 국가 간의 세력 다툼으로 이어졌다. 프랑스는 스페인을 견제하기 위한 수단으로 개신교와 손을 잡기도 했다. 30년 전쟁이 막을 내렸을 때는 유럽에서 약 800만 명이 전쟁, 기아 및 질병으로 사망한 후였다.

알브레히트 폰 발렌슈타인은 신성로마제국에 다시없을 위대한 명장이었다. 그는 오늘날의 체코 지역의 공화국이었던 보헤미아의 개신교 집안에서 태어나 교육을 받았으나 30대 초반쯤 가톨릭으로 개종했다. 그는 창문에서 떨어졌을 때 동정녀가 자신의 생명을 구해 줬기 때문이라고 개종 이유를 설명했다. 보헤미아에서는 개신교 신자로서 높은 직위까지 올라가는 것이 거의 불가능했기 때문이었을 수도 있다. 어찌 됐든 개종한 후 그의 고해 신부가 재물이 많은 나이 든 미망인과 결혼할 수 있게끔 도와주었고, 부인이 5년 만에 숨을 거두자 발렌슈타인의 수중에는 막대한 재물이 남았다.

30년 전쟁이 막 시작되었을 무렵, 발렌슈타인은 이미 노련한 사령관이 되어 있었다. 그는 물려받은 재산으로 뛰어난 군인을 모아 기사단을 꾸렸고, 신성로마제국의 황제 페르디난트 2세에게 막강한 병력을 제공했다. 발렌슈타인이 지휘하는 병사만 해도 2만 명이 넘었으며 1625년에는 모든 황실 군대를 이끌었다. 30년 전쟁을 치르고 있던 다른 장군과 마찬가지로 그는 군사 작전을 사업처럼 운영했고, "전쟁이 국가를 먹여 살린다."라는 말을 처음으로 남기기도 했다. 감탄을 자아낼 만한 승리의 향연이 이어졌다. 황제가 그에게 정복한 지역을 직접 통치하게끔 지배권을 주자 발렌슈타인의 금고는 날이 갈수록 두둑해졌다. 1620년대 말부터 발렌슈타인은 더욱 승리에 고취되었고, 개신교 귀족들과 자신을 대표로 하여 거대 무역 회사를 설립할 것을 논의하기 시작했다. 그때쯤 발렌슈타인은 사방에 적이 있었다. 신성로마제국 산하의 무수히 많은 소규모 영주들은 황실 군대가 자신들의 독립을 위협한다고 여겼다. 1630년에는 영세 영주들이 다 함께 모여 발렌슈타인을 해고해 달라고 페르디난트 2세를 설득했다. 이 시기에 위대한 개신교 수호자이자 북방의 사자라 불린 스웨덴 국왕 구스타브 2세 아돌프가 전쟁에 뛰어들었다. 발렌슈타인은 자신을 해고한 황제에 대한 복수심을 불태우며 구스타브 2세와 음모를 꾸몄다. 페르디난트 2세 황제가 극도로 경계했지만, 발레슈타인의 후임이 이끌던 황실 군대는 구스타브 2세와 벌인 주요 전투에서 패배하고 말았다. 결국 1632년 페르디난트 2세는 발렌슈타인에게 순순히 항복할 수밖에 없었고 그에게 황실 군대 지휘권과 영토 일부를 되돌려 주었다.

그러나 한때 같은 배를 탔던 구스타브 2세와 발레슈타인은 정면충돌을 피할 수 없게 되었다. 결국 구스타브 2세는 전쟁에서 승리했지만 목숨을 잃었고 발렌슈타인은 패배를 맛보아야 했다. 전쟁이 끝난 후 발렌슈타인은 스웨덴과 신성로마제국에 불만을 품은 적들과 독자적으로 평화 협상을 벌였다. 발렌슈타인은 열렬한 점성술 신봉자였기에 수하에 있는 장군들의 충성심이 결코 변하지 않을 것이라는 별자리 점괘를 철석같이 믿었다. 그러나 그의 등 뒤에서는 수많은 장군과 점성술사가 황제에게 그의 행실을 고발하고 있었다. 1634년, 황제가 다시 한번 그를 해고하고 시체든 살아 있는 상태이든 체포해 오라는 명령을 내렸고 발렌슈타인은 봉기를 일으켰다. 그러나 병사들이 모두 도망쳐 버렸다. 2월에는 스웨덴 쪽과 연합을 기대하며 초라해진 병력을 이끌고 체코의 헤프라는 마을로 이동했다.

여기에는 아일랜드 출신 용병 장교인 월터 데베로와 월터 버틀러도 포함되어 있었다. 버틀러는 총으로 무장한 기마 경비대를 이끌었는데, 저녁 식사 중인 발렌슈타인의 주요 지지자들을 살해할 계획을 세웠다. 데베로는 발렌슈타인이 자고 있는 방에 불쑥 침입했다. 발렌슈타인이 목숨만은 살려 달라고 애원했으나 데베로는 도끼가 달린 창으로 그의 숨통을 끊어 버렸다. 나중에 페르디난트 2세가 둘에게 큰 포상을 내렸지만 버틀러는 해가 바뀌기 전 역병으로 사망했고 데베로는 14년간 이어진 전쟁에서 목숨을 잃었다. 전쟁으로 개별 국가의 세력이 확대되고 신성로마제국 황

| 알브레히트 폰 발렌슈타인의 암살을 그린 수채화. 1840년 추정.

제의 권력은 내리막길을 걷기 시작했다.

30년 전쟁 동안에 종교전쟁에서 벌어진 암살 중 가장 기이한 사건이 일어나기도 했다. 스위스에서 가장 오래된 마을이자 그리송주의 중심지인 쿠어에서 1639년에 발생한 살인 사건이 바로 그것이다. 쿠어는 알프스 고개에 위치한 전략적 요충지였다. 대다수 주민이 개신교 신자였으나 마을을 내려다보는 대성당과 성채를 가톨릭 주교가 장악하고 있었고, 이는 불화의 씨앗이 될 수밖에 없었다. 1621년 어느 날 밤, 30년 전쟁이 발발한 지 얼마 되지 않았을 무렵 개신교 목사였던 외르크 예나치가 한 무리의 남성들을 이끌고 쿠어에서 가톨릭 신도들을 이끌던 귀족 폼페이우스 플란타의 성으로 쳐들어갔다. 플란타는 굴뚝에 몸을 숨기려 했지만 키우던 개 때문에 은신처가 발각되고 말았다. 암살단은 그를 무차별적으로 공격했고 예나치가 도끼로 치명상을 입혔다. 암살 후 예나치는 성직자의 길을 포기하고 군인으로 전향했다.

예나치와 그의 추종자는 프랑스군의 도움으로 자신들이 살던 그리송주에서 스페인과 오스트리아 동맹군을 몰아내려 했지만, 프랑스군은 방어를 명목으로 계속 주둔하면서 점점 지배력을 강화해 나갔다. 예나치는 1635년에 가톨릭으로 개종해 오스트리아 측과 비밀 협정을 맺고 프랑스군을 쫓아냈다. 최종적으로 그리송주에서 모든 외국

외르크 예나치. 당대 초상화.

군을 몰아내는 데 성공한 예나치는 전쟁에서 가장 큰 공을 세운 스위스인이 되었다. 1639년, 쿠어에서 축제를 벌이는 동안 예나치는 고생한 장교들을 위해 파티를 개최했다. 연회 도중 화려한 옷을 입은 한 무리가 갑자기 나타나 그의 주위를 둘러쌌고 즐거운 분위기가 점점 고조되는 듯 보였다. 그러나 한순간 곰으로 분장한 인물이 도끼로 예나치를 난도질해 죽였다. 일각에서는 그것이 8년 전 그가 플란타를 죽일 때 사용했던 바로 그 도끼라고 주장하기도 했다. 암살자의 신원은 끝까지 밝혀지지 않았다. 예나치의 변절에 분개한 개신교도의 짓이었을까? 아니면 폼페이우스 플란타의 아들이 복수를 위해 저지른 일이었을까? 그날의 진실은 영원히 알 수 없다.

✒ 가장 억울한 암살 희생자

이 시기에 가장 기이한 죽음을 맞이한 사람이 예나치였다

면, 가장 불운하게 죽음을 맞이한 사람은 스코틀랜드 세인트앤드루스 지역의 대주교 제임스 샤프였다. 잉글랜드 내전이 발발하기 전에 찰스 1세가 국경 북부 지역에 가톨릭 주교를 파견하려 하자 스코틀랜드의 개신교 장로파가 무기를 들고 나섰다. 이 봉기는 1660년에 찰스 1세의 아들이 왕위에 돌아올 때까지 지속되었다.

1679년 5월 3일, 장로교 신자의 처형을 주도했던 인물이 파이프 지역 후임 판사로 파견되어 온다는 소식이 전해지자 그를 죽이기 위해 지주 둘과 방직공 하나, 소작농 대여섯 명이 세인트앤드루스 지역 근교인 마구스 무어에 모였다. 그러나 아무리 기다려도 목표물은 나타나지 않았다. 이대로 시간만 허비하는 것이 아닌가 싶은 생각이 들 때쯤, 누군가가 대주교 샤프의 마차가 오고 있다고 귀띔했다. 샤프는 찰스 2세의 복위에 혁혁한 공을 세웠기에 스코틀랜드 성당의 주교로 발령받았고 개신교 장로파에 대한 억압을 강화했다. 그로 인해 샤프는 장로파 신자들 사이에서 증오의 대상이 되었으며, 미수에 그치기는 하였으나 1668년에는 에든버러 시내 한복판에서 저격당하기도 했다.

1679년 딸 앞에서 살해당한 제임스 샤프 대주교. 150년 후 당시 상황을 묘사한 그림.

이대로 아무런 성과도 없이 돌아가면 어쩌나 걱정하며 반쯤 포기한 상태였던 공모자들에게 샤프가 온다는 소식은 신이 내린 선물과도 같았다. 그들은 "신이 우리 손에 샤프를 손수 배달해 주신 것이다!"라고 기뻐하며 소리쳤다고 한다. 일부는 심지어 대주교를 처단하지 않는다면 신성한 신의 계시를 어기는 것이라고 생각한 듯했다. 개인적인 악감정으로 이번 암살 계획을 이끈 주동자는 갑자기 양심의 가책을 느끼고 여기서 그만두겠다고 선언했다. 하지만 나머지 공모자들의 열기와 광분은 수그러들지 않았다. 심지어 대주교의 딸이 함께 타고 있었는데도 공격을 자행했다. 마차가 공모자들을 따돌리려 했지만, 그들은 끝까지 물고 늘어져 권총을 쏘며 약 800미터를 뒤따라갔다. 공모자 한 명이 대주교가 탄 마차를 앞질렀고 말이 더 이상 움직이지 못하도록 머리를 베어 버렸다. 어떤 이는 마부와 몸싸움을 벌인 끝에 말고삐를 빼앗았으며, 또 다른 한 명은 샤프에게 총상을 입히고 마차를 완전히 멈추게 했다. 진술에 의하면 공모자들은 대주교가 총알에도 끄떡없는 불사신이면 어쩌나 걱정했기 때문에 샤프를 마차에서 끌어내 그의 숨통이 끊어질 때까지 칼로만 공격을 가했다고 한다.

그로부터 몇 시간 후 공모자들을 체포하러 온 군인들에 의해 한 명이 총에 맞았고 결국에는 죽고 말았다. 어떤 이는 개신교 장로파가 패배한 보스웰 다리 전투에 참전했다가 정부군에게 치명상을 입었다. 그 외 네 명은 그 다음해부터 4년에 걸쳐 처형당했다. 체포된 이가 한 명 더 있었으나 그의 생사는 끝까지 알려지지 않았다. 나머지 두 명은 탈출한 것으로 추정된다. 대주교 샤프의 암살로 인한 여파는 스코틀랜드의 문호 월터 스콧의 《Old Mortality》에 등장하기도 했다.

앞서 말했듯 오스만제국에서는 특이하게 암살을 공식 정책으로 승인했기 때문에 오스만 왕실에서 일어난 80건의 암살 사건은 분석에 포함하지 않았다. 따라서 종교전쟁시대에 분석한 암살은 총 23건이다.

첫째, 희생자와 관련해서는 왕 6명과 섭정 대리인을 포함해 통치자가 10명이었고 여왕의 남편도 1명이 있었다. 주요 정치인이 6명, 고위급 성직자 2명과 장군 2명, 반란군이 3명이었다. 암살의 목표물이 된 여성은 없었다. 이 중 피사로와 페르시아의 샤 나데르는 자신을 공격한 이들을 죽이며 격렬하게 맞서 싸웠다. 암살 발생 지역과 관련해서는 스코틀랜드 3건을 포함해 영국 4건, 프랑스 5건 등 유럽에서 15건이 일어났고 아시아에서 7건, 남미에서 1건이 발생했다.

물론 스코틀랜드의 여왕 메리 1세가 단리 경 제거에 가담한 것이 사실이라면 여왕 1명, 왕 3명과 황제 1명이 손에 직접 피를 묻히지는 않았지만 암살의 배후에 있었다. 사실 23건 중 4건의 경우에만 주동자가 손수 살인에 참여했을 뿐이었다. 기사도 시대와 마찬가지로 스코틀랜드의 여왕 메리 1세가 암살을 수행 혹은 주도한 경우만 제외하면 종교전쟁시대에도 암살 사건은 압도적으로 남성 중심이었다. 7명의 암살자가 단독 범행을 저질렀고, 이 중 2명은 누구의 지원도 받지 않고 완전히 독립적으로 암살 작전을 시행했다. 가족 내 살인은 계속해서 줄어들었다. 이 시기에 직계 가족 간의 직접 살인은 발생하지 않았으나 아들과 조카, 아내가 주동자로 연루된 경우는 있었다. 기사도 시대처럼 경비대가 반역을 저지른 경우는 드물어서 2건에 불과했다. 또한 배반으로 인한 암살도 기사도 시대와 비슷하게 4~5건 정도였다. 앙리 드 기즈 공작이 회의장으로 유인당했고, 침묵공 빌럼 1세도 신의에 배반당했으며, 알렉산드로 데 메디치는 미인계에 속았다. 1617년 루이 13세 시절에 프랑스의 재상 콘치노 콘치니가 체포에 저항했다는 말도 안 되는 이유로 처형당했는데, 이 과정에서 암살을 정당화하기 위한 수단으로 가짜 뉴스가 활용되기 시작했다. 콘치니가 암살당한 이후 그의 아내도 마술을 부린다는 날조된 혐의로 사형에 처해졌다. 전체 23건 중 절반에 가까운 11건에서 군인 또는 적대 세력 지지자들이 암살을 시행했다. 어쩌면 당연하게도 종교전쟁시대였기 때문에 암살자나 주동자 대부분이 대주교와 수도원장, 목사, 수도사였다. 그러나 기사도 시대와 대조적으로 기즈 추기경이 크리스마스이브에 살해되기는 했으나 교회나 성전에서 암살이 일어난 경우는 매우 드물었다.

암살 원인을 살펴보면 7건의 암살이 종교적 동기로 발생했고 종교 갈등이 주요 요인으로 자리 잡았다. 그다음으로는 분노와 원망이 5건, 복수가 3건, 두려움이 3건을 차지했다. 왕권에 대한 욕심에서 벌어진 암살은 2~3건에 불과했고 정치적 목표 때문에 암살한 경우도 3건이었다. 금전적 보상과 관련해서는 1건의 암살이, 암살자의 불안정한 정신 상태가 원인인 것으로 추정되는 사건이 2건 있었다. 암살 방식이 알려진 19건의 사건 중 13건이 칼을 이용한 것으로, 칼이 여전히 가장 선호되는 공격 수단이었다. 이 시기에는 총이 처음으로 등장했다. 칼과 총 모두를 사용한 2건을 포함해 6건의 암살에서 총이 사용되었고, 단리 경 암살 사건의 경우 아직도 수수께끼로 남은 폭발물이 사용되었다. 총과 같은 새로운 발명품이 속속 등장했지만 장거리에서 쏜 총알에 살해당한 모레이 백작 암살 사건 이외에 신기술이 사용된 경우는 없었다. 기라 요시나카가 47인의 사무라이에게 살해당했을 때 목표물에 접근하는 과정에서 무고한 민간인이 최소한 16명 사망한 경우가 있었다.

　암살자들의 최후와 관련하여 확실한 자료가 남아 있는 22건 중 1명만이 현장에서 즉각 살해당했고, 8건에서 1년 내로 암살자 일부 혹은 전부가 처형되었다. 4건 이상의 사건에서 일부 암살 책임자가 5년 이내로 비참한 죽음을 맞이했다. 남의 눈에 눈물나게 하면 제 눈에 피눈물이 난다고는 하지만 피눈물이 나기까지 시간이 좀 걸리기도 했다. 가스파르 드 콜리니 암살의 주동자인 앙리 드 기즈 공작은 16년 후에 암살당했고, 외르크 예나치도 18년이 지난 후 자신이 저지른 일을 그대로 당했다. 적어도 3건의 사건에서 암살자 전체가 처벌을 면했고, 다른 한 경우에서 일부 암살자가 처벌을 피해 갔다. 두목을 잃어버린 47인의 사무라이 중 하나는 사면되기도 했다. 침묵공 빌럼 1세 암살자의 가족들처럼 2명의 암살자에게 포상이 내려지기도 했다. 47인의 사무라이는 일본에서 전설로 남았고, 1628년에 모두가 경멸한 영국 희대의 간신 버킹엄 공작을 처리한 자는 국민 영웅이 되었으며, 교황은 프랑스의 앙리 3세를 살해한 자를 성인으로 추대하는 것을 고민하기도 했다. 적어도 8건의 암살이 발생한 후 사회가 불안과 혼란에 휩싸였으나 암살 전부터 사회 소요가 일어나기도 했다. 프랑스의 앙리 4세가 암살되었을 때는 예상보다 큰 격변이 일어나지 않았다. 1747년에 페르시아의 샤 나데르가 암살당한 후에는 제국 전체가 분열되었으나, 알렉산드로 데 메디치가 암살당한 후에는 메디치 가문이 200년간 지배력을 변함없이 이어 갔다. 동기와 결과가 명확해 판단을 내릴 수 있는 16건의 암살 중 5~6건은 성공적이었고, 5건은 비교적 성공적이었다고 평가할 수 있다. 1건은 처참한 실패로 끝났고, 나머지 4건도 성공보다는 실패에 가까웠다.

5장

혁명의 단짝

근대를 휩쓴 암살 사건들

1789년 프랑스 혁명은 결코 빼놓을 수 없는 역사적 사건이다. 프랑스 혁명이 발발한 이후 약 한 세기 동안 수많은 혁명과 민족 해방을 위한 전쟁이 끊임없이 일어났다. 프랑스 왕은 혁명이 일어나고도 30년 동안이나 왕좌를 굳건히 지켰고, 지구촌의 다른 쪽인 필리핀에도 자유의 불꽃을 피우는 민족이 있었다. 1756~1763년에 일어난 7년 전쟁은 영국이 이끄는 연합과, 프랑스와 스페인이 결집한 동맹 간에 발생한 충돌이었다. 전쟁이 다섯 대륙에 걸쳐서 진행되었기 때문에 실질적인 제1차 세계대전이라 불리기도 한다. 필리핀에서 가장 큰 섬인 루손섬에 사는 일로카노족 사이에서는 과도한 세금 징수와 독과점, 강제 노동 문제로 스페인 식민 지배 세력에 대한 불만이 고조되어 있었다. 따라서 영국이 1762년에 스페인을 상대로 공격을 실시했을 때, 별 볼일 없는 집배원이었던 디에고 실랑은 스페인의 곤경을 일로카노족의 기회로 만들겠노라고 다짐했다. 그래서 군대를 모아 자신의 고향인 필리핀 일로코스 지방의 비간에서 스페인 세력을 몰아냈다. 실랑은 영국의 조지 3세를 군주로 인정하면서도 일로카노족만의 독립적인 국가를 설립하기를 바랐다. 영국은 그에게 선물과 직위를 하사했지만 약속한 군대는 끝까지 파견하지 않았다.

　　실랑은 계속해서 스페인의 식민 정치인들을 상대로 저항을 이어 갔으나, 스페인 가톨릭 세력은 더 지독했다. 저항군이 성직자들에 대한 세금을 부과하자, 비간에 파견된 주교는 스스로를 일로코스 지방의 군주로 선언하고 실랑을 파문해 버렸다. 그를 따르던 추종자들에게는 그와 인연을 끊을 것을 명령했지만 원하는 대로 일이 풀리지 않았다. 그래서 비간 주교는 1763년 5월 28일 저항군의 친구 둘을 포섭해 암살을 시도했다. 두 친구는 실랑의 집 근처에서 등 뒤로 다가가 실랑을 쏘았다. 실랑은 그의 아내인 가브리엘라의 품에서 마지막 숨을 거두었다. 가브리엘라는 남편의 저항 운동을 계승해 지도자로 활동했고 후에 필리핀의 잔다르크라는 명성을 얻었다. 그러나 저항 운동을 시작한 지 4개월 만에 가브리엘라도 체포되어 남아 있던 추종자와 함께 처형당했다.

✒ 프랑스 혁명

그로부터 26년이 지나고 프랑스 왕정이 완전히 무너졌다. 이 시기에 암살은 혁명파에게든 왕당파에게든 유용한 수단이었다. 1789년 7월 14일 바스티유 감옥이 습격당한 바로 그날, 또 다른 대소동의 기운이 파리에 감돌고 있었다. 60대의 자크 드 플레셀은 파리의 상인 회장이자 파리에서 가장 영향력 있는 인사 중 하나였다. 당시 권력자들은 좌우를 막론하고 위협에 시달렸고, 과격한 혁명군들은 부유층을 위협하며 거리를 활보하고 다녔으며, 이와 동시에 왕실 군대가 언제라도 파리를 급습할 수도 있다는 두려움이 만연해 있었다. 따라서 일부 부르주아들은 파리 시정부의 주요 요직에 스스로 임명하여 한 자리씩 차지했고, 파리의 치안 감독이라는 명목하에 플레셀이 관장하는 파리 시청 내 상설 위원회를 설치했다. 위원회에서는 시민으로 구성된 민병대를 창설하기로 결정했다.

그러나 7월 13일에 수천 명이 시청사 앞에 모여 무기를 요구하자 플레셀은 누가 봐도 시큰둥하게 대처했다. 아마 플레셀은 시청 앞 군중에게는 대응할 가치가 없다고 생각했던 것 같다. 그는 만일의 사태에 대비해 소총 세 정을 준비하고는 시민들에게 "카르투시오회 수도원이나 지역 총기 공장에나 가 보든지."라며 대수롭지 않게 말했다. 하지만 그곳에서도 총기를 손에 넣을 수 없었던 성난 군중은 고의적으로 무기 조달을 방해한 플레셀을 공공의 적으로 삼았다. 다음 날, 대규모의 군중이 프랑스의 군사병원인 앵발리드 앞에 집결했다. 그곳의 수비대가 저항하는 대신 순순히 협조한 덕분에 시민들은 소총 3만 정을 확보하는 데 성공했다. 화약만 있으면 완벽한 무장이 가능했기에 바스티유 감옥을 기습해 필요한 것을 챙겼다. 이 과정에서 시민군 80명이 사망하기도 했다. 바스티유 감옥 주둔군의 지휘관이 항복했지만 군중은 그를 살해했다. 얼마 후 플레셀은 시청사 계단에 모습을 드러냈고 누군가가 쏜 권총 한 발을 맞고 즉사했다. 군중은 죽은 플레셀의 머리를 창에다 꽂고 파리 시내를 활보했다.

그러나 필리핀과 마찬가지로 프랑스에서도 가장 유명한 암살 사건은 혁명군이 행한 것이 아니라 그들이 당한 것이었다. 선동과 흥분이 쉬이 가라앉지 않은 격동의 시기에 장 폴 마라는 수많은 혁명가 중에서도 탁월한 대중 선동 능력을 갖춘 인물이었다. 청년기에 그는 의학을 공부하여 안과 전문의가 되었다. 런던과 네덜란드에서 병원을 개원했지만, 박물관에서 메달을 훔치려다 잡혔다는 일화가 있을 만큼 큰 빚을 지고 말았다. 마라는 프랑스로 돌아와 거짓으로 서류를 꾸미서 유서 있는 가문 출신이자 최신 의학 부문을 개척한 의사로 자신을 둔갑시켰다. 그리고 루이 16세의 동생 아르투아 백작의 주치의로 들어가 후작 부인의 결핵을 치료해 주며 후원을 받았다. 물론 마라가 처방해 준 치료제가 실제로는 분필 재료로 쓰이는 백악과 물을 섞은 것임이 들통나서 유명세에 타격을 입기는 했다. 마라는 계속해서 이전에는 연구된 바 없는 혁명적인 과학 논문 저술을 내놓았고, 심지어는 아이작 뉴턴이 세운 과학계 정설에 도전장을 내밀기도 했다. 그러나 그런 노력에도 불구하고 권위 있는 과학학계에서 회원으로 받아들여지지 않자 분한 마음을 감추지 못했다.

파리에서 그를 진찰한 영국 의사 존 무어에 따르면 마라는 사르데냐계 혼혈로 피부색이 어두웠고 유령 같은 몰골로 늘 경직된 채 다녔다고 한다. 혁명 사상에 몰두한 마라는 매일 스물한 시간씩 일하고 겨우 두 시간만 잠을 청했다. 몸을 가만히 두지 못해서 책을 읽을 때에도 끊임없이 경련하며 입술을 씰룩였다. 더군다나 고약한 냄새를 내뿜는 보기 흉한 피부병도 앓고 있었다. 당시 기록에 따르면 얼굴에 가득한 곰보 자국이 아물지 않아 상처에서 고름이 흘러내렸다고 한다. 일부 사람들은 그의 극단적인 사상을 두고 당국과 싸움을 벌이다가 하루는 하수도에 몸을 숨겼는데 이때 피부병을 얻게 되었다고 주장하기도 했다. 당시에는 조금이라도 고급스러운 분위기를 풍기면 반혁명주의파로 간주되었기 때문에 마라는 불필요한 오해를 사지 않기 위해 늘 지저분한 옷을 입고 다녔다. 머리에는 피부 발진을 가라앉히기 위해 식초를 적신 더러운 빨간 두건을 둘렀다.

프랑스 혁명이 발발할 당시 마라는 46세였다. 마라는 자신이 인류의 복수를 해 주고 더 나은 세상을 만들 수 있다는 희망을 보여 주었기 때문에 성공했다고 말했다. 마라는 어디를 가든 배신과 반역이 판을 친다면서, 모든 사안을 가리지 않고 맹렬히 비판했다. 그는 "20만 명이 피를 흘려야 인민이 평화를 누릴 수 있다."라며 신랄한 어조로 이야기하는 〈인민의 벗〉이라는 신문을 출간했다. 그리고 "잠시라도 적에게 승리를 허락하는 순간 수많은 피가 흘러넘칠 것이다. 적들은 가차 없이 당신의 목을 쳐 내고 부인들의 배를 베어 버리며 당신이 사랑하는 자유를 무참히 짓밟기 위해 피 묻은 손을 당신 아이들에게까지 뻗어 그들의 심장을 갈기갈기 찢어 놓을 것."이라며 온건한 태도의 위험성을 간담이 서늘해질 정도로 강하게 경고했다. 마라는 프랑스 최초의 공화당 의회인 국민 공회에 당선된 후 극좌 성향을 띠는 자코뱅의 분파인 몽테뉴파에 합류했다. 존 무어 박사는 마라가 위협과 경멸의 눈초리로 의회에 대해서 깊이 고민하는 듯이 보였고, 근엄함을 가장한 힘없고 쉰 목소리로 이야기했다고 기록했다. 마라의 주장은 너무나도 극단적이어서 그의 지지를 받는 자들조차 몹시 부담스러워하고 창피해 하며 그를 피했다. 결국에는 모든 이의 눈 밖에 났다. 마라가 의회에 모습을 드러낼 때면 정치 성향에 상관없이 모두가 그를 피했다. 마라가 조금만 다가와도 동료 의원들은 독을 품은 파충류가 접근하는 것처럼 움찔거리며 "내 몸에 절대 손대지 마세요!"라고 소리쳤다. 하지만 마라는 많은 적을 두었다는 것은 자신이 옳은 길을 가고 있다는 반증이라 여기며 전혀 개의치 않았다.

그러나 의회 밖만 벗어나면 완전히 다른 상황이 펼쳐졌다. 마라는 대중의 사랑을 한 몸에 받고 있었다. 1793년 4월 어느 날, 자코뱅파 다수가 지방에 간 틈을 타 중도 노선을 취했던 지롱드파가 마라를 체포했다. 과격한 공화주의자였던 자코뱅파가 법정에서 그를 열렬히 지지했는데, 마라가 무혐의로 풀려나자 그를 어깨 위로 들어올려 의회까지 데려다주기도 했다. 그들은 무기를 휘두르며 자신들은 마라를 옹호하기 위해 무슨 일이든 하겠노라 소리쳤다. 그 후 몇 주간 상황이 급반전되어 20명이 넘는 지롱드파가 처형당했다. 마라는 지롱드파 일원의 이름을 하나하나 읽어 내리며 즐거운 목소리로 그들을 비난했다. 지롱드파 다수는 노르망디로 피신해 마라를 비롯한 혁명파가 자유를 파괴하고 독재 정권을 세우려 한다고 주장했다. 이때 직접 행동에 나서야겠다고 결심한 사람 중 하나가 샤를로트 코르데라는 24세의 여성이었다. 코르데는 몰락한 귀족 가문 출신으로 키가 크고 강인했으며 수녀원에서 교육받으며 자랐다. 그곳에서 플루타르코스와 고전, 루소와 볼테르와 같은 위대한 계몽 사상가들을 접했다.

자세히 알려져 있지는 않지만, 추방당한 지롱드파를 도와주

| 샤를로트 코르데. 19세기 화가 알론조 채펠의 그림을 바탕으로 제작한 판화.

겠다고 약속한 코르데는 1793년 7월 11일 파리에 도착했다. 프랑
스 혁명 시기에는 1789년 베르사유 행진에서 여성이 주축이 되
어 수천 명이 궁전으로 몰려가 식료품 가격 인하 및 왕과 왕비의
파리 복귀를 요구하는 등 여성이 주요한 임무를 수행하기도 했
다. 코르데도 의회에서 마라를 암살하겠다는 계획을 세웠다. 그러
나 여름 무더위가 한창인 탓에 피부병을 앓고 있던 마라는 약을
푼 욕조에 몸을 담근 채 일을 하고 신문을 만들며 두문불출하는

상황이었다. 코르데는 마라의 집에서 암살하기로 결심했다. 7월 13일 이른 아침, 코르데는 재킷에 부엌칼을 숨긴 채로 마라의 집으로 향했다. 그러나 마라와 사귀던 정부의 자매가 마라의 몸 상태가 좋지 않아 직접 만날 수가 없다며 코르데를 돌려보냈다. 거절당한 코르데는 집으로 돌아와 "저는 노르망디의 캉에서 왔습니다. 조국을 사랑하시는 분이니 지금 밖에서 어떤 음모가 싹트고 있는지 궁금해 하실 것으로 압니다."라는 내용의 편지를 써서 부쳤다. 편지가 배달된 후 코르데는 가장 좋은 옷을 입고 다시 마라를 찾아갔다. 그러나 이번에는 요리사가 마중을 나와 접견을 거절했다. 코르데가 불만을 표시하자 마라의 정부가 직접 나와서 마라의 건강 상태가 좋지 않으니 며칠 내로 다시 와 줄 수 있겠느냐고 물었다.

마라가 바깥의 소란을 듣고서는 누가 왔는지 물었고 캉에서 편지를 보낸 여인이라고 하자 손님을 들여보내게끔 허락했다. 코르데는 칼뿐만 아니라 세례 증명서와 자신의 동기를 서술한 '프랑스 시민들에게 고함'이라고 적힌 종이를 드레스에 꽂아 두었다. 마침내 코르데는 구리로 만든 욕조에서 머리에 축축한 두건을 두른 채 몸을 담그고 있는 마라를 발견했다. 욕조 위에는 서류와 편지가 쌓인 선반이 있었다. 코르데가 자신이 편지에서 언급한 자코뱅파를 해하려는 지롱드파 의원 열여덟 명의 이름을 줄줄이 말하자, 마라는 이름을 받아 적으며 "모두 싹 다 단두대에 올려 주지!"라고 대꾸했다. 그 순간 코르데는 숨겨 둔 칼을 꺼내 흉부를 겨냥해 대동맥을 끊고 폐에 구멍을 뚫었다. 마라가 도움을 요청해 정부가 뛰어왔으나 끔찍한 광경에 혼이 빠졌다. 지혈을 위해 상처 부위를 손으로 눌러 보았지만 아무 소용이 없었다. 얼마 후 마라는 숨을 거두었다. 코르데에게 초심자의 운이 따른 것 같다. 나중에 재판정에서 검사가 코르데의 범행 수법에 대해 설명하자 코르데는 기가 막힌다는 듯이 "맙소사! 나를 한낱 암살범 취급을 하다니!"라고 소리쳤다고 한다.

어쨌든 코르데는 소기의 목적을 달성하고 차분히 현장에서 걸어 나왔다. 그러나 〈인민의 벗〉을 함께 집필하던 마라의 동료 하나가 바깥으로 나온 코르데를 의자로 내리쳐 고꾸라뜨렸다. 갑작스러운 공격에도 코르데는 "이미 물은 엎질러졌고 내가 괴물을 처리했다."라며 대응했다. 곧 관계 당국이 마라의 집에 도착해 코르데를 감옥으로 이송했다. 당시 어떤 기자는 마치 연회장에 가는 듯이 떠나는 코르데를 보고 그 태연함에 놀라움을 금치 못했다. 검사가 마라를 처단함으로써 얻고자 한 게 무엇이었느냐고 묻자 코르데는 "내 조국을 위한 평화."라고 대답했다. 또한 과연 마라를 죽인다고 해서 제2의, 제3의 마라를 막을 수 있다고 생각하느냐는 물음에 코르데는 "마라를 죽이면 적어도 나머지는 죽은 이를 보고 두려워는 하겠지."라고 말했다. 나아가 "마라가 퍼뜨린 최면에 걸린 곳은 오직 파리뿐이다. 그 외 지역에서는 마라를 항상 괴물 취급해 왔다."라며 파리 고위층을 강하게 나무랐다. 코르데는 "나는 10만 명을 구하기 위해 한 사람을 죽였으며, 무고한 이를 살리기 위해 악당을 해치운 것이고, 흉포한 야수에게서 나라를 구하기 위해 거사를 치렀다."라며 독재자에 대한 암살의 정당성을 주장한 고대 인도 철학자 차나키야를 인용했고, 자신은 프랑스 혁명 전부터 쭉 공화주의자였다고 선언했다.

재판 다음 날 처형을 앞두고 코르데는 자신을 카이사르를 암살한 브루투스에 빗대었고, 놀랍도록 차분한 용기를 보여 주어 적이든 동료든 가릴 것 없이 안타까움을 자아냈다. 하지만 이러한 비유는 혁명파 당국으로선 몹시 당혹스러운 것이었다. 그들은 로마의 브루투스를 고귀한 공화정을 상징하는 인물로 여기고 프랑스 전역의 시청과 공공장소에 그의 흉상을 설치해 두었기 때문이었다. 사형장으로 가는 길에 코르데는 형 집행관과 공손히 대화를 나누었다. 단두대가 시야에 들어오자 집행관이 코르데를 배려해 일부러 눈에 보이지 않도록 가려 주려고 했다. 코르데는 단두대가 어떻게 생겼는지 궁금하니 굳이 가릴 필요가 없다고 말했다. 마침내 칼이 코르데의 목을 베자 옆에 있던 형 집행관의 조수가 그녀의 머리를 들어 뺨을 쳤다. 그러자 지켜보던 군중이 벌떼같이 들고 일어났고 조수는 얼마간 감옥 생활을 했다. 코르데가 혼자서 저지른 범행이라고 계속 주장했지만 자코뱅파는 그럴 리가 없다며, 잠자리를 나눈 사내가 뒤에서 시켜서 한 짓이라 주장했다. 그러면서 사후 부검을 명령했고 부검 결과가 점점 커져 가는 코르데를 향한 대중의 동정심을 잠재워 줄 수 있기를 바랐다. 만약 이번 사건에서 누군가가 순교자로 남는다면 혁명파 입장에서는 마라여야 했다. 그러나 코르데는 누구와도 잠자리를 갖지 않은 것으로 판명되었다.

하지만 시간이 흐르면서 마라가 살아 있는 것보다 오히려 암살당한 것이 혁명파에게는 유리한 쪽으로 흘러갔다. 비협조적인 고집불통보다는 살해당한 순교자로 남는 편이 더 큰 효용을 가져다주었던 것이다. 샤를로트 코르데가 인간을 죽이고 신을 창조해 냈다고 기록할 정도였다. 프랑스를 로마 가톨릭의 영향에서 벗어나게 한 뒤, 혁명파는 전통적인 성인을 대체할 수 있는 다른 인물이 필요했다. 따라서 마라의 시신은 여름 무더위가 허락하는 동안 대중에게 전시되었다. 이후 영웅에 걸맞은 장례식이 치러졌다. 그를 칭송하는 시가 쓰여지고 예수나 성모 동상이 있던 자리에 그의 흉상이 놓였다. 마라의 뼛가루는 프랑스 판테온 내 위인들의 전당에 묻혔다. 마라의 이름을 딴 거리와 광장, 마을까지 생겨났다. 화가 자크 루이 다비드는 마라를 순교자로 묘사하며 그가 욕조에서 살해당한 장면을 〈마라의 죽음〉이라는 걸작으로 빚

자크 루이 다비드. 〈마라의 죽음〉. 1793년. 캔버스에 유채.

어냈다. 식량 사재기로 이익을 취하는 이에게 사형을 내리자는 등 마라가 고안한 일부 법안이 제정되기도 했다. 코르데 또한 순교자로 추앙받으며 여러 그림과 연극, 시에 등장했다. 그러나 코르데의 용기 있는 행동은 1만 7000명의 목숨을 앗아 간 프랑스 혁명기 자코뱅파의 공포 정치를 끝내지는 못했다. 그리고 공포 정치는 1년간 더 지속됐다.

✒ 어둠과 가면이 있는 곳

혁명이 꼭 빈민층이나 피지배계층에서 일어나는 것만은 아니었다. 유럽에서 흔히 '계몽 군주'라 불리는 러시아제국의 예카테리나 대제, 독일 프로이센왕국의 프리드리히 대왕, 오스트리아 왕국의 요제프 2세, 스웨덴왕국의 구스타브 3세 등 일부 군주들은 국가의 근대화를 꿈꿨다. 그러나 개혁을 위해서는 당시 체제에서 특권을 누리던 기득권층과 필연적으로 사이가 틀어질 수밖에 없었다.

스웨덴의 구스타브 3세는 1771년에 25세의 나이로 왕위에 올랐다. 즉위 후 1년이 되지 않아 일련의 개혁을 추진하기 위해 의회를 약화시키고 왕권을 강화하는 새로운 헌법을 공표했다. 개혁안에는 죄가 확정되지 않은 용의자에 대한 고문 금지, 언론의 자유 보장, 종교적 관용 실천, 자유 무역 활성화 및 경제 발전 추구 등이 포함되었다. 또한 그는 문화예술인으로서 연극을 쓰기도 하고 오페라극장을 세워서 오페라 분야에 크게 기여하였으며 최초로 스웨덴 아카데미를 설립했다. 한편 귀족층은 구스타브 3세가 도입한 새로운 제도에 불만을 품고 반감을 드러냈다. 국내에서 난관에 봉착한 수많은 통치자가 그랬듯이 구스타브 3세도 해외에서 전쟁을 일으켜서 주의를 밖으로 돌리려 했다. 1787년에 오스만제국이 러시아를 공격하자 구스타브 3세는 이를 틈타 이듬해 러시아에 전쟁을 선포했다. 그러나 100명이 넘는 군 장교들이 왕을 배신하고 러시아의 예카테리나 대제에게 평화 협상을 요청하는 서한을 보냈다. 심지어 구스타브 3세의 폐위를 주장하기까지 했다. 구스타브 3세는 서한을 철회하기만 하면 어떠한 처벌도 내리지 않겠다고 군 장교들을 회유했지만 그들은 물러나지 않았다. 설상가상으로 덴마크가 침공해 와서 더 큰 곤경에 빠졌다.

결국 구스타브 3세는 장교 한 명을 처형하고 여럿을 감옥에 가두었다. 그리고 1789년에 귀족층보다 사회적 지위가 낮았던 성직자와 시민, 소작농 계층을 끌어들여 귀족층의 권력과 특권을 모두 빼앗았고 마침내 절대 군주의 자리에 올랐다. 이제 구스타브 3세의 반대파는 그를 대놓고 독재자라 불렀다. 원로 장군 프레드릭 페클린이 이끄는 일부 귀족층 불만 세력이 계략을 꾸미기 시작했다. 1792년 3월 16일 자정, 구스타브 3세는 자신이 손수 건립한 스톡홀름 왕립 오페라 극장에서 열리는 가면무도회에 참석할 예정이었다. 왕은 출발하기 전에 친구들과의 저녁 식사 자리에서 의문의 편지 한 통을 받았다. 익명으로 보낸 편지에는 증오와 복수심에 불타는 사람들이 그를 죽이려 한다고 경고했고, 불량배들은 빛을 싫어하는 한편 어둠과 가면이 있는 곳만큼 암살에 적합한 장소는 없으니, 상황이 조금 더 나아질 때까지 무도회를 미룰 것을 간곡히 요청하는 내용이 담겨 있었다. 사실 편지는 경호대 대령이 보낸 것이었으나 구스타브 3세는 워낙 협박에 익숙해서 대수롭지 않게 여기고 경고를 무시했다.

무도회 장소에 도착하자마자 구스타브 3세는 검은 가면을 쓴 남자들에게 포위당했다. 그중 야콥 요한 앙카르스트룀이라는 젊은 대위가 왕의 뒤로 자리를 옮겨 뒤돌아 있는 왕에게 총을 쏘았다. 암살 사건 이전에 앙카르스트룀은 왕에 대한 명예훼손 혐의로 기소되었으나 증거 불충분으로 기각되기도 했다. 총소리가 나자마자 즉시 모든 출입구가 봉쇄되고 아무도 현장을 떠나지 못했다. 경찰이 앙카르스트룀의 권총을 발견하고 즉각 체포하여 구금했다. 총알이 온전치 않은 상태로 장전되어 있었던 터라 총상의 고통이 더욱 심했다. 구스타스 3세는 13일을 앓다가 3월 29일에 영면에 들었다. 죽기 전에 왕은 암살자에게 관용을 베풀라는 유언을 남기기도 했지만 아무런 소용이 없었다. 앙카르스트룀은

스웨덴 국왕 구스타브 3세 암살죄로 태형을 당하는 야콥 요한 앙카르스트룀.

3일간 대중 앞에서 태형을 당한 후 처형되었다. 이 사건은 베르디의 오페라 〈가면무도회〉에 영감을 주기도 했다. 왕이 사망한 후 아들인 구스타브 4세가 왕위를 계승했고 아버지와 마찬가지로 계속해서 귀족층을 견제했다. 그러나 나폴레옹 전쟁 동안에 발생한 일련의 군사적 실패로 군대와 정부 내 진보주의자들에 의해 퇴위당했다.

⚔ 아시아의 개혁파 암살

일본에서도 위에서부터 아래로 혁명이 이루어졌다. 1868년에 일어난 쿠데타로 수세기 동안 이어진 쇼군의 막부 시대는 막을 내리고 메이지 황제의 통치가 시작됐다. 막부 시대 말기부터 쇼군은 항구에 포격을 당하고 강제 조약을 체결하는 등 서구 열

강에 굴욕을 당했다. 메이지 정권의 고문관들이 서구를 따라잡기 위해 근대화 사업에 착수하지만 전통파가 이에 크게 반발하며 협조하지 않았다. 쿠데타 발생 이후 10년간 반란 네 건과 암살 여덟 건이 발생했다. 요코이 쇼난은 사무라이의 아들로 태어나 개혁을 요구했다는 죄로 가택 연금에 처해지기 전까지에도 막부 정권 아래에서 일했다. 그는 경제 개혁과 해외 교역 시작, 근대 서양식 군대 창설 등을 주장했다. 메이지 유신 이후 그는 수석 국가 자문관으로 임명되었다. 1869년 2월 15일 오후 2시쯤, 59세의 요코이는 교토에 있는 황궁에서 공식 업무를 마치고 지친 상태로 집으로 돌아가는 길에 완전히 무장한 사무라이 여섯을 마주했다. 마차에서 내려 단검을 꺼내 들었지만 이전부터 몸 상태가 좋지 않았던 요코이는 이내 암살자들에게 굴복당했다. 사무라이들은 총을 쏘고 요코이의 머리를 자르고 도망쳤다. 여섯 명 중 네 명은 붙잡혔으나 요코이가 평소 외국인들과 작당 모의를 한 배신자였기 때문에 척결했다고 주장하면서 동정 여론을 형성하는 데 성공했다. 그러나 결국 1870년 11월에 사형에 처해졌다.

요코이가 암살당한 지 8개월이 채 되지 않은 때에 일본 근대 군대의 아버지라 불리는 오무라 마스지로가 예순넷의 나이로 교토에서 암살당했다. 사무라이 출신인 오무라는 막부 정권 당시 군사 정책 전문가로 중요한 자문 역할을 맡아 왔다. 메이지 유신 이후 그는 육해군을 통솔하는 수석 차관에 임명되었고 서양에서 함선과 소총을 수입했다. 오무라는 혈연으로 계승되는 구시대 군대 체제를 국민개병제로 전환하려 했으며, 정규군이나 경찰 외에는 아무도 검을 소지하지 못하게 막는 등 개혁 정책을 펼쳤다. 이 무렵 중앙정부가 권력을 강화하며 많은 사무라이의 공분을 일으켰다. 그러던 중 오무라가 군대 개혁안을 발표하자, 사무라이들은 또다시 자신들의 특권을 빼앗아 가는 것이라며 불만을 품었다.

오무라는 이미 자신이 수많은 이의 표적이 되었다는 사실을 잘 알고 있었다. 그는 신규 하사관 양성을 위한 새로운 학교를 세울 부지를 물색하다가 의심스러운 인물들이 그를 뒤쫓고 있다는 소식을 들었다. 1869년 10월 9일 밤, 오무라와 동료들은 과거에 봉건 영주 두 명이 살던, 벚꽃으로 유명한 기야마치 거리에 위치한 숙소에서 휴식을 취하고 있었다. 5년 전 한 개혁파 정치인이 살해당한 바로 그 거리이기도 했다. 갑자기 건장한 남성 여섯 명이 숙소로 쳐들어왔고 사투를 벌이다가 오무라는 온몸의 이곳저곳에 부상을 당했다. 그 후 오물로 가득한 욕조에 몸을 숨겨 겨우 목숨을 건졌다. 제일 고통스러운 상처가 다리에 남았고 끈질기게 낫지를 않았다. 결국 그는 오사카에 있는 저명한 서양 외과의에게 치료를 받았다. 의사는 다리를 절단하기를 권했으나 오무라와 같은 고위직 인사는 수술을 하려면 정부의 허가가 필요했다. 그러나 정부는 어영부영 결정을 미뤘고 결국 그는 12월 7일에 세상을 떠났다. 오무라를 공격한 암살범들은 사형을 선고받은 후 형집행이 유예되었다가 결국에는 암살 사건이 일어난 1년 후에 처형당했다. 그러나 오무라가 죽은 후에도 개혁 사업을 계속되었고, 1873년 일본의 대다수 남성이 의무적인 군 복무 대상이 되었다.

이 격동의 시기에 암살로 목숨을 잃은 주요 인사로는 당시 가장 막강한 권력을 보유했던 내무성 장관 오쿠보 도시미치가 있다. 오쿠보는 조선 정복 계획을 폐기하고 내정 업무를 중요시했는데, 이에 불만을 품은 사무라

사망 후 제작한 오쿠보 도시미치 초상화.

이 집단이 그를 살해했다. 그 후 한동안 암살 사건이 잠잠하다가 1889년에도 주요 개화파 인사가 희생되었다. 교육부 장관인 모리 아리노리는 초등에서 고등교육까지 일원화된 체계를 구축하고 심지어 서양 알파벳 도입을 지지했다. 모리는 그가 중요한 신사 참배에서 충분히 존경을 표하지 않았다고 주장하는 극단적인 전통주의자에게 암살당했다.

다른 아시아 국가에서도 개혁파들은 암살 대상이 되었다. 일본과 마찬가지로 미얀마도 인도에 주재하던 영국인들을 비롯해 서구의 개화 압력을 받았다. 그리고 미얀마에게 주어진 선택지도 명확해 보였다. 바로 "상대방을 이길 수 없다면 손을 잡아라."라는 전략이었다. 제2차 영국-미얀마 전쟁에서 미얀마의 바간 왕이 이끌던 군대가 큰 피해를 입고 랑군 등 여러 도시가 영국의 손아귀에 들어가자 바간의 이복형제인 민돈과 카나웅이 정변을 일으켰다. 민돈이 왕이 되고 카나웅은 오른팔 역할을 하면서 후계자로 선정되었다. 왕좌에 앉자마자 민돈은 휴전 협상에 돌입하는 한편 전방위 근대화 사업을 펼치며 카나웅에게 신기술 도입 및 군대 개혁의 임무를 맡겼다. 카나웅의 감독하에 공장에서 구식 화승총과 교체할 소총과 무기를 생산했다. 카나웅은 또한 유럽에서 대포와 증기선도 구매했고 장교 일부를 서양으로 파견하는 등 군대 재편에도 힘썼다. 또한 민돈을 도와 무역 장벽을 없애고 행정과 조세 제도, 형법, 경찰 개혁도 단행했다.

민돈의 아들들은 어릴 적에는 카나웅이 후계자가 된다는 사실을 참고 견뎠지만 장성할수록 불만을 가졌다. 특히 왕자들이 잘못을 저질렀을 때 아버지가 숙부인 카나웅에게 훈육을 맡겼기 때문에 더욱 불만을 품을 수밖에 없었다. 1866년 8월 2일, 왕자 두 명이 궁에서 정변을 시도했다. 왕자 둘은 카나웅이 재정 정책에 관한 고위급 회의를 주재하는 도중에 갑자기 난입해 칼을 꺼내어 숙부와 함께 관료 여섯 명을 살해하고 숙부의 머리를 잘라 들고 활보하며 다녔다. 하지만 둘은 여기에 그치지 않고 나머지 왕자 세 명을 더 해치웠다. 그러나 민돈이 이들을 무찔렀고 결국 정변을 일으킨 왕자들은 조국을 떠났다. 이뿐만 아니라 민돈은 카나웅의 아들이 일으킨 역모도 진압해야 했다. 이러한 소동의 와중에도 근대화 사업은 착실히 진행되었고, 1873년 민돈은 언론의 자유를 보장하는 방안을 마련했다.

✒ 암살로 얼룩진 라틴아메리카

혁명의 바람은 라틴아메리카에도 불기 시작했다. 유럽 열강의 식민 지배의 그늘에서 벗어나며 남미 국가들은 새롭게 생겨난 국경을 두고 서로 치열하게 싸우는 동시에 자국 경제를 발전시키기 위해 안간힘을 쏟았다. 그리고 암살이 전염병처럼 번졌다. 아르헨티나, 볼리비아, 도니미카 공화국, 에콰도르, 과테말라, 파라과이, 페루, 우루과이에서 전직 및 현직 대통령이 암살로 사망했다. 심지어 우루과이에서는 대통령 셋이 살해되었다. 볼리비아의 페드로 블랑코 소토 대통령은 1829년 집권한 지 일주일 만에 암살당하는 바람에 성탄절에 취임했는데 새해 첫날에는 이미 세상을 뜨고 없었다. 남미에서 발생한 암살 중 적어도 세 건에서 암살당한 대통령 자신도 물리적인 힘을 동원해 권력을 장악했다. 희생된 대통령 중 여섯 명은 죽기 전에 민심을 완전히 잃은 상태였다. 세 명은 극심한 경기 침체 이후에 살해당했고, 한 명은 전쟁에서 영토를 잃은 뒤에, 그리고 나머지 한 명은 자신에게 반대하는 자들을 무조건 감금 및 추방, 살해하는 대대적인 숙청을 벌인 뒤에 목숨을 잃었다.

에콰도르의 가브리엘 가르시아 모레노 대통령도 반대파를 강력히 탄압했다. 독실한 가톨릭 신자인 그는 15년간의 혼돈의 시기를 겪은 에콰도르의 권력을 쥐었다. 그는 교육 등 여러 부문에서 상당한 권한을 가톨릭에 양도해 주었다. 이로 인해 자유주의자들에게 반감을 얻었고 수많은 시위가 일어났다. 한편 모레노도 정부를 중앙집권화하고 부패를 줄이며 경제를 활성화하는 등 개혁에 적극적이었다. 대통령이 되기 전에는 폭군에 대한 살해는 정당하다는 글을 쓰기도 했다.

모레노는 1875년 8월 6일 키토 지역에서 새벽 미사를 마치고 나오다가 파우스티노 라요 대위와 만나 꽤나 길게 대화를 나누었다. 라요는 콜롬비아 내전에서 패배가 확실해지자 전장을 떠난 후 모레노의 군대에 다시 편입해 열심히 싸운 군인이었다. 예수회 신자였던 라요는 정권이 지역 주민을 지나치게 착취한다고 불만을 토로하기 전까지 대통령과 좋은 관계를 유지했다. 당일 아침 두 사람의 만남은 겉으로 보기에는 화기애애했지만, 사실 라요는 암살 음모에 가담한 상태였다. 몇 시간 후 모레노가 경호실장과 함께 정부 청사 계단을 오르고 있을 때, 라요와 자유주의 청년들이 조용히 그들의 뒤를 쫓았다. 그러나 라요가 휘두른 긴 칼이 대통령의 모자만 날리면서 첫 단추를 잘못 끼운 듯 보였다. 다른 공모자들이 총을 발사했지만 찰과상만 입혔을 뿐이었다. 그 와중에 편지를 부치러 건물 밖으로 나오던 관료 한 명이 라요를 저지하려 팔을 붙잡았으나 라요의 힘이 너무 세서 짧은 실랑이 끝에 라요를 놓치고 말았다. 계속 공격을 이어 가던 라요는 재킷을 열어 권총을 꺼내려던 모레노의 팔을 부러뜨렸다. 부상을 입은 경호실장이 소리를 치며 도움을 요청하자, 근처 포병대 기지에서 조사를 벌이던 경호병들이 달려왔다. 라요는 공격을 가하며 "이 폭군아, 죽어 버려라! 죽어!"라고 외쳤고 모레노는 "신은 절대 죽지 않는다."라고 답한 후 3미터 아래로 추락해 광장에 있는 한 여관 앞에 떨어졌다.

주변 가게에 있던 여성들이 도와주려고 밖으로 나왔고 한 여성은 모레노를 두 팔로 안았다. 그러나 군중을 헤치고 등장한 라요가 여성의 품에 안겨 있는 모레노의 머리에 치명적인 공격을 두 차례 가했다. 다른 공모자들도 총을 몇 차례 더 발사했으나 처음처럼 효과적이지는 못했다. 그 후 라요는 현장을 탈출하다가 중위 한 명과 부사관 두 명에게 붙잡혔다. 군인들이 라요의 뒤를 쫓는데 누군가가 "암살자를 죽여라!"라고 외쳤다. 그러자 다른 군인이 한 명 더 나타나 라요의 머리통을 날려 버렸다. 군중은 그의 시신을 묘지로 옮겨 난도질한 뒤 독수리의 먹이가 되도록 내버려 두었다. 진상을 밝히기도 전에 라요가 죽는 바람에 마치 존 F. 케네디의 암살범 리 하비 오스월드처럼 수많은 음모론이 꼬리에 꼬리를 물고 생겨났다. 누가 암살범을 처치하라고 소리쳤을까? 장교가 내린 명령일까, 아니면 그저 성난 군중이 지른 고함소리일까? 후에 암살 공모자에게 두둑한 돈이 쥐어졌다는 둥, 프리메이슨이 배후라는 둥, 독일 수상 비스마르크가 모레노 지지자들이 가톨릭에 반하는 행동을 해서 처단한 것이라는 둥 무수한 이야기가 떠돌았다. 공모자들은 이 모든 주장을 부인했다. 물론 모레노가 속한 가톨릭계도 마찬가지였다. 한 공모자는 돈이 없어 자동 권총을 사기 위해 아버지 이름으로 대출까지 받아야 했다. 심지어 해당 암살 사건과 전혀 무관한 라요의 지인 한 명도 억울하게 처형당했다. 암살에 가담한 공모자 세 명 중 한 명은 사형당하고 다른 한 명은 페루로 도망쳤으며 나머지는 수십 년간 은둔 생활을 하며 어떠한 법적 심판도 받지 않았다. 모레노가 암살당한 이후 에콰도르는 장기간 혼란에 빠졌다.

《Les Mystères de la franc-maçonnerie》에 실린 에콰도르의 가브리엘 가르시아 모레노 대통령의 암살. 프리메이슨이 암살의 배후에 있었다는 소문도 있었다.

✒ 유럽의 화약고

혁명의 시대에 발칸반도는 유럽의 남미와도 같았다. 그리스, 루마니아, 세르비아, 알바니아 등 여러 국가가 오스만제국과 투쟁해 자유를 얻었다. 격동의 시기가 지난 후에 각계각층에서 일련의 암살이 일어났다. 대통령, 총리, 전직 총리, 왕자를 비롯해 반란군, 혁명파, 좌파, 우파를 가릴 것 없이 유명 인사들이 암살의 주요 표적이 되었다. 당연히 국가 영웅도 암살에서 자유로울 수 없었다. 그리스 독립 후 첫 국가 수상인 요안니스 카포디스트리아스는 그가 체포한 군벌 페트로베이 마브로미칼리스의 친척에 의해 1831년 10월 9일 교회 계단에서 살해당했다. 마브로미칼리스는 오스만제국과 맞서 싸울 때는 반란군의 영웅이기도 했으나 카포디스트리아스가 실시한 국가 근대화 개혁에 불만을 품어 암살을 저질렀다. 불가리아의 비스마르크라고 불리는 스테판 니콜로프 스탐볼로프는 오스만제국에 대항하는 게릴라 유격대원으로 활동하다가 정계에 입성한 후 불가리아 총리로 7년간 재임했다. 현대 불가리아를 세운 건국자 중 하나로 꼽히지만 독재에 가까운 국정 운영으로 수많은 이가 돌아섰고, 결국 1894년에 총리직을 내려놓았다. 하지만 다음 해인 1895년 7월 15일, 익명의 세 사람이 스탐볼로프와 경호원이 함께 타고 있던 마차를 갑자기 세웠고 스탐볼로프는 그 자리에서 잔인하게 칼에 찔려 죽었다.

✒ 최초의 사상가 암살 사건

혁명의 시대에는 암살자들도 바빴지만 사상가들도 만만찮게 바쁜 나날을 보내고 있었다. 아마 사상가가 암살된 것은 이 시기가 처음일 것이다. 앞서 살펴보았던 장 폴 마라는 논외다. 물론 마라가 극단적인 사상을 외치던 선동가이기는 했지만 그는 사상이 아니라 자신이 저지른 행동 때문에 살해당했다. 한편 아우구스트 폰 코체부라는 독일인은 러시아 차르의 첩보원으로 잠깐 활동하기는 했지만, 순전히 그가 쓴 글 때문에 암살당했다. 코체부가 쓴 연극 중 잉카제국을 정복한 프란시스코 피사로의 암살을 담은 이야기가 포함되어 있기는 했으나, 그는 정치적 자유를 외치는 이들에 대해 끊임없이 신랄한 비판을 해 댔고 결국 목숨을 잃었다.

1819년까지만 해도 독일은 30개 이상의 작은 독립 주로 구성되어 있었고, 그보다 더 이전인 30년 전쟁 당시 신성로마제국은 수백 개가 넘는 주로 이루어져 있었다. 나폴레옹이 독일 지역을 대부분 프랑스의 위성도시처럼 바꾸어 놓았기 때문이었다. 하지만 나폴레옹은 1813년에 독일 라이프치히에서 결정적으로 패배했다. 많은 독일인이 프랑스군을 몰아내고 자유를 되찾기를 바랐으나, 당시 중부 유럽에서 떠오르던 정치인인 오스트리아제국의 메테르니히 후작은 이를 두고 볼 수 없다며 크게 반발했다. 나폴레옹이 워털루 전투에서 처참히 패배했을 때 자발적으로 입대해 맞서 싸운 청년 중 하나가 독일 출신 신학과 학생 카를 루트비히 잔트였다. 고국으로 돌아오는 길에 잔트는 독일 전역에서 우후죽순 생겨나던 비밀 학생 조직 하나에 가입했다.

《삼총사》와 《몬테크리스토 백작》으로 유명세를 떨친 19세기 프랑스 소설가 알렉상드르 뒤마는 유럽의 유명한 범죄 사건을 다룬 여덟 권짜리 《Celebrated Crimes》를 집필했는데, 여기에 카를 루트비히 잔트의 이야기가 아주 자세히 나온다. 뒤마는 잔트와 같은 청년들이 자유를 위해 나폴레옹에 대항했지만, 이내 유럽의 다른 독재 정권을 세우는 데 이용당했을 뿐이라는 사실을 깨달았다고 기술했다. 1817년 가을, 잔트는 자유주의자들을 맹렬히 비판한 코체부에 강한 적개심을 느끼고는 일기에 다음과 같이 적었다. "대체 이 사람은 누구를 향해 분노하는가! 우리 모두 독일을 사랑하는 사람들인데!" 이듬해 5월까지 잔트는 일기에 "국가와 비교하면 한 개인은 아무것도 아닐 뿐더러 수백만 명과 비교했을 때 코체부는 그저 한 개인일 뿐인데 코체부의 가슴에 칼을 꽂을 용기 있는 자가 아무도 없다는 사실에 경악을 금치 못하겠다."라고 털어놓았다. 잔트의 일기는 그가 악마이자 배신자, 청년 선동가에다 악질이라고 부르는 코체부를 죽이는 데 자신의 모든 것을 바치겠다고 다짐하며 1818년 12월 31일 자로 끝났다.

이때쯤 잔트는 해부학 수업에 열성적으로 참여하며 심장에 각별한 관심을 보였다고 한다. 어느 날 한 친구가 방으로 들어오자마자 잔트는 그에게 달려들어 이마를 살짝 쳤다. 친구가 자신을 보호하기 위해 손을 들어 올리자 잔트는 가슴 부위를 세게 치며 "누군가를 죽이고 싶다면 이렇게 하는 거야. 얼굴에 위협을 가하면 상대방은 손을 올려 막겠지. 그때 상대방의 심장에 단도를 꽂아 넣는 거야."라고 말했다. 친구는 웃어 넘겼다. 주변 친구들에 의하면 1819년 봄에 잔트는 평소와 달리 유독 조용했다고 한다. 잔트는 친구들에게도 알리지 않고 3월 23일 코체부가 살던 만하임으로 떠났다. 잔트는 코체부의 집에 전화를 걸어 그가 공원에서 산책 중이라는 사실을 알아냈고 공원에서 코체부를 찾았지만 실패했다. 잔트는 다시 그의 집으로 찾아갔지만 코체부가 아침 식사 중이어서 만날 수 없다는 대답을 들었다. 세 차례의 시도 끝에 마침내 오후 5시쯤 잔트는 코체부를 만났다. 친구에게 연습한 대로 잔트는 코체부의 심장에 칼을 꽂았다. 뒤마에 따르면 코체부는 외마디 비명을 지르며 휘청거리다가 의자 위로 쓰러져서 그대로 숨을 거뒀다고 한다. 그러나 코체부의 외침을 듣고 여섯 살짜리 아이가 방으로 달려 들어와 죽은 아버지에게 안겼다. 그 순간 잔트는 후회에 휩싸여 자기 가슴에 단도를 꽂아 넣었다. 다치기는 했으나 비틀거리며 가까스로 바깥 거리로 나왔고, 순찰 중이던 군인을 맞닥뜨리자 다시 한번 스스로를 찌른 후 의식을 잃었다.

잔트는 병원으로 이송되어 석 달간 생사를 넘나들었다. 그가 유죄임에는 틀림없었다. 대학 당국은 그의 집을 압수수색해 코체부에 대한 욕설이 가득 적힌 편지를 발견했다. 거기에는 "코체부는 입만 열면 가증스러운 말과 조언이랍시고 위험한 발언만 쏟아낸다. 그는 너무나 노련하게 어떠한 부조리에 대한 분노나 억울함도 느낄 수 없도록 대중을 설득한다. 마치 왕들이 봉건 시대처럼 시민들의 입에 재갈을 물리고 잠재우려 하는 것과 같다. 이는 국가의 종말이다."라고 적혀 있었다. 잔트는 아무도 코체부를 제거하려 하지 않는다고 통탄했다. 그리고 자신은 타고난 암살자가 아니고 복음의 전도사로서 이번 생을 살아가려 했지만 과연 전도사로 사는 것만으로 독일이 직면한 위협을 제거하는 데 도움이 되는지 자문했고, 결국 직접 행동에 나서기로 다짐했다. 1820년 5월, 여전히 기력이 없기는 했지만 잔트는 사형을 기다릴 수 있을 만큼 회복했다. 암살을 계획하고 실행하는 내내 잔트의 종교적 신념은 단 한 번도 흔들린 적이 없었다. 부모에게 보내는 마지막 편지에서 그는 "신이 나를 도와주셨고 저에게 용기와 확신을 주셨습니다."라고 말했다. 잔트는 신념의 실현에 비해 보잘것없고 세속적인 모든 것을 태연하게 대하며 용감하게 죽음을 받아들였다.

그러나 당국은 후폭풍이 두려워 형 집행 시간을 오전 11시에서 새벽 5시로 변경했고, 소요 사태에 대비해 1500명의 병력을 배치했다. 춥고 비가 오는 처형 당일의 날씨가 당국을 돕는 듯했으나 궂은 날씨에도 불구하고 2만 명가량 되는 만하임 주민들이 거리로 나와 잔트의 마지막 가는 길에 꽃을 뿌렸다. 잔트는 원래 처형대에서 발언을 하지 않기로 되어 있었지만, 형 집행 전에 주변 사람들만 겨우 들을 수 있는 나지막한 목소리로 "내가 조국 독일의 자유를 위해 죽는다는 것을 신이 증명해 주시리라."라고 읊조렸다. 칼이 목을 베는 순간 군인들의 저지에도 불구하고 경계망이 무너져 남녀 가릴 것 없이 처형대로 뛰어들어 하나 남은 핏방울까지 모두 손수건으로 닦아 냈다. 잔트가 앉아 있던 의자는 풍비박산 났고 사람들은 쪼개진 조각들을 주워 갔다. 아무것도 줍지 못한 이들은 피가 묻은 처형대 일부를 도려내 가기도 했다. 한바탕 대소동에도 불구하고 코체부가 암살된 후 자유가 증진되기는커녕 오히려 쇠퇴했다. 재상 메테르니히가 대학 통제는 물론 검열 제도를 도입하고 학생 조직을 불법으로 규정했으며, 자유주의 견해를 지닌 교사나 작가, 학생을 요주의 인물로 분류해 관리하도록 독일 왕자들을 설득했기 때문이다.

✒ 미국 대통령 암살 사건

앞서 살펴본 것처럼 16~17세기에는 종교가 암살의 주요 도화선이었으나 점차 정치적 동기가 주요 요인으로 자리 잡았다. 암살에 관한 새로운 이론이 생겨나기도 했다. 기울어 가는 집안의 이탈리아 공작이었던 카를로 피사카네는 "사상의 전파는 헛된 희망일 뿐이다. 생각은 행위에서 비롯되는 것이지 그 반대가 아니다."라고 선언했다. 또한 대의를 알리기 위해서 폭력이 필요할 수밖에 없다고 주장했다. 인쇄물이나 벽보, 회의만으로는 충분치 않았다. 피사카네는 이탈리아의 재통일을 위해 싸우다가 1857년에 사망했다. 그는 이탈리아의 칼라브리아에서 소규모 반란군을 이끌었는데 지역 소작농이 당국과 손을 잡는 바람에 고배를 마시고 말았다. 피사카네는 차마 소작농을 향해 발포 명령을 내릴 수 없어서 탈출을 시도했다. 그 과정에서 부상을 입었고 이때 입은 상처로 결국 목숨을 잃었다.

'행동에 의한 선동'이라는 피사카네의 주장이 유럽에 뿌리 내리기 시작한 한편, 미국에서 역사상 가장 악명 높은 암살 사건이 발생했다. 이번 사건은 혁명파가 아닌 수구 보수 세력이 벌인 일이었다. 1865년 4월 중순, 미국 남북전쟁이 드디어 막을 내리는 듯했다. 남부군 총사령관이었던 로버트 에드워드 리가 항복한 후에도 전장에 있던 일부 남부 연합군은 몇 달간 전투를 이어 나갔다. 승리를 거머쥔 북부 연방 측 에이브러햄 링컨 대통령은 노예제를 유지하길 원하는 주에서 미움을 샀고, 링컨을 폭군으로 몰아가고 싶어 하던 남부군은 여전히 탄약을 다수 보유한 상태였다. 링컨은 내전 중인데도 1864년 대통령 선거를 강행했고 겨우 40%를 득표하며 대통령으로 선출되었다. 링컨 지지자들은 링컨이 신중히 권력을 행사할 것이라고 주장했지만, 취임 후 그는 인신 보호법을 중단하고 계엄령을 내리는 등 대통령의 권한을 유례없는 수준으로 대폭 늘렸다. 1865년 4월 14일 성 금요일, 유명 배우 존 윌크스 부스가 우편물을 가지러 워싱턴에 있는 포드 극장에 방문했다. 26세의 청년 배우는 당시 포드 극장에서 여러 번 무대에 오르긴 했지만 상영 중이던 〈One American Cousin〉에 출연하지는 않았다. 포드 극장에 도착한 부스는 링컨 대통령과 영부인, 북부 연방군을 이끌던 율리시스 그랜트 장군이 그날 밤 공연을 보러 올 예정이라는 소식을 들었다.

부스의 아버지도 런던 무대에서 꽤나 인기 있는 배우였다. 그러나 새 연인과 바람이 나서 부인과 가족을 버리고 미국으로 이주했고 부스를 낳았다. 그의 이름은 영국의 급진주의자 존 윌크스를 딴 것이었다. 사실 부스의 아버지는 심각한 우울증과 여러 정신 질환에 시달렸고 부스에게 집은 결코 따뜻한 보금자리가 아니었다. 결국 부스는 17세에 가출하여 무대에 오르기 시작했다. 그의 다른 형제 둘도 배우가 되면서 부스 집안은 미국에서 가장 유명한 배우 집안이 되었다. 그러나 부스는 시간이 지날수록 술과 여자를 달고 살며 백인 우월주의자가 되었다. 직접 남북전쟁에 참전하지는 않았지만 1865년에는 링컨을 납치할 계획을 세우고 남부군 비밀 요원에게 접근하기도 했다. 당시 부스는 목소리 문제로 연극 활동에 어려움을 겪고 있었을 뿐만 아니라 투자금 일부를 날려 버리기도 했다. 납치 시도는 링컨이 예기치 않게 나타나지 않아 실패했다.

4월 11일, 링컨은 연설에서 더 많은 흑인에게 투표권을 보장하겠다고 암시했다. 이에 부스는 격분했다. "이번 연설이 당신 생애 마지막 연설이 되게 해 주지!"라고 소리치며 북부군 지도 세력을 한 번에 몰살하겠다는 계략을 꾸몄다. 여기에는 대통령인 링컨뿐 아니라 앤드루 존슨 부통령과 윌리엄 헨리 수어드 국무장관이 포함되었다. 그가 공범으로 택한 사람은 23세의 약사였던 데이비드 헤럴드와 29세의 독일계 이주민 조지 아트제로트 그리고 게티스버그 전투에 참여했다가 두 형제를 잃고 본인도 부상을 입은 전직 남부군 루이스 파월이었다. 부스는 링컨 대통령을, 아트제로트는 존슨 부통령, 파월은 수어드 국무장관을 맡아 암살하기로 했다. 헤럴드는 암살자들의 탈출을 돕는 역할을 맡았다. 존슨 부통령은 원래 남부 출신으로서 한때 노예를 소유하기도 했으나 갑자기 노선을 바꾼 인물이었다. 4월 14일 오후, 부스는 "방해하고 싶지는 않은데, 혹시 집에 계신가요?"라는 쪽지를 존슨 부통령의 집으로 보냈다. 부스의 저의는 무엇이었을까? 부통령의 행방을 파악하려는 시도였을까? 아니면 부스가 내적 갈등을 겪은 것일까?

그리고 부스의 수상한 행동은 이뿐만이 아니었다. 그는 포드 극장에 대해 구석구석 모르는 곳이 없었다. 하루는 링컨의 좌석 근처에 있는 벽에 작은 구멍을 뚫어 두고는 신문 기자에게 전달해 달라며 동료 배우였던 존 매튜스에게 편지 한 통을 건넸다. 그러나 매튜스는 깜빡 잊어버렸다. 부스에게는 또

존 윌크스 부스. 1862년 추정.

다른 할 일이 있었다. 바로 극장 옆 술집에서 위스키를 들이켜는 일이었다. 그는 남부군 포로를 보고서 "아주 잘 돌아가는구만! 난 오늘로 조국을 잃었네!"라며 술에 취해 불만이 가득 찬 목소리로 말했다.

링컨은 자신이 암살 대상이 되었다는 사실을 누구보다 잘 알고 있었다. 이전 여름에는 백악관 관저로 돌아가는 길에 저격수가 쏜 총알이 모자에 맞기도 했다. 링컨은 대통령 취임 초기에 생명의 위협을 느낀 후, 조금은 위험을 감수해야 하지 않겠냐는 요청을 거절하며 볼티모어에서 철수했고, 그로 인해 지나치게 겁이 많고 소심하다는 비판을 받았다. 남부 연합의 수도였던 리치먼드를 함락했을 때에도 몇 시간이 지난 후에야 방문했다. 1865년 성 금요일, 영부인은 카이사르의 부인과는 사뭇 다르게 행동했다. 칼푸르니아가 원로원 회의에 가지 말라고 애원했던 것과 달리 영부인은 링컨이 피곤한 기색을 내비쳤음에도 불구하고 연극을 함께 보러 가자고 졸랐다. 원래 참석하기로 한 그랜트 장군도 못 간다고 했기에 링컨은 마지못해 부인의 부탁을 들어주었다.

평상시에 대통령의 경호를 담당하던 이는 워드 힐 라몬으로, 삼엄한 경비 태세로 유명했다. 밤에도 완전히 무장한 채로 백악관의 대통령 침실 문 앞에서 잠을 청했다. 그러나 공연을 보기로 한 당일에 링컨은 라몬을 리치몬드에 출장 보냈고 경호 업무는 존 파커에게 주어졌다. 파커를 대통령 경호원으로 채용한 것은 의외였다. 근무 중 음주나 수면을 일삼아 경찰에 소환된 적도 있기 때문이었다. 교대 시간에도 파커는 쉰다는 명목으로 극장 옆 술집에 갔다. 부스가 마지막 준비 의식처럼 브랜디를 마신 바로 그때, 파커도 술을 마시고 있었을지도 모른다. 부스는 다시 극장 안으로 조용히 들어와 무대 아래 동선을 확인했다. 부스가 대통령 관람석에 접근했을 때 링컨 부부는 친구 한둘과 있었고, 복도에 경호원인 파커는 보이지 않았다. 아직 술집에 있나? 아니면 연극을 보러 간 건가? 어찌 됐든 부스는 대통령 관람석으로 점점 다가갔고 밖에 서 있는 사람이라고는 링컨의 개인 시중을 드는 찰스 포브스뿐이었다. 부스가 포브스에게 쪽지 혹은 카드를 건넸고, 포브스는 부스를 들여보냈다. 다른 암살자와는 달리 부스는 이미 유명 인사였고 링컨도 그가 연기하는 모습을 봤을 수도 있었다.

부스는 일부러 박장대소가 터지는 장면에서 계획을 진행하려 했다. 그는 링컨이나 영부인, 동행자가 누군가 옆에 왔다는 사실을 알아차리기도 전에 대통령의 머리에 권총을 발사했다. 당시 관객 대다수는 아마 총소리를 듣지 못했거나 그저 무대 장치 중 하나라고 생각했을 것이다. 영부인이 "살인이야!"라고 외쳤다. 동행자 하나가 부스를 붙잡으려 했으나 부스는 그의 팔을 칼로 찌른 후 약 3.6미터 높이에서 미국 버지니아주의 표어인 "폭군에게는 언제나 이와 같이 하라!"라는 말을 외치며 무대로 뛰어내렸다. 이는 브루투스가 카이사르를 찌르며 한 말로, 폭군을 처단할 때

단골로 등장하곤 했다. 위에서 떨어지면서 부스는 발목이 부러졌지만 그래도 절뚝이며 극장을 빠져나왔다. 북부군 대령이 뒤쫓아 오자 대기해 둔 말에 올라타 헤럴드와 함께 밤새 달렸다. 관계 당국은 워싱턴 주변에 비상 경비선을 발동했지만 부스는 빠져나가는 데 성공했고, 링컨은 다음 날 아침 7시 30분에 사망했다. 그러나 나머지 공모자들은 암살에 실패했다. 파월은 수어드 국무장관의 집에 들어가는 데 성공했다. 마침 수어드가 아파서 침대에 누워 있었고 파월이 칼로 찔렀지만 국무장관은 살아남았다. 아트제로트는 존슨 부통령에게 공격조차 시도하지 않고 슬그머니 꽁무니를 빼고 달아났다.

부스와 파월은 꽤나 빨리 체포되었다. 하지만 둘의 행적이 묘연했을 때 부스에게는 5만 달러, 공범인 헤럴드에게는 2만 5000달러의 현상금이 걸려 있었다. 둘은 북부 연합 내의 동조자들에게 도움을 받고 있었는데, 흑인 뱃사공 하나가 그의 상사가 아

워싱턴 포드 극장에서 존 윌크스 부스가 에이브러햄 링컨 대통령을 저격하려는 장면. 사건 발생 10년이 되지 않았을 때 만들어진 전시용 유리 슬라이드.

니라고 부정했음에도 불구하고 탈주 중인 두 사람을 본 것 같다고 신고했다. 암살 후 12일 만에 둘은 북부군으로 위장한 채 숨어 있던 버지니아의 한 헛간에서 잡혔다. 헤럴드는 자수했으나 부스는 끝까지 저항했다. 북부군이 헛간에 발포하기 시작하자 부스는 소총과 권총으로 무장한 채 나왔다. 그는 결국 목에 총을 맞고 몇 시간 후 사망했다. 링컨이 죽은 후 부스의 배우 친구였던 존 매튜스는 갑자기 부스가 건넨 편지를 기억해 내고 열어보았다. 그는 부스가 자신의 행동을 정당화하는 내용에 경악을 금치 못했다. 편지는 즉시 버렸으나 나중에 다시 기억해 낸 내용에 따르면 "우매한 대중들은 내가 곧 치를 거사를 두고 비난을 쏟아 내겠지만 후손들은 내 행동이 정당했다는 것을 인정할 것이다."라고 적혀 있었다고 한다. 부스는 브루투스를 예시로 인용하며, 링컨이 폭군의 현신이며 미국 남부에 견딜 수 없는 고통을 안겨 주었다고 말했다. 하지만 암살 후 도망자 신세가 되었을 때 갑자기 자기 연민을 느껴서 "독재자를 제거한 후 브루투스는 명예를 얻고 빌헬름 텔은 영웅이 되었는데, 난 개처럼 쫓기고 있다."라고 말하기도 했다. 아들의 머리 위에 사과를 올려 두고 명중시킨 빌헬름 텔은 폭군을 활로 쏴 죽여 중세 스위스인들이 오스트리아 지배에 대항해 봉기를 일으키게 했다고 전해진다. 그러나 그가 실존 인물인지 의문을 제기한 역사학자도 일부 있다.

군사 재판에 회부되기 전의 재판에서 파월은 아직 전장에서 연합군이 싸우고 있으니 이번 암살은 전쟁 중의 정당방위라고 주장했다. 그러나 파월과 헤럴드, 아트제로트와 그들을 도운 메리 수랏이라는 여성은 교수형을 선고받고 7월 7일에 처형당했다. 검사 측에서 부스의 배후에 남부 연합군이 있는 것이 아니냐는 음모론을 제기했지만, 존슨과 북부 연방은 이러한 주장을 터무니없는 소리라고 치부했다. 사실 수어드 국무장관은 사전에 암살이 일어날지도 모른다고 경고를 받기는 했으나 "암살은 미국에 어울리는 행위도, 관행도 아니다. 그런 악랄하고 극단적인 행위가 미국에서 이루어질 리 없다. 그건 억압의 산물이고 왕실 음모에나 쓰이는 계략에 불과하다."라고 일축했다. 그러나 수어드가 틀렸다는 사실이 드러났고 미국에서 암살이 일어나자 사회 개혁을 외치던 흑인 지도자 프레더릭 더글러스는 충격에 휩싸여 "폭정으로 고통받는 유럽 왕실에서 암살이 일어난다고는 전해 들었으나 자유 선거의 땅에서 암살이 일어날 것이라고는 상상도 못했다."라며 탄식했다. 대다수가 이와 비슷한 생각을 가지고 있었다. 일부 미국인은 그저 예외적으로 일어난 비극일 뿐이라고 스스로를 위로하며, 남북전쟁 상황에서 일어난 끔찍한 암살 사건이 다시는 되풀이되지 않기를 바랐다.

하지만 비난의 화살이 향한 곳은 암살자와 공범뿐만이 아니었다. 남부의 리치먼드 디스패치 신문사는 "전쟁이 살인이 아닌 것처럼 폭군을 살해하는 것은 암살이 아니다. 누가 브루투스를 암살자라고 부르나?"라는 의견을 싣는 등 링컨은 살해당해도 마땅하다는 여론을 조성했다며 비판받았다. 그다음 한 세기 동안 미국 대통령 세 명이 암살로 목숨을 잃었다. 1901년 윌리엄 매킨리가, 1963년 존 F. 케네디가 암살당했을 때도 언론은 무차별적인 보도로 손가락질당했다. 한편 링컨 암살 이후 언론은 소식을 빠르게 전달하는 중요한 역할도 담당했다. 전보와 저렴한 신문의 보급 덕분에 1865년 4월 15일에 미국 대다수의 도시민은 하필이면 대통령이 예수가 십자가에 못 박힌 날 암살당했다는 소식을 접했다. 특히 링컨이 순교자라고 믿고 싶어 하는 이들은 그렇게 생각했다. 약 700만 명의 사람들이 링컨의 관이 워싱턴에서 가족이 살던 일리노이주 스프링필드로 옮겨지는 과정을 지켜보았다.

영국의 정치가 벤저민 디즈레일리는 영국 의회에서 링컨 암살 사건과 같이 끔찍한 행위는 절대 세계사를 바꾸지 못했다고 발언했다. 율리우스 카이사르와 앙리 4세, 침묵공 빌럼 1세를 살해한다고 해서 국가의 운명을 바꿀 수는 없었을지도 모른다. 그러나 링컨이 죽은 후에 미국 정치의 판도는 바뀌었다. 남부에 대한 신뢰가 모두 사라지고 북부와의 관계가 급속히 나빠져 링컨이 추진했던 '누구에게도 악의를 품지 않고' 남부 연합군과 재결합하려는 노력이 모두 물거품으로 돌아갔다. 그렇다면 링컨 암살 사건으로 흑인 해방 운동가에 반대하는 폭력 시위가 생겨났을까? 부스는 '우리의 브루투스'라고 칭송받기도 하고 아직 그가 체포되지 않았다고 믿는 사람들도 많았다. 한편 부스를 추적해 체포한 사령관은 순회강연을 돌 정도로 유명 인사가 되었다. 하지만 무엇보다 놀라운 사실은 암살 당일에 대통령 경호를 맡았던 존 파커가 해고되지 않고 여전히 대통령 경호실에서 근무했다는 점이다. 물론 파커가 영부인 경호 담당으로 배정되었을 때 영부인은 분노를 감추지 못했다. 그녀는 "어떻게 대통령 암살에 일조한 사람이 아직까지도 백악관에 남아 경호 업무를 할 수 있는 것이죠?"라며 소리쳤다. 결국 파커는 3년 후 또다시 경계 중 잠이 들면서 해고당했다.

미국 역대 대통령 중 두 번째로 암살당한 사람은 제임스 가필드였다. 그는 남북전쟁 당시 북부 연방군에서 가장 젊은 장군 중 하나였고, 1880년에는 공화당의 중도파 후보자로 대권 주자가 되었다. 전직 장군이자 대통령을 역임한 율리시스 그랜트를 비롯해 그보다 더 유명한 경쟁자 두 명과 함께 삼자 대결 구도가 형성된 시기였다. 가필드는 일반 투표에서 2000표도 안 되는 근소한 표 차이로 대통령에 당선되며 1881년 3월에 임기를 시작했다. 에이브러햄 링컨처럼 가필드는 인생 대역전을 이루었다. 그는 두 살 때 아버지를 여의고 오하이오주의 가난한 시골 지역에서 자랐다. 독실한 기독교 신자로 노예 제도를 강력히 반대했으며, 주변에서도 대부분 그를 좋은 사람이라고 평가했다. 다만 건장파라고 불리던 공화당의 유력 파벌이 자신들이 내세운 후보 그랜트가 패배하자 독설로 가득한 기사를 작성해 가필드를 공격하기도 했다.

　대통령 취임 후 4개월 정도가 지난 1881년 7월 2일, 가필드는 아내와 함께 휴가를 떠났다. 가필드는 어렸을 때 아내를 만나 결혼까지 했고, 이번 여행은 아내가 얼마 전 병에 걸려 죽을 고비를 넘기고 회복한 후 떠난 것이었다. 대통령 부부가 워싱턴의 볼티모어 포토맥 역에서 기차를 기다리는 동안 수상한 남자가 주변을 서성였다. 그는 찰스 기토라는 이름의 39세 남성으로, 이전에 가필드의 대통령 선거 운동에 잠깐 참여한 적이 있었다. 가필드가 선거에서 승리하자 기토는 자신의 공로 덕분이니 유럽 내 영사로 임명해 줄 것을 요구했다. 하지만 대통령 측에서 아무런 반응이 없자 배은망덕한 사람이라며 맹렬히 비난했다. 사실 기토 집안에는 정신 질환 병력이 있었으며 일가친척 다수가 정신병원에서 생을 마감했다. 어머니는 그가 일곱 살 때 죽었고 완벽주의자인 아버지 밑에서 죄와 죽음은 그저 환상일 뿐이라는 말을 들으며 자랐다. 후에 기토는 자유연애를 실천하던 사이비 종교에 발을 들였지만 다른 신도들과는 잘 어울리지 못했다. 결국에는 그곳에서도 정착하지 못하고 떠나 방탕한 삶을 살기 시작했다.

　현실에서는 그저 떠돌이 전도사에 사채 수금업자로 집세를 낼 때가 다가오면 상습적으로 야반도주하기 일쑤였지만, 기토는 대통령 당선을 비롯해 원대한 꿈을 가졌다. 그는 종종 아무도 없는 회관에 들어가 일장 연설을 하기도 하고, 가필드 대통령이 자신의 친구라며 떠들고 다니기도 했다. 한번은 집주인에게 가필드 대통령을 신원 보증인으로 세우기도 했다. 그러다가 기토는

1881년 5월 18일, 갑자기 또 다른 내전을 막기 위해서 대통령을 죽여야 한다는 신의 계시를 받았다고 느꼈다. 그래서 돈을 빌려 권총을 구매하고 사격 연습을 하는 동시에 자신의 행동을 정당화하는 아주 긴 사유서를 작성했다. 그해 6월, 기토는 대통령이 기차로 이동할 것이라는 소식을 접한 후 기차역을 암살 장소로 정했다. 그러나 암살을 결심한 당일 아픈 아내를 부축하고 있는 가필드를 보자 측은한 마음이 들어 계획을 미루기로 했다. 그 후 다시 한번 가필드 대통령을 기차역에서 발견했지만 날씨가 너무 더워서 별로 내키지 않아 포기했다.

7월 2일, 기토는 세 번째로 암살을 시도했다. 심지어 그날은 매표소 직원이 친절하게도 대통령이 타는 열차까지 알려 주었다. 기토가 의심을 살 만한 인상을 주기는 했으나, 그가 신문사 앞으로 보내는 두꺼운 종이 뭉치를 신문 가판대에 올려놓을 때조차도 아무도 그를 알아챈 사람이 없었다. 가필드는 과도한 경호를 피했는데, 대통령이 경계를 지나치게 삼엄하게 하면 민주주의를 훼손할지도 모른다고 믿었기 때문이었다. 기토는 대통령을 발견하고는 뒤로 다가가 근거리에서 곧바로 총을 발사했다. 처음 쏜 총알은 가필드의 팔을 스치며 땅으로 고꾸라지게 만들었다. 그리고 기토는 대통령의 사타구니에 한 발 더 발사했다.

그는 건물 밖으로 나왔으나 곧바로 경찰에게 발각되었고 목격자들이 그가 범인이 맞다고 확인하자마자 재빨리 자백했다. 대통령이 병원으로 이송되는 동안 기토의 주머니에서는 두서없이 마구 휘갈긴 자기 변론서가 발견되었다. 그는 스스로를 공화당 건장파라고 서술했으나, 그렇다면 왜 애초에 건장파의 후보자가 아닌 가필드의 선거 운동 본부에서 일을 했던 것일까라는 의문이 남았다. 기토는 공화당과 조국을 통합시키기 위해서는 어쩔 수 없이 대통령을 살해할 수밖에 없었다며 "인간 목숨이라는 것이

샌프란시스코 잡지에 실린 제임스 가필드 대통령의 암살범 찰스 기토를 풍자한 삽화.

참 별 가치가 없다."라고 주장했다. 남북전쟁 때문에 수천 명의 청년이 희생된 것은 사실이었지만, 영부인 입장에서는 남편을 급작스럽게 잃어서 뼈에 사무치게 괴로웠을 것이다. 기독교인인 가필드가 현생에서보다 천국에서 더 행복한 삶을 누릴 수 있을 것이라고 기도하는 수밖에 없었다.

가필드가 받은 치료는 오히려 총상을 악화시켰고 대통령은 몇 주간 고통 속에 살다가 9월 19일 결국 세상을 떴다. 기토가 감옥에 수감된 동안 군인 한 명과 동료 수감자 한 명이 각각 그를 죽이려고 시도했다. 재판에서 기토는 대통령이 죽은 것은 총상이 아니라 다른 원인 때문이며, 자신이 저지른 행위는 전쟁에서 다른 사람을 죽인 것과 마찬가지로 정당방위이고 자신은 신의 명령에 따랐을 뿐이라고 스스로 변호하고 무죄를 주장했다. 재판이 진행되는 일주일 내내 기토는 증인석에서 자신의 변호인을 조롱하고 판사를 흉내 내며 관심을 끌려는 광대같이 행동했다. 또한 자신이 사건 당일 제정신이 아니었다며, 지금은 100만 달러를 준다고 해도 그런 짓을 저지르지 않을 것이라고 말했다. 검사 측의 13명의 의사가 기토의 정신이 멀쩡하다는 의학적 소견을 밝혔고, 피고인 기토 측의 의사 23명은 그의 정신이 온전치 못하다는 의견을 냈다. 여러 의사 간에 공방전이 벌어진 후 배심원단은 1시간 만에 판결을 내렸다. 기토는 자신이 쓴 장문의 시를 낭독한 후 1882년 6월 30일 교수형에 처해졌다. 그는 마지막 순간까지 형 집행이 곧 취소될 것이며, 죽고 나면 자신을 기리는 동상이 세워질 것이라고 굳게 믿었다.

16년 동안 에이브러햄 링컨과 제임스 가필드까지 대통령이 두 명이나 암살되었지만 후임 대통령에 대한 경호는 강화되지 않았다. 1865년에 대통령과 정부의 고위급 인사들을 밀착 경호하는 비밀경호국이 설립되기는 했지만 초기에는 특별히 위험한 상황에서만 대통령 특별 경호를 실시한다는 단서가 붙어 있었다. 일례로 1894년에 스티븐 클리블랜드 대통령을 암살하려 한다는 소문이 퍼져서 추가적으로 경호 인력을 파견했으나, 당시 신문에서 이에 대해 너무나 부정적인 여론을 조성하는 바람에 대통령이 경호 인원을 다시 줄이라고 명령하기도 했다. 한편 윌리엄 매킨리 대통령의 재임 초기였던 1901년은 긴장감이 고조된 시기였다. 미국이 스페인과 전쟁을 치른 지 얼마 되지 않았고 유럽에서 무정부주의자들이 오스트리아 황후와 이탈리아 국왕 등 거물급 인사들을 암살하고 있었기 때문이다. 따라서 대통령이 그해 9월 뉴욕 버팔로시에서 열리는 범미 박람회에 참석할 때에는 영부인이 일부 경계 조치가 너무 소모적이라고 하여 제외한 것을 빼고는 전반적으로 경호 인력을 증강했다.

가필드와 마찬가지로 매킨리도 오하이오주 출신이었을 뿐만 아니라 항상 합의를 도출하려 애쓰는 좋은 사람이라는 평가를 받는 대통령이었다. 비록 무자비한 자본가라고 소문난 사업가 마크 하나의 후원으로 대통령 선거 운동을 치르긴 했지만, 늘 평범한 노동자의 편에 서려고 했던 정치인이었다. 범미 박람회 기간 동안 매킨리의 비서가 그의 안위를 걱정해 박람회 공연장으로 쓰였던 '템플 오브 뮤직' 방문 일정을 두 번이나 취소했지만, 대통령은 방문을 강행했다. 지지자들은 대통령에게 인사를 건네기 위해 계단에 길게 줄지어 있었다. 그중 한 명이 손수건인지 붕대인지 모를 천을 오른손에 두르고 있었다. 그는 디트로이트에서 온 28세의 공장에서 일하는 폴란드계 청년인 리언 촐고츠였다.

그는 10대 때, 미국으로 건너온 러시아 무정부주의자 엠마 골드만에 열광했다. 1893년에 골드만은 지나치게 선동적인 연설을 한 죄로 감옥에 다녀오기도 했는데 복역을 마치고 4년 후 모든 통치자를 제거해야 한다고 선포했다. 하지만 여기에 매킨리는 포함되지 않았는데, 그가 너무 별 볼일 없는 지도자라고 생각했기 때문이었다. 이론가들이 늘 분명하게 말해 주지 않는 것처럼 골드만 또한 1902년 5월에 클리블랜드에서 한 연설에서, 폭력을 지지하지는 않지만 만약 끔찍한 부조리를 지켜볼 수가 없고 마땅히 다른 대안이 없는 경우에 폭력을 사용했다면 지나친 비판은 삼가야 한다고 주장했다. 촐고츠도 관중 속에 있었고 중간 휴식 시간에 골드만에게 접근해 어떤 책을 읽으면 좋을지 추천을 부탁했다. 그 이후 촐고츠는 미국 무정부주의자들과 어울리기 시작했지만, 다른 이들은 그가 너무 지나치게 열성적이어서 오히려 정부 공작원임에 틀림없다고 생각했고 촐고츠를 실질적인 동료로 인정하지 않았다.

1901년 8월 31일, 촐고츠는 대통령의 일정을 캐낸 후 총을 사서 뉴욕 버팔로로 향했다. 며칠 후인 9월 6일 아침, 대통령이 버팔로에서 나이아가라 폭포까지 기차로 이동한다는 소식을 듣고 거사를 치르기로 계획했다. 그러나 주변에 사람들이 너무 많아 차질이 생겼다. 나이아가라 폭포까지 혼자서 따라갔지만 대통령 가까이 다가갈 수가 없었다. 마침내 늦은 오후, 템플 오브 뮤직에서 매킨리와 인사를 나누기 위해 줄을 선 사람들 틈에 숨어들었다. 거듭 차질이 생겨 암살을 그만둘까 고민하던 찰나에 경찰관이 줄을 제대로 서라며 행렬 속으로 그를 밀어 넣었다. 촐고츠의 차례가 다가왔고 대통령이 악수를 청했다. 촐고츠는 도미티아누스 황제를 죽인 암살자처럼 왼손으로 대통령이 내민 손을 밀어 제치고 오른쪽 팔에 감은 붕대에 숨겨 둔 총을 꺼내 하나는 가슴에, 하나는 복부에 쏘았다. 주변에 있던 형사와 행인들이 촐고츠를 즉각 땅에 내리꽂았고 두들겨 패기 시작했다. 범인의 얼굴에서 피가 철철 나자, 대통령은 그를 너무 심하게 대하지 말라며 애원했다. 촐고츠가 더 심하게 다치기 전에 경찰이 그를 데리고 갔다. 매킨리의 부상이 심해 보이기는 했으나 생명에 위협을 줄 정도는 아니었다.

뉴욕 버팔로시 범미 박람회에서 암살된 윌리엄 매킨리 대통령. 사건 발생 직후 발표된 그림.

LESLIE'S WEEKLY

McKINLEY EXTRA

New York, September 9, 1901

PRICE 10 CENTS

LEON F. CZOLGOSZ, THE ASSASSIN.

FIRST PHOTOGRAPH OF THE WRETCHED ANARCHIST WHO SHOT THE PRESIDENT AT FOUR P. M., SEPTEMBER 6th, 1901, AT THE PAN-AMERICAN EXPOSITION—COPYRIGHTED BY JUDGE COMPANY, 1901.

미국 대중 잡지 표지에 실린 매킨리 대통령 암살범 리언 촐고츠. 1901년 9월 9일.

경찰 조사를 받는 동안 출고츠는 매킨리를 쏘는 것이 자신의 의무였다고 차분하게 말하며 엠마 골드만이 자신에게 얼마나 큰 영향을 주었는지 설명했다. 그는 "모든 통치자를 제거해야 한다는 골드만의 주장을 접한 이후로 너무 많은 생각이 들어 고통으로 머리가 쪼개질 것 같았다."라고 진술했다. 경찰이 골드만과 출고츠와 엮인 지인들을 소환해 혹시 무정부주의자들이 중대한 음모를 꾸미려고 한 것이 아닌지 조사하고 있을 때, 매킨리는 병상에 누워 있으면서도 출고츠를 공정하게 다루어 달라고 요청했다. 경찰에게 심문받는 동안, 골드만은 이제는 한낱 고통받고 있는 한 인간일 뿐인 매킨리 대통령을 직접 간호하겠다고 제안하기도 했다. 미국 전역에서 골드만을 처벌하라는 피에 굶주린 요구가 쏟아졌고 무정부주의자에게 폭력이 가해졌다. 골드만의 친구 하나는 피츠버그에서 집단 폭행을 당할 뻔했다. 결국 골드만은 증거 불충분으로 풀려났으나, 매킨리는 가필드 대통령과 마찬가지로 의료진이 제대로 치료하지 못했다. 결국 대통령은 9월 14일 괴저로 세상을 떠났다.

출고츠는 재판에서 암살 혐의를 인정했고 "누가 시켜서 한 일도, 누군가 돈을 주며 사주한 일도 아니다."라며 선을 그었다. 즉각 유죄 판결이 선고되었고 전기의자형에 처해졌다. 죽기 직전에 출고츠는 "선량한 시민의 적이었기 때문에 매킨리를 죽였으며 모든 국가의 노동자들을 위해 암살을 저지른 것."이라고 말했다고 한다. 성 심리학자 헤이블록 엘리스는 범죄자 특성을 연구하는 과정에서 출고츠에게 흥미를 느꼈다. 그를 매력적인 성격을 가진 선량하고 인정 많은 암살자라고 묘사했고, 오히려 출고츠의 뛰어난 공감 능력과 감수성이 그를 폭력으로 내몰았다며, 많은 이를 사랑했기 때문에 소수를 저주한 것이라고 옹호했다. 다만 그도 다른 청년처럼 어리고, 제대로 교육을 받지 못해 편협한 시각을 가지게 된 점이 문제였다고 지적했다. 출고츠가 사망한 후 의사들이 부검을 해 그의 뇌를 살펴보았지만 별다른 특이점은 찾지 못했다. 매킨리 암살 사건이 일어난 지 1년 후, 대통령을 항상 밀착 경호를 하라는 임무가 비밀경호국에 부여되었다.

✒ 행동에 의한 선동

에이브러햄 링컨을 암살한 자는 수구 보수 성향의 인종차별주의자이긴 했지만, 링컨 암살을 계기로 러시아의 허무주의 비밀 단체인 '지옥파' 등 많은 혁명파들이 직접 행동에 나서기 시작했다. 지옥파는 혁명을 일으키기 위한 수단으로서 러시아 차르에 대한 암살을 계획했다. 1850년 이탈리아의 카를로 피사카네가 처음으로 행동이 생각을 낳는다는 주장을 제안하기는 했으나, '행동에 의한 선동'이라는 표현은 그로부터 20년 후 프랑스의 청년 의사 폴 브루스가 처음 만들어 냈다. 브루스는 한 책자에서 행동에 의한 선동이 대중 의식을 고취하는 강력한 수단이라고 기술했다. 그리고 생각이나 사상은 부르주아 언론에 쉽게 왜곡될 수 있고, 노동자들은 정치적으로 올바른 책자를 접한다고 하더라도 하루 종일 고된 노동을 하다 보면 글을 읽을 시간조차 없기 때문에 행동이 생각보다 더 강력하다고 주장했다. 한편으로는 암살이 효과적인 수단인가에 대한 의구심을 제기하기도 했으나 이때쯤에는 행동에 의한 선동이 이미 자리 잡은 후였다.

해당 개념은 러시아의 전직 기사이자 왕가 출신 무정부주의자 표트르 크로포트킨에 의해 한층 더 발전했다. 크로포트킨은 입으로 하는 저항은 끝이 없지만 총과 칼, 다이너마이트를 활용한 행동은 단 한 번으로 유인물 1000장보다 더 큰 반향을 불러일으

킬 수 있으며, 한 행동이 또 다른 행동으로 이어지고 결국에는 행동이 쌓여 정부를 약화시킬 수 있다고 주장했다. 다소 과격한 사상을 내세우기는 했으나 크로포트킨은 사적인 만남에서는 매우 온화했다고 한다. 조지 버나드 쇼는 그가 성인처럼 인자하다고 평가했다. 크로포트킨은 폭력에 관해 협업을 강조하면서 동시에 암살이 선전의 본질을 퇴색시키는 한낱 과시 활동으로 전락하는 것을 경계하며 이중적인 입장을 보였다. 나이가 들어서는 어리석은 테러 활동을 비판했다. 제정 러시아의 차르 알렉산드르 2세를 암살한 것은 옹호했지만, 혁명이 개별적인 폭력 행위로 이루어질 수 없다는 점은 인정했다.

크로포트킨의 동료인 무정부주의자 미하일 바쿠닌도 귀족 출신으로 외교관의 자제였다. 그는 풍채가 상당해서 체중이 적어도 125킬로그램이 넘었다. 카를 마르크스는 그가 황소 같다고 말했다. 바쿠닌은 무관심한 대중에게 혁명 의식을 심어 주는 것이 자신의 소명이라고 생각했다. 그는 혁명을 동반자라고 선언하며, 전 세계가 혁명의 불길에 휩싸일 때 진정으로 행복을 느낀다고 말했다. 1848년 혁명이 유럽 전역을 뒤흔들고 있을 때 바쿠닌은 폴란드로 건너가 반란을 일으키려 했지만 대부분의 봉기가 흐지부지하게 끝났고, 그는 결국 러시아 감옥에 수감되었다. 그 후 1861년에 탈출하기 전까지 시베리아로 추방되었다. 바쿠닌은 파괴에 대한 열망은 창조에 대한 열망과 같다고 말하며, 유럽 사회가 낡을 대로 낡아 새로운 사회를 열기 위해서는 모두 불타야 한다고 믿었다. 1869년에는 《Catechism of a Revolutionary》에서 청년 혁명가들이 완전한 파괴를 통해 새로운 질서가 싹틀 수 있게 해야 한다고 주장했다. 그리고 "혁명가는 불운한 사람이다. 사적인 관심사도, 연애도, 감정도, 인간관계도, 재산도 없으며, 심지어 자신의 이름조차 가질 수 없다. 그의 존재 이유는 오로지 단 한 가지의 목적과 사상, 열정으로 귀결된다. 바로 혁명이다. 혁명가는 모든 사회적 관계와 문명 세계와의 연결 고리를 잘라 낸 상태다. 그는 무자비한 적을 품고 살아가며 그 적을 파괴하는 것만이 자신의 유일한 목적이다."라고 말했다.

바쿠닌에게 영감을 받은 청년들은 신이 존재하지 않는 세상의 광신도와 같았으며, 그들 중 수많은 이가 정부에 의해 사라질 것이라는 점을 아주 잘 알고 있었다. 나아가 바쿠닌은 범죄자나 강도 같은 다른 국가의 적들과 연합해야 한다고 주장했다. 실제로 어느 시점에는 범죄자야말로 유일하고 진정한 혁명군이라고 말하기도 했다. 지능적인 국가 고위급 인사를 암살하는 것을 적극적으로 지지하기도 했다. 그에게 혁명은 사회적 불안이나 선동으로 이루어지는 것이 아니라 행동에 근간을 두어야 했다. 하지만 바쿠닌의 사상에 결함이 있다면, 사회 부적응자나 외톨이, 사이코패스가 부당한 대우를 받았다며 사회를 향한 복수를 정당화할 수 있는 구실을 제공했다는 점을 꼽을 수 있다.

바쿠닌이 《Catechism of a Revolutionary》를 집필할 당시에 공동으로 작업한 세르게이 네차예프라는 청년이 있었다. 아무것도 두려워하지 않는 네차예프의 모습에 바쿠닌은 깊은 감명을 받았다. 네차예프는 그저 여드름으로 망가진 얼굴을 수염으로 가리려 애쓰는 지극히 평범한 학교 교사였다. 그러던 어느 날 그는 오를로프라는 혁명파 학생을 만났고, 세 명으로 구성된 지하조직을 꾸려 기존 사회를 끝내고 완전한 자유와 새로운 삶을 누릴 수 있는 새 세상을 만들기 위하여 모든 열정을 쏟아붓기 시작했다. 그 후 네차예프는 과거를 숨겼다. 바쿠닌을 만났을 때쯤에 그는 이미 습관적으로 거짓말을 꾸며 내고 있었다. 거짓으로 체포된 이야기나 감옥을 탈출한 경험을 꾸며 낸다거나 자신이 위대한 혁명 조직의 수장이었다고 말하기도 했다. 그러나 미국에서 매킨리 대통령을 암살한 리언 출고츠처럼 네차예프가 하는 말이 지나치게 허무맹랑했기에 다른 혁명가들은 그를 정부 공작원으로 의심했을 뿐만 아니라 암살할 계획까지 세우기도 했다. 하지만 바쿠닌은 네차예프를 냉철한 용사라며 높이 평가했다. 아마도 스스로 인정한 적은 없지만 바쿠닌은 네차예프가 자신과는 다르게 말을 행동으로 옮기는 사람이라고 생각했던 것 같다. 마침 네차예프도 아버지 같은 바쿠닌에게 매료되었으며, 심지어 바쿠닌과 그가 연인 사이라는 말까지 떠돌았다. 바쿠닌은 자신이 만들어 낸 세계혁명동맹을 자랑했고, 심지어는 2771이라는 숫자가 적힌 러시아 지부 회원증을 네차예프에게 선물하기도 했다. 물론 실제로 발급된 회원증은 단 한 장뿐이었다.

네차예프는 자신을 비판한 어린 동료 혁명가 한 명을 암살했다. 결과적으로 바쿠닌도 네차예프에게서 등을 돌렸다. 바쿠닌은 그의 친구들에게 네차예프는 거짓말쟁이에다 음모를 꾸미고 다니며 주변 사람들의 아내나 딸을 가릴 것 없이 유혹하려 할 것이라고 경고했다. 1873년, 네차예프는 살인죄로 시베리아로 추방되어 종신형을 복역할 것을 판결받았다. 한편 바쿠닌은 국제노동자협회를 장악하려 노력했지만, 카를 마르크스는 혁명은 소수의 선동가가 아닌 대중이 일으키는 것이라며 번번이 그의 제안을 퇴짜놓았다. 그리고 경쟁자인 바쿠닌의 손에 협회가 넘어가는 것을 두고 볼 수 없다고 판단해 아예 와해시켜 버렸다. 따라서 1881년에 러시아, 유럽과 미국의 무정부주의자들만 독자적으로 런던에 모여 국제 무정부주의자 연맹 회의를 개최했다. 그들은 점차 모습을 드러내는 혁명을 산불처럼 빠르게 확산하기 위해서 행동에 의한 선동을 실천해야 한다는 결의안을 회의에서 통과시켰다. 물론 행동을 성공으로 이끌려면 전통적인 선동 인쇄물을 통해 사전 지식을 미리 주입하고 확산시켜야 한다는 점이 역설적이기는 했다. 혁명 모의가 이루어지는 동안 정책 당국은 연맹이 심각한 위협을 초래할 수도 있을 만큼 엄청난 규모라고 착각하는 우를 범하기도 했다. 연맹에 잠입 수사를 하던 경찰들이 무정부주의자에게 자금을 대는 일도 종종 있었다.

정치적 목적을 위한 수단으로 폭력 행위를 강력하게 지지했던 또 다른 사회 부적응자도 있었다. 독일인인 요한 모스트는 두 살 때 콜레라로 어머니를 잃고, 일곱 살이 되었을 때는 감염병 때문에 끔찍한 흉터를 얻었다. 크로포트킨과 바쿠닌, 네차예프처럼 모스트도 감옥에 자주 드나들었다. 그는 행동에 의한 선동을 잘 알고 있었고 한 발짝 더 나아가 대중매체의 영향력에도 주목했다. 모스트는 테러 공격에 대한 보도가 언론을 통해 얼마나 빨리 확산될 수 있는지 깨닫고는 사람들이 테러 소식을 듣고 그 행동을 모방하여 메아리처럼 번져 나가기를 바랐다. 따라서 자신의 사상을 세세히 적은 〈Freedom〉이라는 잡지를 발간하고 "세상은 다이너마이트 덕분에 매일 조금씩 더 나아진다."라며 다이너마이트를 예찬하는 시를 싣기도 했다.

모스트는 적을 돼지나 개, 기생충, 쓰레기 등 인간 이하로 취급했다. 또한 다이너마이트를 쓰면 어쩔 수 없이 무고한 희생자가 생기기 마련이며, 애초에 폭탄이 있을 법한 위험한 장소에 간 사람들이 잘못한 것이고, 정부는 자신들보다 더 끔찍한 범죄를 저지르고 있다며 폭력을 정당화했다. 모스트는 폭발물 구입이나 뇌물 헌납 등의 혁명 활동에 돈이 꼭 필요하다고 강조했다. 이

중 노선에도 상당히 우호적인 입장이었다. 한쪽에는 선동을 전담하는 합법 혹은 준합법적인 기관을 설립해 활동하고, 다른 한쪽에서는 가능한 한 비밀리에 폭력 행위를 실시하자는 전략이었다. 예를 들면 전쟁 중에 아무리 용감하게 적군을 죽였더라도 암살에 나설 만큼 냉혈한이 아닐 수도 있으므로 개별 혁명가는 서로 다른 강점을 이용하는 것이 중요하다고 설파했다. 그리고 지옥파라는 분파는 제비뽑기로 암살할 사람을 골라야 한다며 다른 입장을 취했다. 암살자로 뽑히고 나면 은둔 생활을 하는 성직자처럼 친구나 가족 등 속세와의 모든 인연을 끊고 결혼도 하지 않고 심지어는 혁명 동지들까지 멀리해야 한다고 주장했다. 암살 당일에는 발각되지 않기 위해 화학약품을 얼굴에 뿌려 아무도 알아볼 수 없게 만들고 자신의 동기를 설명하는 선언문을 주머니에 넣고 다니며 거사를 치른 후에는 스스로 독을 마셔 목숨을 끊어야 한다는 입장이었다.

앞서 살펴본 것처럼 카를 루트비히 잔트는 아버지를 잃은 딸의 모습을 보고서는 가슴이 찢어질 듯한 아픔을 느끼며 걷잡을 수 없이 후회를 했다. 그렇다면 종교적 신념으로 암살을 저지른 이전 시대의 사람들보다 정치적인 대의를 위해 암살을 저지른 이들의 성품이 더 여렸던 것일까? 혁명의 시대를 살았던 암살 미수범들은 누군가를 죽이는 것보다 차라리 스스로 죽는 일이 더 쉽다고 고백했다. 티모페이 미하일로프는 1881년 러시아의 차르 알렉산드르 2세에 대한 암살 음모 혐의로 처형을 기다리고 있을 때는 어떠한 두려움도 내비치지 않았으나, 그 전에 직접 폭탄을 던져야 했던 날에는 오히려 집으로 가 버린 적이 있었다. 1897년 카노바스 델 카스티요 스페인 총리를 살해하려던 이탈리아의 무정부주의자 미켈레 안졸릴로도 총리가 가족들과 있는 모습을 보고는 총을 발사할 첫 번째 기회를 놓쳤다. 나중에 안졸릴로는 부인과 함께 온천에 머무르고 있던 카스티요 총리를 총으로 암살했다. 총리 부인이 그의 뺨을 내리치자 안졸릴로는 "부인, 한 여성으로서 당신을 무한히 존중하지만 당신이 이 남자의 부인이라는 사실은 참 안타깝소이다."라고 대꾸했다. 그 또한 교수대에 올라서 용감하게 자신의 죽음을 맞이했다.

러시아의 시인이자 혁명가였던 이반 카라예프는 1905년 2월 15일 알렉산드르 2세의 아들이자 니콜라이 2세 차르 집권 당시 매우 영향력 있던 인물인 세르게이 알렉산드로비치 대공에게 폭탄을 투척할 예정이었다. 그러나 안졸릴로와 마찬가지로 그가 가족과 있는 모습을 보고는 물러서고 말았다. 그는 이틀 후에야 대공을 죽이고 교수형에 처해졌다. 카라예프의 내적 갈등은 후에 알베르 카뮈의 희곡 〈정의의 사람들〉의 소재로 사용되기도 했다. 동료 혁명가는 더 나은 세상을 만들기 위한 행동인데 무고한 아이들까지 죽일 수는 없다며, 자녀와 함께 있는 대공을 죽이지 않은 것은 옳은 선택이었다고 카라예프를 옹호했다. 그러나 어느 강경파 인물은 썩어 빠진 정치 제도 때문에 매년 수천 명이 목숨을 잃는데 그깟 아이 목숨 하나둘쯤이야 아무것도 아니라며 카라예프를 격렬하게 비난하기도 했다. 카라예프는 모든 생명은 성스러우며 살인은 어쨌든 잘못된 행위이므로 평생에 걸쳐 죗값을 치러야 한다고 생각해서 사면 요구도 하지 않았다.

심지어 암살자로서 냉혹하기 그지없던 요한 모스트조차 나이가 들면서 순해졌다. 1878년 베를린에서 카이저 빌헬름 1세

시인이자 혁명가였던 이반 카라예프.
1903년 추정.

에 대한 암살이 시도됐을 때, 모스트를 비롯한 혁명파는 이를 '카이사르를 암살한 브루투스와 같은 영웅적인 행위'라고 극찬했다. 그러나 노년이 되자 모스트는 대규모 민중 봉기가 없는 한 개별 군주나 정치인을 암살해서 전체 국가 시스템을 전복할 수 있다는 생각은 환상에 불과할 뿐이라고 주장하기 시작했다. 심지어 그는 프리크 콜렉션 소장으로 유명한 미국의 냉혹한 기업가 헨리 클레이 프리크에 대한 암살 시도를 강력하게 비판한 뒤 엠마 골드만에게 채찍으로 맞기까지 했다.

키케로가 2000년 전에 말했듯 그 후 몇 세기 동안 이어진 폭군 살해의 한계는 폭군을 살해한다고 해서 폭정 자체를 없앨 수 없다는 사실이었다. 더 광범위한 조치가 필요했다. 독일의 급진주의자 카를 하인첸은 지금까지의 폭군 살해는 정당성이 있기는 했지만 부족한 면이 있었다고 지적했다. 왕과 장군을 비롯해 모든 적의 자유를 빼앗지 않는 한 실질적인 진전을 이룰 수 없으므로 인류 공동의 이익을 위해 수백 명 또는 수천 명의 목숨을 희생할 수 있다고 주장했다. 그는 도시를 통째로 날려 버릴 수 있는 로켓이나 지뢰, 독가스와 같은 대량 살상 무기 활용도 옹호했다.

니체 등 무정부주의자를 경멸하던 측에서도 이 혁명가의 강한 어조에 감탄할 정도였다. 니체는 유럽의 기독교 유산을 모두 날려 버리고 싶다면서 "나는 인간이 아니다. 나는 다이너마이트다."라고 선언하기도 했다. 엠마 골드만은 암살을 정당화하고 싶을 때면 세상에는 객관적인 진실이라는 것은 없고 단지 개인이 선호하는 관점만이 있을 뿐이라며 니체의 말을 인용하곤 했다. 골드만은 암살범의 폭력은 그 대상이 저지른 폭력을 그대로 돌려주는 것일 뿐이며, 정부라는 체제에는 폭력이라는 잠재적인 힘이 내재할 수밖에 없다고 주장했다. 또한 암살자는 오히려 대중을 사랑하는 마음으로 직접 행동에 나서는 것이지만, 매킨리 대통령의 죽음에 대중이 애도를 보내는 모습처럼 우매한 일반 사람들은 암살자의 깊은 뜻을 이해하지 못한다며, 암살범 존 윌크스 부스와 끔찍할 만큼 비슷하게 말했다. 실제로 혁명가들은 대중에게 실망하는 일이 잦았다. 1866년에 드미트리 카라코조프가 러시아의 차르 알렉산드르 2세를 향해 총을 발사했을 때 행인들이 그를 붙잡자, 카라코조프는 "멍청이들, 난 당신들을 위해서 총을 쏜 것이란 말이오!"라고 소리쳤다. 물론 그는 노력한 보람도 없이 형장의 이슬로 사라졌다. 그로부터 13년 후 알렉산드르 2세는 산책하다가 권총을 든 학생을 맞닥뜨렸다. 차르는 고전적이기는 하지만 성공적인 암살 대응 전술인 재빨리 도망치기를 택했다. 학생이 연달아 총을 쐈지만 번번이 빗나갔고, 암살 미수범은 결국 체포되어 교수대에서 목숨을 잃었다.

때때로 혁명 사상은 표적이 정해진 암살이 아닌 무차별적인 살인을 낳았다. 은행과 증권거래소, 심지어 카페나 음악 공연장까

프랑스 대통령 사디 카르노의 암살. 〈르 몽드〉 잡지에 실린 삽화.

지 부르주아나 기득권을 상징하는 장소가 주요 무대였다. 1882년에서 1894년까지 12년간 프랑스는 열한 번이나 무정부주의자의 공격에 시달려야 했다. 라바숄이라고도 알려진 프랑수아 쾨닉슈타인은 악명 높은 폭파 활동 덕분에 폭파를 의미하는 '라바숄리제'라는 신조어를 탄생시키기도 했다. 라바숄은 빈곤층 노인 두 명을 살해한 것으로 시작하여 폭력의 세계에 발을 들였고 그 후 선임 재판관이 사는 파리의 한 아파트를 폭파시켰다. 또 다른 무정부주의자였던 에밀 앙리는 부유한 권력층을 노리는 척했지만 실상은 그렇지 않았다. 1894년에는 파리의 한 카페에 폭탄을 투척해서 한 명이 죽고 20명이 부상을 입었다. 그러나 카페 이용객 대다수는 주로 노동자 계층이었다. 그는 스스로의 행동을 변명하면서 "죄 없는 사람은 아무도 없다."라는 말을 남겼다. 라바숄과 앙리 둘 다 처형되었다. 1894년 프랑스 대통령 사디 카르노를 암살한 범인은 대통령이 앙리를 사면해 주지 않아 암살을 저질렀다고 진술했다.

✒ 점점 커지는 폭탄의 위력

요한 모스트가 예찬하고 라바숄과 앙리가 사용한 폭발물은 암살의 역사에서 이정표와 같은 기술 발전이었다. 앞에서 살펴본 16세기 헨리 단리 경 살인 사건에서 폭발물이 등장했으나, 이제는 구하기도 더 쉽고 위력도 더 커졌다. 러시아 귀족이 자국의 정치 체제를 암살로 얼룩진 전제 정치라고 묘사했지만, 1880년까지 암살로 희생된 차르는 단 두 명뿐이었다. 그중 한 명은 현직 차르였던 알렉산드르 2세로, 기본적으로는 보수파였으나 농노 해방을 추진한 군주였다. 물론 온전히 농노를 위한 이타적인 마음에서 출발한 개혁은 아니었을 것이다. 당시 러시아가 크림 전쟁에서 패배한 것은 농노제 때문이라는 목소리도 있었고, 농노제가 자본주의 및 국가 발전에 걸림돌이 된다는 주장과 농노를 해방시키지 않으면 농노가 직접 반란을 일으켜 자유를 쟁취했을 것이라는 주장이 만연해 있었다. 그러나 개혁은 생각했던 것만큼 긍정적이지만은 않았다. 물론 농노가 더 이상 주인의 소유물로 취급받지는 않았지만, 자유인이 된 농노는 보유하는 토지도 줄어들었고 더욱 가난해졌다. 그들에게는 자유는 선물이라기보다 한평생 책임져야만 하는 부담스러운 권리에 가까웠다.

혁명주의 조직이었던 '인민의 의지'는 농노 해방 조치에 감명받기는커녕 오히려 자신들이 세운 혁명 법원에서 알렉산드르 2세에게 사형을 선고했다. 또한 국가가 자의적인 폭력을 휘두르고 있으며 인민의 혁명 정신을 고취하기 위해 인민의 의지는 정부 관료를 살해하겠다는 내용의 공개 서한을 차르에게 보냈다. 또한 암살이 선동에 유용한 수단은 맞지만 복수 행위에 지나지 않는다며, 만약 기득권층을 받치는 열두 명의 주요 인사를 동시에 없앤다면 정부가 공황 상태에 빠지면서 인민이 각성할 것이라고 조직 대자보에서 설파했다. 집필에 참여한 편집자 한 명은 암살이 대중 봉기보다 피해도 적고 가성비가 좋은 것은 물론이고, 인간의 창의력은 한계가 없으므로 통치자들이 모든 공격을 막는 것은 불가능하다고 주장했다.

이러한 주장은 현대 과학 분석이라는 명목하에 새로운 가설인 양 포장되었지만, 실상은 암살과 테러가 무장 투쟁보다 인명 피해가 적기 때문에 더 인간적이라는 과거의 주장이 다시금 힘을 얻었을 뿐이었다. 어쩔 수 없이 소수의 무고한 사람이 희생되더라도 암살 자체는 그만한 가치가 있다고 덧붙인 점은 조금 달랐다. 물론 모두가 동의한 것은 아니었다. 인민의 의지 조직 내에서도 어느 정도의 폭력을 용인할 것인가를 두고 열띤 논쟁이 벌어졌고, 결국에 이 문제로 조직이 분열되고 말았다.

인민의 의지는 1878년 교도소 재소자를 악랄하게 괴롭혔다는 이유로 차르 수하의 비밀경찰국장을 거리에서 칼로 찔러 죽이는 등 전통적인 암살 방법을 여전히 유용하게 활용했다. 동시에 다른 혁명주의자와 마찬가지로, 항상 성공적이지는 않았어도 폭발물 등 새로운 문물도 기꺼이 수용했다. 적어도 조직 일원 중 네 명이 폭탄을 제조하다가 목숨을 잃었고, 한 사람은 상트페테르부르크에 있는 겨울 궁전에 목공으로 취업해 이전보다 한층 강력한 다이너마이트 더미를 식당 바닥에 숨겼다. 1880년 2월 5일, 그는 서서히 점화되는 폭파 장치에 불을 붙이고 탈출했다. 폭탄이 설정해 놓은 시간에 정확히 맞춰 터지면서 열한 명의 희생자가 발생했지만, 차르는 맞이하기로 한 귀빈이 예정보다 늦게 도착하는 바람에 현장에 없어서 살아남을 수 있었다.

또한 인민의 의지는 차르가 탑승한 열차를 폭파하려고 여러 번 시도했다. 기폭 장치가 고장 나는 바람에 실패한 적도 있고, 어떤 때는 열차를 착각해 암살에 실패하기도 했다. 1881년 1월, 인민의 의지는 다시 한번 시도하기로 하고 차르가 매주 일요일마다 군대 점호를 위해 이동하는 길 위에 있는 가게를 빌렸다. 2월 말쯤에는 차르가 지나갈 때 터뜨릴 지뢰를 설치했다. 인민의 의지 혁명 운동가들은 경찰이 눈치챌 것을 우려하여 만약 알렉산드르 2세가 3월 1일 다른 길로 이동하면 작은 휴대용 폭탄으로 차르를 공격할 계획도 함께 세웠다. 사실 폭탄이 제대로 터질지 안 터질지 확신할 수 없었기에 무모한 도전이었다. 3월 1일, 알렉산드르 2세는 궁을 나서기 직전에 훗날 러시아 헌법의 초석이 되는 중요한 서류에 서명했다. 그리고 길을 나설 때 차르는 경로를 변경하여 지뢰가 설치된 곳을 피했다. 따라서 제2안이 가동되어야 했다.

공모자들은 차르 일행을 따라잡는 데 성공했다. 여성 대원 하나가 손수건을 펄럭여 신호를 보냈고, 남성 대원 하나가 폭탄을 투척했다. 폭탄은 차르의 마차 아래에서 터졌고, 말이 다치고 경찰 기동대 선두주자가 죽었다. 마차가 멈추었을 때 알렉산드르 2세는 멀쩡한 모습으로 마차에서 내려 다친 사람을 도와주려 했다. 그러자 두 번째 공모자가 다시 폭탄을 던졌고 이번에는 정확히 차르의 발에 떨어졌다. 폭파범은 목숨을 잃었고 알렉산드르 2세는 여러 군데 부상을 입고 몇 시간 후 죽었다. 폭발물은 살인 무기로 효과적이기는 했으나 칼처럼 근거리에서만 효력을 발휘했다. 또한 단점도 너무나 명확했다. 차르를 보기 위해 모여든 군중 20명이 다치는 등 부수적인 피해가 컸다.

알렉산드르 2세가 죽고 난 후 사람들은 암살에 관한 흥미로운 윤리적 질문들을 제기하며 진지하게 고민하기 시작했다. 율리우스 카이사르의 암살은 그가 독재자가 된 후 저지른 일과 상대방을 위협했던 행동 때문에 정당성을 인정받았다. 그러나 알렉산드르 2세는 농노 해방이나 헌법의 기틀 확립 등이 부적절했다고 평가하는 사람이 있기는 해도 대체로 바람직한 일들을 했다. 이렇게 보면 그를 폭군으로 치부해도 되는 것일까? 당시 대다수 러시아 사람의 삶은 너무나도 처참했다. 그렇다고 해도 통치자라는 이유만으로 차르가 암살 대상이 되는 것은 정당한 것일까? 그렇다면 알렉산드르 2세가 암살당한 이유는 그의 행동이 아니라 그의 지위 때문이었을까? 흥미롭게도 일부 소작농은 농노 해방에 화가 난 봉건 영주들이 알렉산드르 2세를 처단한 것이라 믿었다. 〈타임스〉는 어떠한 형태의 정부건 암살을 피할 수 없다며 이 사건을 대수롭지 않게 보도했다. 권력을 쥔 자라면 알렉산드르 2세 암살 사건을 통하여 세계에서 가장 강력한 힘을 가진 황제가 설립된 지 5년도 되지 않고 50명도 채 되지 않는 어중이떠중이들이 모인 단체가 꾸민 음모에 목숨을 잃었다는 사실에 적잖이 충격을 받았을 것이다.

선제가 떠난 자리를 아들인 알렉산드르 3세가 계승했다. 암살이 일어난 지 열흘 후 인민의 의지는 새로 취임한 차르에게 대대적인 사면과 기본적인 시민의 자유를 보장해 준다면 모든 테러 행위를 멈추겠다는 서한을 보냈다. 이런 협상안 때문에 인민의 의지는 이제 '폭탄을 든 자유주의자'라고 불리기 시작했다. 그러나 알렉산드르 3세는 모든 제안을 거절하고 오히려 여섯 명의 공모자를 처형한 후 모든 헌법 개혁을 철회하고 보안을 강화했다. 아버지를 순교자로 시복하고 암살 현장에 피의 구원 사원을 세웠다. 알렉산드르 3세는 침대에서 평화롭게 죽음을 맞이했다.

암살자가 새로운 암살 방안을 찾아내기 위하여 과학을 활용했다면, 과학자와 의사는 암살자를 제거하기 위해 과학을 활용했다. 이탈리아의 토리노에서 법의학과 정신의학 교수로 활동하며

알렉산드르 2세 러시아 황제의 목숨을 앗아간 폭발 장면.

226

범죄 인류학에 큰 영향을 미친 체사레 롬브로소는 모든 범죄자는 제대로 진화하지 못한 안타까운 인간 군상이며, 그들의 신체에는 퇴화의 흔적이 있다고 생각했다. 롬브로소는 암살범들은 턱이 발달되어 있고 광대뼈가 넓게 벌어져 있으며, 머리카락은 두껍고 어두운 편이고 수염이 빈약하며 얼굴색이 창백하다는 사실을 발견했다. 그는 무정부주의를 외치는 암살범 수준의 공격성에 도달하려면 이전에 심각하게 퇴화가 진행된 것이 분명하며, 지능뿐만 아니라 도덕성에도 큰 결함이 있다고 서술했다.

✎ 고개를 들기 시작한 아일랜드 민족주의자들

러시아에서 알렉산드르 2세가 암살되었을 무렵, 아일랜드에서도 영국 통치에 불만을 품은 자들이 수년 동안 암살을 도모하고 있었다. 빅토리아 여왕과 영국 왕실 인사를 비롯해 유명 정치인과 지주가 주요 목표였다. 영국 당국은 아일랜드 민족주의자들이 러시아 허무주의자들의 노선을 취할까 봐 두려움에 떨었다.

1881년 알렉산드르 2세가 암살당한 해에 아일랜드 공화국 형제단의 분파인 과격 단체 '무적군단'이 생겨났다. 이들은 행동에 의한 선동과 유사한 사상인 '영구행동론'을 실천하려 했으며, 아일랜드 수석 장관인 윌리엄 에드워드 포스터와 토마스 헨리 버크 차관을 포함해 그들이 폭군이라 여기는 정치인을 상대로 제거 대상 명부를 작성했다. 이미 폭탄이 든 편지 등 포스터와 버크에 대한 여러 차례에 걸친 암살 시도가 미수로 그쳤다. 그러던 중에 토지 개혁에 찬성하던 여성 둘이 시위를 하다가 사망하자 정치적 긴장감은 더욱 고조되었다. 이때 암살단은 아일랜드의 웨스트미스 주에 살던 지주 한 명을 죽이면서 실수로 그의 처제도 죽였다.

포스터 수석 장관과 얼 쿠퍼 총독은 지나치게 미온적인 태도로 일관하는 영국에 질린다며 자리에서 물러났다. 당시 영국 총리였던 윌리엄 글래드스턴은 자유당 소속 정치인이자 자신이 총애하던 조카의 남편인 프레드릭 캐번디시 경을 겨우 설득해 포스터의 자리를 이어받게 했다.

1882년 5월 5일 아일랜드 자치법령을 지지하는 시위 도중 경찰이 화기를 발사해 열두 살 소년이 사망했다. 다음 날 캐번디시는 더블린에 도착했다. 무적군단은 버크 차관을 불러 세운 다음 죽이려고 그의 저택 근처에 있는 피닉스 공원을 배회하고 있었다. 어느 화창한 봄날 저녁 무렵, 일곱 명의 공모자들이 수술용 칼을 들고 공원에 모였다. 그중 조 스미스라는 사람만이 버크의 인상착의를 알고 있었다. 그러나 시계가 7시를 가리킬 때까지 버크는 모습을 드러내지 않았고 공모자 모두 포기하기 일보직전이었다. 갑자기 스미스가 멀리서 걸어오는 남자 두 명을 발견했고 신이 난 목소리로 그중 하나가 버크라고 말했다. 동료는 스미스를 집으로 돌려보냈다. 무적군단은 두 남성이 다가올 때까지 기다리다가 가까이 왔을 때 공격했다. 일부 목격자는 취객이나 깡패가 싸우는 모습 같았다고 했다. 조 브래디라는 석공이 버크를 칼로 찔렀고, 캐번디시는 브래디를 우산으로 가격했다. 화가 난 브래디는 캐번디시의 팔을 칼로 찔렀다. 그 후 나머지 공모자들이 합류해 둘을 수차례 찔러 죽였다. 후에 암살단은 "아일랜드 무적군단의 이름으로 처단했다."라는 쪽지를 신문사에 전달했다.

그러나 암살단이 처음부터 캐번디시까지 노린 것은 아니었다. 아마 암살할 당시에는 캐번디시가 누구인지도 몰랐을 것이다. 한 지주의 처제가 어이없게 목숨을 잃은 것처럼, 혹은 차르를 겨냥한 폭탄에 다친 20명의 구경꾼들처럼, 캐번디시는 의도치 않게 암살 대상이 되었고 이는 암살이 정교한 과학이 아니라는 점을 극명하게 보여 주었다. 무적군단의 암살을 찬양한 출판물은 요안 모스트가 집필한 〈Freedom〉뿐이었으며, 이 암살 사건 후 경찰은 다시 한번 현장 수색에 나섰다.

수개월의 진상 조사 끝에 암살과 관련하여 20명이 넘는 사람들이 체포되었다. 여기에는 암살 이후 더블린 시의원으로 선출된 제임스 캐리라는 지주도 포함되어 있었다. 캐리가 실질적으로 작전을 계획했고, 그가 바로 다른 공범자에게 불리한 진술을 한 네 명의 용의자 중 한 명이었다. 캐리의 자녀의 대부였던 브래디를 포함해 다섯 명이 이번 사건으로 교수형에 처해졌다. 사건 이후 캐리의 집 창문은 공격으로 부서졌고, 세입자들은 집세를 내지 않겠다고 항의했으며, 결국 1883년에 캐리는 가명을 사용하여 가족과 함께 남아프리카공화국으로 떠났다. 여정 중에 캐리는 아일랜드계 미국인 패트릭 오도넬과 친구 사이가 되었지만 오도넬이 그의 정체를 알아차렸다. 어느 날 밤, 둘이 함께 술을 마시던 도중에 오도넬은 침착하게 권총을 꺼내 캐리의 가족들이 보는 앞에서 캐리를 쏴 죽였다. 1883년 오도넬도 영국 중앙형사재판소에서 살인죄 혐의로 유죄 판결을 받았고 교수대에서 생을 마감했다.

✎ 셜록에 영감을 준 암살 사건

현대적인 시각에서 보면 이 장에 실린 일부 희생자는 지나치게 경솔하여 목숨을 잃었다. 에이브러햄 링컨은 경호원이 무단이탈했는데도 극장 관람석에 앉아 있었고, 캐번디시 경은 경계심도 없이 친구와 공원을 거닐었다. 호세 카날레하스 이 멘데스 스페인 총리는 매일 같은 시간에 마드리드에 위치한 내무부로 산책했다. 주로 형사 둘을 대동하고 다녔지만 그마저도 늘 스무 걸음 이상 거리를 유지하도록 했다. 1912년 11월 12일, 카날레하스 총리는 내무부 건물까지 45미터를 남겨 두고 서점의 진열창을 구경하기 위해 발걸음을 멈추었다. 그 앞에서 2~3분간 머무는 틈에 마누엘 파르디냐스라는 서른두 살의 무정부주의자가 다가와 총을 세 발 쏘았다. 총리는 몇 분 후 숨을 거뒀고, 범인도 그 자리에서 총으로 자살했다.

오스트리아-헝가리제국이 유럽에서 위세를 떨치고 있을 당시에 발생한 황후 엘리자베스 암살 사건도 방심한 틈에 발생했다. 이는 상당히 거센 비난을 받은 암살로 사용된 도구가 너무 기발해서 유명해졌다. 이때만 해도 여성이 암살당하는 경우는 매우 드물었으며, 엘리자베스 황후는 실질적인 권력도 없었다. 그저 황제의 부인이었을 뿐, 그 이상도 그 이하도 아니었다. 엘리자베스는 존경받는 자선가로 자비의 천사처럼 가난하고 아픈 이들을 남모르게 찾아갔다. 제임스 샤프 대주교 사건 때와 마찬가지로 황후는 의도한 암살 대상이 아닌 대체 목표물이었다. 그러나 행동에 의한 선동은 특정 개인을 목표로 삼지만은 않았다. 그저 희생양이 권력이나 지배의 상징이기만 하면 충분했다. 엘리자베스 황후는 수려한 외모에 꽉 조인 가녀린 허리로 유명했다. 20대 초반에는 허리가 16인치에 불과했고 세상을 떠난 60대까지도 허리가 20인치를 넘지 않았다고 한다. 30대에는 젊고 매력적인 여성으로서의 이미지를 잃고 싶지 않아서 모든 초상화나 사진을 거부했다.

엘리자베스는 남편 프란츠 요제프 황제가 다스리는 궁이 늘 답답하다고 느껴 가능한 한 궁을 벗어나려고 노력했다. 1898년 가을에는 신분을 숨긴 채 제네바를 돌아다니다가 발각되기도 했다. 9월 10일, 황후는 시녀를 데리고 증기선을 타고 제네바 호수를 지나 스위스의 몽트뢰로 향했다. 당시 제네바에는 스물다섯 살의 이탈리아 무정부주의자 루이지 루케니가 프랑스 왕좌를 노리고 있던 오를레앙 공작을 암살하기 위해 머무르고 있었는데, 돌연 공작이 예정된 스위스 방문을 취소했다. 계획이 모두 헛수고가 되기 전, 루케니는 호에넴스 백작 부인이라는 이름으로 제네바에 체류하고 있는 아주 지적인 여성이 사실은 오스트리아 황후 엘리자베스라는 신문 기사를 읽었다. 엘리자베스가 시녀와 함께 호숫가를 산책하고 있을 때 한 남성이 갑자기 휘청거리며 엘리자베스와 부딪혔다. 황후는 가슴팍에 통증을 느껴 땅으로 고꾸라졌지만 곧 몸을 추스르고 주변인들의 도움으로 무사히 일어나 증기선에 탑승했다. 그리고 조금 전에는 소매치기가 자신의 시계를 노리고 접근한 것 같다고 말했다. 하지만 승선한 후 얼마 되지 않아 엘리자베스는 갑자기 의식을 잃고 쓰러졌다. 엘리자베스의 호흡을 돕기 위해 꽉 동여맨 코르셋을 풀어헤쳤을 때 시녀는 속치마에 있는 아주 작은 핏자국을 발견했다. 루체니가 산업용 송곳을 뾰족하게 다듬어 심장을 찌른 것이었다.

　　엘리자베스를 급히 호텔로 이송했으나 의사들도 결국 황후를 구하지 못했다. 한편 루케니는 현장에서 도주를 시도했지만, 택시 운전사 둘에게 붙잡혀 경찰서로 끌려갔다. 결국 루케니는 더 이상의 탈출을 포기하고 "내가 해냈다!"라고 노래를 부르며 이송되었다고 전한다. 판사 앞에서 그는 다른 주요 인사를 암살하려고 제네바에 왔으나 임무를 완수할 수 없다고 절망하던 차에 황후가 도시에 체류 중이라는 소식을 우연히 접했다고 진술했다. 그리고 "만약 모든 무정부주의자가 내가 한 것처럼 임무를 수행

수려한 외모의 엘리자베스 황후. 1870년대에 촬영한 사진.

하기만 하면 부르주아 계층은 곧 이 땅에서 사라질 것이다."라고 덧붙였다. 가난한 이에게 따뜻한 온정을 베풀어 온 고귀한 여성에게 어떻게 그런 짓을 할 수 있냐고 사람들이 맹렬히 비난하자, 루케니는 "어떤 통치자인지는 나에게 하등 중요하지 않다. 중요한 점은 난 여성을 죽인 것이 아니라 황후를 죽였다는 것이다."라고 말했다. 그는 무기 징역을 선고받고는 제네바에는 사형제도가 없다는 사실에 통탄을 금치 못했다. 결국 암살 사건 발생 후 12년이 지나 루케니는 감옥에서 목을 매단 채로 발견되었다.

⚔ 요승 라스푸틴

앞서 살펴보았듯, 러시아 차르 알렉산드르 3세는 침대에서 평화롭게 생을 마감했다. 반면 그의 아들 니콜라이 2세는 불행한 삶을 살았다. 특히 그와 그의 부인 알렉산드라 황후는 그리고리 예피모비치 라스푸틴이라는 남성의 손아귀에서 벗어나지 못했다. 라스푸틴은 1869년 시베리아에 있는 마을의 소작농 집안에서 태어났다. 그는 열여덟 살이 되던 해에 절도를 저지르다가 발각되어 수도원에서 3개월간 살도록 처벌을 받았다. 선정적인 여러 영화에서 라스푸틴을 제정신이 아닌 성직자로 묘사하기는 하지만, 그는 한 번도 신품성사를 받은 적이 없었다. 그는 같은 마을에 살던 여성과 결혼해 네 명의 자녀를 낳았지만, 곧 방랑벽이 도져 가족을 떠나 이곳저곳 정처 없이 돌아다녔다.

라스푸틴은 어느 날 자신 앞에 동정녀 마리아가 나타나 떠돌이 순례자가 되라는 계시를 주었다고 주장했다. 그리고 성금으로 먹고살며 예루살렘에서 그리스까지 순례를 다녔다. 그러다가 이글거리는 눈빛으로 아픈 이를 치료하고 미래를 예언하는 더럽고 꾀

죄죄한 성인이라는 명성을 얻었다. 라스푸틴은 자신과 잠자리를 가진 여성은 죄가 모두 씻겨 나가고 신의 은총을 받을 수 있다는 기이한 주장을 펼쳤고, 많은 이가 그의 주장을 믿는 듯했다. 당시 러시아 궁정의 신하들은 신비주의와 초자연적인 주술에 푹 빠져 있었다. 1903년에 라스푸틴이 1년 내에 차르 부부가 오랫동안 바라

'미친 수도승'으로 불린 그리고리 예피모비치 라스푸틴.

던 대를 이을 남자아이를 얻게 될 것이라고 예언했을 때 라스푸틴에 대한 소문은 마침내 황실에까지 흘러들어 갔다. 1904년 8월 황태자 알렉세이가 태어나자 라스푸틴은 궁에 초대되었다.

알렉세이는 혈우병을 앓고 있었는데, 황태자가 피를 주체할 수 없을 정도로 흘릴 때마다 라스푸틴이 와서 지혈하는 데 성공했다. 일부 사람들은 라스푸틴이 황태자를 진정시켜 혈압을 내린 덕분이었다고 말하고, 다른 이들은 당시 왕실 주치의들에게 황태자가 복용하던 항응고 물질인 아스피린의 처방을 멈추게 했기 때문이라고 주장했다. 그 후 라스푸틴은 알렉산드라 황후의 절대적인 신뢰를 얻었고 그의 명성은 나날이 높아졌다. 심지어는 그를 보기 위해 며칠씩 기다리는 사람들을 포함해 수백 명이 몰렸다. 차르 부부가 라스푸틴의 말이라면 절대적으로 믿고 따른다는 것을 알았던 이들은 라스푸틴에게 선물 공세를 하며 출세길이 열리기를 바랐다. 매력적인 여성들의 경우 라스푸틴은 자신의 서재로 초대해 은밀하게 사담을 나누기도 했다. 일부 역사학자는 그의 색욕이 과장되었다고 주장하기는 하지만, 라스푸틴이 수녀원에서 수녀들과 난교를 벌였다는 등 그의 도를 넘은 성생활과 욕정에

관한 이야기가 많이 떠돈 것은 사실이었다. 총리가 니콜라이 2세에게 관련 서류를 보여 준 후 얼마간 라스푸틴의 궁 출입이 금지되었으나, 라스푸틴은 결국 황실로 복귀했다.

1914년 7월, 제1차 세계대전이 발발하기 한 달 전에 라스푸틴은 가족을 만나기 위해 시베리아에 머무르고 있었다. 그때 길에서 매춘부 출신 여성이 라스푸틴을 갑자기 칼로 찔렀다. 범인은 예전에 라스푸틴과 사이가 좋지 않았던 수도승을 대신해 공격한 듯했다. 라스푸틴은 복부가 거의 두 동강이 났고 큰 수술을 받아야 했다. 그 후 모든 활력을 잃고, 통증을 진정시키기 위해 복용한 아편에 중독되었다.

제1차 세계대전이 일어나자 라스푸틴은 처음에는 니콜라이 2세의 참전을 반대했으나, 참전이 불가피해지자 파병 군인들 앞에서 직접 축복해 주었다. 입장 변화에는 다른 이유도 있었다. 당시 군 총사령관이자 차르의 사촌이었던 니콜라이는 라스푸틴을 죽이겠다고 경고했다. 라스푸틴은 차르가 직접 군대를 지휘하지 않으면 러시아가 패배할 것이라고 예언했다. 그의 말에 따라 차르는 즉각 사촌을 해임하고 자신이 총사령관이 되어 전쟁에 나섰다. 차르는 참전 직전에 황후에게 국내 통치 권한을 위임하며 라스푸틴을 수석 자문관으로 임명했다. 어느 날 술이 거나하게 취한 저녁 식사 자리에서 라스푸틴은 자신이 황후와 잠자리를 나눴다고 떠벌렸으나, 이는 전혀 사실이 아니었다. 당시 알렉산드라 황후는 독일 출신이라는 이유만으로 의심받는 상태였다. 1916년 11월, 전쟁 상황이 점점 악화되자 극우파 민족주의 단체인 검은 백인대의 블라디미르 푸리시케비치는 러시아 의회에서 자리를 박차고 일어나 다음과 같이 외쳤다. "차르 내각은 이미 라스푸틴의 손놀림에 따라 움직이는 꼭두각시로 변했고, 황후는 러시아 왕좌에 앉아 있는 독일인일 뿐이다."

푸리시케비치는 차르의 또 다른 사촌인 드미트리 파블로비치 대공과, 차르의 조카와 결혼한 펠릭스 유수포프 공작과 비밀리에 접촉했다. 400년 전의 알렉산드로 데 메디치 암살 사건처럼 이들도 미인계를 사용하기로 했다. 12월 29일 밤, 아름다운 유스포프 부인과의 밀회를 약속하여 라스푸틴을 유수포프의 집으로 유인하기로 계획했다. 그때 유수포프 부인은 우크라이나에 있었다. 공모자들은 청산가리를 넣은 케이크와 와인을 라스푸틴에게 건넸으나 별다른 반응이 없자 라스푸틴의 가슴에 총을 쏜 후 죽게 방치했다. 그리고 한 사람이 라스푸틴의 코트와 모자를 쓰고 그의 아파트로 들어가 당일 밤 그가 집에 돌아온 것처럼 위장했다. 그러나 공모자들이 그의 시체를 처리하기 위해 유수포프의 집으로 돌아왔을 때 라스푸틴이 갑자기 벌떡 일어나 유수포프 공작의 멱살을 움켜잡았다. 다른 공모자 둘이 총을 두 발 더 발사했으나 라스푸틴은 여전히 저항했다. 결국 셋이서 라스푸틴을 구타한 다음 카펫에 싸서 얼음장처럼 차가운 네바강에 던져 버렸다.

　　사흘 후 강에서 시체가 발견되었을 때 카펫은 온데간데없었다. 일각에 의하면 라스푸틴이 빠져나오려 애쓴 흔적도 남아 있었다고 한다. 알렉산드라 왕후는 그의 시체를 거두어 상트페테르부르크에 있는 황실 부지에 매장해 주었다. 그러나 러시아 혁명이 한창이던 이듬해에 소작농들이 라스푸틴의 시체를 파내어 불을 질렀다. 전하는 바에 따르면 죽은 라스푸틴이 갑자기 몸을 벌떡 일으켰다고 한다. 현대 병리학자들은 뜨거운 열기 속에서 힘줄이 수축하면서 발생할 수 있는 현상이라고 설명한다.

　　그러나 일부 학자들은 라스푸틴이 독살이나 익사가 아니라 유수포프의 친구였던 영국 요원이 머리에 쏜 총 때문에 죽었을 수도 있다고 주장하면서 통상적인 견해와 다른 사인을 제시하기도 한다. 영국 정부는 동맹국 러시아가 라스푸틴 때문에 독일과 독자적으로 평화협정을 맺을까 봐 전전긍긍하고 있었기 때문이다. 스탈린 시절에 그의 부검을 실시한 사람들과 함께 부검 결과서도 사라졌기 때문에 그의 사인에 대해 명확한 결론을 내리기는 어렵다.

라스푸틴이 사망하고 1년 뒤, 니콜라이 2세도 왕위에서 쫓겨났고 차르와 황후를 포함한 대다수의 로마노프 가문은 볼셰비키에게 살해당했다. 알렉산드라 황후와 네 딸은 발견될 당시 목에 라스푸틴의 사진이 담긴 목걸이를 걸고 있었다. 폐위되기 전, 니콜라이 2세는 파블로비치 대공은 페르시아 근처 지역으로, 유수포프 공작은 더 먼 지역으로 각각 추방했다. 하지만 둘은 추방당한 덕분에 러시아 혁명 이후 목숨을 부지한 극소수의 로마노프 황실 집안사람이 되었다. 파블로비치 대공은 코코 샤넬과 잠시 불륜 관계를 맺었으며 프랑스로 건너가 평화롭게 생을 마감할 수도 있었다. 1916년 라스푸틴 암살 당시 대공은 강력한 대중의 지지 덕분에 차르의 심한 처벌은 면할 수 있었으나, 볼셰비키가 힘을 장악하자 감옥 생활을 해야만 했다. 그 후 파블로비치는 반혁명 백인계 러시아인 부대가 다스리던 남부로 가까스로 도망쳤고, 1920년 발진티푸스에 걸려 사망했다.

🗡 암살당한 혁명가들

러시아 혁명파는 지배층이나 그 측근만 암살한 것이 아니라 서로를 제거하기도 했다. V. 볼로다스키는 모이세이 마르코비치 골드슈타인이 사용한 가명이었다. 우크라이나의 가난한 유대인 부모 밑에서 태어난 골드슈타인은 별 볼 일 없는 학생이었을 때 정치 활동을 했다는 이유로 아르한겔스크로 추방당했다. 1913년의 대사면 이후에 그는 미국으로 건너가 열악한 환경에서 착취에 가까운 노동을 시작했다. 그리고 노동조합 활동가가 되어 레프 트로츠키와 함께 사회주의 잡지를 만들었다. 1917년에 러시아에서 볼셰비키 혁명을 향한 분위기가 무르익어 갈 때쯤 러시아로 귀국했다. 그는 동료에게 선동가로서 탁월한 재능을 가지고 태어났다며 칭찬받기도 했다. 골드슈타인은 볼셰비키 신문을 만들며 지치지도 않고 노동자 회의를 끊임없이 열었으며, 장 폴 마라처럼 거침없는 언사를 사용했다. 혁명 동료의 말에 따르면 그는 "반혁명 분자들에 대한 혹평을 잠시라도 주저한다면 우리의 노력뿐만 아니라 전 세계가 10월 볼셰비키 혁명에 대해 품은 희망이 모두 물거품이 되어 버릴 것이라고 믿어 의심치 않았다."라고 한다.

1918년 6월 20일, 골드슈타인은 상트페테르부르크에서 열리는 노동자 회의에 가다가 타이어에 펑크가 나 멈춘 사이에 당시 적대 관계이던 사회주의혁명당 당원인 그리고리 이바노비치 세묘노프가 쏜 총에 맞아 사망했다. 혁명을 위해 목숨 바친 순교자로서 성대한 장례식이 치러졌다. 두 달 후인 8월 30일, 레닌이 총에 맞아 부상을 입은 날에 볼셰비키의 또 다른 주요 인사였던 상트페테르부르크 비밀 경찰국장 모이세이 우리츠키도 또 다른 사회주의혁명당 당원에게 목숨을 잃었다. 이로 인해 볼셰비키는 적색테러를 일으켰다. 비밀경찰대는 약 6000명의 수감자와 인질을 총살하고 2만 5000명이 넘는 사람들을 감금했다. 세묘노프는 체포된 후 전향했고 여론 선동을 위해 사회주의혁명당 지도자들을 공개적으로 재판하는 자리에서 볼셰비키 측에 결정적인 증거를 넘기기도 했다.

러시아에서 체제 전복의 피바람이 서서히 부는 동안, 20세기 초반 멕시코에서도 혁명과 반혁명이 얽히고설켜 소용돌이가 몰아치기 시작했다. 이 과정에서 영웅 두 명이 탄생했다. 말론 브란도가 연기했던 에밀리아노 사파타와 율 브리너나 텔리 사바라스 등 유명 배우들이 연기했던 판초 비야가 멕시코 혁명의 중심으로 부상했다. 하지만 두 사람 모두 암살로 생을 마감했다.

사파타는 1879년 멕시코 남부의 모렐로스에서 스페인인과 북미 원주민 부모 사이에서 태어난 혼혈이었다. 모렐로스는 사탕수수 생산 덕분에 멕시코에서 가장 부유한 지역이었지만, 대다수 국민이 그렇듯 사파타는 빈민층이었다. 당시 멕시코는 극소수가 대부분의 토지를 소유하여 무서울 정도로 불평등이 심했다. 사파타는 20대에 혁명 정치에 입문하여 토지 개혁을 공약으로 내걸며 마을 이장으로 선출되었다. 정책 당국이 꾸물대면서 어물쩍 넘어가려 하자, 사파타는 무력으로 개혁을 단행했다. 사파타는 상징과도 같은 은단추가 달린 바지에 넓은 챙이 달린 모자, 풍성한 콧수염 때문에 어디를 가나 눈에 띄었고 외모에 대한 자부심도 대단히 뛰어났으며 여성 편력도 만만치 않았다. 그는 1910년에 발발한 멕시코 혁명에 참여하면서 34년간 장기 집권한 포르피리오 디아스 대통령을 몰아냈다. 그러나 새로 권력을 잡은 차기 대통령 프란시스코 마데로에게도 또 한 번 실망했다. 군 복무 경험이 있었던 사파타는 지지층을 바탕으로 남부 해방군을 이끌며 '개혁, 자유, 법과 정의' 실현을 목표로 "무릎을 꿇고 사느니 두 발로 꼿꼿이 서서 죽음을 맞는 것이 훨씬 낫다."라고 외치며 사람들을 고취시켰다. 그사이 폭력을 통해 여러 차례 정권이 바뀌었다. 사파타의 권력이 정점에 달했을 때 수하에 거느리던 이들은 2만 명에 달했으며 국가 영토의 3분의 1가량을 지배했다. 임무 수행에 필요한 재원은 자금을 대지 않으면 농작물을 모두 불태워 버리겠다고 지주들을 협박하여 조달했다.

1919년 4월, 사파타는 새롭게 권력을 잡은 베누스티아노 카란사 대통령에 맞서 싸우기 시작했다. 대통령의 최고 사령관이었던 헤수스 과하르도는 대통령을 버릴 준비가 되었다며 거느리던 군사까지 데려와서 사파타를 설득하는 데 성공했다. 둘은 사파타의 터전인 모렐로스의 대농장에서 각자 30명의 부하만 대동하고 만나기로 약속했지만 과하르도는 약속을 어기고 600명이 넘는 군사를 이끌고 왔다. 과하르도는 의장병에게 시찰을 맡기고 사파타를 맞이했다. 나팔소리로 환대하는 듯했으나 마지막 음이 멎자 과하르도의 병사들이 일제히 사파타와 그의 병사를 향해 총을 겨누었다. 예기치 못한 학살에서 살아남은 사파타의 비서 살바도르 레예스는 "사파타 장군이 쓰러졌고 결국 다시는 일어나지 못했다."라고 진술했다. 그 외 사파타 측 병사 다섯도 목숨을 잃었다. 사파타를 처리한 과하르도는 두둑한 포상금과 함께 장군으로 승진했다. 사파타의 시체는 노새에게 질질 끌려다니며 먼지투성이가 되었다. 사파타가 암살당한 후 그가 이끌던 군대는 해산했으나, 많은 멕시코인은 그의 죽음을 받아들일 수 없다며 그와 비슷하게 생긴 다른 사람이 죽은 것이라고 주장했다. 사파타가 그토록 원했던 토지 개혁 사업은 1930년대에 시행되었고 그는 멕시코 지폐와 거리와 마을 이름으로 역사에 남았다. 또한 사파타에게 깊은 영감을 받은 극좌파 인사들이 그의 이름을 따 스스로 사파타주의자라고 명명하며 1990년대 멕시코 정부에 반기를 들고 일어나기도 했다.

　　사파타가 멕시코 남부에서 이름을 날리는 동안, 판초 비야는 북부에 근거지를 두고 있었다. 둘은 서로를 의식하고 있었다. 비야가 마데로 대통령 편에 섰을 때는 둘은 서로를 향해 총을 겨눴고, 1914년 빅토리아노 우에르타 대통령을 몰아낼 때는 함께 힘을 합쳐 싸웠다. 사파타와 마찬가지로 비야도 빈민층 출신이었다. 비야에 따르면 열여섯 살 때 자신의 여동생을 강간한 지주의 아들을 쫓아가 죽이고는 그의 말을 훔쳐 산으로 도망가 산적들과

| 항상 최신식 의복을 입던 에밀리아노 사파타. 1911년.

함께 지냈다고 한다. 1902년에 결국 체포되어 처형될 날을 기다리고 있었는데 예전에 비야가 훔친 노새를 사 주었던 한 부유한 남성이 그의 형 집행을 막아 주었다. 이후 입영 명령을 받아 군대에 들어갔고 1년이 채 되지 않아 장교를 살해한 뒤 도망쳤다. 그리고 1910년 멕시코 혁명이 일어나기 전까지 온갖 잡일과 강도질로 근근이 살아가고 있었다. 디아스 대통령의 독재 정권을 함께 몰아내자고 제안받은 비야는 점차 노련한 사령관으로 인정받았다. 그러나 마데로 대통령을 도와주며 신임을 얻은 그를 위험한 라이벌로 여긴 장군 한 명이 사건을 조작해 그를 기소했고, 비야는 다시 한번 처형당할 위기에 내몰렸다.

북멕시코의 켄타우로스로 알려져 있던 비야는 탈출에 성공했다. 그때부터 대통령은 물론이고, 미국 영토에도 침입하여 미국 군대와도 싸우기 시작했다. 그는 주로 약탈이나 지주에 대한 강제 세금 부과, 독자적인 화폐 발행을 통해 자금을 마련했다. 1914년 당시 재임 중이던 베누스티아노 카란사 대통령을 몰아내기 위해 멕시코시티로 향했으나, 이때를 정점으로 비야의 권세도 점점 힘을 잃기 시작했다. 그 후 몇 달간 잇달아 참패당했다. 적군이 초토화 전술로 그의 지지자들을 대량 학살하여 자신을 제거하려 하자, 1920년 마침내 비야는 아돌포 데 라 우에르타 대통령이 제안한 연금과 100제곱킬로미터에 이르는 대농장을 받고 더 이상 전투를 일으키지 않는 데 합의했다.

그 후 알바로 오브레곤이 새로운 대통령으로 취임했다. 그때부터 비야는 극도로 안전에 신경 쓰면서 결코 같은 곳에서 두 번 잠들지 않았다. 사파타와 마찬가지로 비야도 여성 편력이 심했으나 수많은 아이의 대부가 되어 주겠노라 약속했고 대부 역할에 책임감을 크게 느꼈다. 1923년 7월 10일, 대자녀인 한 아이의 세례식에 참석하러 가는 길에 죽음이 그의 곁을 스쳐 지나갔지

작전 성공 후 판초 비야. 멕시코. 1911년 추정.

만 비야는 눈치채지 못했다. 소총을 든 남성들이 비야를 급습하기 위해 사거리 건물 뒤에 잠복해 있었는데, 결정적인 순간 근처 학교에서 수백 명의 아이들이 쏟아져 나왔다. 공모자들은 급하게 사격을 중지했고 비야는 가까스로 목숨을 건졌다. 열흘 후, 비야는 같은 사거리에 또 모습을 드러냈다. 그가 지나가자 한 노점상이 "비야 만세!"라고 외쳤고 이것을 신호 삼아 총을 든 남성 일곱 명이 비야의 차를 향해 일제히 사격했다. 결국 비야는 아홉 발이나 총을 맞고 그 자리에서 사망했다. 운전기사와 비서, 경호원 셋 중 두 명도 함께 목숨을 잃었다. 살아남은 경호원도 심각한 부상을 입었으나 범인 하나를 죽이고 겨우 탈출에 성공했다.

폭풍처럼 사격을 가한 암살단은 아무도 자신들을 체포하지 않을 것이라 확신한 듯 아주 여유롭게 마을을 떠났다. 그러나 살아남은 경호원 한 명이 나머지 암살범 여섯 명을 끝까지 추적해 관련 당국에게 넘겼다. 두 명은 가벼운 징역형을 선고받고 나머지 네 명은 군사법원에 회부되면서 암살이 공식 승인을 받은 작전이었음을 시사했다. 한 지역 정치인이 자신이 지시한 것이라며 모든 책임을 떠안았다. 그에게 20년 형이 선고되었지만 3개월 후 석방되었다. 비야 암살 사건의 배후에 누가 있었느냐를 두고 역사학자들은 대체로 오브레곤 대통령 혹은 1924년에 치러질 선거에서 비야가 출마할까 봐 두려워하던 유력 후보자를 꼽았다. 두 사람이 아니라면 비야의 수하에서 일하다가 전향하여 혁명 세력에게 목숨을 잃은 장군의 아들이 복수심에 저지른 살인일지도 모른다. 누가 되었든 비야는 군인으로서 최고의 예우를 받으며 안장되었고, 수천 명이 장례식에 참석해 애도를 표했다.

멕시코가 낳은 두 위대한 혁명가 사파타와 비야는 생전에는 멕시코 정부에 맹렬히 대항했지만, 역설적이게도 둘의 이름은 멕시코 하원 의회 건물 벽에 새겨지며 국가 영웅의 반열에 오른다. 당시 신문 기사는 사파타의 죽음을 두고 "모든 독재자는 항상 그들의 적이 인간이라고 착각하지만, 사실 그들이 무찔러야 하는 적은 위대한 인간이 품고 있는 사상이다."라고 썼다.

🗡 유일하게 암살당한 영국 총리

영국 역사상 유일한 총리 암살 사건은 혁명의 시대에 발생했다. 그런데 혁명이나 주요 정치 사건과는 전혀 관련이 없었다. 안타까운 꼬리표가 따라붙었지만 암살된 총리의 이름도 그다지 알려진 편은 아니었다. 스펜서 퍼시벌은 영국이 암흑기를 겪고 있을 때 총리 자리에 올랐다. 1809년에 프랑스의 나폴레옹은 전쟁을 일으키며 유럽 전역을 누비고 다녔고 그가 실시한 통상 금지령 때문에 영국 경제는 임금 하락과 근로 시간 단축, 기업 활동

제한 등 극심한 경기 침체를 겪고 있었다. 설상가상으로 뛰어난 국정 운영을 보여 주던 윌리엄 피트 총리가 안타까울 정도로 젊은 나이에 요절하고 말았다. 퍼시벌은 피트를 비롯해 여러 총리를 보좌하며 44세가 되어서야 재무장관에 올랐다. 대다수 사람들은 그를 무난한 보통내기라고 평가했으나, 퍼시벌이 로마 가톨릭 해방에 강력히 반대했기에 일각에서는 그를 반동 분자로 여기기도 했다. 한편《Oxford History of England》에서 스티븐 왓슨은 "퍼시벌이 겸비한 명석한 두뇌와 용기는 정치 활동에 커다란 자산이다. 그와 조금이라도 친분이 있는 사람이라면 그가 진솔하며 좋은 사람이라고 생각한다."라고 기술한 바 있다. 퍼시벌은 막강한 반대 세력에도 굴하지 않고 반도 전쟁 참전을 위한 재원을 마련하며 '대담한 퍼시벌'이라는 별명과 함께 존경받았다. 퍼시벌의 추진력 덕분에 스페인과 포르투갈에서 기습전을 벌이던 프랑스 세력을 저지할 수 있었다.

1812년 봄이 되었을 때 퍼시벌의 정책이 서서히 효과를 드러냈다. 반도 전쟁을 지휘하던 영국의 웰링턴 사령관이 포르투갈에서 스페인을 몰아내고 마지막 승리를 향해 전진하고 있었다. 영국이 전 세계에서 식민지 영토를 확장했고 프랑스가 내린 통상 금지령도 서서히 효력을 잃어 갔다. 1812년 5월 11일 오후 5시경, 퍼시벌이 하원 건물 로비를 걸어가고 있을 때 존 벨링엄이라는 남성이 접근해 왔다. 벨링엄은 상인으로 일하며 생긴 부채 때문에 조금은 억울하게 러시아에서 징역 5년형을 선고받았다. 따라서 영국 당국 전반에 불만을 품고 있었고 특히 주러시아 대사였던 그랜빌 레브슨 고어 경에게 배신감을 느끼고 있었다. 1810년 영국에 귀국한 벨링엄은 당국에 계속해서 탄원을 내며 의원들에게 로비를 시도했기 때문에 이미 의회에서 그를 모르는 사람이 없을 정도였다. 당연히 퍼시벌에게도 접근했으나 퍼시벌 또한 그의 탄원을 의회 안건에 올려 주지 않았다.

　　1812년 5월, 벨링엄은 런던 프림로즈힐에서 권총 사격 연습을 하기 시작했다. 5월 11일, 그는 이제 의원이 된 그랜빌과 정면 승부하기 위해 하원 의회장을 찾았지만 그랜빌은 보이지 않았다. 대신 퍼시벌을 발견한 벨링엄은 근거리에서 그의 심장부를 겨냥해 총을 발사했다. 암살 후 벨링엄은 도망을 치기는커녕 오히려 "나는 불행한 사람이라오."라고 말하며 순순히 체포에 응했다. 당시 영국 국고에는 나날이 재물이 쌓이고 있었지만 중부 지방에서는 노동자들이 러다이트 운동을 일으키며 기계를 부숴 댔기에 정치적으로는 불안정한 상태였다. 민중이 벨링엄을 감옥으로 이송하는 차를 둘러싸고 그를 풀어 주려고 했고, 노팅엄셔와 레스터셔에서는 퍼시벌 총리의 사망 소식을 축하하기도 했다. 퍼시벌을 폭군 율리우스 카이사르에 비하는 시가 발표되기도 했다. 일각에서는 이 시기를 영국 혁명의 시작점이라고 간주하기도 한다.

　　사건 이후 벨링엄은 유례없이 신속하게 재판에 회부되었다. 그의 변호사는 심신미약을 주장했지만 받아들여지지 않았다. 벨링엄은 퍼시벌 총리가 자신을 부당하게 대우했다며 퍼시벌이 높은 지위를 방패 삼아 어떤 처벌도 받지 않은 채 법을 짓밟았다고 주장했다. 또한 총리가 스스로를 법 위에 두는 순간 그 위험은 당연히 감수해야 하는 것이라며, 이번 사건을 계기로 앞으로 모든 총리가 경각심을 가지기를 바란다고 덧붙였다. 변론이 끝난 후 10분 만에 유죄가 선고되었으며, 암살 사건이 일어난 지 채 일주일도 되지 않아 교수형이 집행되었다. 3년 후 영국은 나폴레옹과의 격렬한 전투에서 승리를 거머쥐었고 곧 러다이트 운동도 수그러들었다. 하지만 사실상 퍼시벌이 관직에서 얻은 것은 별로 없었다. 오히려 무일푼으로 생을 마감했으며, 그가 남긴 열세 명의 자녀는 의회가 베푼 자비에 기대어 가난을 겨우 면했다.

영국 하원 건물에서 암살된 스펜서 퍼시벌 영국 총리. 1809~1840년에 제작된 것으로 추정되는 판화.

✒ 암살 트렌드 보고서

이 장에서는 50건의 암살을 분석했다. 전체 희생자 52명 중 대통령 10명과 총리 3명을 포함해 유명 정치인 25명, 왕 4명과 황제 2명, 왕후 2명을 포함해 귀족이 14명이었다. 총독 3명, 군 간부 2명, 비밀경찰국장 1명과 근대 개혁에 반대한 작가 겸 선동가 1명도 희생되었다. 기득권에 대항한 자들도 암살에서 자유로울 수 없었다. 저항군 지도자와 혁명파 인사도 6명이 있었다. 암살 당한 여성도 점점 늘어나긴 했으나 분석 대상이 된 52명 중 여성은 3명뿐이었다. 암살이 발생한 지역을 살펴보면 절반에 가까운 24건이 유럽에서, 그 외에는 네 대륙에 광범위하게 걸쳐서 일어났다. 아시아에서 13건, 중남미에서 6건, 북미에서 5건 그리고 아프리카에서 2건이 발생했다. 발생한 국가는 총 31개국으로 러시아가 6건을 기록하며 1위를 차지했고 프랑스가 4건, 미국이 대통령 암살 사건 3건으로 뒤를 이었다. 3건의 암살 사건에서 희생자가 반격했다. 그중 하나가 스테판 스탐볼로프 전 불가리아 총리로, 1895년 자신을 향해 총을 쏜 범인 중 1명에게 발포했다. 미국의 제임스 가필드와 윌리엄 매킨리 대통령을 포함해 4건의 암살 사건에서 피해자가 제대로 치료를 받지 못해 사망에 이르렀다.

범인을 살펴보면 12명이 혁명 운동을 했고 그중 2명은 적대 관계에 있던 혁명가를 암살했다. 일본에서는 1860~1889년에 기존 질서의 변화를 거부하던 사무라이들이 모방 살인으로 추정되는 암살을 비롯해 정치인 6명을 살해했다. 가족 간 살해는 더욱 줄어들어 이복형제 둘과 조카 둘이 함께 살인을 저지른 경우가 1건으로 유일했다. 세르비아 혁명가 암살 사건의 배후에 대부가 있던 경우도 있었다. 단독 범행이 전체 50건 중 18건으로 3분의 1 이상을 차지하며 크게 늘었다. 암살에 가담한 여성은 2명뿐이었고 소설《자칼의 날》에서처럼 청부 암살을 한 경우가 1건이었다. 1830년 에콰도르와 페루에 해방을 가져다준 안토니오 호세 데 수크레 이 알칼라의 정적이 청부 살인으로 알칼라를 숙청했다. 암살 주동자를 살펴보면 이전에 살펴본 시대보다 권력자가 암살을 도모한 경우는 더 적었다. 물론 대통령, 실질적으로 지배력을 행사하던 왕세자와 성직자가 각각 암살을 주도한 경우도 있었으나, 누구도 직접 손에 피를 묻히지 않았다. 1865년 미국 에이브러햄 링컨 암살 사건과 1875년 에콰도르의 가브리엘 가르시아 모레노 대통령 암살 사건은 숱한 음모론을 낳았다.

암살 동기를 보면 적어도 19건의 암살이 혁명 부흥이나 민족 해방 혹은 자유주의 개혁 저지를 목적으로 일어났다. 한편 14건의 경우 혁명이나 극단적인 혁명 사상, 개혁을 저지하려 했고 일본 사무라이의 경우 서구화를 막으려 했다. 6건에서는 지도자가 부적합하거나 무능력하다고 생각해 제거하려 했으며, 다른 8건은 그 외의 정치적 목적을 달성하려고 암살을 활용했다. 그중 하나는 1895년 일본 암살단이 더 고분고분한 자를 권좌에 앉히기 위해 외세를 등에 업고 있던 한국의 명성황후를 시해한 사건이 있었다. 또 다른 8건의 경우 복수나 분노가 동기였으며, 종교적 이유로 인한 암살이 2건, 범인의 정신질환으로 인한 암살이 2건이었다.

암살 도구에도 변화가 생겼다. 범행 도구가 알려진 총 44건의 암살 중 26건에서 총을 사용하면서 이전까지 가장 흔히 사용되던 칼이 선두 자리를 내주었다. 총은 특히나 중남미 지역에서 발생한 암살 사건 6건 중 5건에서 사용되면서 흔하게 활용되는 암살 수단이 되었다. 그러나 17건의 암살 사건에서 칼도 활용되었다. 2건의 경우 칼과 총이 함께 사용되었다. 폭탄이 러시아에서 2번 투척되었으며, 마체테와 창, 도끼, 몽둥이, 독, 교살 도구 그리고 엘리자베스 왕후의 암살에 쓰였던 개조한 산업용 송곳이 1번씩 범행에 사용되었다. 총과 폭탄은 무고한 희생이 발생할 가능성이 높았다. 적어도 4건에서 엉뚱한 사람이 목숨을 잃었다. 러시아의 차르 알렉산드르 2세가 암살될 당시 20명의 구경꾼들이 다쳤고, 세르게이 알렉산드로비치 대공 암살 사건에서는 마부가 희생되기도 했다. 1899년 도미니카 공화국 대통령이었던 울리세스 에우레아우스를 겨눈 총알이 빗나가는 바람에 애꿎은 부랑자가 목숨을 잃기도 했다.

암살자의 향방에 관해서는 4명이 현장에서, 다른 1명도 얼마 지나지 않아 살해당했다. 현장에서 자결한 1명을 포함해 4명이 스스로 목숨을 끊었다. 안토니오 호세 데 수크레 이 알칼라를 죽인 범인 셋은 그들의 입을 막으려던 동료들에게 독살당했다. 25건에서 암살자가 범행 후 약 1년 이내에 처형당했고, 일본 사무라이의 경우 다른 범죄 혐의로 8년 후 처형되었다. 중국 당국은 포르투갈이 전쟁을 선포하자마자 1949년 주마카오 포르투칼 총독 암살을 주도한 중국인 주동자를 사형에 처했다. 3명의 암살자가 추방되었고 4명이 옥살이를 했으며 그중 1명은 수감 상태에서 스스로 목숨을 끊었다. 또 다른 1명은 숱한 의문을 남기고 생을 마감했다. 3명이 사면되거나 면죄받았고 2명에게는 포상이 내려졌다. 최대 7건에서 범인을 체포하려는 시도조차 없었고 5명은 탈출에 성공했다. 2명의 암살자는 공범을 잡을 수 있는 증거를 제공하는 대가로 석방되었다. 이 중 하나가 피닉스 파크 살인 사건에 연루되었던 제임스 캐리로 수사에 공조해 목숨을 건졌다. 암살자 2명과 주동자 1명은 권력을 손에 넣었다. 그러나 도미니카 대통령 에우레아우스를 살해한 범인은 실제 권력의 자리에 오르기까지 6년을 기다려야 했고 12년 후 그도 암살로 숨을 거뒀다.

7건의 암살 이후 심각한 혼란이 뒤따랐으나 이 가운데 5건은 암살 사건 이전에도 이미 사회가 불안정했다. 4건의 암살 이후에는 탄압과 검열이 이어졌고, 1건은 이후 전면적인 공포 정치가 시행되었다. 장 폴 마라 암살 사건의 경우 그의 죽음에도 불구하고 공포 정치는 끝나지 않았다. 16건은 당시 상황이 크게 달라지지 않았고, 6건은 암살 이후 후계자가 10년 이상 통치를 이어 갔다. 어떤 경우에는 60년이나 권력을 유지했다. 8건은 체제나 정책에 대항해 암살을 저지르고도 아무런 변화도 일어나지 않았다. 여기에는 일본의 서구화를 막고자 했던 사무라이들을 비롯해 마카오와 말레이시아에서 식민 지배에 항거한 2건의 시도가 포함되었다. 1763년에 필리핀에서 발생한 저항군 지도자에 대한 암살은 반란 종식에 길을 터 주었다. 반면 카이로에 주둔하고 있던 프랑스 장군 장바티스트 클레베르가 1800년에 암살되자 2년이 지나지 않아 유럽 식민 지배 세력은 이집트에서 철수해야 했다.

최소 4건의 암살에서 신의가 배반당했다. 클레베르 장군은 거지로 분장한 범인에게 구호품을 건네다가 공격당했고, 마카오 총독은 여성 부랑민에게 돈을 건네다가 피습당했다. 1명이 교회 계단에서 희생되었고, 필리핀에서는 디에고 실랑이 성직자가 내린 명령에 암살당했다. 1817년에 자신의 대자를 살해한 세르비아의 부지차 불리체비치는 죄책감에 교회를 설립했고, 독일에서 극우 작가였던 아우구스트 폰 코체부를 살해한 학생은 자신이 저지른 일이 너무나도 끔찍해 자살을 기도했다. 살인자의 동기와 암살 이후를 판단할 만큼 충분한 자료가 있는 41건의 암살 사건 중 17건은 성공을, 10건은 부분적인 성공을 거두었다고 평가할 수 있으며, 11건은 명백한 실패이고, 3건은 실패에 가깝다고 판단할 수 있을 것이다.

6장

더욱 생생해진 암살
오늘날까지 이어진 암살의 굴레

영국 정치가 벤저민 디즈레일리도 항상 옳은 것만은 아니었다. 암살이 일어나더라도 역사의 흐름은 바뀌지 않는다고? 그렇다면 합스부르크 왕가의 황제 후계자였던 프란츠 페르디난트 대공 암살 사건은 어떤가? 그 사건이 제1차 세계대전의 원인이 되었다는 것은 잘 알려져 있다.

✎ 제1차 세계대전의 신호탄

프란츠 페르디난트는 결점이 많은 사람이었다. 성정이 고약했고 고집불통에다 주변 사람을 자주 괴롭혔다. 하지만 부인만은 끔찍이 아꼈다. 원래 그의 결혼 상대는 합스부르크 황녀였는데, 혼담이 오가던 중에 페르디난트는 황녀의 시녀인 조피 초테크에게 반하고 말았다. 조피는 무일푼의 백작의 딸에 불과했기 때문에 당시 오스트리아-헝가리제국의 황제였던 프란츠 요제프 1세는 페르디난트의 신붓감으로 턱없이 부족하다고 여겨 둘의 만남을 강력히 반대했다. 그러나 페르디난트는 굴하지 않고 결국 1900년에 조피 초테크와 결혼했다. 대신 귀천상혼의 조건으로 둘 사이에서 태어난 자녀는 모든 왕위 계승에서 배제되었다. 조피는 대공비라는 작위를 받지 못한다거나 황녀라는 호칭으로 불리지 못하는 등 많은 모욕을 견뎌야 했고 국가 공식 행사에서도 남편 옆에 앉지 못했다. 물론 페르디난트는 모든 부당함에 격노했지만 황실 규정의 빈틈을 찾아내는 데 성공했다. 그가 오스트리아-헝가리제국의 육군 원수 겸 전군 총감을 맡고 있었기 때문에 해당 업무를 수행할 때는 부인을 곁에 둘 수 있었다. 따라서 1914년 6월 28일 일요일, 14주년 결혼기념일에 페르디난트는 군대를 시찰하기 위해 조피와 함께 보스니아를 방문했다.

앞 장에서 살펴본 혁명의 시대에 암살의 온상지였던 발칸 지역에 속한 보스니아는 1878년까지 오스만제국의 지배를 받았다. 보스니아와 이웃 국가 세르비아에서 일어난 몇 차례 봉기로 오스만제국의 그늘에서 벗어날 수는 있었지만, 세르비아가 독립을 쟁취한 것과는 대조적으로 보스니아는 오스트리아-헝가리제국에 편입되었다. 그래서 보스니아 국민의 반발이 심했고, 특히 보스니아 내 세르비아계의 반발이 심했다. 수많은 단체가 생겨나 세르비아와 보스니아를 통일하자는 슬라브계 통일 운동을 펼쳤다. 이러한 범슬라브계 운동은 오스트리아-헝가리제국의 합스부르크 왕가에게 커다란 위협으로 작용했다. 슬라브인을 모두 합치면 인구가 2300만 명이었기 때문에 오스트리아-헝가리제국의 입장에서는 세르비아가 보스니아를 통합하려는 움직임에 불안함을 느낄 수밖에 없었다. 따라서 프란츠 페르디난트는 제국에 있는 슬라브계 민족에게 더 많은 자치권을 부여해서 그들을 달래는 정책을 실시하려 했다.

그러나 보스니아와 통일해 세력을 확장하고 싶었던 세르비아 정부는 유화 정책이 슬라브계 민족주의 운동의 결집 의지를 약화시킬 수 있다며 달가워하지 않았다. 긴장감이 고조되는 와중에 무장 테러를 통해 모든 세르비아인을 통합시키려는 흑수단이라는 폭력 단체가 등장했다. 이들은 미하일 바쿠닌과 세르게이 네차예프의 《Catechism of a Revolutionary》와 행동에 의한 선동에서 깊은 영감을 받아 고유 번호나 작전명으로만 불리는 비밀 요원 조직을 구성했다. 이들은 철저한 보안 유지를 위해 꼭 중간인을 통해서만 접촉했다. 단체의 초기 설립자 중 한 명이 당시 세르비아 첩보 분야를 주도하던 드라구틴 디미트리예비치 대령이었다. 벌이라는 뜻을 가진 아피스라는 작전명으로 활동하던 디미트리예비치는 늘 성공하지는 않았지만 주로 왕실 인사를 겨냥한 암살 작전 수행으로 바쁜 나날을 보냈다. 1903년, 그는 당시 지나치게 친오스트리아 정책을 펼치며 독재자처럼 변해 가던 세르비아 왕국의 알렉산데르 1세와 왕비에 대한 암살 작전을 조직하고 국왕 부부를 잔인하게 죽인 후 2층 건물에서 엉망이 된 시체 둘을 퇴비 더미에 던져 버렸다. 그 과정에서 디미트리예비치 대령은 죽은 왕의 후계자 아래에서 공을 인정받아 진급하기도 했다. 그러나 1911년 오스트리아-헝가리제국의 황제 프란츠 요제프 1세 암살이 수포로 돌아가자 디미트리예비치는 프란츠 페르디난트에게로 눈길을 돌렸다.

1912년 보스니아에 살던 18세 세르비아인 청년 가브릴로 프린치프는 오스트리아-헝가리제국에 항의하는 시위에 참여했다는 이유로 학교에서 퇴학당했다. 독립 쟁취를 목표로 한 청년 보스니아 운동에 참여하면서 동참하지 않는 다른 청년을 위협하기도 했다고 전한다. 프린치프는 보그단 제라직이라는 민족 열사에게 깊이 감명받았다. 제라직은 1910년 보스니아 총독에 대한 총살을 시도하려다 실패로 돌아가자 총으로 자결한 22세 의대생이었다. 프린치프는 제라직의 묘를 찾아 며칠 밤이고 조국의 비참한 상황을 고민했다고 털어놓았다. 프린치프는 소작농 출신으로 러시아 무정부주의자들인 미하일 바쿠닌과 표트르 크로포트킨이 쓴 책을 읽으며 자랐다. 1912년 제1차 발칸 전쟁이 발발하자, 프린치프는 오스만제국에 대항하여 유격대에 편입하고자 세르비아 수도 베오그라드로 갔지만 결핵 때문에 입대를 거절당했다. 조국을 돕지 못한다는 생각에 좌절했지만, 이내 몇몇 친구와 함께 베오그라드의 카페에서 음모를 꾸미기 시작했다.

그는 함께 살던 19세 청년 트리프코 그라베츠를 끌어들였다. 그라베츠는 그리스 정교 성직자인 아버지를 두었지만 공모자 중 유일하게 교사를 폭행한 혐의로 범죄 전과가 있는 사람이었다.

또 다른 친구 네델코 차브리노비치도 동참했다. 그는 무정부주의 문헌을 주로 다루는 출판사에서 인쇄공으로 일하던 19세 청년으로, 결핵을 앓고 있었으나 자신이 초능력을 가지고 태어났다고 믿었다. 음모를 꾸미던 청년들은 어느 쪽에서 먼저 연락했는가는 명확하게 알려져 있지 않지만 흑수단과 접촉했다. 그리고 1914년 5월 말 흑수단은 프린치프를 포함한 청년들을 보스니아로 몰래 데려다 주었다. 그곳에서 청년들은 흑수단 회원이었던 다닐로 일리치가 모집한 4인의 비밀 조직과 접선했다. 일리치와 함께한 이들은 미수로 돌아갔지만 암살 작전 경험이 있었다. 28세의 이슬람교도로 목공 일을 하던 무함마드 메메드바시치와 17세의 학생이었던 바소 쿠브릴로비치 그리고 치베트코 포포비치가 그들이었다.

사실 처음 암살단이 노린 사람은 보스니아 총독으로 새로 부임한 오스카르 포티오레크 육군 대장이었는데, 디미트리예비치가 목표물을 프란츠 페르디난트로 변경했다. 디미트리예비치는 세르비아 총리를 몹시 싫어했기 때문에 작전의 초기 목표는 세르비아 정권에 혼란을 야기하는 것이었다. 흑수단은 암살단에게 무기 조작법을 간단히 알려 주고 권총 네 정과 폭탄 대여섯 개, 청산가리 알약을 건네주었다. 이는 작전이 자살 특공 임무라는 것을 의미했다. 세르비아 정부도 암살 계획에 대한 풍문을 들었고 깊은 고민에 빠졌다. 흑수단에 대한 동정 여론이 거세기는 했으나 이미 발칸 전쟁으로 지칠 대로 지친 상태였던 세르비아 정권은 오스트리아제국과의 대립만은 피하고 싶었다. 그렇다고 해서 흑수단을 노골적으로 방해하면 세르비아인 대다수가 들고 일어날 것이 뻔했다. 결국 세르비아 정부는 이도 저도 아닌 타협안을 도출해 냈다. 그래서 국경 지역에서 공모자들을 저지하는 시늉을 내는 동시에 오스트리아 측에는 프란츠 대공에게 사라예보 방문을 취소할 것을 가볍게 경고했다. 하지만 두 제안 모두 철저히 무시당했다.

그리하여 햇살 좋은 6월 28일 아침에 대공 부부는 포티오레크 총독의 호위를 받으며 오픈카를 타고 사라예보 시청사로 향했다. 이때 총독은 예산을 걱정해 추가 경비대를 요청하지 않았고 기존의 인력으로만 경호를 담당하게 했다. 프란츠 페르디난트는 수차례 생명의 위협을 느낀 뒤였고 "어차피 모든 이가 죽음의 위협에서 벗어날 수 없기에 할 수 있는 것이라고는 신을 믿는 수밖에 없다."라며 어느 정도 달관한 듯했다. 심지어 관중이 대공 부부를 더 잘 볼 수 있도록 운전수에게 천천히 운전해 달라고 요청하기도 했다.

암살단은 대공 부부의 이동 경로 사이사이에 숨어 있었고 비무장 상태였던 일리치가 공모자들이 있는 위치를 오가며 상황을 살폈다. 프란츠 페르디난트를 처음 발견한 이는 메메드바시치였다. 하지만 차량 여섯 대가 대열을 맞추어 지나갈 때 경찰관이 근처에서 경계 태세를 취했고 메메드바시치는 결국 아무런 행동도 하지 못했다. 다음은 차브리노비치였다. 그는 못이 가득 담긴 폭탄을 투척했으나 프란츠 대공의 운전수가 이를 발견하고 속도를 높여 피했다. 결국 폭탄은 대공이 타고 있던 차에서 튕겨나가 도로에서 폭발하며 포티오레크 총독의 부관이었던 메리치 중령을 비롯해 행렬을 구경하던 많은 관중에게 부상을 입혔다. 조피 대공비도 뺨이 살짝 베였다. 차브리노비치는 즉각 청산가리가 든 알약을 삼켰으나 이미 유효 기간이 지났던 터라 독이 제대로 퍼지지 않았다. 자결에 실패하자 그는 강물에 뛰어들었는데 이마저도 수심이 너무 낮아 실패로 돌아갔다. 구토하던 그를 관중이 붙잡았고 경찰에 넘겼다. 쿠브릴로비치는 애초에 사격조차 하지 않았다. 후에 그는 대공비에게 갑자기 미안함을 느꼈다고 털어놓았다. 포포비치와 그라베츠는 겁에 질려 진작에 줄행랑을 친 메메드바시치와 마찬가지로 집으로 도망쳤다. 프린치프는 폭발 소리를 듣고서 현장으로 달려갔지만 도착했을 때는 이미 프란츠 대공의 차량이 사정거리를 벗어난 후였다. 그는 좌절한 채로 터덜터덜 카페로 들어갔다. 암살단의 어설프기 짝이 없는 실력이 만천하에 드러났지만 끝날 때까지 끝난 것이 아니었다. 프란츠 페르디난트가 친히 암살단에게 또 다른 기회를 주었던 것이다.

프란츠 대공이 암살에 달관한 태도를 보이기는 했지만 차량 행렬이 시청사에 도착했을 때 화를 낸 것은 어찌 보면 당연했다. 함께 폭탄 테러에서 살아남은 사라예보 시장이 떨리는 목소리로 환영사를 시작했으나 연설 도중에 프란츠 대공이 "기껏 귀빈으로 초대를 받아 왔더니 폭탄으로 나를 환영한 것인가?"라고 언성을 높이는 바람에 행사가 중단되었다. 얼마 후 대공은 평정심을 되찾았고, 예정되어 있던 국립박물관 방문 일정을 취소하고 치료 중인 메리치 중령에게 병문안을 가기로 결정했다. 프란츠 대공의 측근 몇몇이 이동 일정에 우려를 표했지만 포티오레크 총독은 "정말로 암살범이 사라예보 길거리에 널렸다고 생각하시는 건 아니시죠?"라며 걱정을 일축했다. 그럼에도 불구하고 대공은 부인 조피에게만큼은 안전한 곳에 피신해 있을 것을 권했다. 그러나 대공비가 한사코 동행하겠다고 주장해서 대공 부부가 함께 길을 나섰다. 경계를 더 강화하기 위해 경호 담당이었던 프란츠 폰 하라크 백작이 대공 부부가 탄 차량 옆에 서서 이동하기로 했다. 그러나 상황을 조율할 메리치 중령이 없어서 혼선이 발생했다. 포티오레크 총독이 더 안전한 이동 경로를 새로 설계했는데, 대공 부부가 탄 차량의 운전수에게 깜빡하고 전달하지 않았던 것이다.

대공의 차량이 잘못된 길로 들어서자 총독이 운전수에게 차를 멈추라고 크게 소리쳤다. 운전사는 지시에 따라 차를 세웠다. 우연히 차가 멈춘 곳은 프린치프가 쉬고 있던 카페 앞이었다. 프린치프는 눈앞에 펼쳐진 행운에 놀라며 304년 전 파리에서 교통 체증에 갇힌 프랑스 앙리 4세를 공격한 암살범처럼 목표물을 향해 다가가 5미터도 채 되지 않는 거리에서 두 발을 발사했다. 하라크 백작이 차 옆 발판에 올라서서 경호를 하기는 했으나 도로의 연석 쪽에서 주변을 살폈기에 별다른 도움이 되지 못했다. 첫 발은 프란츠 대공의 목에 맞았다. 두 번째 총알은 원래 포티오레크 총독을 겨냥한 것이었지만 부상을 입은 대공이 부인을 보호하

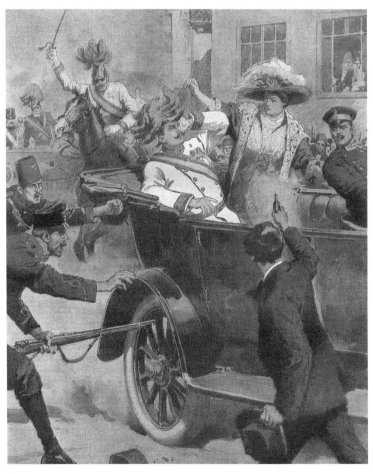

1914년 7월 12일에 발행된 이탈리아의 신문 〈La Domenica del corriere〉에 실린 프란츠 페르디난트 대공 암살을 묘사한 삽화.

려는 와중에 대공비의 복부에 꽂혔다. 차량이 재빨리 현장을 떠났지만 몇 분이 지나지 않아 대공 부부는 숨을 거두었다.

프린치프도 청산가리를 삼켰으나 차브리노비치와 마찬가지로 아무런 효과가 나타나지 않았다. 총으로 자결을 시도했으나 주변 사람들이 그를 붙잡아 실패로 돌아갔다. 경찰이 개입해 그를 체포하지 않았다면 아마 성난 군중에게 맞아 죽었을 것이다. 갑작스러운 비보에 유럽 전역의 왕실은 애도를 표했다. 보스니아에서는 반세르비아 폭동이 일어났다. 전 세계에 불안의 소용돌이가 감돌았다. 미국의 〈The Christian Science Monitor〉라는 신문은 "어느 누구도 지금 무슨 일이 벌어지고 있는지 완벽히 이해할 수 없다."라며 탄식했다. 프린치프가 단독 범행이라고 주장하려 했으나 차브리노비치가 무기와 돈을 대 준 다른 이들이 있었다고 자백했다. 경찰은 용의자를 검거하기 위해 개별 심문으로 수사망을 좁혀 갔다. 그 와중에 일리치에게 공범을 모두 털어놓으면 목숨은 살려 주겠다고 제안했고, 곧 몬테네그로로 도피한 메메드 바시치를 제외한 모든 공모자가 체포되었다. 그 결과 암살단에게 무기나 금전을 제공한 혐의, 공조한 혐의 등 20명 남짓한 사람이 재판에 넘겨졌다. 프린치프는 재판에서 "내 동포들이 끊임없는 고통 속에 사는 모습을 봐 왔기에 이들을 위해 복수를 할 수밖에 없었으며 일말의 후회도 없다."라며 전혀 반성의 기미를 보이지 않았다.

관계 당국은 언뜻 보기에는 엄격하고 공정하게 판결을 내린 것처럼 보였으나 실상은 달랐다. 총과 폭탄으로 무장했던 공모자 다섯은 사형이 아닌 20년 이하의 형을 선고받았으나 그저 도움을 주었을 뿐인 다른 두 명과 일리치는 처형당하고 말았다. 그중 하나는 차브리노비치의 형이었다. 무기를 소지하고 실제 행동에 나섰던 이들은 그래 봤자 20년 이하의 징역형에 처해졌을 뿐이었다. 본인이 초능력자라 믿었던 차브리노비치와 프린치프, 그라베츠는 제1차 세계대전이 끝나기 전에 결핵으로 감옥에서 숨을 거두었다. 프린치프는 눈앞에 펼쳐진 전쟁에 두려움을 느끼긴 했으나 본인이 초래한 일이라고는 생각하지 않았다. 반면 차브리노비치는 무슨 일이 일어날지 알았더라면 폭탄 위에 앉아 폭발과 함께 세상을 떠났을 거라며 깊은 후회에 시달렸다. 디미트리예비치는 세르비아 왕국의 섭정을 거쳐 후에 유고슬라비아의 국왕이 된 알렉산데르 1세에 대한 암살 미수 혐의로 재판에 넘겨진 뒤 1917년에 처형당했다. 하지만 여전히 그의 유죄 여부에는 논란의 여지가 남아 있다. 메메드바시치는 제2차 세계대전 도중에 사라예보에서 사망했고, 포포비치와 바소 쿠브릴로비치는 오래 살다가 생을 마감했다. 쿠브릴로비치는 티토가 이끄는 유고슬라비아의 공산주의 정부에서 장관직을 역임하기도 했다.

　그렇다면 정말 프란츠 페르디난트 암살 사건이 제1차 세계대전의 도화선이었을까? 한편에서는 러시아와 마주한 독일과 오스트리아가, 그에 맞서는 영국과 프랑스 동맹이 유럽 내에서 첨예하게 대립하고 있었기 때문에 전쟁은 불가피했다고 보았다. 프란츠 페르디난트의 암살이 대격돌의 촉매제 역할을 하기는 했으나 행여나 암살 사건이 일어나지 않았더라도 또 다른 사건으로 인해 충돌이 일어났을 것이라는 견해였다. 또 다른 편에서는 오히려 당시 프랑스 의회에서는 개혁파와 평화주의자가 다수를 차지하고 있었고 독일과 영국의 관계가 개선되고 있었기에 적대감이 서서히 풀리고 있던 시기라고 주장했다. 또 다른 측에서는 1914년에 독일의 군사적 역량이 최정점에 달했기 때문에 독일이 전쟁 준비에 돌입했고 프랑스와 러시아가 뒤따라 군사력을 증강하고 있었다고 지적했다. 그렇다면 프란츠 페르디난트 암살이 일어난 지 일주일 후 오스트리아가 독일에 도움을 요청했을 때 독

프란츠 페르디난트를 암살한 가브릴로 프린치프. 1914년 형무소에서 찍은 사진. 프린치프가 쏜 한 발의 총알이 제1차 세계대전을 일으킨 걸까?

일은 전쟁을 일으킬 절호의 기회가 왔다고 여기지 않았을까? 독일은 오스트리아에 강경 노선을 취할 것을 촉구했다. 한편 독일 국왕 빌헬름 2세와 참모총장이 휴가를 떠났고 독일이 산업 부흥을 기반으로 유럽의 패권을 충분히 장악할 수도 있는 상황이었기에 군이 전쟁을 일으킬 필요가 없었다고 반박하는 이도 있을 것이다.

아니면 제1차 세계대전은 프란츠 페르디난트 암살 사건 후 정치인들이 저지른 실수와 오판이 꼬리에 꼬리를 물고 이어져 발발한 것일까? 물론 어떠한 국가도 암살 사건이 일어나자마자 공격을 개시하지는 않았다. 1914년 7월 23일이 되어서야 오스트리아는 세르비아에 최후통첩을 보냈다. 사실 암살 사건에 세르비아 정부가 가담했다는 증거는 어디에서도 찾아볼 수 없지만 오스트리아는 세르비아에게 굴욕적이고 받아들이기 어려운 최후통첩을 건넸다. 부당한 내용투성이였으나 세르비아는 눈물을 머금고 대다수의 조항을 받아들였다. 하지만 세르비아 측의 양보에도 불구하고 오스트리아는 결국 전쟁을 선포했다. 그러자 세르비아의 보호자 역할을 수행하던 러시아는 군사력을 배치해야 할 필요성을 느꼈다. 러시아의 전력 배치는 과연 전쟁을 알리는 신호탄이 아니라 전쟁 억제를 의도한 것이었을까? 사실 이에 답하기는 어렵다. 독일과 프랑스, 영국이 너무나 빨리 군사력을 동원하며 최후통첩과 선전포고를 날리기에 바빴기 때문이다. 프란츠 페르디난트가 암살당하고 정확히 37일 후 제1차 세계대전이 발발했다. 직접적인 원인이 무엇이었든지 간에 전쟁 후 세르비아와 오스트리아-헝가리제국이 얻은 것은 아무것도 없었다. 세르비아는 전쟁과 전염병으로 인구의 15퍼센트를 잃으며 참전국 전체를 통틀어 다른 어느 나라보다도 많은 사상자 수를 기록했다. 오스트리아-헝가리제국도 여러 국가로 분할되었다.

✒ 평화롭지 못한 평화주의자의 최후

약 2000만 명의 사람들이 제1차 세계대전으로 목숨을 잃었고 그중 절반 이상이 민간인이었다. 20세기는 전쟁으로 인류 역사상 유례없이 많은 사상자를 기록한 시기였다. 2억 3000만 명 이상이 사망했을 것이라 추정하는 기록도 있다. 따라서 암살이 성행했다는 사실도 그다지 놀랍지 않다. 인종차별, 낙태, 시민권, 동성애자의 권리, 신성모독 법, 아동의 권리 등 사실상 어떠한 것이든 암살의 동기가 될 수 있었다. 그중에서도 평화를 주장할 경우 특히 암살 목표물이 될 가능성이 높았다. 프랑스의 유명한 사회주의자 장 조레스는 제1차 세계대전 발발 직전 몇 개월 간 프랑스 의회를 휩쓴 반전 운동을 펼치던 의원 중 하나였다. 1914년 7월 31일, 전쟁이 유럽 전역을 집어삼키기 바로 며칠 전에 조레스는 자신이 창간한 〈뤼마니테〉 지 사무실에서 나와 집으로 가는 길에 카페에 잠시 앉아 있었다. 소용없는 일 같았지만 그는 전쟁을 반대하는 기사를 꾸준히 쓰고 있었다. 어느 날 라울 빌랭이라는 28세 민족주의자 청년이 조레스가 쓴 기사를 읽고서 애국심이라고는 찾아볼 수 없다는 사실에 분노했다. 그리고 조레스를 미행하기 시작했다. 빌랭과 잠깐 마주친 이들은 그의 자상함을 높이 평가했으나, 사실 빌랭의 집안은 정신 질환이 가족력이어서 그는 어느 한곳에 정착하기 힘들어했다. 빌랭은 군대에 지원했으나 조기에 소집 해제가 되었고 그 후에 극우 단체에 가입했다.

1914년 7월 30일, 빌랭은 양 주머니에 연발 권총을 꽂고 조레스에게 불과 몇 미터 거리까지 접근하는 데 성공했지만, 갑자기 겁이 나 허탕만 치고 발걸음을 돌렸다. 다음 날 밤 빌랭은 다시 〈뤼마니테〉 사무실에 찾아갔지만 조레스는 없었다. 포기하려던 차에 빌랭은 목표물이 카페에 있는 것을 발견한다. 마침 그의

1914년 8월 1일. 장 조레스의 암살 사건을 다룬 기사.

뒤에는 창문이 열려 있었고 조레스는 완전히 무방비한 상태였다. 빌랭은 잠깐 조레스를 지켜본 후 목을 겨누어 총을 발사했다. 조레스는 카페에서 즉사했다. 빌랭은 도주하려 했으나 〈뤼마니테〉에서 일하던 조레스의 동료에게 붙잡혀 경찰로 넘겨졌다. 조레스의 장례식은 독일과 프랑스가 선전포고를 한 다음 날 치러졌다. 빌랭은 전쟁 기간에 재판을 기다려야 했기에 실제로 전쟁에 참가하며 본인의 애국심을 증명할 기회가 없었다.

1919년 3월, 마침내 재판이 열렸다. 당시 프랑스는 막대한 손실을 입고 가까스로 전투에서 승리한 후였고, 온 나라가 애국주의의 열기로 들썩였다. 빌랭은 무죄 판결을 받았다. 재판이 열린 법원의 법원장은 그를 위대한 애국주의자라고 칭송하며 빌랭을 석방했다. 프랑스 좌파는 격노하여 몇 차례 시위를 전개했다. 한편 빌랭은 자유인이 된 후에 경범죄를 저질렀고 한두 차례 자살을 시도했다. 마지막에는 모든 것을 뒤로 하고 스페인의 이비사섬으로 떠났고 그곳에서 '항구의 미치광이'라고 불렸다. 1936년, 빌랭은 스페인 내전 도중 공화파 군인에게 살해당해 생을 마감했다. 군인들이 그의 정체를 알고 있었는지는 여전히 알 수 없다.

마이클 콜린스는 아일랜드의 독립을 위해 용감히 싸운 영웅이었다. 그 역시 한두 차례 암살 계획을 꾸미기도 했다. 아일랜드 공화국군IRA의 수석 전략가로, 1920년에는 단 하루 만에 영국의 주요 첩보원 열두 명을 해치우는 등 여러 작전을 이끌었다. 이듬해 콜린스는 영국과 평화협정을 체결하는데, 이로 인해 아일랜드는 현재까지 영국의 일부로 남은 북아일랜드의 6개 주와 아일랜드공화국을 구성하는 26개 주로 나뉘었다. 나아가 이때부터 아일랜드 의원은 영국 국왕에게 충성을 맹세해야 했다. 콜린스도 협정에 완전히 만족한 것은 아니었지만, 당시로는 아일랜드를 위한 최선의 선택일 뿐만 아니라 협정이 더 큰 자유를 얻기 위한 디딤돌 역할을 해 줄 것이라고 믿었다. 물론 그도 자신이 내린 결정 때문에 함께 싸우던 IRA 동료 일부가 적개심을 품을 수 있다는 사실을 정확히 이해하고 있었다. 평화 협정을 체결하던 날 아침 콜린스는 "나는 방금 내 무덤을 스스로 팠네."라는 글을 남기기도 했다.

하지만 평화협정은 찬성파와 반대파 사이에 비극적인 내전을 일으키며 평화 대신 피바람을 낳았다. 1922년 8월 22일, 콜린스는 자신의 고향인 코크주에서 급습당해 목숨을 잃었다. 콜린스가 고향에 방문했다는 소식을 우연히 접한 암살단은 몸을 숨기고 무작정 기다렸다. 40년 전의 프레드릭 캐번디시 암살 사건과 마찬가지로, 하루 종일 계속된 기다림에 지쳐 철수하려고 짐을 꾸리려는데 콜린스의 수송대가 시야에 들어왔다. 암살단이 총을 발사하기 시작하자 콜린스의 동료가 운전사에게 미친 듯이 빨리 달리라고 요청했지만 콜린스는 맞서 싸우겠다며 오히려 운전사에게 차를 세우게 했다. 30분간 접전이 이어졌다. 콜린스는 소총 한 자루로 방어했으나 결국 머리를 맞아 사망했다. 총을 쏜 사람은 영국군의 저격수에서 아일랜드 저항군으로 전향한 사람으로 추정된다. 콜린스가 이 총격전의 유일한 희생자였다.

마하트마 간디는 인도의 독립을 위해 투쟁한 힌두교 영웅인 동시에 비폭력 주창자였다. 힌두교와 이슬람교 사이에 갈등의 골이 깊어져 국가가 분열되기 시작할 때 간디는 평화를 위해 싸웠다. 대영제국의 마지막 인도 총독 마운트배튼 백작은 그를 '1인 평화 유지군'이라고 묘사했다. 간디는 70대 후반의 나이에도 극심하게 분열된 동부 벵골에 있는 50개가 넘는 마을을 맨발로 걸어 다니며 방문했다. 마을에 도착하자마자 가장 먼저 이슬람교 가정을 방문해 그들과 이야기를 나누는 것이 그가 선택한 화해의 방식이기도 했다. 그리고 간디는 며칠간 마을에 머무르며 주민들과 이야기를 나누고 같이 기도한 후 다음 마을로 옮겨 갔다. 그의

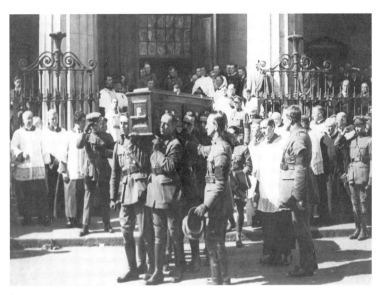
| 1922년 더블린. 마이클 콜린스의 장례식.

노력은 점진적으로 효과를 나타내기 시작했다. 어떤 이는 힌두교도와 이슬람교도 사이가 눈에 띄게 나아지기는 했으나 충분하지는 않았다고 말하기도 했다. 1947년 8월에 인도가 독립한 지 딱 하루가 지났을 때, 간디는 콜카타에 텐트를 치고 살인을 멈출 때까지 단식 투쟁을 하겠노라 선언했다. 그의 엄청난 영향력 덕분에 유혈사태는 곧 가라앉았다. 간디는 델리로 넘어가 매일 비폭력을 설파하며 지금 행해지는 무력 충돌이 얼마나 부끄러운 것인지 깨닫게 하여 휴전을 이끌어 냈다.

갈등을 잠재우기 위한 노력을 이어 가던 간디는 1948년 1월 30일 저녁 기도를 위해 이동하다가, 힌두교 광신도이자 신문 편집장인 나투람 고드세가 근거리에서 쏜 총에 암살당했다. 간디는 암살이 서양에서 들어온 백해무익한 적폐 행위라며 강하게 비판했다. 총 여덟 명이 암살에 연루되었다는 혐의로 유죄를 선고받았으며, 그중 고드세와 또 다른 한 명은 간디의 아들들이 선처를 호소했음에도 불구하고 교수형에 처해졌다. 사실 고드세는 이전에도 수차례 간디를 공격한 일이 있었으나 늘 그렇듯 간디는 어떠한 법적 조치도 취하지 않았다. 재판에서 고드세는 간디가 이슬람교도를 지나치게 우호적으로 대했기 때문에 수백만 명의 힌두교도가 고통과 파멸 속에 살게 되었다며 간디의 태도를 강력히 비판했다. 인도와 파키스탄의 건국 과정에서 발생한 충돌과 전쟁 혹은 대규모 피난 과정에서 생긴 전염병으로 100만 명이 넘는 사람들이 목숨을 잃었다고 추정된다.

1950년 이후 노벨 평화상 수상자 세 명이 암살에 희생되었다. 안와르 사다트는 이집트를 영국의 식민 지배에서 벗어나게 하는 데 큰 공을 세운 군인으로, 1970년에 이집트 대통령으로 취임했다. 1973년 이스라엘과 맞서 싸운 욤키푸르 전쟁에서 사다트는 이스라엘에게서 영토를 되찾은 첫 아랍 지도자가 되었다. 그후 그는 이스라엘과의 화해를 위해 끊임없이 노력했고 1979년에는 아랍 국가 중 처음으로 오랜 숙적이었던 이스라엘과 평화협정을 맺었다. 그 덕분에 사다트는 메나헴 베긴 이스라엘 총리와 함께 노벨 평화상을 수상했다. 그러나 이집트의 모든 이가 양국의 평화협정을 반긴 것은 아니었다. 또한 당시 경제적 불황으로 사다트의 지지도는 점점 떨어지고 있었다. 1981년 10월 6일, 욤키푸르 전쟁 8주년을 기념하는 군 열병식에 참석한 사다트를 이집트군 중위 한 명이 이끄는 이슬람 극단주의 단체가 습격했다. 그들은 갑자기 트럭에서 뛰어내려 사격을 가했다. 그 자리에서 사다트와 고위 관리 열한 명이 죽었다. 경비군이 암살자 둘을 즉시 처단했고 나머지를 제압했다. 후에 다섯 명은 처형되었다.

14년 후, 다음은 이스라엘의 노벨 평화상 수상자 차례였다. 1967년, 6일 전쟁에서 승리를 이끈 주역이었던 이츠하크 라빈은 이스라엘의 참모총장을 역임한 후 총리 자리에 앉았다. 라빈은 팔레스타인 수반이었던 야세르 아라파트와의 평화 협상 덕분에 그와 함께 1994년 노벨 평화상을 공동 수상했다. 또한 라빈은 요르단과도 평화협정을 체결했다. 그러나 그도 다음 해 평화 행진에서 극우주의자가 쏜 총에 암살당했다. 사다트의 암살 이후에도 이집트와 이스라엘이 맺은 평화는 지속되었으나, 라빈이 죽은 후에 이스라엘과 팔레스타인은 여러 차례 전쟁을 치렀고 양국 간의 평화는 더욱 요원해졌다.

콜린스와 간디, 사다트 그리고 라빈은 국가 영웅이자 평화주창자였다. 하지만 평화 중재자가 아닌 영웅이라고 하더라도 결코 암살에서 자유로울 수 없었다. 방글라데시의 건국 지도자인 무지부르 라흐만은 초대 총리이자 초대 대통령이었다. 1971년에 인도에 도움을 얻어 격렬한 내전을 벌인 끝에 방글라데시는 파키스탄에서 독립을 쟁취했다. 그러나 자치권을 얻었다고 해서 장밋빛 미래가 펼쳐진 것은 아니었다. 여전히 파키스탄의 일부로 남아 있고 싶어 하는 일부 세력과 갈등이 지속되었고, 물가상승과 물자 부족, 심지어는 기근과 같은 심각한 경제 문제도 해결해야 했다.

1975년 초, 라흐만은 1당 체제로 임기를 시작했으나 불과 7개월 뒤 불만을 품은 군 장교들이 관저에 무단 침입해 라흐만과 그의 가족 및 시종을 모두 살해했다. 인도 국가정보원이 라흐만에게 공격에 대비하라고 몇 차례 경고했지만 그때마다 라흐만은 "그들도 내 자녀와 같은 국민이기에 나를 해치지 않을 것."이라며 가볍게 넘겼다고 전한다. 그의 가족 중 독일에 머무르던 딸만이 살아남아 21년 후 방글라데시의 총리가 되었다. 라흐만이 죽고 난 후 1981년에 군 장교들이 또 다른 대통령을 암살했고 정계가 심하게 양분되는 등 수년간 사회 불안정이 이어졌다. 라흐만을 암살한 장교 다섯 명은 2010년에, 한 명은 2020년에 처형되었다.

1978년 이스라엘과 평화협정을 맺었던 미국 캠프 데이비드에서의 안와르 사다트 이집트 대통령.

🗡 극단주의자들이 저지른 암살 사건

무정부주의자, 파시스트, 공산주의자, 나치, 수니파와 시아파 극단주의자, 이탈리아 붉은 여단, 독일 적군파 및 IRA, 자유조국 바스크, 스리랑카의 타밀 호랑이단과 같은 민족주의자 등 다양한 집단이 정치적 알력 다툼에 암살을 활용했다. 하이델베르크의 한 통계학자는 1919년부터 독일 외무부 장관 발터 라테나우가 살해당한 1922년 사이에, 독일에서는 376건의 정치적 살인이 발생했고 그중 354건이 우파 세력이 저지른 것이라고 계산했다. 통계학자의 결론에 의하면 법원은 좌파보다 우파 암살범에게 더 관대한 태도를 보였다고 한다.

앞서 말한 라테나우는 달리는 차량에서 암살당한 첫 희생자가 되었다. 한 극우 민족주의 단체는 라테나우가 베를린에 있는 사무실로 가는 길에 곡선 도로에 접하면 어쩔 수 없이 속도를 늦춘다는 사실을 알게 되었다. 이들은 차로 그를 미행하다가 라테나우의 차량이 속도를 높이기 전에 옆으로 다가가 총을 발사했다. 라 카굴로도 알려진 프랑스의 극우 파시스트 단체는 1930년대부터 1940년대 초에 수많은 암살 작전을 실행에 옮겼다. 하지만 우파 세력만이 암살을 수행한 것은 아니었다. 통계학자가 강조한 바대로 좌파도 암살의 희생자이자 공모자였다. 무정부주의자들 또한 1921년에 마드리드의 한 거리에서 당시 스페인의 총리였던 에두아르도 다토 이라디에르를 총살했다.

좌파 내부에서 암살 사건이 벌어지기도 했다. 레프 트로츠키는 러시아 혁명의 영웅으로 추앙받았으나 스탈린과 등을 돌리면서 멕시코 망명길에 올랐다. 결국 1940년에 멕시코에서 스페인 출신 공산주의자 라몬 메르카데르가 찌른 피켈에 운명을 달리했다. 극심한 통증에도 불구하고 트로츠키는 끝까지 범인에 대항하

며 손을 깨물었다. 메르카데르는 20년의 교도소 생활을 끝낸 뒤 소련의 영웅이 되었고, 쿠바에서 18년간 여생을 보냈다.

1940년 멕시코에서 열린 재판에서 트로츠키를 죽인 암살범 라몬 메르카데르.

나치 역시 암살에 희생되기도 하고 암살을 저지르기도 했다. 1930년대 초, 파시즘 독재자이자 반유대주의자였던 오스트리아 총리 엥겔베르트 돌푸스는 국경을 마주한 히틀러의 영향력에서 벗어나려 끊임없이 노력했다. 이를 알아차린 독일 총통 아돌프 히틀러는 1934년 오스트리아 나치 세력의 쿠데타를 허가했다. 돌푸스를 지키던 경비병의 소총에 총알이 장전되어 있지 않았기 때문에 쿠데타 세력은 손쉽게 경비망을 뚫고 총리에게 접근할 수 있었다. 돌푸스는 탈출을 시도했으나 쿠데타를 주도한 오스트리아 나치 세력의 우두머리 오토 플라네타가 쏜 총에 사망했다. 쿠데타는 실패로 돌아갔지만 4년 후 히틀러는 오스트리아를 강제 합병하는 데 성공했다. 1942년에는 유대인 대학살의 주요 설계자 중 한 명인 라인하르트 하이드리히가 오스트리아의프라하에서 암살당했다.

제2차 세계대전 종전 후에도 정치적 극단주의자들은 계속해서 암살 작전을 수행했다. 1950년 벨기에에서 왕정주의자로 추정되는 두 명의 남성이 벨기에 공산당 대표였던 줄리앙 라호트를 대문 앞에서 총살했다. 1970년대와 1980년대 이탈리아에서는 마르크스주의 단체 붉은 여단이 정치인, 경찰관 및 군인을 포함해 약 50명을 암살했다. 이와 비슷한 시기에 바더 마인호프라고도 알려진 독일의 급진 좌파 단체 적군파가 독일에서 비슷한 암살 활동을 벌였다. 스페인에서는 극우 테러리스트들이 노동자 권리 수호를 외치던 변호사들을 암살했고, 수니파 및 시아파 암살단은 20세기 내내 이라크 곳곳에서 활동을 전개했다.

✒ 조국 해방이라는 이름으로

민족주의자 단체인 IRA는 1969~1994년에 군인, 경찰관, 정치인 등 약 1800명을 처단했다. 1975년, 세계 기네스북 공동 창립자였던 로스 맥위터가 IRA가 저지른 런던 폭파 사건의 유죄를 밝힐 정보를 5만 파운드에 사겠다고 제안한 후 런던에 있는 집 근처에서 총살당했다. 하지만 IRA에 살해된 희생자 중 가장 유명한 이는 미얀마의 총독 마운트배튼 백작일 것이다. 그는 빅토리아 여왕의 증손자로 필립 공의 삼촌이자 찰스 왕자의 대부이자 정신적 스승이었다. 중대한 흠결이 없지는 않았으나 그래도 특출난 군대 경험이 있어서 제2차 세계대전이 끝날 때에는 동남아시아 지역 연합국 최고 사령관을 역임했다. 그 후 대영제국의 마지막 인도 총독으로서 영국군의 인도 철수 임무를 맡지만, 작전 과정에서 힌두교와 이슬람교 간에 유혈 사태가 발생했다.

마운트배튼은 북아일랜드에서 약 20킬로미터 떨어진, 아일랜드공화국에 위치한 작은 마을 뮬러모어에서 자주 휴가를 보냈다. 이 지역은 IRA의 근거

해군 원수 제복을 입은 마운트배튼 백작.

지로 유명했기 때문에 아일랜드 경찰이 그에게 위험하다며 우려를 표하기도 했다. 그러나 방글라데시의 대통령 무지부르 라흐만과 마찬가지로 마운트배튼은 지역 주민에게 호감을 사고 있으니 괜찮다며 경고의 목소리에 크게 신경 쓰지 않았다. 1979년 8월 27일, 당시 79세였던 마운트배튼은 가족과 함께 자신의 요트인 섀도 5호를 타고 외출할 계획을 세웠다. 하지만 그 전날 밤 IRA의 토머스 맥마흔이 아무런 경계가 없던 요트에 22킬로그램의 무선 조종 폭탄을 설치했다. 다음 날 마운트배튼 일행이 물가에서 약 500미터 떨어진 지점에 이르렀을 때 맥마흔은 원격으로 폭탄을 터트렸다. 요트는 산산이 부서지고 배에 타고 있던 사람들 모두가 물속에 빠졌다. 근처에 있던 어부들이 재빨리 구출하러 달려와 마운트배튼을 가까스로 건져 냈지만, 물가에 닿기도 전에 숨을 거두고 말았다. 함께 요트에 탔던 15세의 손자 니콜라스와 처가 식구였던 83세의 브라번 귀족 부인 그리고 15세의 어린 선원도 목숨을 잃었다. 니콜라스의 쌍둥이 형제와 마운트배튼의 자녀 부부는 부상은 입었지만 생명에 지장은 없었다. 맥마흔은 영국 사람들에게 아일랜드가 여전히 영국의 지배하에 놓여 있다는 사실을 상기시키고 싶었다고 말하며 자신이 범인이라고 순순히 인정했다.

사실 공교롭게도 아일랜드 경찰은 맥마흔이 절도 차량을 운전했다고 의심해서 폭발이 일어나기 두 시간 전에 그를 체포해둔 상태였다. 범죄 과학 수사관들이 요트에서 발견한 페인트 부스러기와 맥마흔의 옷에 묻어 있던 니트로글리세린 자국을 대조한 결과 둘이 일치했고, 맥마흔은 재판에 회부되어 종신형을 선고받았다. 그 외에 폭파 사건에 가담한 어느 누구도 체포되지 않았으며 맥마흔은 1998년 체결한 벨파스트 협정에 따라 석방되었다. 마운트배튼이 암살당한 바로 그날, IRA는 북아일랜드 분쟁 사상 단일 공격으로는 가장 많은 사상자를 낸 워렌포인트 습격을 실시해서 영국군 열여덟 명을 죽였다.

　북아일랜드 내부에도 정치 및 종교적 갈등이 심했다. 1999년 북아일랜드 독립 반대파 테러범들은 차량용 폭탄을 이용해 찬성 파였던 아일랜드 공화당 인사를 자주 대변하던 변호사 로즈마리 넬슨을 암살했다. 스페인에서는 ETA가 암살을 애용했다. 한 예로 1973년에 ETA는 당시 독재 권력을 휘두르던 프랑코 스페인 대통령이 차기 후계자로 점찍어 둔 루이스 카레로 블랑코 총리가 타고 있던 차를 원격 조종 폭탄으로 날려 버렸다. 주도자들은 이를 가스 폭발 사건인 것처럼 속였고 그 혼란을 틈타 프랑스로 도망치는 데 성공했다. 1991년, 스리랑카의 분리주의 무장단체인 타밀 호랑이의 한 여성 자살 특공대원은 인도의 타밀 나두 지역에서 캠페인을 하던 라지브 간디 전 인도 총리를 살해했다. 범죄 동기는 4년 전 인도가 스리랑카 정부가 타밀 호랑이단을 진압하는 데 도움을 주어서 생긴 적개심이었다.

　남아프리카공화국에서는 다른 종류의 조국 해방이 이루어지고 있었다. 외세를 쫓아내는 것이 아니라 국내에 깊숙이 뿌리내린 백인 우월주의 정권에서 해방되려는 운동이 벌어진 것이다. 헨드릭 페르부르트는 남아공 인종차별 정책의 주요 설계자 중 하나였다. 1950년대에 내무부 장관을 지내며 타 인종 간 결혼 금지법, 인종별 거주 구역을 나눈 집단 지역법 등 인종을 분리하는 거의 모든 법을 통과시킨 장본인이었다. 그는 1958년에 총리가 된 후에도 인종 분리 정책을 계속 이어 나갔다. 그가 정권을 잡고 2년이 지났을 때 샤프빌에서 인종차별법에 반대하는 시위대를 향해 경찰이 사격을 개시했다. 총 69명이 목숨을 잃었고 대부분이 여성과 아이들이었다. 이 대규모 민간인 학살 이후 유엔도 남아공의 인종차별 정책을 비판하기 시작했고 영국과 미국 등 다른 국가들도 무기 금수 조치를 도입하며 남아공을 국제 무대에서 배척했다.

샤프빌 학살 사건이 일어난 지 약 2주 후, 데이비드 프랫이라는 나탈 지역의 농부가 아주 가까운 거리에서 전시회에 참석한 페르부르트의 뺨과 귀에 총을 발사했으나 페르부르트는 수술을 받고 목숨을 부지했다. 프랫은 정신 질환 및 뇌전증 환자라는 것이 밝혀져 무기한 구금을 선고받았다. 이후 그는 1961년 블룸폰테인 정신병원에서 목을 매달아 자살했다. 그로부터 5년 후, 페르부르트는 남아공 국회의사당에서 제복 차림의 임시 심부름꾼 디미트리 차펜다스에게 다시 한번 공격당했다. 차펜다스는 당시 포르투갈의 식민지였던 모잠비크에서 온 이주민으로 혼혈인이었다. 그는 총리의 목과 가슴을 네 번 찌른 후 다른 의원들에게 무기를 빼앗겼다. 주변에서 페르부르트에게 심폐 소생술을 시행했지만, 그는 병원에 도착하자마자 숨을 거두었다. 차펜다스는 인종차별 정책이 역겨워 도저히 견딜 수가 없어서 총리를 살해했다고 경찰에 진술했다. 또한 그는 몸속에 거대한 벌레가 살고 있어서 주기적으로 그에게 말을 걸어 온다고도 주장했다. 프랫과 마찬가지로 그는 재판 과정에서 정신 질환자로 판명 났고, 1991년 81세의 나이로 숨을 거둘 때까지 여생을 정신 병동에서 보냈다. 25만 명의 백인 조문객이 페르부르트의 장례식에 찾아왔다. 1994년 인종차별 정책이 폐지된 후 대부분 이름을 수정하기는 했으나 페르부르트의 이름을 딴 병원과 도로, 공공장소가 생겨나기도 했다.

그런데 차펜다스가 사실 정신 질환과는 거리가 먼, 오히려 온전한 정신을 가진 정치적 암살범이었다는 사실이 2018년에 밝혀졌다. 저명한 법조계 인사들이 작성한 남아공 법무부 서류를 살펴보면 포르투갈의 보안기관이 차펜다스를 독립운동가로 분류했으나 이 사실을 남아공에는 알리지 않았다. 그의 정보가 담긴 기록에는 차펜다스가 암살을 저지르기 전에 영국의 인종차별 철폐 운동가들에게 남아공 체제를 뒤엎기 위해서 무엇이든 할 의사를 밝힌 내용이 담겨 있었다. 뿐만 아니라 대중 행사에 참석하기로 한 페르부르트를 쏘아 죽이려 했지만 총리가 나타나지 않는 바람에 실패한 적도 있었다. 암살 직후 차펜다스를 감정한 의사들은 그가 매우 침착한 성격이며, 어떠한 정신 질환의 징후도 나타내지 않았고, 특히 몸속 벌레에 대한 언급도 전혀 없었다고 말했다. 정신 이상이라는 주장은 차펜다스에게 심리적 고문을 가한 남아공 정부가 꾸며 낸 이야기이며, 당국이 정치적 동기를 가진 살인범이 의회에 침투할 때까지 알아채지 못했다는 과오를 덮기 위해 조작되었다는 내용도 서류에 포함되어 있었다고 한다. 차펜다스도 당국이 자신을 살해하고 마치 자살한 것처럼 위장하지 않을까 하는 두려움에 남아공 정부가 꾸며 낸 이야기에 순순히 동조한 것으로 추측된다.

✎ 아르메니아의 복수

중동과 중남미, 아프리카처럼 사회적으로 불안정한 곳에서 암살 사건은 일상적으로 발생했다. 1960년 이후로 아프리카에서는 60명이 넘는 주요 정치인이, 중남미에서는 40명 이상이 암살로 목숨을 잃었다. 2003년 영국과 미국이 이라크에 침공한 지 10년이 지났을 때 정치인, 노동조합원, 군인, 종교 지도자 등 주요 인사 24명 이상이 암살의 희생양이 되었다. 새로운 암살의 양상도 나타났다. 바로 사업 활동처럼 암살도 점점 세계화되고 있었던 것이다. 1649년, 올리버 크롬웰의 업무를 처리하기 위해서 네덜란드 헤이그에 방문했던 아이작 도리스라우스는 왕정주의자들에게 살해당했다. 국외 추방 중이었던 왕정주의자가 헤이그에 있었고 원래 계획과 다르게 도리스라우스를 암살했다.

현대에 들어 암살 무대는 점점 확장되었고 트로츠키처럼 고국을 떠나 최후를 맞이하는 희생양이 더 많아졌다. 1929년, 쿠바 공산당의 창시자인 훌리오 안토니오 메야가 현직 대통령 헤라르도 마차도를 타도하기 위해 음모를 꾸미다가 멕시코시티에서 트로츠키처럼 살해당했다. 배후가 마차도 대통령이었는지, 혹은 다른 공산당 정적이었는지는 확실히 밝혀진 바가 없다.

카를로스 프라츠 장군은 칠레의 살바도르 아옌데 사회주의 내각에서 육군 총사령관직을 맡고 있었다. 그러나 아우구스토 피노체트가 정권을 전복한 후 프라츠는 수차례 살해 위협에 시달리다가 결국 아르헨티나로 망명했다. 그곳에 정착한 후 칠레의 민주주의 회복을 위한 운동을 전개하던 그는 1974년 9월 30일 부에노스아이레스에서 부인과 함께 차량 폭탄 사고로 사망했고, 2000년 아르헨티나 법원은 칠레의 전 비밀 요원 엔리케 아란치비아를 범인으로 지목하며 무기 징역을 선고했다. 하지만 재판 진행을 위해 아르헨티나가 그를 칠레로 송환했는데도 처벌은 흐지부지되었고, 7년 후 아란치비아는 가석방으로 풀려났다. 그 후 2011년에 아란치비아는 부에노스아이레스의 한 아파트에서 칼에 찔려 사망한 채로 발견되었다.

프라츠 부부의 암살 사건이 발생한 지 5년 후인 1979년 니카라과에서는 사회주의 정당인 산디니스타 민족해방전선 대원들이 정권을 장악하자 아나스타시오 소모사 대통령이 파라과이로 피신했다. 이듬해 소모사 대통령은 빈틈없이 경호를 배치하고 방탄차로 이동했는데도 산디니스타가 쏜 바주카포에 차량이 폭발하여 사망했다. 이후 니카라과는 아르헨티나 출신 혁명가인 엔리케 고리아란 메를로의 손으로 정권이 넘어갔다.

암살이 세계화되면서 복수와 암살로 뒤얽힌 참혹한 비극이 이어졌다. 그중 터키와 아르메니아의 갈등은 한 세기가 넘게 이어졌다. 공자의 격언 중 "복수의 여정을 시작하기 전 두 개의 무덤을 파라."라는 말이 있다. 그러나 터키와 아르메니아 사이의 깊은 원한은 헤아릴 수 없이 많은 무덤을 낳았다. 아르메니아인은 오스만제국 내의 소수 기독교 민족이었다. 19세기 말경 아르메니아인들은 오랜 세월 이어져 온 폭력과 늘 이등 시민으로 취급받는 부당한 대우에 참지 못하고 자치권을 요구하기 시작했다.

위기를 느낀 오스만제국의 술탄 압둘하미트 2세는 이웃에 있는 쿠르드족을 부추겨 아르메니아인과 싸우게 만들었다. 1894년 쿠르드족과 터키 연합군은 수천 명의 아르메니아인을 죽였다. 2년 후 아르메니아군이 이스탄불에 위치한 오스만 은행을 점령했다. 혼돈의 아수라장 속에서 많게는 1만 명이 넘는 아르메니아인들이 터키 정부를 배후에 업은 터키 군중에게 살해당했다.

제1차 세계대전이 발발하며 상황은 점점 최악으로 치달았다. 터키는 독일과 러시아는 영국과 프랑스와 동맹을 맺었다. 과거 러시아는 자국에 거주하던 아르메니아 소수민족을 박해해 왔으나, 유럽의 전쟁이 격화되자 러시아 황제가 터키 내 아르메니아인에게 지지를 호소하기 시작했다. 이 과정에서 아르메니아인들은 러시아가 승리를 거둘 경우 독립할 수 있을지도 모른다는 희망을 품기 시작했다. 그 당시 터키 청년들은 이스탄불에서 사실상 술탄의 권력을 빼앗은 상태였고 아르메니아인들이 첩자 활동을 할까 봐 걱정하고 있었다. 그 과정에서 아르메니아인이 러시아 편에서 싸웠고, 터키는 굴욕적인 패배를 맛보아야 했다.

이에 터키 정부는 본격적으로 아르메니아 타도 운동에 박차를 가했다. 그 결과 터키 반 지역에서만 5만 명 이상, 트라브존에서 1만 7000명의 아르메니아인이 살해당했고, 그 외 지역에서도 수천 명의 사상자가 발생했다. 설상가상으로 많은 아르메니아인이 불모지에 있는 강제수용소로 대규모 추방되었고 그 과정에서 강간, 살인이 끊임없이 일어났다. 한 독일인 고위 외교관은 터키가 독일과 동맹을 맺기는 하였으나 터키인들은 자국 내 아르메니아인을 몰살하기 위해 혈안이 되어 있다고 말하기도 했다. 일부 추정치에 의하면 60만 명의 아르메니아인이 학살당했고, 강제 이주 과정에서 각종 위험과 고통으로 인해 40만 명이 추가로 더 사망했다고 전한다.

터키의 아르메니아 대학살 당시 탈라트 파샤는 내무부 장관직을 맡고 있었다. 1918년 터키가 처참히 패배하자 파샤는 독일군 잠수함을 타고 베를린으로 피신했지만, 베를린에 있던 것은 파샤만이 아니었다. 터키인들의 무자비한 학살에 어머니와 형제를 잃은 아르메니아 청년 소고몬 텔리리안도 베를린에 살고 있었다. 그는 어느 날 망명 중인 다른 아르메니아인들에게서 네메시스 작전에 대한 소식을 들었다. 집단 학살의 주적을 찾아 암살한다는 계획이 골자인 작전이었다. 어느 날 길에서 파샤를 마주친 텔리리안은 그를 미행하기 시작했다. 1921년 3월 15일, 파샤가 잠깐 밖에 나와 바람을 쐬고 있을 때 텔리리안은 그의 뒤로 다가가 뒤통수에 대고 방아쇠를 당겼다. 주변 행인들이 텔리리안을 붙잡아 제압한 뒤 경찰에 넘겼다. 그러나 재판에서 피고 측 증인들이 대학살 이야기를 들려주고 변호인이 텔리리안은 민족의 복수를 대신해 준 영웅이라고 주장하자 배심원단은 불과 한 시간 만에 무죄 판결을 내렸다. 그해 12월, 강제 이송을 추진한 당시 터키 총리도 로마에서 총에 맞아 사망했다. 1922년 4월, 대학살을 주도한 두 명도 베를린에서 암살당했고 바쿠 지역에서 아르메니아인 학살에 가담한 아제르바이잔인 두 명도 살해당했다.

히틀러는 폴란드 침공 계획에 의심을 품는 이들에게 "누가 아르메니아인을 신경이나 쓰겠어?"라며 귀찮다는 듯 경멸을 표했지만, 실상 대학살은 아르메니아 민족에게는 결코 잊을 수 없는 아픔으로 남았다. 시간이 한참 흐른 1975년 10월, 무장한 아르메니아인 세 명이 오스트리아 빈에 있는 터키 대사관을 습격해 대사를 죽인 사건도 있었다. 이틀 후 프랑스에 파견된 터키 특사도 차에 타고 있다가 총격으로 사망했으며, 1977년에는 바티칸에 있는 터키 대사도 아르메니아 극단주의자들에게 치명상을 입었다.

흐란트 딘크의 사체. 2007년 이스탄불 거리에서 총에 맞아 사망했다.

하지만 암살은 아르메니아인들의 전유물도 아니었고 20세기에 막을 내린 것도 아니었다. 2005년 흐란트 딘크라는 한 미국인 신문 편집장이 아르메니아 대학살에 관해 기사를 썼다. 하지만 이로 인해 딘크는 터키 민족을 폄훼했다는 이유로 체포당했다. 그 후 2007년 1월 19일, 대낮에 사람들로 북적이는 이스탄불 거리에 있는 자신의 사무실 밖에서 한 청년이 쏜 총을 맞고 죽었다. 총격범은 당시 17세였던 오귄 사마스트라는 어린 청년으로, 살인 혐의로 22년 형을 선고받았다. 사마스트를 뒤에서 조종한 극단적 민족주의자 한 명은 종신형을 선고받았다. 그러나 딘크의 유가족은 터키 당국이 배후에 있을 것이라고 주장했다. 2016년에는 경찰청장, 경찰 정보부 고위 관료를 비롯해 34명이 재판에 회부되었다. 하지만 피고 중 다수가 터키의 에드로안 정권에 대항하여 정변을 꾸미고 있다고 의심받았기 때문에 이들을 기소한 이유에 정치적인 의도가 숨어 있다고 생각하는 사람들도 많았다. 3년 후 경찰 정보원 한 명은 딩크 살해 및 다른 테러 행위에 연루되었다는 죄로 99년 형을 선고받았고, 다른 네 명의 피고인은 2년 이하의 징역형을 선고받았다.

✍ 피로 얼룩진 국가들

초국경적 암살에는 큰 비용이 든다. 따라서 트로츠키의 죽음의 배후에 스탈린이 있었을 것이라 짐작하듯 정부가 개입할 수밖에 없었다. 현대에 이르러서는 정부가 암살에 손을 대는 경우가 점점 늘어났다. 1930년대 초, 스탈린 정권은 이미 피로 세워진 상태였다. 러시아 산업을 전면 개혁하겠다는 5개년 계획에 차질이 생기자 대중 선동을 위한 재판을 열었다. 여론 조작용 공개 재판을 통해 1933년 말까지 러시아 붉은 군대 소속 장교 1000명 이상을 숙청하고, 공산당에서 100만 명이 넘는 사람을 쫓아냈다. 한편 우크라이나에서는 집단농장 제도 때문에 수백만 명이 굶어 죽었지만, 스탈린은 소작농에게 남은 식량 한 톨까지 수탈하기 위해 특공대를 파견하고 생산량을 숨겼다는 죄목으로 5000명에게 사형을 선고했다.

상트페테르부르크에 위치한 세계적인 키로프 발레단은 스탈린의 오른팔이던 세르게이 키로프의 이름을 따서 창설되었다. 키로프 역시 1934년 12월 당시 레닌그라드라고 불린 오늘날의 상트페테르부르크에서 암살되었다. 한때 스탈린은 그를 국가 영웅으로 추대하며 발레단뿐만 아니라 온갖 장소와 시설에 그의 이름을 붙였다.

1956년 세르게이 키로프 추모 우표. 키로프는 1934년 수많은 의문을 남긴 채 암살당했다.

키로프는 공산당 본부 건물에서 목에 총을 맞고 사망했다. 암살 사건이 일어난 후 스탈린은 비밀 경찰에 수사를 맡기는 대신 수행단을 이끌고 직접 상트페테르부르크에 방문했다. 사건 발생 후 이틀 만에 레오니트 니콜라예프가 범인으로 체포되었다. 니콜라예프는 러시아 당 역사 연구소에서 해고된 지 얼마 되지 않은 인물로, 당국은 그를 포함해 스탈린의 해고에 불만을 품은 실직자 두 명을 암살 주동자로 지목했다. 하지만 공식 보고서를 살펴보면 여러 군데에서 논리적 구멍을 발견할 수 있다. 수상한 점은 이뿐만이 아니었다. 사건 발생 장소도, 키로프의 목을 관통한 총알 이외에 천장에 꽂힌 다른 총알도 제대로 설명되지 않았다. 가장 수상쩍은 것은 키로프의 경호원이 조사를 받기도 전에 갑자기 교통사고로 사망했다는 사실이다.

이 모든 의심스러운 정황이 스탈린을 가리켰다. 키로프가 자신의 자리를 위협할까 봐 두려움을 느낀 스탈린이 암살을 명령했다는 의심이 이어졌다. 범인으로 지목된 니콜라예프는 비공개 재판을 통해 총살형에 처해졌다. 키로프 암살을 둘러싼 공식 보고서에 호기롭게 의문을 제기한 세 사람도 곧바로 처형당했다. 스탈린이 배후에 있었다는 명확한 증거는 나오지 않았지만 스탈린과 전혀 무관하다는 증거 또한 어디서도 발견되지 않았다. 그리고 스탈린은 암살 사건을 구실로 삼아 무자비한 공포 정치를 선포했다. 이후 소련에서 테러 행위를 계획하거나 실행한 자는 변호인을 선임할 권리도, 판결에 항소할 권리도 박탈당했다. 1934년에 소련 당대회에 참석한 1225명의 대표인 중 1100명 이상이 1년 이내에 체포당했다. 대다수는 심문 도중에, 혹은 시베리아 강제 노동 수용소로 끌려가 사망했으며, 중앙위원회 회원 및 후보자 139명 중 98명이 체포당하거나 총살형에 처해졌다.

스탈린 정권하에서 사망한 수백만 명 중 암살로 사망한 사람은 극히 일부였다. 몇 안 되는 암살 사건 중 스탈린 정권의 거리낌 없는 무자비함과 소름 끼칠 정도의 무성의함이 극에 달한 사건이 있었다. 솔로몬 미호엘스는 유명한 유대인 배우로 모스크바 유대인 국립극장의 예술국장이었다. 1939년에 그는 민중의 예술가라는 칭호를 얻으며 레닌 훈장을 받기도 했다. 제2차 세계대전 도중에는 유대인 반파시스트위원회 일원으로 활동하며 세계 각국에 소련에 대한 지지를 호소했다. 그러나 러시아가 승리를 거둔 후 스탈린의 피해망상은 더욱더 심해져 유대인을 탄압하기 시작했다. 그는 유대인 반파시스트위원회 회원 다수를 반역죄 혐의로 재판에 회부했다. 하지만 미호엘스는 대중 사이에 인기가 너무 높았기에 무작정 재판정에 세우기에는 위험 부담이 너무 컸다. 따라서 1948년 비밀경찰이 은밀하게 그를 처리했다. 사고인 것처럼 위장하기 위해 미호엘스의 사체를 도로에 가져다 두고 트럭으로 친 것이다. 미호엘스의 장례는 국가장으로 치러졌고, 키로프와 마찬가지로 모스크바 유대인 국립극장에 그의 이름을 붙였다. 그러나 1년이 채 되지 않아 스탈린은 극장 문을 닫았고 유대인 박해를 이어 갔다.

수많은 정부에서 주도면밀하게 살인을 저질렀다. 이란의 인권기록관에 따르면 1979년 이란 혁명이 일어난 후 30년 동안 이란 정권은 19개국에서 160건 이상의 암살에 가담했다. 1989년 7월 활동 금지 처분을 받은 쿠르드 정당 대표 세 명이 오스트리아 빈에 있는 한 아파트에서 이란 정부 대표자를 만나기로 약속했다. 이란 측은 일면식도 없는 무장 강도가 갑자기 침입해 쿠르드인들을 향해 총을 발사했다고 주장했다. 이란 측 인사 한 명 역시 다쳤으나 부상의 형태로 보아 쿠르드인 중 한 명이 저항하는 과정에서 생긴 상처로 짐작되었다. 누군가의 머리에 총이 발사되며 실랑이는 끝났다. 경찰은 상처를 입은 이란인과 그의 동료 한 명을 심문하려 했으나 동료는 이미 사라진 후였다. 조사관이 의문투성이인 범인들에 대한 퍼즐을 맞추는 동안 현장에 있던 이란인들은 이미 귀국한 후였고, 추가 조사 후 체포 영장이 발부되기는 했으나 너무 늦었다. 용의자들은 이미 오스트리아 국외로 벗어난 후였으며 부상을 당한 이란인은 이란 국가정보원의 고위직으로 승진했다.

이란 정부의 광범위한 영향력은 샤푸르 바크티아르 전 총리 암살 사건에서도 드러났다. 이란 지도자 루홀라 호메이니는 이슬람 원리주의자 세력이 국가 권력을 장악하는 것을 막기 위해 1979년에 바크티아르를 총리로 임명했다. 하지만 바크티아르는 총리직을 얻은 후 호메이니를 해외로 추방했다. 방해꾼도 사라졌으니 바크티아르는 개혁을 추진했다. 그러나 호메이니가 프랑스에서 돌아오자 그는 시한부 총리로 전락했다. 임기를 마친 후 바크티아르는 이리저리 숨어 다니는 도망자 신세가 되어 프랑스에 몸을 의탁했다. 젊었을 때 그는 프랑스에서 수학하다가 제2차 세계대전에 프랑스군으로 참전한 이력이 있었다. 프랑스에서 이란 정권에 대한 저항 운동을 펼치던 그는 두 차례의 암살 위협에 시달렸지만 가까스로 살아남았다. 그러나 결국 파리 근교에 있는 자택에서 자신의 조수와 함께 칼에 찔려 사망했다. 프랑스 법원은 이란인 두 명에게 징역형을 선고했고, 그중 한 명에게는 무기징역을 선고했다. 검사 측은 해당 사건이 실제로는 이란이슬람공화국의 권력 중앙부에서 꾸민 일이라고 말했다. 무기징역을 선고받은 범인은 16년 후 석방되어 영웅 대접을 받으며 테헤란으로 금의환향했다. 프랑스 정부는 이란 측에 구금되어 있던 프랑스 학자를 풀어 주는 조건으로 거래한 것이 아니냐는 의혹을 전면 부인한 바 있다.

누구도 스탈린 정권을 민주적이라고 생각하지 않는 것처럼, 이란은 정기적으로 선거를 실시하기는 하지만 비선출직 종교 지도자의 막강한 영향력 때문에 민주주의 국가로 분류되지는 않는다. 그러나 민주주의 국가라고 해서 암살을 활용하지 않은 것은 아니었다. 2016년 영국의 리서치 기관인 이코노미스트 인텔리전스 유닛이 중동에서 유일한 자유 국가로 인정한 이스라엘만 해도 국가 건립은 물론이고 그 후에도 암살이 지속적으로 중요한 역할을 수행했다.

제2차 세계대전 당시 폴케 베르나도트라는 스웨덴 외교관은 협상을 통해 독일 집단 수용소에서 1만 1000명의 유대인을 구했다. 그러나 3년 후 그는 공적이 모두 잊힌 채 이스라엘의 극단적인 유대인 조직 레히에 살해당했다. 1948년, 베르나도트는 유대인과 아랍인 사이의 갈등을 끝내기 위해 유엔 측 중재자로 예루살렘을 방문했다. 앞에서 살펴보았듯 극단주의자들은 평화 중재자를 가장 위험한 적으로 여긴다. 9월 18일, 베르나도트는 차를 이용해 유대인 군대가 새로 점령한 서예루살렘을 지나고 있었다. 차 안에는 이스라엘 육군 대위가 동승했으며 수송대의 호위를 받고 있었다. 그가 타고 있던 군 차량이 방향을 바꾸자 갑자기 이스라엘 방위군 제복을 입고 무장한 남성 세 명이 길을 막아섰다. 동승자들은 허겁지겁 서류를 꺼내기 시작했다. 그때 베르나도트가 탑승한 차량으로 한 명이 뛰어와 무작정 자동 소총을 뒷창문 틈새로 쑥 집어 넣더니 베르나도트를 향해 여섯 발을 발사했다. 그와 동행한 전 프랑스 대령이자 국가 훈장까지 받은 전쟁 영웅인 유엔 수석 감시관도 총에 맞았다. 이스라엘 대위가 이들을 재빨리 병원으로 이송했으나 도착하자마자 사망 선고를 받았다.

30년이 지난 후에 레히 일원들은 당시의 총격 사건이 자신들이 저지른 일이라고 인정했다. 레히 지도부에는 이스라엘 총리가 된 이츠하크 샤미르도 포함되어 있었다. 베르나도트는 사망하기 전날, 70년이 지난 지금도 여전히 유대인과 팔레스타인이 논쟁을 벌이고 있는 예루살렘을 국제 기구의 감독하에 둘 것을 제안했다. 대다수 이스라엘 언론에서도 암살 사건을 비판했다. 초대 총리였던 다비드 벤 구리온이 암살 사건을 레히 탄압에 대한 도구로 활용하기는 했지만, 경찰의 후속 조사는 기본도 제대로 갖추어지지 않은 채 끝났고 그 누구도 처벌받지 않고 사건이 종결되었다. 베르나도트가 죽은 지 60년이 지나서 레히가 비밀리에 운영하던 라디오 방송국의 전 진행자는 해당 사건을 옹호하면서 말하길, 암살이 일어나지 않았더라면 이스라엘이 결코 예루살렘을 얻을 수 없을 것이라 주장했다.

한 추정치에 의하면 이스라엘이 건국 초기 70년간 적어도 2700건의 암살 음모에 가담했다고 전한다. 모사드는 이스라엘의 대외 정보 기관으로 가장 뛰어난 지략을 통해 암살 작전을 전개하므로 모두가 두려워했다. 특히 이스라엘은 중동 지역에서 핵 전력을 독점하려 했으며 자국민 이외의 과학자들을 제거 목표물로 정했다. 이란의 과학자 여섯 명이 모사드가 고용한 반이란 단체에게 살해되었다고 전한다. 이집트의 핵 과학자로 이라크에서 일하던 야햐 엘 메스하드도 1980년 파리의 호텔방에서 구타당해 죽은 채 발견되었는데, 모사드가 배후에 있었을 것으로 추정했다.

하지만 메스하드보다 더 유명한 희생양도 있었다.

61세의 캐나다 공학자인 제럴드 불은 장사정포 분야의 세계적인 석학이었다. 그의 꿈은 거대한 대포를 활용해 인공위성을 쏘아올리는 것이었으나, 불이 무기 연구를 시작하자 많은 정부들은 그의 인공위성 사업에 대해서는 관심을 가지지 않았다. 알려진 바로는 이스라엘이 불을 영입하기 위해 수많은 노력을 기울였지만, 불은 이스라엘에 대해 그다지 호감을 가지고 있지 않았기 때문에 자신이 개발한 무기를 사담 후세인에게 팔기로 결심했다. 불이 만든 무기는 핵과 화학, 생물학적 물질을 포탄에 첨가해 이스라엘을 공격할 수 있을 만한 초장거리포였다. 1990년 3월 20일 브뤼셀 근교 부촌에 살고 있던 불은 초인종 소리에 문을 열어 주러 나갔다가 모사드 암살범 세 명에게 머리에 다섯 발의 총알을 맞고 사망했다. 임무를 마친 모사드 일원은 한 시간 후 재빨리 비행기에 탑승해 벨기에를 탈출했다. 그리고 이스라엘 정보원들은 불이 거래 조건을 어겨 이라크인들이 그를 살해했다는 허위 정보를 그 즉시 퍼뜨리기 시작했다.

모사드는 엄격한 행동 강령으로 유명하다. 얼마나 극단적인지 여부와는 상관 없이 절대로 정치인을 겨냥하지 않으며, 모든 암살 작전은 총리가 직접 승인한 후에만 이루어졌다. 실제로 살인 면허가 있었던 셈이다. 모사드는 총살뿐만 아니라 폭탄, 교살, 전기 충격, 독살 등 다양한 방식을 활용했다. 작전은 주도면밀하고 빈틈없이 진행되었다. 요원은 고강도 훈련을 받았고 목표물에 대해 철저히 연구하며 다음 암살 사건에 활용하기 위해 꼼꼼히 분석했다. 모사드에는 대중교통이나 숙박 제공 등 평범한 업무를 처리해 주는 의사, 은행원과 사무 보조원 등의 많은 조력자도 있었다. 또한 모사드에서는 수행한 작전에 대해 대화하는 것이 금지되었다. 어떤 측면에서는 이러한 침묵의 서약 때문에 모사드가 더 큰 두려움을 불러일으킨다.

2010년 두바이 호텔에 설치된 CCTV 영상을 보면 모사드가 얼마나 대담한지 알 수 있다. 목표 대상은 하마스의 무기 공급업자인 마무드 알마부였다. 두바이 당국은 사건 관련자가 스물여섯 명이상이라고 밝혔다. 테니스복 차림의 뚱뚱한 남성과 정장을 입은 여성, 모자를 쓴 남성이 CCTV에 포착되었다. 이들은 위조 여권을 통해 모두 각기 다른 유럽 공항을 통해 두바이로 입국했다. 알마부는 마비 효과가 있는 약물로 호텔 방에서 숨졌다. 영국 정부는 위조 여권 중 여섯 개가 영국 시민의 신원을 무단으로 도용해서 제작되었다는 사실에 분노를 감추지 않았고, 런던에 소재한 이스라엘 대사관에 있던 모사드 소속 고위 공직자를 강제 추방했다.

물론 이스라엘도 암살에서 자유롭지는 못했다. 극우 성향의 이스라엘 관광부 장관이었던 르하밤 제에비는 아랍인과 팔레스타인인을 이스라엘에서 모두 쫓아내야 한다고 주장해 왔는데, 2001년 팔레스타인 무장강도에 의해 한 예루살렘 호텔에서 총살된 채로 발견됐다. 그로 인해 이스라엘과 팔레스타인 사이에 보복 공방이 시작되었다. 팔레스타인인민해방전선PFLP은 이스라엘의 로켓 공격으로 목숨을 잃은 PFLP의 지도자 무스타파 지브리의 목숨값에 대한 보복으로 제에비를 죽인 것이라 주장했고, 이스라엘 측에서는 제에비가 일련의 차량 폭파 사건을 주도했기 때문에 살해당한 것이라고 상반된 주장을 펼쳤다.

미국 역시 적군을 암살하기 위한 준비는 마친 상태였지만 암살을 수행하기까지 이스라엘보다 더 많은 논쟁을 거쳐야 했다. 1975년 제럴드 포드 대통령이 미국 중앙정보국CIA이 암살을 계획하고 있다는 사실을 발설하자 상원은 즉각 처치 위원회를 설치하여 관련 활동을 조사하기 시작했다. 포드 대통령은 CIA가 암살에 가담했다는 사실을 대중에게 공개할 경우 미국의 위상이 타격을 입을 뿐더러 일부 관료가 생명의 위협을 받을 수 있다는 이유로 위원회의 조사 결과를 공표하는 것을 꺼렸다. 정보 기관 관계자들은 위원회가 설립된 지 불과 몇 개월 만에 CIA의 아테네 지부의 국장이 살해됐고 누군가의 생명이 걸린 일이라며 정보 공개에 반대했다. 그러나 처치 위원회 위원들은 정부가 어떤 일을 어떻게 하고 있는지 대중은 알 자격이 있다며 정부의 정보 비공개 요청을 받아들이지 않았다. 위원회는 당혹스러운 자료를 공개하더라도 다른 국가들이 미국의 진술함을 높이 살 것이기 때문에 미국의 위상이 오히려 증진될 것이라고 주장했다.

이후 수많은 이야기가 생겨났다. CIA가 계획한 암살 작전에는 수많은 거물이 포함되어 있었다. 피델 카스트로와 라울 카스트로를 비롯해 체 게바라, 중국 공산당 지도자였던 저우언라이, 콩고 독립 운동을 주도했던 아프리카의 민족주의자이자 초대 콩고 총리인 파트리스 루뭄바 그리고 수차례 정치적 암살을 저질렀지만 미국이 오랫동안 눈감아 준 도미니카 공화국의 우파 독재자 라파엘 트루히요도 명단에 있었다. 암살 대상자는 주로 소련과 밀접한 관계가 있는 좌파 인사였고, 트루히요는 극우주의 성향이 너무도 강해 그에 대한 반발로 좌파 세력이 다시 권력을 잡을지 모른다는 우려에서 제거 명단에 포함되었다.

작전에 사용하는 독특한 암살 수단도 논란을 부추기는 데 한몫했다. 예를 들어 루뭄바 제거 작전에는 독극물이 묻은 치약을, 그리고 피델 카스트로 제거에는 그가 스노클링할 때를 노려 폭탄을 심은 조개껍데기를 사용할 예정이었다. 대다수 CIA 작전은 수포로 돌아갔다. 그러나 루뭄바 작전의 경우 처치 위원회는 미국이 루뭄바를 제거할 계획은 있었지만 1961년 콩고 분리 독립파가 저지른 루뭄바 암살 사건에는 직접적으로 관여하지 않았다고 결론을 내렸다. 같은 해 트루히요 암살 사건과 관련해서 위원회는 미국이 트루히요 반대파에게 무기를 공급하기는 했으나 암살 사건에 직접 가담했다는 증거가 불충분하다고 판단했다. 처치 위원회가 조사한 바에 의하면 CIA는 직접 암살 작전을 수행하기보다는 지역 조직과 거래를 맺는 방식을 선호했다고 한다. 최종적으로 위원회는 전쟁이 아닌 한 암살은 미국의 원칙과 국제 질서, 윤리와 양립할 수 없으며 미국 외교 정책의 수단으로 활용되어서는 안 된다는 결론을 내렸다.

결국 CIA와 관련한 논란에 대해 CIA 고위 관료인 윌리엄 콜비와 제임스 슐레진저가 모든 책임을 떠안고 사직했다. 그럼에도 불구하고 "미국 대통령은 CIA가 꾸미고 있는 일을 얼마만큼 알고 있는가?"라는 여전히 해결되지 않은 질문이 남아 있었다. 특히 CIA에는 혹시 계획이 발각되더라도 미국 정부의 개입을 합리적으로 부정할 수 있도록 업무를 수행한다는 원칙이 있었기 때문에 CIA와 미국 정부 간 관계는 굉장히 복잡하고 정의하기 어려웠다. 아이젠하워 대통령이 한 회의에서 트루히요와 피델 카스트로를 처리한 모습을 보고 싶다고 밝혔고, 루뭄바를 제거하기 위해 강력한 조치를 시행했으면 좋겠다고 촉구한 자료도 남아 있다.

처치 위원회는 명확한 분석을 하기에는 한계가 있었고 암살 활동이 어느 정도까지 알려졌는지, 어느 수준까지 승인을 받은 것인지 명확하게 결론을 내리기가 어렵다고 인정했다. 심지어는 미국 정부 관료들이 대통령에게서 명확한 승인을 받지 않았는데도 암살 계획을 추진했을 가능성도 배제할 수 없다고 덧붙였다. 또한 대통령의 승인을 받았다고 해도 합리적으로 부정할 수 있는 여지가 있기 때문에 특정 상황을 정확히 이해하기가 어렵다고 밝혔다. 어느 쪽이든 처치 위원회는 대통령 선에서 암살 계획을 막을 수 있어야 했다는 입장이었다. 각 대통령이 암살 공모에 대해 얼마만큼 알고 있었든지, 혹은 승인했든지 간에, 대통령은 미국의 행정 수반이자 최고 통수권자로서 미국의 모든 관료들이 수행하는 업무에 대한 최종 책임을 져야만 한다고 주장했다. 1976년, 포드 대통령은 미국 정부에 임용된 모든 근로자는 정치적 암살 행위에 연루되거나 공모해서는 안 된다는 내용의 행정 명령을 발표했고, 이는 1981년 로널드 레이건 대통령 시절에도 다시 한번 공표되었다.

그러나 암살이 '표적 살인'이라는 새로운 용어로 재탄생하면서 포드 대통령의 행정 명령은 힘을 잃었다. 표적 살인이라는 용어는 특히 9·11 테러 공격 이후 널리 사용되기 시작했는데, 처치 위원회가 암살을 "무자비한 방식으로 특정 외국인 지도자를 의도적으로 살해하는 일."이라고 정의했다는 점을 고려할 때 흥미로운 단어 선택이었다. 실제로 일각에서는 도대체 암살과 표적 살인의 차이가 무엇이냐며 반문하기도 했다.

안와르 알아울라키는 미국 시민권자이면서도 미국을 겨냥한 테러 공격과 관련해 알카에다 지도부에 주요 정보를 넘긴 인물로 2011년 미국의 예멘 무인기 공격으로 사살되었다. 이 사건을 암살로 간주할 수 있느냐는 질문에 대해 미국의 전 법무장관인 에릭 홀더는 '암살'이라는 단어 자체에 오해의 소지가 있기 때문에 그 단어를 사용하지는 않겠지만, 여전히 국가가 지원하는 조직적인 살인이라는 점에서는 논의할 부분이 남아 있다고 대답했다. 오바마 행정부는 알아울라키를 표적 살인 명단에 포함시켰지만, 미국 시민자유연합과 미국 헌법권리센터는 그의 아버지의 요청에 따라 미국 정부를 상대로 표적 명단에서 그를 제외시켜 달라는 소송을 제기했다. 담당 판사는 정치인 사건처럼 미국 헌법에 의해 판단을 유보할 필요가 있다는 이유로 일부 의혹을 남기고 사건을 기각했다. 2011년 5월, 알아울라키는 알카에다 수행원 두 명이 사망한 미사일 공격에서 살아남았지만 결국 4개월 후 무인기 공격으로 사망했다. 오바마 대통령은 540건 이상의 무인기 공격을 명령했고, 약 3800명이 사망했다고 추정한다.

2013년에 홀더는 오바마 대통령이 국가 안보에 위협이 되지 않는 선에서 미국의 표적 살인 정책을 공개적으로 지지한다고 말했으며 모든 작전이 미국의 법과 가치에 부합한다고 굳게 믿고 있다고 기록했다. 표적 인물로 분류된 알아울라키 외에도 특정되지 않은 다른 미국 시민권자 두 명도 요주의 인물로서 살해되었다고 언급했으며, 해외에서 거주하는 미국인들 중 극소수가 조국을 상대로 테러 행위를 저지르고 있다는 사실은 안타깝지만 부정할 수 없는 현실이라고 말했다. 또한 홀더는 미국을 상대로 중대한 위협을 가하고 도저히 체포가 불가능한 사람은 미국인이더라도 살해하는 것이 가능하다고 주장했다.

전 미국 법관 에이브러햄 소페어도 표적 살인은 정당방위의 맥락에서 정당화될 수 있으며, 살인으로 규정되는 암살과는 결이 다르다고 주장했다. 처치 위원회가 암살 사건을 규탄했을 때에도 목표물이 단순히 음모를 꾸미던 테러범이 아니라 미국의 국익에 전략적으로 대치되는 행위를 저지른 정치 지도자였다는 점을 강조했다. 소페어는 미국 공직자들은 단순히 국익을 해칠 가능성이 있다고 해서 사람을 죽이지는 않는다며, 국제 무대에서 정당방위로 표적 살인을 행하는 경우는 살인범 진압을 위해 경찰이 어쩔 수 없이 범인을 살해하는 경우와 같다고 주장했다. 다만 표적 살인이 실패로 돌아갈 경우 엄청난 공분을 살 수 있다는 점에서 얻는 것보다는 잃는 것이 더 많을 수 있다고 경고하기도 했다.

반면 미국 시민자유연합은 일말의 법적인 죄책감도 없이 전장이 아닌 곳에서 특정 인물을 겨냥하는 행위는 상당히 위험하다며 우려를 표명했다. 표적 살인은 전 세계를 전장으로 만드는 것일 뿐만 아니라 미국이 세계 각지에 있는 수상한 용의자를 겨냥해 무인기를 배치한다면 다른 국가도 따라 하지 않으리라는 보장이 없다며 불안감을 드러냈다.

✎ 오사마 빈라덴

9·11 테러 발생 10년 후 오사마 빈라덴을 사살한 일은 오바마 대통령이 이룬 최고의 성과 중 하나였다. 빈라덴은 세계에서 가장 악명 높은 테러범일 뿐더러 미연방수사국이 가장 체포하고 싶어 하는 용의자였다. 오사마 빈라덴은 사우디아라비아에서 가장 큰 건설 기업 회장인 아버지의 52명의 자녀 중 열일곱 번째로, 수도 리야드에서 태어났다. 빈라덴은 17세에 다섯 명의 부인과 첫 결혼식을 올렸고 스물여섯 명의 자녀를 두었다. 유복한 어린 시절을 보내고 토목공학 학위를 땄다. 그러나 공부하면서 극단주의 학자인 압둘라 아잠의 주장에 크게 매료된다. 아잠은 모든 이슬람교도가 단일 이슬람 국가를 건설하기 위해 성스러운 전쟁을 일으켜야 한다고 믿었다. 1979년 소련이 아프가니스탄을 침공했을 때 빈라덴은 아잠과 함께 아프간 국경 근처의 파키스탄으로 건너가 자금을 공급하고 소련에 맞서 싸우는 무자헤딘 전사를 지원했다. 또한 저항에 참여할 자발적인 행동대원을 전 세계인을 대상으로 모집했다. 그러다가 소련이 1989년에 철수하자 빈라덴은 사우디로 돌아와 기반, 근본이라는 뜻을 가진 알카에다라는 조직을 새롭게 세우고 상징적인 테러 행위에 집중했다. 1992년 사우디에서 쫓겨난 그는 아프간에 다시 기지를 차리고 "중동 지역에서 벌어지는 모든 악행은 미국의 중동에 대한 야심과 이스라엘의 지원에서 비롯한 것이며 사우디는 이제 미국 식민지로 전락했다."라며 미국을 향해 전쟁을 선포했다.

알카에다는 1997년 이집트 룩소르에서 일어난 관광객 62명을 살해하는 등 서구 세력에 대한 모든 종류의 테러 행위에 자금을 제공했다. 다음 해 케냐와 탄자니아에서 일어난 미국 대사관 폭발 사건으로 220명 이상이 사망했다. 그 후 2001년에 테러범들은 항공기 4대를 탈취해 뉴욕 세계무역센터의 쌍둥이빌딩과 워싱턴에 위치한 미 국방부 본부인 펜타곤 건물에 충돌시켜 3000명 이상이 사망한 9·11 테러 사건을 일으켰다. 미국이 빈라덴을 수색하는 동안 그는 미국을 조롱하는 영상과 음성을 공개했고 끔찍한 테러 공격은 계속 이어졌다. 2002년 발리에서 폭탄으로 인해 200명 이상이 목숨을 잃었고, 2004년 스페인 통근 열차에서 191명이 테러 공격으로 사망했으며, 미국이 주둔하고 있는 아프간과 이라크에도 폭격이 계속되었다.

속수무책으로 공격당하던 중에, 마침내 2010년 말 미국이 반격할 기회를 맞이했다. 빈라덴이 가장 신뢰하는 심복의 전화 통화를 가로챈 것이다. 미국은 아프간 국경에서 약 190킬로미터 떨어진 파키스탄 아보타바드 지역 내에 수풀로 둘러싸여 한적한 파키스탄 군사 요지에서 높은 벽으로 둘러싸인 수상쩍은 건물을 발견했다. 혹은 파키스탄의 전 정보원에게 막대한 보상을 주고 건물에 대한 정보를 빼내 왔다는 주장도 있었다. 하지만 모든 창에 가림막이 설치되어 있었고 벽이 너무 높았기 때문에 안을 들여다보기가 여간 어려운 것이 아니었다. 건물 안에는 통신선도, 인터넷망도 설치되어 있지 않았고 쓰레기조차도 안에서 소각했다. 커다란 금속 보안 검색대가 유일한 입구였다.

CIA가 근처에 안전 가옥을 세우고 비밀 조사에 착수하자, 지역 주민들은 건물 안에서 사람이 나오는 일이 거의 없고 설사 누군가 나온다 하더라도 차를 타고 재빨리 자리를 뜬다고 알려 주었다. 파키스탄 당국이 빈라덴의 거처에 관해 알고 있었는지 확실치 않으나, 해당 건물이 파키스탄의 수많은 군사 시설과 인접해 있었던 것은 사실이다. 하지만 파키스탄 정부가 사실을 인지하고 있었어도 파키스탄에서는 빈라덴을 영웅으로 생각하는 국민이 많았기 때문에 극도로 조심스럽게 접근해야 했을 것이다.

미국은 할 수 있는 선에서 발각되지 않고 건물 위를 날아 사진과 영상을 찍을 수 있는 최첨단 무인기를 투입했다. 정찰기를 통해 한 남성이 건물 내에서 오르락내리락하는 모습을 포착할 수는 있었으나 그 남성이 빈라덴이라고는 확정할 수 없었다. 미국 정부 및 미군에서 건물에 대해 알고 있던 극소수의 사람이었던 오바마 대통령도 후에 빈라덴이라고 확신할 수 있을 확률이 55퍼센트밖에 되지 않았다고 말했다. 이때도 파키스탄 측 정보원이 빈라덴의 신원을 확인할 수 있는 DNA 증거를 제공했다는 주장이 있었다. 이런 모든 점을 감수하고 2011년 5월 2일 칠흑같이 어두운 밤에 미국 대통령은 습격 작전을 승인했다.

아프간에서 차출된 스물네 명의 미 해군 최정예 특수부대 네이비실 요원이 헬리콥터 두 대에 나눠 타고 건물로 이동했다. 초기 계획은 요원들을 건물 내부에 직접 내려 주는 것이었으나 한 대에 문제가 생겨 불시착해야 했다. 남은 헬리콥터도 건물 밖에 요원들을 내려 줄 수밖에 없었다. 결국 요원들은 각자 건물 안으로 들어가야만 했다. 건물 외벽은 물론이고, 빈라덴의 자택을 둘러싼 내벽을 폭파시키면서 뚫고 들어갔다. 빈라덴의 최측근 한 명이 경비초소에서 공격을 개시하자 네이비실은 그와 그의 아내를 죽였다. 요원들은 본채에 들어오자마자 방금 죽인 최측근의 형제를 마주쳤고 그도 사살했다. 빈라덴의 장성한 아들 한 명도 계단에서 마주쳐 즉시 처단했다. 건물 진입 시점부터 빈라덴을 목격하기까지 20분이 소요됐다. 빈라덴은 침실에 피신해 있었고 두 여성이 그를 보호하려 했다. 빈라덴이 총을 맞은 부위와 몇 발을 맞았는지와 관련해서 진술이 엇갈리지만 그가 사망했다는 것만은 확실했다. 파키스탄 당국이 습격 작전에 대해 어느 정도로 알고 있었는지는 여전히 불확실하다.

네이비실이 도착한 지 40분이 지났을 때 빈라덴은 사망했고, 헬리콥터 한 대가 나타나 요원들과 빈라덴의 사체, 관련 문서와 컴퓨터 하드 드라이브를 싣고 현장을 떠났다. 철수 전에 고장난 헬리콥터는 폭파시켰다. 네이비실은 곧 아프간으로 복귀했고, 빈라덴의 사체는 추종자들이 추모할 곳을 마련하지 못하도록 미국 항공모함에 실려 바다에 버려졌다. 그렇다면 이 작전은 암살을 의도했던 것일까? 아니면 그저 빈라덴을 체포하는 것이 전부였을까? 빈라덴 포위 작전을 지휘한 사령관이었던 윌리엄 맥레이븐 해군 대장은 빈라덴을 충분히 생포할 수 있었고 사살하는 것은 원래 목적이 아니었으나 예기치 않게 헬리콥터가 망가지면서 상황이 초기 계획과 다르게 흘러갔다고 말했다. 오바마 대통령도 빈라덴을 생포한 후 재판을 통해 순교자로 포장되는 것을 막을 수 있었다면 좋았을 것이라고 안타까움을 금치 못했다. 하지만 여러 여건상 빈라덴의 지지자가 많은 해외 국가에서 그를 체포해 미국 영토로 이송하는 것은 너무도 큰 위험을 감수해야 하는 작전임은 분명했다.

전 CIA 국장에 따르면 오사마 빈라덴을 제거했을 때보다 2020년 이란 혁명수비대의 수장 가셈 솔레이마니를 처리했을 때 더 큰 후폭풍에 시달렸다고 한다. 당시 대통령은 도널드 트럼프였는데, 솔레이마니가 바그다드 공항에서 무인기 공습에 의해 '암살'되었다는 표현에 크게 화를 냈다고 한다. 솔레이마니를 살해한 것은 미국과 이란 사이에서 수십 년간 반복해 온 보복과 복수 때문이었다. 솔레이마니는 이란 국경을 넘어서 친이란 민병대 활동을 조직한 인물로 그를 죽음까지 몰아간 폭력의 고리는

2019년 말부터 시작되었다. 미국이 부과한 경제 제재로 이란 경제는 최악으로 치달았고 이라크 내 친이란 세력이 미국의 군사 기지를 공격하는 과정에서 미국인 사업가 한 명이 목숨을 잃었다. 사흘 후, 미국은 공격에 가담한 민병대원 스물네 명 이상을 살해하며 즉각 보복했다. 다음 날 시위대가 바그다드에 있는 미국 대사관을 포위하며 입구에 불을 질렀다. 이에 대해 트럼프 대통령은 "계속 이렇게 나올 경우 이란은 엄청난 대가를 치르게 될 것."이라고 트위터에 올렸다. 이에 대해 이란 최고 지도자 아야톨라 알리 하메네이와 관련된 트위터 계정은 "그래도 당신네들은 아무것도 못할걸."이라고 응수했다.

이 모든 내용이 국제 외교라기보다는 놀이터의 유치한 싸움처럼 들릴지는 몰라도, 2020년 1월 3일 새벽 솔레이마니와 다른 이라크 고위급 민병대 지도자가 살해당하며 모든 사람이 웃음기를 잃었다. 초기에 미국은 솔레이마니가 미국 시민들의 생명에 위협이 될 만큼 심각한 공격을 계획하고 있다는 이유를 들어 살해 작전을 정당화했다. 그러나 이러한 주장에 걸맞은 증거를 제시하기가 곤란해지자, 곧바로 노선을 변경해 솔레이마니가 과거 수많은 미국인의 생명을 앗아 갔다는 주장을 펼쳤다. 이에 비평가들은 트럼프 대통령이 의회가 추진하던 탄핵안에서 주의를 분산시키려고 작전을 수행한 것이라며 비난했다.

2019년 11월, 당시 이란은 현 정권에 불만을 품고 대규모 시위가 일어나자 정부가 이를 무차별적으로 진압한 탓에 국론이 심각하게 분열된 상황이었다. 그런데 솔레이마니가 사망하자 정권에 적대적이던 지역을 포함해 수십만 명의 사람들이 국가 영웅과도 같던 장군에게 애도를 표했다. 한편 솔레이마니의 고향에서는 50명이 넘는 조문객이 인파에 깔리는 사고로 사망했다. 이란 지도부는 그의 죽음에 대한 보복을 약속했고 무인기 공습에서 5일

후 이라크에 있는 미군 기지에 미사일을 발사했다. 그러나 누가 보아도 사상자를 최소화하는 선에서 보복을 가한 것이었다. 심지어 이란 외교부 장관은 트위터에 이란은 이미 정당방위에 걸맞은 조치를 완료한 상태라고 언급하며 장기간의 분쟁 속에서 사건을 급히 마무리하려는 것처럼 보였다. 하지만 늘 그렇듯 예기치 못한 상황은 발생하기 마련이다. 이란이 자신들이 할 수 있는 적절한 조치를 완료했다고 한 지 네 시간 만에 테헤란 공항에서 이륙한 우크라이나 항공기 한 대가 추락하며 176명의 탑승객 전원이 목숨을 잃었다. 처음에 이란은 사고일 뿐이라고 해명했으나 사흘 후 항공기를 미국이 쏜 순항 미사일로 착각해 항공기를 요격한 것이라고 인정했다. 이란 정권은 더 거센 반발과 마주하며 더욱 고압적으로 시위를 진압했다. 각 신문과 유명 방송 진행자는 수년간 이란 국민에게 거짓을 보도했다며 사과하기도 했다.

✒ 영상으로 기록되기 시작한 암살

오늘날까지 가브릴로 프린치프가 프란츠 페르디난트 대공을 암살한 직후 체포되는 장면, 그리고 사격 전 차량 행진을 하는 모습이 사진으로 남아 있다. 이런 순간을 포착한 장면은 행동을 일으키게끔 선동하는 데 더할 나위 없이 좋은 수단이었다. 영상으로 남은 최초의 암살 장면은 유럽 군주 가운데 최후로 암살된 유고슬라비아의 알렉산다르 1세 국왕의 기록물이다. 1934년 그는 프랑스를 공식 방문했다가 마르세유에서 생을 마감했다. 1917년에 드라구틴 디미트리예비치의 처형으로 끝난 암살 미수 사건에서 살아남은 알렉산다르 1세는 유고슬라비아의 초대 국왕이 되었다. 권력을 잡은 후 그는 서로 다른 민족을 단일 국가로 통합하려고 애쓰며 민족에 기반한 정당 구성을 금지하는 등 점점 독재자처럼 변해 갔다. 알렉산다르 1세가 마르세유에 도착한 지 겨우 5분이 지났을 무렵, 무장한 남성이 오픈카 발판 위로 뛰어올라 왕과 동승한 루이 바르투 프랑스 외무장관과 운전자를 총으로 쏘아 죽였다. 촬영기사가 결정적인 총격 순간을 포착하지는 못했으나 사건 현장에서 몇 미터 떨어지지 않은 곳에서 알렉산다르 1세의 사체를 근접 촬영하고 아수라장이 된 군중의 모습을 담았다. 마케도니아 출신 분리독립주의자였던 범인도 그 자리에서 자결했다.

그리고 텔레비전이 등장했다. 1960년 10월 12일, 일본의 사회주의 정당 지도자였던 아사누마 이네지로가 TV 토론회에서 발언하고 있었는데 17세 극우파 청년 야마구치 오토야가 갑자기 무대로 난입해 아사누마를 전통 사무라이 검으로 찔렀다. 알렉산다르 1세 암살 사건과는 달리 이번 사건 현장은 카메라에 담겼다.

1960년 한 일본 TV 토론회에서 사무라이 검에 살해당한 아사누마 이네지로.

토론회가 생방송은 아니었지만 그날 저녁 TV에 방영되었다. 아사누마는 마지막 순간까지 아무것도 모른 채 발언을 이어 갔고 그가 왼쪽으로 고개를 돌리자마자 잔뜩 겁에 질린 모습이 느리게 재생되었다. 범인은 체포될 당시 웃고 있었다고 전해진다. 일본 우파의 정치적 살인이라는 오랜 관습을 직접 실행에 옮긴 것이었다. 앞서 살펴본 것처럼 일본 극우 세력은 혁명의 시대에 1931년부터 5년간 활발한 활동을 이어 나가며 일본 총리 셋을 살해하기도 했다. 이네지로를 암살한 후 한 달 만에 오토야는 소년원에 있던 침대보를 찢어 줄로 엮은 후 방에 있던 조명 기구에 목을 매달아 자살했다.

✎ 존 F. 케네디 대통령

생방송으로 중계된 첫 암살 사건의 희생양은 그 자신도 암살범 혹은 암살 용의자였다. 1963년 11월 22일 이후로 수년 동안 사람들은 "케네디 대통령이 암살되었다는 소식을 들었을 때 무엇을 하고 있었는가?"를 안부 인사처럼 물었고, 대다수 사람은 그 시점을 생생히 기억하고 있었다. 존 F. 케네디 대통령 암살 사건은 역사상 가장 큰 반향을 일으킨 사건 중 하나가 되었다. 생을 마감하던 날 케네디 대통령은 민주당에 대한 지지를 호소하기 위해 이듬해 대통령 선거에서 격전지가 될 텍사스를 방문했다. 미국 최연소 대통령인 케네디의 나이는 당시 46세에 불과했고, 영부인인 재클린 캐네디는 재키라는 애칭으로 불리며 젊음과 미의 화신으로 사랑받고 있었다. 케네디는 논란의 중심에 놓인 인종 분리 정책을 종식시킬 민권 법안을 추진하고 있었기에 이 법안을 반대하는 세력에게 공격 대상이 되었다. 따라서 안전상의 이유로 바이런 스켈턴 텍사스 연방민주위원회 위원은 대통령의 댈러스 방문을 적극적으로 말렸다. 텍사스에서 그해 한 해만 하더라도 100여 건의 살인 사건이 발생했기 때문이었다.

하지만 케네디 대통령 부부는 프란츠 페르디난트 대공 부부처럼 방문 계획을 강행했고, 유고슬라비아의 알렉산다르 1세 국왕처럼 오픈카를 타고 이동했다. 존 코널리 텍사스 주지사 부부도 동행했다. 사실 대통령 방문 전부터 텍사스에서는 미국 나치당이 케네디의 얼굴에 "반역죄 혐의로 수배 중."이라는 문구를 넣은 전단지를 여기저기 뿌리고 있었고, 11월 22일 아침에는 텍사스 지역의 극우 신문인 〈댈러스 모닝 뉴스〉에 자칭 미국 진실규명위원회라는 단체가 케네디가 공산주의 동조자라고 비난하는 전면 광고를 실었다. 이 소식을 접한 영부인은 걱정스러운 말을 건넸지만 케네디 대통령은 "나라가 점점 미쳐 돌아가는군."이라고 가볍게 웃어넘기며 대수롭지 않게 여겼다. 그럼에도 불구하고 댈러스에서 대통령 부부는 자동차 행진 도중 열렬하고 따뜻한 환대를 받았다. 한 시간에 약 17킬로미터의 속도로 아주 천천히 이동하며 12시 30분경에 딜리 플라자에 도착했다.

갑자기 총성이 울렸다. 에이브러햄 저프루더는 별다른 의도 없이 8밀리미터 카메라로 자동차 행진을 촬영하고 있었다. 처음 케네디가 가슴을 움켜잡는 장면을 봤을 때는 그가 대중을 상대로 가벼운 장난을 치는 줄로만 알았다. 하지만 이내 곧 케네디가 실제로 다쳤다는 것을 깨달았다. 등과 목, 뒤통수를 누군가 저격했다. 함께 있던 코널리 주지사도 다쳤다. 병원으로 급히 이송되었으나 케네디 대통령은 곧 숨을 거두었다. 목격자들은 텍사스 교과서 보관소 쪽에서 총알이 날아왔다고 진술했다. 경찰은 보관소 건물 6층 창가에서 값싼 소총과 세 발의 탄피를 발견했다. 텍사스 교과서 보관소에서 직원으로 일하던 리 하비 오스월드가 보이지

않았다. 총을 쏜 후 오스월드는 버스를 타고 자신의 하숙집으로
돌아간 뒤 다시 권총을 챙겨서 나왔다. 순찰하던 경찰관이 대통
령 암살범 용의자와 오스월드의 인상착의가 비슷하다는 것을 알
아차렸고 오스월드는 환한 대낮에 수많은 사람들 앞에서 경찰관
을 쏘아 죽인다. 목격자들에 의하면 경찰관과 오스월드가 몇 마
디를 주고받았고 경찰관이 오스월드를 체포할 의도는 없었던 것
으로 보였다고 한다. 무고한 경찰관을 살해한 오스월드는 영화관
안으로 몸을 숨겼지만, 결국 발각되어 실랑이 끝에 체포되었다.
이 모든 과정이 암살 사건 후 8분 만에 벌어진 일이었기에 일부는
수상한 냄새가 난다며 의심을 품기도 했다. 다음 날 오스월드는
대통령과 경찰관 살인 혐의로 기소되었다. 물론 오스월드는 자신
은 순진하게 속은 희생양일 뿐이라며 혐의를 모두 부정했다.

경찰은 오스월드를 11월 24일에 감옥으로 이송하는 도중에
한바탕 소동이 있을 것이라고 언론에 슬쩍 흘렸다. 따라서 방송
국은 이송 장면을 생중계하기로 결정했다. 현장에는 나이트클럽

1963년 11월 22일. 텍사스 댈러스에서 존 F. 케네디 암살 현장.

주인인 잭 루비라는 사내가 있었는데, 그가 갑자기 군중 속에서 걸어나와 오스월드의 복부에 총격을 가했다. 인류 역사상 처음으로 TV로 생중계된 암살 사건이었다. 물론 저프루더가 케네디 암살 사건을 찍기는 했으나 영상이 지나치게 생생하다는 이유로 1975년이 되어서야 촬영본이 TV로 공개되었다. 오스월드도 케네디가 숨을 거뒀던 그 병원에서 최후를 맞이했다. 루비는 재키 케네디가 법정에 서서 증언해야 하는 시련을 겪게 하고 싶지 않아 오스월드를 죽였다고 주장했다.

오스월드 암살 사건이 발생한 이튿날 케네디 장례식이 전 세계에 방영되었다. 50년이 지났지만 세 살짜리 존 F. 케네디 2세가 죽은 아버지가 실린 관을 향해 경례하는 모습은 아직도 많은 이의 가슴을 울린다. 케네디 암살이 담긴 영상이 생방송으로 방영되지는 않았지만 현대 대중매체를 통해 세간의 이목을 주목시킨 첫 암살 사건으로 남았다. 그래서 케네디 암살에 관한 수많은 의심과 질문이 생겨나 지금까지 이어지고 있는 것일까? 일부 사람들은 경찰이 지나칠 정도로 서둘러서 범인을 특정한 것처럼 보였고, 심지어 범인이 심문을 받기도 전에 사망했다는 점을 수상하게 여겼다. 과연 오스월드가 그렇게 먼 거리에서 대통령을 정확히 쏠 수 있었을까? 범인은 총을 세 발 쏘았는데 왜 많은 목격자가 네 번째 총소리를 들었다고 진술했을까? 사건과 관련해 명확히 밝혀지지 않은 부분이 음모론으로 채워질까 봐 우려한 법무부 차관은 케네디 대통령을 안장하기도 전에 다음과 같은 내부 문서를 작성했다. "케네디 대통령 암살 사건을 둘러싼 모든 정보를 국민이 만족할 정도로 전부 대중에게 낱낱이 공개하는 것이 중요하다." 따라서 열흘 만에 새로 취임한 린든 존슨 대통령은 미국 연방 대법원장이 이끄는 워런 위원회를 설치하고 첫 번째 회의를 열었다.

1963년 11월 24일 잭 루비가 리 하비 오스월드를 저격했다. TV로 생중계된 첫 암살 사건이었다.

오스월드는 24세였다. 그의 아버지는 그가 태어나기도 전에 세상을 떠났으며, 오스월드는 마음 하나 붙일 곳 없는 유년 시절을 보냈다. 어머니가 이 남자, 저 남자와 시간을 보내는 바람에 그는 이 집, 저 집을 전전할 수밖에 없었다. 그는 늘 혼자 불만투성이로 지냈고 학교도 자주 빠졌다. 그래도 책은 많이 읽었다고 한다. 열네 살 때 오스월드는 정신과 의사에게 "세상 사람 모두가 싫어요."라고 말했다고 한다. 가벼운 범죄를 저질러 교정 시설에 다녀오기도 하다가 결국 학교를 중퇴했다. 해병대에 입대하여 총기를 다루는 법을 익혔으나 그가 얼마나 사격에 능했는지는 정확히 알려져 있지 않다. 어떤 시험에서는 사격에서 최고 점수를 받기도 했으나 다른 시험에서는 그다지 좋은 성적을 거두지 못하며 시험 결과가 들쭉날쭉했기 때문이다. 오스월드는 군대에서 러시아어를 배웠고 공개적으로 공산주의를 지지하기도 했다. 그리고 두 차례나 군사 재판에 회부된 적이 있었다. 1959년에는 소련으로 떠나 러시아 여성과 결혼했다. 1962년 6월, 오스월드는 과거 행보에도 불구하고 놀랍게도 별 어려움 없이 부인과 어린 딸과 함께 미국으로 귀국했다. 한 직장에 정착하지 못하고 여러 일자리를 전전했고, 반공 단체와 더불어 쿠바 카스트로 정권을 지지하는 단체에도 참여했다. 케네디를 암살하기 몇 개월 전에는 다시 러시아로 돌아가는 것을 고민한 것처럼 보인다. 또한 오스월드는 극우 단체였던 존버치 협회 소속 선전원 한 명을 암살하려고 시도한 것으로 추정된다. 부인에 따르면, 오스월드는 영웅으로서든 악인으로서든 역사에 이름을 남길 만큼 유명해지고 싶어 안달이 났었다고 한다.

수사를 맡은 워런 위원회는 1964년 9월에 26권의 증거 자료와 함께 최종 보고서를 제출했다. 보고서에는 대통령 경호를 담당하는 미국 비밀경호국이 행진 경로에 있는 건물에 대한 사전

점검을 제대로 하지 않았다는 등 국가 기관에 대한 수많은 비판이 담겨 있었다. 위원회는 오스월드가 그저 정치적으로 불평 불만이 많았던 패배자일 뿐이고, 암살도 그의 단독 소행이라고 결론 내렸다. 다만 그의 범행 동기에 대해서는 명확히 단정지을 수 없다고 발표했다. 대통령 암살이라는 초유의 사건이 끔찍하기는 했으나, 미국 사회에 만연한 사회적 병폐를 상징한다거나 케네디가 정치적 음모에 의해 희생된 것이 아니고 우발적으로 발생한 일회성 사건이라는 점은 미국에 안도감을 안겨 주었다.

하지만 이후에도 다양한 음모론이 사라지지 않고 계속되었다. 러시아는 케네디가 극우주의자들에게 살해되었다고 믿었고,

1963년 3월, 케네디 암살 사건 발생 8개월 전 텍사스 댈러스에서 소총을 든 리 하비 오스월드.

미국에서는 러시아를 비롯해 카스트로 지지자 혹은 극우 세력, 심지어는 CIA와 마피아까지 케네디 암살의 배후로 거론되었다. 일부 사람들은 오스월드가 세상을 휩쓴 암살 사건을 일으켰다기에는 너무나도 보잘것없는 인물이라서 그를 진범으로 인정하기를 꺼렸다. 그럼에도 불구하고 대다수 미국인은 워런 위원회가 처음 보고서를 발표했을 때 결과를 순순히 받아들였다.

하지만 그 이후 1970년대 초 워터게이트 사건이 터지며 정치인에 대한 신뢰가 바닥을 쳤다. 저프루더의 영상이 마침내 방송된 후 의회는 케네디의 죽음에 관해 재조사하기 시작했다. 1979년, 미 하원 암살 조사 특별위원회는 오스월드가 범인이라는 결론에 대해서는 동의하면서도 네 번째 총격이 있었을 가능성도 배제할 수 없다는 의견을 냈다. 다만 누가 이 사건을 책임질 것인가에 대해서는 명확한 입장을 표명하지 않았다, 덧붙여 일부 전문가들은 사건 발생 장소인 딜리 플라자에 메아리 현상이 일어나 사람들이 실제 몇 발의 총소리를 들었는지 정확히 분간하기가 어렵다고 주장했다. 그러나 결정적으로 특별위원회는 케네디 대통령이 '음모론'에 희생되었을 '가능성'이 있다고 결론지었다. 정확히 누가 가담했는가에 관해서 언급한 바는 없지만, 대신에 러시아, 카스트로, 반카스트로 단체, 미국 비밀경호국과 조직 범죄단 등 연루 가능성이 없는 이들에 대한 길고 긴 명단을 작성했다.

여기서 끝난 것은 아니었다. 잭 루비가 남아 있었다. 그는 처음에는 오스월드에 대한 살인 혐의로 사형을 선고받았으나, 항소심에서 판결이 뒤집혔다. 워런 위원회 앞에서 루비는 자신이 영부인을 증언대에 세우지 않기 위해 암살을 저질렀다는 동기 이외에 다른 동기가 또 있다고 암시하는 듯한 발언을 했다. 호기심을 자극하는 발언에 대해 워런 위원장은 그답지 않게 시큰둥하게 넘겼다. 1967년, 루비는 폐암 진단을 받은 후 한 달 만에 55세로 복역 도중에 사망했다. 재심을 기다리던 그는 누군가가 자신에게 암세포를 주입했다고 굳게 믿고 있었다. 워런 위원회는 루비가 수상한 거래에 가담한 것은 맞지만, 그가 조직 범죄와 연관이 있다는 주장에 대해서는 아니라고 단호하게 선을 그었다.

오늘날까지도 1000여 권이 넘는 도서가 쏟아지며 케네디 암살에 대한 음모론이 여전히 건재함을 알 수 있다. 암살 사건이 발생한 지 54년이나 흐른 후 공개된 미국 정부 문서도 있다. 2017년 오스월드가 소련의 주요 안보 및 정보 기관이었던 소련 국가보안위원회에서 방해 공작과 암살을 담당하는 고위 공직자와 접촉했다는 사실이 새롭게 알려졌다. 또한 잭 루비가 FBI 정보원에게 케네디가 차를 타고 댈러스를 이동할 때 "불꽃놀이를 보라."라고 말했던 것과 FBI가 댈러스 경찰에게 오스월드를 노리는 자가 있다고 경고했다는 것이 추가적으로 공개되었다. 흥미롭게도 트럼프 대통령이 국가 안보에 되돌릴 수 없는 심각한 해악을 끼칠 수 있다는 이유로 암살 사건과 관련된 그 밖의 수백 건의 문서에 대한 공개를 직전에 막았다고 한다.

영화배우 뺨치는 외모와는 달리 존 F. 케네디 대통령은 척추 질환 및 부신 이상을 비롯해 다양한 병을 달고 다니던 종합병원이었다. 따라서 1964년에 재선에 성공했더라도 케네디가 두 번째 임기를 끝까지 채울 수 있었을까 우려하기도 했다. 케네디의 암살로 의회가 사력을 다해 막고 있던 민권법 제정은 급물살을 타기 시작했다. 차기 대통령이었던 린든 존슨은 민권법 제정이야말로 케네디가 남긴 유산을 가장 명예롭게 기리는 일이라고 주장했고, 1964년에 마침내 민권법이 통과되었다. 이뿐만 아니라 케네디가 생전에 열정을 보인 우주 사업도 그 이후 추진력을 얻어 1969년에는 케네디의 오랜 꿈이었던 인류 달 착륙이라는 결실로 이어졌다. 케네디가 살아 있었다면 존슨처럼 곤혹스러운 베트남

전쟁을 계속했을까라는 질문에는 답을 내리기 어렵다. 그러나 한 가지 명확한 점은 1963년 11월 22일 댈러스에서 암살범이 쏜 총알로 숨을 거두긴 했지만, 수많은 불륜 스캔들에도 불구하고 케네디는 순수함이 남아 있던 황금기를 이끈 대통령으로 우상처럼 남았다는 것이다. 재임 시절 케네디가 이룬 업적은 그리 많지 않지만, 케네디 부부는 그들의 매력이 새로운 대중 매체와 결합되며 연예인처럼 유명세를 타기 시작한 첫 대통령 부부였을 것이다. 미국의 평범한 시민들은 케네디 가족을 실제로 아는 것처럼 친밀하게 느꼈다.

✎ 마틴 루서 킹

존 F. 케네디의 민권 개혁에 앞장선 핵심 지지자 중 한 명이 마틴 루서 킹이었다. 마하트마 간디가 보여 준 비폭력 저항 운동에 깊이 감명받은 킹은 미국 내 인종차별 종식을 위해 비폭력 시위 운동을 활용하길 원했다. 아버지를 따라 목사가 된 킹은 1955년 20대 중반에 앨라배마 몽고메리에서 인종차별 반대 시위를 전개했다. 킹은 버스 승객의 인종 분리 정책에 반대하며 1년 넘게 지역 버스 회사를 상대로 보이콧을 벌인 흑인들에게 힘을 실어 주었다. 다음 해 킹의 집은 쿠 클럭스 클랜KKK에게 공격당했다. 1958년에는 뉴욕 할렘에서 책에 서명해 주고 있을 때 한 흑인 여성이 편지 칼로 킹의 가슴을 찔렀다. 후에 킹은 칼이 심장에 너무 가까워서 재채기라도 했으면 큰일 날 뻔했다고 말했다. 가해 여성은 정신 질환자 수감 시설에 송치되었다. 킹이 계속해서 반인종차별 운동을 전개하자 그를 노리는 공격 또한 이어졌다. 1963년에는 그의 모텔 방과 형제의 집에 폭탄 투척이 시도됐고,

이듬해에는 최연소 노벨 평화상 수상자가 되지만 그가 빌린 바닷가 근처의 작은 집에는 수많은 총알이 박혔다.

그 후로 킹은 베트남 전쟁과 미국 내 빈곤에 대해 강하게 비판하며 시위 범위를 점차 넓혀 갔다. 1968년 멤피스 시에서 흑인 노동자들이 위험한 작업 환경과 백인 동료보다 낮은 임금에 시달리는 것에 저항하며 파업 시위를 벌였다. 수많은 살해 위협에도 불구하고 킹은 이들을 지지하기 위해 4월 3일 멤피스 시에 직접 방문했다. 그날 밤, 그는 자리를 빼곡히 채운 대중에게 자신의 가장 유명한 연설 한 편을 전했다.

"여기 계신 분들처럼 저도 오래 살고 싶습니다. 오래 살 수도 있겠죠. 하지만 지금의 저는 오래 사는 것에는 관심이 없습니다. …… 저는 약속의 땅을 보았습니다. 아마 저는 여러분과 약속의 땅에 함께 갈 수 없을지도 모릅니다. 그러나 오늘 밤 제가 여러분께 꼭 말씀드리고 싶은 것은 우리는 모두 함께 약속의 땅에 갈 것이라는 점입니다. 오늘 밤 더없이 행복합니다. …… 이제 누구도 두렵지 않습니다. 저의 눈은 오로지 다시 이 땅을 찾아오시는 주님의 영광을 바라볼 따름입니다."

그날 저녁 6시, 킹은 멤피스 시에서 드물게 흑인에게 우호적이었던 로레인 모텔에서 체크아웃하는 길에 총에 맞아 사망했다. 경찰은 사건 현장 근처에서 소총 한 자루와 제임스 얼 레이라는 인물의 지문이 검출된 개인 소지품 몇 점을 발견했다. 레이는 40세 남성으로 범죄에는 그다지 능하지 못했던 잡범인데, 감옥에서 탈출해 도주하고 있었으며 ㄴ로레인 모텔에서 한 구역 떨어진 하숙집에서 머물고 있었다. FBI는 그가 화장실 창문에서 킹을 저격한 것으로 추정했으나 사실 킹에게 치명상을 입히기에 레이의 하숙집은 그다지 적합한 장소가 아니었다. 만약 FBI의 주장이 옳다면 저격수조차도 쉽지 않은, 손에 꼽을 만한 성공적인 원거리 암살 사건으로 남을 것이었다. 레이와 함께 수감된 동료 재소자에 따르면 레이가 TV에서 킹 목사를 볼 때마다 격분하며 "내가 밖에 나가기만 하면 저 인간을 기필코 죽이고 말 것이다."라고 맹세했다고 한다. 레이를 비롯해 킹 암살 음모에 관련하여 몇몇 사람에게 연방 체포 영장이 발부됐고, 레이는 6월 8일 런던 히스로 공항에서 잡혔다.

수만 명의 사람들이 킹의 빈소를 찾았다. 그리고 킹이 암살된 지 일주일 후, 멤피스에서 파업을 벌이던 흑인 노동자들도 임금 인상과 노동 조건 개선을 약속받으며 파업을 끝냈다. 1969년 3월, 레이는 유죄를 인정함으로써 99년 형을 선고받아 사형은 피했다. 다만 변호인과 검사 양측에서 그가 단독 범행을 저질렀다는 데 동의하자 벌떡 일어나서 강력하게 항의했다. 사흘 후, 그는 판사에게 자신의 자백을 철회하겠다며 서한을 보냈다. 리 하비 오스월드와 마찬가지로 레이는 자신이 아무것도 모르는 희생양일 뿐이라고 주장했고, 존 F. 케네디 암살 사건 때와 마찬가지로 킹 목사의 암살을 둘러싸고 무수한 의심과 음모론이 쏟아지기 시작했다. 레이는 영국에서 잡히기 전에 캐나다와 포르투갈을 방문했다. 사실상 수중에 재산이라고는 땡전 한 푼 없었으나 약 9000달러를 사용한 것으로 추정된다. 이 큰돈이 어디에서 나온 것일까? 레이는 라울이라는 이름을 가진 의문의 금발 쿠바인이 자금을 대 주었다고 주장했다. 총을 사 준 것도, 하숙집을 구해 준 것도 모두 라울이라고 했다. 라울 혹은 라울의 공범이 킹에게 총격을 가했고, 자신의 지문이 묻은 총을 버렸다고 진술했다. 하지만 라울이라는 인물은 어디에서도 찾을 수 없었다.

의심스러운 정황은 또 있었다. 레이의 지문이 나온 총에서 발사된 총알과 킹이 맞은 총알이 일치하는지 명확히 확인된 바가 없었다. 모텔 반대편 수풀에서 도망치는 수상한 자를 봤다고

312

말한 목격자들도 있었다. 하지만 이 인물 역시 전혀 발견된 바가 없었다. 사실 FBI는 인권 운동을 벌이는 마틴 루서 킹을 탐탁치 않게 여겼다. 에드거 후버 FBI 국장은 킹을 미국에서 가장 악명 높은 거짓말쟁이라고 부르며 그가 공산주의자와 친분이 있다고 주장했고, 일부 FBI 요원들은 킹의 죽음을 축하할 지경이었다. 1964년, FBI는 킹이 많은 여성과 간통하는 영상을 가지고 있다며 스스로 목숨을 끊지 않으면 영상을 공개하겠다고 협박한 적도 있었다. 킹이 자신의 운명을 좌우할 멤피스에 도착했을 때도 원래는 그를 경호하기로 흑인 형사 두 명이 배치되어 있었다. 그런데 킹이 도시에 도착하자마자 전 FBI 요원이었던 멤피스의 경찰국장이 둘을 다른 업무에 배치한다. 1979년, 미 하원 암살조사 특별위원회는 증거 자료를 검토한 후 레이가 킹을 쏜 것은 사실이지만 레이와 그의 두 형제 사이에 모종의 음모가 존재했을 가능성이 있다고 결론지었다. 그러나 두 형제에 대해서는 기소한 적이 없었다. 그리고 범행 동기는 이미 숨을 거둔 부유한 백인 우월주의자 두 명이 킹에게 내건 막대한 현상금을 노린 것이라고 발표했다. 또한 위원회는 킹이 암살당한 직후에 음모론에 대한 증거 자료를 충분히 조사하지 못한 점에 대해서 유감을 표했다.

동시에 다른 음모론도 하나둘씩 생겨났다. 예를 들어 레이와 KKK 사이의 연관성을 제시하는 자료를 근거로 KKK가 배후에 있다는 주장도 있었고, 흑인 빈민가에서 폭동을 일으켜 다가올 대통령 선거에서 보수당이 유리하게 만들기 위해 극우 세력이 킹을 암살했다는 주장도 등장했다. 킹 목사가 암살된 이후 100개가 넘는 도시에서 심각한 시위가 벌어졌고, 공화당 주자였던 리처드 닉슨이 차기 대통령으로 당선되었다.

마피아의 주력 사업인 폐기물 처리에 킹이 문제를 제기하자 죽여 버렸다는 주장도 있었다. 심지어 미국 정부가 킹의 살인을

마틴 루서 킹이 암살된 후 100개 이상의 도시에서 폭동이 벌어졌다. 워싱턴에서 시위로 망가진 건물.

청부했다는 주장도 있었다. 킹의 유가족은 당연히 레이를 진범으로 인정하지 않았고, 1998년 로이드 자워스라는 남자와 밝혀지지 않은 공모자들을 상대로 민사 소송을 제기했다. 자워스는 레이의 지문이 묻은 소총과 소지품이 버려진 하숙집 건물 1층에 식당을 소유하고 있었다. 그는 방송에 나와 마피아와 연관된 멤피스의 한 사업가가 킹 목사 암살을 설계하라며 10만 달러를 건넸고, 그 사람이 현장에서 죽은 멤피스 경찰관이라고 말한 적이 있었다. 그러나 대다수 사람은 그가 돈이나 벌어 볼 속셈으로 이야기를 꾸며 낸다고 생각했다. 그럼에도 불구하고 배심원은 자워스가 킹의 죽음에 일정 부분 관여했다는 사실을 찾아냈다. 더불어 정체불명의 정부 기관도 연루되어 있다고 덧붙이며, 유가족에 대한 배상금은 지급하지 않아도 된다는 판결을 내렸다. 법무부가 자워스를 조사했으나 그는 계속해서 상충되는 진술만 늘어놓았다. 법무부는 킹 암살 사건과 관련한 증거는 부정확하고 불완전한 정보

혹은 입증되지 않은 추측으로만 이루어졌다며, 사건을 둘러싼 음모론 중 어느 것 하나 제대로 검증을 통과할 만한 것이 없다고 판단했다. 자워스는 2000년에 세상을 떠났다.

2년 후, 플로리다의 한 목사가 자신의 아버지인 헨리 클레이 윌슨이 KKK 회원이자 레이의 지인이었고 다른 KKK 회원 셋과 함께 킹을 암살했다고 발표했다. 윌슨은 이미 1990년에 사망한 상태였고 레이도 1998년 세상을 떠나며 그가 숨기고 있었을지도 모르는 비밀도 영원히 함께 잠들었다. 킹의 부인은 킹의 죽음을 비극적이라고 설명하며 미국은 킹에 대한 암살에 관한 진실을 한 번도 제대로 밝힌 적이 없다고 말했다.

🔪 로버트 케네디

존 F. 케네디의 남동생, 미국에서 바비 케네디로 더 잘 알려진 로버트 케네디는 마틴 루서 킹이 암살되었다는 소식을 접하자마자 두 손으로 머리를 감싸며 "신이시여, 도대체 이 야단법석이 언제쯤이면 멈출까요?"라며 통탄을 금치 못했다고 한다. 그리고 나서 대중을 휘어잡는 연설 솜씨로 현재 미국에서 일어나고 있는 폭력 사태는 인간성과 우리가 일구어 놓은 문명을 해칠 뿐이고, 영화나 방송에 나오는 살인을 지나치게 미화하는 경향이 있다고 우려하면서 폭력이 계속되어서는 안 된다고 강력하게 호소했다. 그는 사람들이 무기를 구하는 일이 너무나도 쉽다며 문제를 제기했고, 빈곤층에게 가해지는 제도의 폭력과 피부 색이 다르다는 이유로 인간 대 인간의 관계를 무너뜨리는 현 상황을 비판했다. 그 두 달 후인 1968년 6월 5일 새벽 12시 10분, 로버트 케네디는 캘리포니아주 민주당 대선 예비 선거에서 거둔 승리를 축하하고 있었다. 베트남 전쟁으로 미국이 극심히 양극화되자 당시 대통령이었던 린든 존슨이 재선 포기 의사를 밝힌 뒤였다. 민주당 후보 지명 경선에서 휴버트 험프리 부통령에 비해서는 여전히 뒤처진 상황이었지만 대부분이 로버트 케네디의 승리를 예견하고 있었다. 로스앤젤레스 호텔에서 승리 축하 연설을 한 후 그는 호텔 부엌을 지나 기자회견장으로 이동하고 있었다. 기자와 지지자들이 한데 얽혀 인산인해를 이루었고 그는 지나가며 사람들과 악수를 나누고 있었다. 많은 사람이 북적이는 와중에 갑자기 한 남성이 나타나 총 여덟 발을 쏘아 댔고 로버트 케네디가 바닥으로 쓰러졌다. 그 외에도 다섯 명이 총상을 입었으나 모두 살아남았다. 그는 힘겹게 목소리를 내어 "다른 사람들은 모두 괜찮은가?"라고 질문했다. 그 자리에 있던 한 천주교 신자가 그를 위해 종부성사를 해 주었다. 케네디는 재빨리 병원으로 옮겨졌지만 26시간 만에 숨을 거두었다.

총을 쏜 범인은 24세의 팔레스타인 청년 시르한이었다. 그는 팔레스타인이 이스라엘 건국으로 삶의 터전을 빼앗기는 모습을 직접 보았다. 시르한은 열세 살이 되던 해에 미국으로 건너왔고, 식료품 가게 배달원이나 일용직 노동자로 여러 잡일을 하며 살았다. 남들 눈에는 보잘것없어 보였지만, 한 경찰관은 시르한이 지금까지 심문한 용의자 중 가장 영리하고 똑똑한 사람이라고 평가하기도 했다. 시르한은 원래 경마 기수가 되고 싶어 했으나 어느 날 말에서 떨어지는 바람에 머리를 크게 다쳤고 기수의 꿈도 포기했다. 그 후로 성격도 변했다고 한다. 혼자 있는 시간이 늘었고 성격도 내성적으로 변했으며 점점 오컬트에 빠져들었다. 1968년 3월, 시르한은 총을 장만했고 일기장에 계속해서 로버트 케네디가 6월 5일 이전에 죽어야 한다고 썼다. 6월 5일은 아랍인들이 이스라엘에게 처참히 패배했던 6일 전쟁의 1주기였다. 시르한은 이

On May 7,
Indiana can choose
the next President of the
United States.
Make your vote count.

Kennedy for President Committee
2000 L. STREET · WASHINGTON, D.C. · CHAIRMAN, JOSEPH GARGAN · TREASURER, HELEN KEYES

1968년 불운으로 끝난 로버트 케네디의 대선 운동 전단지.
내용: 5월 7일, 인디애나 시민들은 미국의 다음 대통령을 직접 뽑을 수 있습니다. 당신의 소중한 한 표를 행사하세요.

스라엘을 지지한 로버트 케네디에게 원한을 품었던 것이다. 6월 4일, 그는 거사를 앞두고 가볍게 사격 연습을 마친 후 케네디가 있다는 호텔로 갔다. 평소에 술을 마시지 않았지만 그날은 칵테일을 4잔 들이켰고 그 이후로는 기억을 잃어버렸다고 진술했다. 다만 최면 수사 도중 커피를 마시자고 한 젊은 여성을 만나 함께 부엌으로 이동했다는 사실을 기억해 냈다.

재판에서 시르한은 지난 20년간 품고 있던 원한으로 로버트 케네디를 죽였다고 시인했다. 살인죄가 인정되어 가스실 처형이 확정되었지만, 사형 집행 전에 캘리포니아에서 사형제를 폐지하는 바람에 사형은 면할 수 있었다. 사실 로버트 케네디도 평범한 정치인이었다. 조지프 매카시 상원의원이 벌이던 반공 마녀사냥에 열성적으로 지지를 표명하기도 했고, 불륜에 휩싸인 적도 한두 번이 아니었다. 그럼에도 불구하고 형인 존 F. 케네디와 마찬가지로 미국 전역을 큰 슬픔과 안타까움에 빠뜨렸다. 많은 이가 그가 분열된 미국을 다시 통합해 줄 만한 인물이라고 여겼고, 성장의 과실을 누리지 못했던 소외 계층을 위해 더 나은 미래를 보장해 줄 정치인이라고 믿었다. 그의 죽음은 희망의 종말을 알리며 리처드 닉슨 정권의 부패한 권력으로 이어졌다. 그나마 희소식은 범인이 누구인지 명확하게 알고 있다는 것이었다. 시르한은 수십 명의 목격자 앞에서 명백한 증거와 함께 현장에서 검거되었다.

그런데 수많은 의문이 즉각 수면 위로 떠올랐다. 부엌에서 열세 발이 발사되었다는 증거가 나왔으나, 여덟 발만 시르한이 쏜 것이었다. 검시관은 케네디를 맞춘 모든 총알이 그의 등쪽에서 발사되었으나, 특히 오른쪽 귀 뒤에 입은 치명상은 두개골에서 불과 1인치 내의 거리에서 조준된 것이었다고 보고했다. 하지만 모든 목격자는 시르한이 케네디의 앞에 서 있었고 둘 사이의 거리가 분명히 90센티미터 이상이었다고 이구동성으로 말했다. 저명한 범죄학자 또한 군중 속 생존자들이 맞은 총알 중 한 발이 케네디의 목에서 제거한 총알과 일치하지 않는 것이 확실하다며 자신의 진술에 대해 선서까지 했다. 동시에 탄도학 전문가 집단도 총을 든 또 다른 이가 현장에 있었다는 가능성을 제시했다. 한편 현장에서 땡땡이 원피스를 입은 풍채 좋은 젊은 여성이 부엌에서 나와 "우리가 케네디 의원을 죽였다."라고 소리를 지르며 뛰어다니는 것을 봤다는 보고도 여러 건 있었다. 또한 경찰이 사람들에게 해당 여성을 보지 못했다고 진술하라고 협박했다는 이야기도 있었다. 일부 목격자들은 제복을 입은 경호원이 케네디의 등 뒤에서 권총을 꺼내는 모습을 본 것 같다고 말했다.

만약 시르한이 아닌 다른 누군가가 대선 후보였던 케네디를 죽였다면 그 동기는 무엇이었을까? 극우 세력이 유력한 배후 중 하나였다. 한 언론 매체가 조사한 바에 의하면, 사건 당일 밤 CIA의 반카스트로 비밀 작전 요원 셋이 호텔에 있었고, 그중 한 사람이 으스대며 "난 염병할 존 F. 케네디 놈을 처리했을 때도 댈러스에 있었고 그 동생 놈을 처리했을 때도 로스앤젤레스에 있었네."라고 말했다고 전해진다. 이외에도 CIA가 시르한에게 최면을 걸어 케네디를 저격하게 만들었기 때문에 시르한이 당시 상황을 기억하지 못한다는 가설도 있었다. 조직 범죄단도 빠지지 않았다. 로버트 케네디는 법무장관 시절 조직 폭력배 소탕에 열을 올렸고 시르한이 지하 조직과 연결되어 있다는 소문이 떠돌았다. 시르한이 범죄 단체가 운영하는 경마장에서 일한 적이 있고 그의 변호인 중 한 명도 과거 마피아 핵심 단원이었다는 것이다. 후에 시르한은 자신의 변호인을 믿지 못하겠으며, 유죄를 선고받기 위해 애쓰는 것 같다며 불평을 토로했다. 2018년에 로버트 케네디 암살 50주기가 다가오자 아들 로버트 케네디 주니어는 아버지를 죽인 범인은 여전히 종신형으로 복역하고 있는 시르한이 아니라고 확신한다며, 처음부터 새롭게 진상을 조사해 줄 것을 요구했다.

✎ 관종들이 저지른 암살

앞서 언급했듯 존 F. 케네디는 연예인과 같은 명성을 누렸던 첫 대통령이었다. 현대로 접어들며 유명 인사나 연예인이 새로운 암살 목표물로 떠올랐다. 유명 인사를 암살함으로써 암살범은 그의 인기에 편승하여 좋든 나쁘든 유명세를 누릴 수 있었다.

첫 연예인 희생자 중 한 명은 영화배우이자 논란이 많은 영화 감독인 로만 폴란스키의 아내였던 샤론 테이트였다. 1968년 개봉한 폴란스키의 논란작 〈악마의 씨〉는 악마에게 겁탈당한 여성이 악마의 아기를 낳는다는 내용이었다. 샤론 테이트도 〈악마의 눈〉이라는 공포 영화에서 미모의 마녀 역할을 직접 연기하기도 했다. 〈악마의 씨〉가 개봉된 지 1년쯤 지난 1969년 8월 9일, 26세의 샤론 테이트는 임신 8개월 중반을 넘긴 임산부로 커피 회사 상속녀, 헤어 스타일리스트 등 친구 넷과 함께 로스앤젤레스 집에서 평화로운 한때를 보내고 있었다. 런던에서 작업 중이던 폴란스키는 집을 비운 상태였다. 이들은 순식간에 총과 칼, 끈으로 잔인하게 살해되었다. 다음 날 밤 로스앤젤레스에 살던 다른 중산층 부부도 비슷한 방식으로 집에서 살해되었다. 살해 현장의 벽에는 '더러운 것' 그리고 '헬터 스켈터'라는 단어가 피로 쓰여 있었다. 맨슨 패밀리라는 범죄 집단에 속한 청년 둘과 젊은 여성 셋이 범인이었다.

잡범이었던 찰스 맨슨은 34세가 되던 해 캘리포니아 사막에서 사람들을 불러모아 범죄 조직을 꾸렸다. 맨슨은 자신을 예수

또는 사탄이라고 칭하며 약물에 대한 접근권을 가지고 권력을 행사하고 누가 누구와 성관계를 맺어야 하는지 정해 주는 등의 기행을 보였다. 맨슨 패밀리의 일원 하나는 "난 악마이고 여기에 악마의 일을 행하러 왔다."라고 공표하기도 했다. 맨슨은 모두가 서로의 일부분이기 때문에 살해하는 것도 자신의 일부를 지워 버리는 것과 같다는 현학적인 헛소리를 내놓았다. 맨슨은 미국에서 백인과 흑인이 벌이는 인종 전쟁 때문에 곧 종말이 올 것이라고 확신했고, 이런 상황을 혼란이라는 뜻이 담긴 가수 비틀스의 요란하고 씁쓸한 사랑 노래인 〈Helter Skelter〉에 빗대어 묘사했다. 맨슨은 이 노래가 비틀스가 자신에게 보내는 비밀 메시지라고 주장했다. 또한 그는 엘리자베스 테일러, 프랭크 시나트라나 톰 존스 등 수려한 외모를 가진 사람들을 죽이는 상상을 했다. 샤론 테이트 살인 사건에 참여한 한 여자 회원은 영화배우를 보고 진열장의 마네킹과 같다며 무시하는 발언을 했지만, 실제로 샤론 테이트와 친구들은 그저 운이 없었을 뿐이었다. 맨슨은 음악적인 열정이 남달리 강했지만 프로듀서가 계속해서 음반 계약을 퇴짜놓아 앙심을 품었다. 그런데 그가 예전에 살던 집에 하필 샤론 테이트가 살게 되면서 안타깝게도 맨슨 패밀리에게 희생당한 것이었다. 맨슨은 가수로 성공하지는 못했으나 앨범 발매를 한 적도 있고, 가수 비치 보이즈가 그의 노래 하나를 녹음하기도 했다.

샤론 테이트 사건에 대한 재판은 각종 언론에서 자극적인 보도 경쟁을 벌이며 사람들의 이목을 끌었고, 범인 다섯 명은 모두 사형 선고를 받았다. 맨슨은 총 열 건에 대한 살인 혐의로 유죄 판결을 받았지만, 다른 한편에서는 맨슨 패밀리가 저지른 살인이 최소한 35건은 된다고 주장하기도 했다. 그러나 1972년 캘리포니아 대법원이 사형 제도가 헌법에 어긋난다며 폐지했고, 시르한처럼 맨슨 패밀리 일원들도 무기 징역으로 감형받았다. 맨슨

1969년 로스앤젤레스에서 살인 혐의에 대한 법원의 심리를 받기 위해 이송 중인 찰스 맨슨.

은 2017년 83세의 나이로 감옥에서 생을 마감했다. 일부는 맨슨과 그의 추종자들이 미하일 바쿠닌의 허무주의 사상의 위험성을 잘 보여 주는 전형적 예라고 주장했다. 그들은 아무것도 하지 않은 채 모두를 전멸시킬 궁리만 하고 사회에 불만을 가진 외톨이나 사이코패스, 사회 부적응자에게 사회에 복수할 철학적인 구실을 제공해 준 것이나 다름 없다며 허무주의를 비판했다. 그러나 미국의 극좌 테러 조직인 웨더맨은 맨슨이 저지른 살인을 높이 평가하며 그가 보여 준 무질서한 폭력을 추종하고 싶다는 뜻을 내비쳤다. 살인 사건이 발생한 후 얼마 지나지 않아 웨더맨은 시카고에서 폭탄 테러 공격을 실행에 옮겼다.

　샤론 테이트가 암살당한 지 11년이 지난 후, 〈Helter Skelter〉의 공동 작곡가 존 레논은 40세의 나이에 세계에서 가장 유명한 사람이 되었다. 하지만 마약 복용으로 미국 당국의 눈엣가시로 전락해 1972년에는 체포당하기도 했다. 약물 문제보다 더 큰 문

322

제도 있었다. 항간에 의하면 레논이 반전 평화 운동과 좌파 활동을 펼치자 미국 당국에서 위험을 느끼고 그를 요주의 인물로 판단해 FBI와 CIA의 감시 대상으로 정했다고 한다.

1980년 12월 8일 늦은 오후, 존 레논과 그의 아내 오노 요코가 함께 살고 있던 뉴욕의 다코타 빌딩 앞에 레논의 팬들이 모여 있었다. 두 사람이 나타나자 이틀간 주변을 맴돌던 25세의 전 경비원 출신 마크 채프먼이 존 레논에게 신간 앨범에 사인을 요청했다. 레논과 함께 나온 오노는 리무진 안에서 레논을 기다렸다. 레논은 기꺼이 시간을 내주며 혹시나 사인 외에 더 원하는 것은 없냐고 따뜻하게 물었다고 채프먼은 나중에 말했다. 레논이 사인해 주던 모습을 떠올리며 그가 낯선 사람에게도 얼마나 친절했는지 회상하기도 하고, 레논이 사인을 해 준 후 앨범을 돌려주고 리무진을 타고 떠났다는 설명도 덧붙였다.

레논과 오노는 녹음실로 향했고, 여섯 시간이 지난 뒤에 집으로 돌아왔다. 채프먼은 여전히 둘을 기다리고 있었다. 이번에는 부부가 건물 안으로 들어서는 순간 채프먼이 레논의 등 뒤에서 총을 네 발 발사했다. 급히 병원으로 이송되었으나 레논은 결국 병원에 도착하자마자 숨을 거두었다. 채프먼은 경찰에 체포되기 전까지 사건 현장에 조용히 앉아 J. D. 샐린저의 청춘에 관한 고전 소설 《호밀밭의 파수꾼》을 읽었다.

채프먼은 안경을 쓴 음울한 인상의 뚱뚱한 기혼 남성이었다. 학창 시절에 평범한 학생이던 그는 한때 록 밴드에서 악기를 연주하기도 했다. 앤디 워홀이 "당신이 사기꾼이라면 …… 책도 쓰고 방송에도 출연하고 인터뷰도 할 것이다. 사람들은 무엇보다 스타의 탄생을 간절히 바란다."라고 말할 정도로 유명인에 대한 예찬이 쏟아지고 유명인이 세력을 넓혀 가던 시대에 마크 채프먼은 리 하비 오스월드처럼 아무것도 아니었고 자신의 운명을 도저히 받아들일 수 없었다. 경호원으로 출근하던 마지막 날, 채프먼은 서명란에 존 레논이라고 적었다.

레논을 죽여야겠다는 생각이 든 것은 《호밀밭의 파수꾼》을 처음 접했을 때였다. 주인공인 홀든 콜필드는 늘 위선자를 맹비난했다. 채프먼은 자신이 마치 콜필드와 같다고 느끼며 레논은 엄청난 부를 소유했으면서도 노래 〈Imagine〉에서는 소유가 필요없는 세상을 꿈꾼다고 말하는 위선자라고 생각하기 시작했다. 그러나 이 모든 것을 떠나 채프먼은 그저 유명해지고 싶었다. 설사존 레논을 죽이지 못하더라도 재혼하여 이제는 재클린 오나시스가 된 케네디 대통령의 전 부인 혹은 배우 조지 C. 스콧, 방송 사회자 조니 카슨이라는 다른 선택지를 만들어 두었다.

채프먼은 존 레논을 죽인 후 "마치 내가 영화 속에 있는 것만 같았다."라고 진술했다. 그는 가석방 공판에서 존 레논을 죽이기 한 시간 전에 스스로에게 "마음을 굳게 먹고 기도했다. 제발 내가 이 일을 무사히 처리할 수 있게 도와 달라고 간곡히 기도했다. 레논이나 그의 부인, 아들에게 아무런 악감정도 없었기에

1980년 존 레논을 암살한 마크 채프먼의 용의자 사진.

자꾸 마음이 흔들렸다. 나는 오로지 한 가지 목표에만 집중했다. 내 존재를 세상에 알리기 위해 존 레논을 쏘는 것에만 집중하려고 애썼다."라고 진술했다. 2016년 채프먼은 석방 요구서를 제출했지만, 가석방 위원회에서는 그가 이목을 끌기 위해 범죄를 저질렀다는 이유 등을 들어 신청을 기각했다.

존 F. 케네디 암살 때와 마

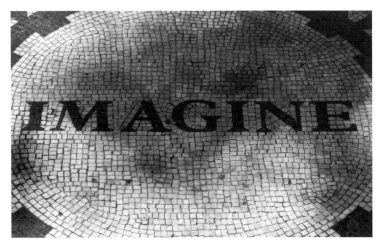
│ 뉴욕 센트럴파크의 존 레논 추모 장소.

찬가지로 수많은 음모론이 생겼다. 미국 시민권 획득을 한 달 정도 앞둔 존 레논을 정보 기관이 살해했다는 둥, 채프먼이 사실은 CIA의 청부 살인자라는 등의 소문이 퍼졌다. 아마도 리 하비 오스월드처럼 마크 채프먼이 전 세계적으로 유명한 인물을 살해했다기에는 너무나도 보잘것없는 인물이었기 때문인 듯하다.

　　마크 채프먼은 존 레논 암살에 실패할 경우에 대비해 수많은 유명 인사를 암살 목표로 염두에 두었다. 하지만 또 다른 암살범 제프리 아렌부르크는 달랐다. 브라이언 스미스는 캐나다의 유명 아이스하키 선수 출신 스포츠 방송 진행자로 1995년 8월 1일 오타와 방송국에서 잘못된 시간에 나오는 바람에 총에 맞아 사망하고 말았다. 38세인 제프리 아렌부르크는 피해망상에 시달리는 조현병 환자로 방송국 밖에서 기다리다 가장 먼저 마주친 유명인이었던 스미스에게 총을 발사했다. 아렌부르크는 스미스나 그의 가족에게 특별한 감정은 없으나 다만 자신의 머릿속에서 울리는 목소리를 세상에 알리기 위해 공격했으며, 내 인생을 괴롭히고 있는 문제를 해결하기 위해서 그를 쏠 수밖에 없었다고 말했다. 다음 날 아렌부르크는 경찰에 찾아가 자수했다. 그는 암살 사건과 관련해 형법상 처벌은 면했지만 대신 정신병원으로 이감되어 9년 후 석방되었고, 많은 이가 판결에 분노를 표했다. 후에 아렌부르크는 다시 범죄를 저질러 두 차례 징역살이를 했고 60세의 나이에 심장마비로 사망했다. 그러나 끝까지 스미스를 살해한 것에 대해 뉘우치는 모습은 보이지 않았다.

1999년 4월, 영국의 유명 방송인 질 댄도가 살해되었을 때 처음 수사의 화살이 향한 곳은 또 다른 사회 부적응자였다. 결혼을 몇 달 앞둔 38세의 예비 신부 댄도는 런던의 조용한 거리에 있는 집 앞 현관에서 총에 맞아 사망했다. 처음부터 끝까지 살해 과정과 수법에서 전문가의 솜씨가 묻어났다. 암살범은 밝은 대낮에 댄도가 대문을 열어젖히는 순간 태연하게 목표물 뒤로 걸어가 단 한 발로 댄도의 목숨을 앗아 갔다. 권총을 뒤통수에 눌러 총성이 울려 퍼지지 못하게 막았고, 자신의 몸에 피가 튀는 것을 철저히 방지했다.

한 달 후 경찰은 배리 조지라는 지역 주민을 살인 혐의로 기소했다. 조지는 켄싱턴 궁전 지하에 숨어 있다가 발견되었는데, 발견 당시 방한모를 쓰고 전투복을 입은 채 찰스 공에게 바치는 시 한 편과 칼을 소지하고 있었다. 그의 집에서 "나는 거절에 익숙하지 않다. 내 통제 밖의 일들이 연달아 일어나면 참을 수 없는 분노가 치민다."라고 적힌 쪽지가 발견되기도 했다. 또한 여성 친구에게 "사람들이 알고 있는 나는 진짜 내가 아니다. 나에게 숨겨진 또 다른 모습이 있을지도 모른다."라고 말한 적도 있었다.

조지는 뇌전증을 앓고 있었으며 부적응 아동을 위한 특수 학교에 다녔다. 일자리를 구할 수 없었던 그는 상상 속에서 회사를 지어내 그곳에서 일을 한다고 말했다. 또한 최정상 가수나 유명인과 친구라거나 친인척 관계라고 주장했다. 프레디 머큐리의 본

명인 불사라로 개명하고 프레디의 사촌인 척하기도 하고, 어느 날은 가라테 대회 우승자로 위장했다. 영국 국민방위군으로 잠시 활동하며 이때 총기 사용법을 익히고 총기에 매료되었다. 이전에 성추행 및 성폭행 미수 혐의로 유죄 판결을 받은 적이 있었고, 열두 명이 넘는 여성이 그에게 스토킹을 당했다고 경찰에 증거를 넘기기도 했다.

2001년 조지는 살인죄로 무기 징역을 선고받았으나 대다수가 수사 당국이 애꿎은 사람을 범인으로 잡은 것이라 생각했다. 수차례에 걸친 항소 시도 끝에 7년 후 재심을 받았다. 조지의 변호인은 피고가 그저 동네에 하나쯤 있는 미친 사람일 뿐이라고 설명하며, 그토록 정교한 암살을 수행할 능력이 전혀 없다고 주장했다. 배심원도 이에 동의했고, 조지는 석방되었다.

그렇다면 누가 질 댄도를 살해한 것인가? 여러 가지 가설이 떠돌았다. 댄도는 영국 범죄 추적 프로그램 크라임 워치의 진행자로 범죄자 검거에 도움을 주었다. 여기에 불만을 품은 범죄자나 관련자가 댄도를 해치운 것이었을까? 혹은 경고장을 보낸 것이었나? 질 댄도가 살해당했을 당시 소아성애 집단을 취재하고 있었다는 소문도 있었다. 혹은 정신 나간 열성 팬이 저지른 범죄였을까? 아니면 치정 범죄나 범인이 과거의 연인 관계였을까? 그것도 아니라면 질 댄도가 유명하기는 했으나 다른 누군가로 착각해서 잘못 죽인 것일까? 암살 방법이 너무나도 깔끔하고 전문적인 솜씨였기 때문에, 나토가 세르비아 방송국 본부에 가한 순항 미사일 공격에 대한 보복으로 세르비아계 테러 조직이 저지른 살인이라는 추측도 나왔다. 그러나 테러범의 경우 자신이 저지른 공격이 가져올 선동 효과를 누리기 위해서 어떤 식으로든 사건과의 연관성을 드러내기 마련이므로 세르비아계의 보복일 가능성은 매우 희박했다.

✒ 암살당한 언론인들

　언론인도 암살의 표적이 되는 경우가 많았다. 2016년에는 언론인 90명 이상이 비참한 최후를 맞이했다. 2017년에는 80명 이상이었고 멕시코가 13건을 기록하며 1위에 올랐다. 대다수의 언론인 살인 사건은 미제 사건으로 남았는데, 주로 기사나 보도 내용에 분노한 범죄 조직 또는 부패한 관리가 주범으로 꼽힌다. 2위는 12건이 발생한 아프가니스탄이었다. 독립적인 감시 기구인 아프간 언론인보호위원회에 따르면, 탈레반과 흔히 IS로 불리는 이슬람국가가 주로 공격을 자행했고 정부 관련자나 국가 정보 기관도 배후에서 관여한 경우가 있다고 한다. 2018년 4월 어느 날에는 단 하루 동안 언론인 9명이 폭격으로, 10명이 총살로 세상을 떠났다. 3위는 이라크로 10명의 언론인이 암살당했다. 이라크의 인권 운동 단체 17슈밧은 언론인들이 무장 단체와 정당, 국가 당국에게 지속적으로 위협받고 있다고 밝혔다. 유럽에서도 언론인이 제거 대상에 올랐다. ETA가 수십 차례나 언론인을 대상으로 암살을 시도한 바 있었다. 세계언론인보호위원회에 의하면 1992~2018년에 러시아에서 37건의 언론인 살인 사건이 발생했다고 한다.

　가장 대표적인 사건은 2006년 모스크바에 있는 자신의 아파트 엘리베이터에서 총살당한 안나 폴릿콥스카야 암살 사건이었다. 폴릿콥스카야는 체첸 전쟁 도중 푸틴 정권의 부정부패와 인권 유린 실태를 폭로한 후 수많은 살해 협박에 시달렸다. 암살 발생 8년 후 살인에 가담한 범인 두 명은 종신형, 세 명은 징역형을 선고받았으나 유럽 인권재판소는 러시아 정부가 사건 배후 세력을 제대로 조사하지 않았다며 강도 높게 비판했고 폴릿콥스카야의 친인척들도 국가 정보 기관이 가담했을 것이라고 주장했다.

　조직 범죄단이 언론인을 노린 것은 멕시코뿐만이 아니었다.

1996년 아일랜드의 마약왕들은 유명 탐사 보도 기자였던 베로니카 게린을 살해했다. 2017년 몰타에서는 부정부패 폭로를 전문으로 다루던 다프네 카루아나 갈리지아가 차량 폭파로 목숨을 잃었다. 이후 정부 장관들과 친목을 도모한 것으로 알려진 한 지역 거물이 2019년에 사건 연루 혐의로 기소되었고 아일랜드 총리는 어떠한 부정도 저지르지는 않았지만 자리에서 물러나겠다는 의사를 밝혔다. 한편 이탈리아에서는 마피아 조직이 정치인과 판사, 검사, 경찰관과 노조 위원장뿐만 아니라 1979~1993년에 최소한 열 명의 언론인을 살해했으며 2018년에는 약 200여 명이 경찰의 신변 보호를 받고 있었다. 같은 해 이탈리아 마피아와 정부의 관계를 조사하던 27세 슬로바키아 기자 얀 쿠챠크가 약혼녀와 함께 집에서 총을 맞은 채 발견되었다. 해당 살인 사건으로 거리 시위가 이어졌고 슬로바키아의 정권 교체를 이루어 냈다. 2020년 1월에는 한 퇴역 군인이 자신이 바로 청부살인업자였다고 인정했고 또 다른 남성도 자신이 그를 고용했다고 자백했다. 이들과 함께 한 슬로바키아 사업가가 살해를 지시한 혐의로 기소되었다.

그러나 대중매체의 영향력이 커지면서 언론인이 암살에 희생되는 것이 아니라 암살에 직접 가담하는 경우도 생겨났다. 1922년 2월 14일, 핀란드 내무장관 헤이키 리타부오리는 헬싱키의 집 앞 대문에서 총을 맞고 사망했다. 범인은 에른스트 탄데펠트라는 귀족으로, 우파 언론이 조국을 위협하는 인물이라고 리타부오리 장관을 비판하는 기사를 보고 살인을 저질렀다. 이는 우파와 좌파 세력 사이에 극심한 내전으로 3만 6000명이 목숨을 잃고 결국 좌파에게 패배를 안겨다 준 내전이 발생한 지 4년이 지나 발생한 사건으로, 핀란드 역사상 유일한 정치적 암살 사건으로 남았다. 리타부오리가 내전 이후 좌파 정치범 사면을 위해 애썼던 것이 우파 세력의 심기를 건드린 것이었다. 탄데펠트는 처음에는 무기 징역형을 선고받았으나, 부분적인 정신 질환을 판정받아 정신 병원으로 이감되었고 그곳에서 1948년 숨을 거뒀다.

✒ 더욱 다양해진 암살 기법

앞서 살펴본 내용에서 총과 폭탄 등 새로운 암살 수단이 발전했지만 수세기 동안 암살 방식은 거의 달라지지 않았고 과거부터 꾸준히 애용되어 온 고전적인 암살 기술이 현대까지 명맥을 이어 왔다는 사실을 알아차렸을 것이다. 일례로 1960년 일본 정치인 아사누마 이네지로가 전통 사무라이 검에 살해당한 사건이 있었다.

독살은 고대 로마에서도 자주 사용된 암살 방식이었을 뿐 아니라 2004년 인도네시아의 유명 인권운동가 무니르 사이드 탈립의 목숨을 앗아 간 방식이기도 했다. 무니르는 국제법을 공부하기 위한 장학금을 받기로 되어 있었다. 그는 장학금 수령을 위해 자카르타에서 암스테르담으로 이동하다가 경유지인 창이 공항에서 비소가 든 커피를 마시고 비극적인 최후를 맞이했다. 목격자들에 의하면 자카르타에서 싱가포르로 가는 길에 무니르의 옆자리에는 폴리카르푸스 부디하리 프리얀토라는 인도네시아 민간 항공 조종사가 타고 있었다고 한다. 폴리카르푸스가 싱가포르를 떠나기 전, 그가 공항에서 무니르에게 커피를 건네는 모습을 본 이가 있었다. 폴리카르푸스가 인도네시아 정보 기관 본부에서 열린 회의에 참석하기 위해 드나들었다는 증거가 재판에 제출되자 그가 요원으로 활동한 게 아니냐는 의혹이 피어났다. 폴리카르푸스는 무니르 살해 혐의로 6년간 복역했다. 정부가 사건을 지나치게 무성의하게 조사한다는 주장이 득세하자, 고위 관료가 나서 정부는 사건과 연관성이 전혀 없다며 단호하게 선을 그었다. 같은 해 안나 폴릿콥스카야도 러시아 국영 항공사인 아에로플로트의 승무원이 준 독이 든 차를 마시고 독살당할 뻔했지만 살아남았다. 그러나 2006년에 결국 목숨을 잃고 말았다.

물론 전통적인 암살 방식이 여전히 계속 활용되고 있고 20세기에 혁신적인 암살 기법이 등장하기도 했다. 과학 기술의 발달로 저렴한 방식으로 다양한 방법을 실행할 수 있게 되었다. 또한 정부가 반군보다 늘 재정적으로 넉넉했기 때문에 정부가 암살 작전의 선봉에 선 것도 그다지 놀라운 일은 아니었다. 암살 훈련과 작전 조직력도 크게 향상되었다. 이스라엘 정보특수공작기관 모사드의 치밀하고 정교한 암살 계획 이전에도 악명 높은 암살 작전은 존재했다.

제2차 세계대전 당시 '교수형 집행자'라는 별칭으로 이름을 날린 라인하르트 하이드리히는 체코 지역의 나치 점령군 사령관으로 수백 명의 체코인을 제멋대로 처형했다. 살인 기동대를 조직해 폴란드와 소련에 살던 유대인을 100만 명 가까이 살해하기도 했다. 1941년 런던에 대피해 있던 체코 정부는 하이드리히 암살을 계획했다. 영국으로 탈출한 군인 2500명을 대상으로 혹독한 선발 과정을 거쳐 두 명을 최종 선택했다. 영국 특수작전국의 도움으로 낙하 및 특공 훈련, 취조에 대응하는 방식과 공격 부위 등을 하나도 빠짐없이 익혔다. 20대 중반의 얀 쿠비시와 요제프 갑치크라는 친구였다. 갑치크는 프랑스군과 연합해서 싸울 때 공을 세워 프랑스 무공 십자훈장을 받기도 했다. 두 병사 모두 사격 솜씨와 뛰어난 독일어 실력을 갖추고 있었다. 런던에서 작전을 수립하던 프란티셰크 모라베츠 장군은 둘의 탈출 경로를 치밀히 설계해 주면서 매우 높은 확률로 두 군인이 고통스럽고 처참한 죽음을 맞이할 수 있다고 경고했다. 모라베츠는 둘은 런던을 떠난 후 독립적으로 움직여야 하며, 하이드리히와 내통하는 자가 판치는 지하조직망과 절대 접촉해서는 안 된다고 강조했다.

1942년 4월 15일, 두 암살 요원은 낙하산에서 내려 나치가 점령한 체코 땅을 밟았다. 런던과 연락할 수단은 전혀 없었고 6주 동안 누구도 둘에게서 소식을 들을 수 없었다. 쿠비시와 갑치크는 하이드리히가 프라하에 있는 집무실에서 자택까지 매일 같은 시간, 같은 길로 이동한다는 것을 알아차렸다. 발터 라테나우와 마찬가지로 하이드리히도 속도를 줄여야 하는 커브 길을 반드시 지나쳐야 했다. 5월 27일, 오픈카였던 그의 메르세데스 벤츠가 방향을 바꾸는 순간 갑치크가 자동 소총을 소지한 채 차에 올라탔다. 하지만 암살은 성공하기가 쉽지 않았다. 총이 제대로 작동하지 않았다. 두 요원에게는 권총과 폭탄이 남아 있었지만 꺼내기 위해서는 약간의 운이 필요했다. 바로 그 순간 하이드리히가 마이클 콜린스와 같은 실수를 저질렀다. 위험에서 벗어나기보다 운전사에게 멈추라고 명령한 후 권총을 꺼내 들고 정면으로 부딪치기로 한 것이다. 덕분에 코비시는 폭탄을 터뜨릴 기회가 생겼고 하이드리히의 차량 옆에서 폭탄이 터지며 부상을 입혔다. 하이드리히는 차로 돌아와 쓰러지기 전에 암살단에게 공격을 시도했지만 소용이 없었다. 8일 후, 하이드리히는 부상으로 인한 패혈증으로 사망했다.

히틀러는 하이드리히를 위해 프라하와 베를린에서 각각 한 번씩 국가장을 치러 주었다. 하지만 사석에서는 차량에 방탄 처리도 하지 않은 채 무장한 경호원도 대동하지 않고 이동한 그의 어리석음에 크게 분노했다. 쿠비시와 갑치크는 3주 간 도주하다가 마침내 탈출에 성공하지만, 두 사람에게 걸린 막대한 현상금에 눈이 먼 반역자가 생겨 몸을 숨기고 있던 교회에 갇혀 버렸다. 나치 친위대와 비밀국가경찰 게슈타포와 격렬한 총격전을 벌인 끝에, 둘은 임무에 처음 배치될 때 지급받은 청산가리 알약을 삼키고 자결했다. 나치는 무자비한 보복을 시작했다. 암살단의 가족을 한 장소에 모아 놓고 총살시켰으며 마을 두 곳을 초토화시켰다. 일부 자료는 1만 5000명이 살해당했다고 추정하기도 한다.

곧 살펴보겠지만, 각 국가 기관들도 새로운 암살 기술 개발에 중요한 역할을 담당했다. 그렇다고 해서 혁신 기술을 독점할 수 있었던 것은 아니었다. 어떤 가설에 따르면 국가가 공습 등으로 인한 민간인 피해를 대수롭지 않게 여길 경우 암살범도 정부와 마찬가지로 폭탄 공격에 수반되는 민간인의 피해에 무심해지는 경향이 있다고 한다. 2005년 라피크 하리리 레바논 총리가 차량 폭파 사건으로 목숨을 잃었을 때 현장에 있던 민간인 스물한 명이 사망하고 200명이 다쳤다. 어떤 경우에는 폭탄 공격에 애꿎은 민간인만 피해를 입는 경우도 있었다. 1975년에는 IRA가 휴 프레이저 보수당 의원의 차량 아래에 폭탄을 설치해 두었는데, 엉뚱하게도 개를 산책시키고 있던 이웃이자 호주의 세계적인 암 전문의였던 고든 해밀턴 페얼리 교수가 폭탄을 발견했고, 자세히 살펴보기 위해 접근하는 순간 폭탄이 터져 즉사했다. 같은 시각 프레이저 의원은 무슨 일이 벌어지는지도 모른 채 안전하게 집에 머무르고 있었다. 하지만 폭탄이 계획대로 터졌다 하더라도 이 또한 IRA에게는 엄청난 대가를 치러야 할 피해를 초래했을 터였다. 폭발 당시 프레이저 의원과 그의 가족은 존 F. 케네디의 딸인 캐롤라인 케네디를 집에 초대한 상태였고, 폭탄이 터질 때쯤 캐롤라인과 함께 외출을 준비하고 있었기 때문이다. 만약 캐롤라인 케네디가 다치거나 사망하기라도 했다면 IRA에 중요한 자금줄 역할을 하던 미국 내 동조 세력과 사이가 크게 틀어질 수도 있었다.

민간인 피해에 점점 더 무심해져서 그런지는 몰라도, 암살범들은 점점 더 폭탄을 많이 사용하기 시작했다. 새로운 기술 발전으로 더욱 정교한 폭탄 장치를 한층 쉽게 구할 수 있게 되었고 사건 현장을 탈출하기도 더 쉬워졌다. 알프레트 헤르하우젠은 독일 산업의 주역이자 막강한 힘을 가진 도이체방크의 최고경영자였다. 헬무트 콜 독일 총리의 핵심 자문관으로서 제록스나 다임러 벤츠와 같은 굵직한 기업의 이사를 역임하기도 했다. 그는 제3세계 국가의 채무를 완화해 준다거나, 1989년 11월 베를린 장벽이 무너진 후에 동유럽 신흥국을 지원해야 한다는 등 비교적 진보적인 시각을 가지고 있었다. 베를린 장벽 붕괴 후 한 달도 채 되지 않은 1989년 12월 1일에 헤르하우젠은 당시 부유층이 모여 살던 프랑크푸르트 교외에 있던 집에서 나오는 길이었다. 그러나 집에서 1.5킬로미터도 떨어지지 않은 북적이는 거리에서 그의 방탄 메르세데스 벤츠 차량에 설치되어 있던 폭탄이 터졌다. 폭발력 때문에 차가 공중에서 날아올랐다가 떨어졌고 화재가 발생했으며, 결국 헤르하우젠은 현장에서 사망하고 운전사는 심각한 부상을 입었다.

1989년 독일 기업가 알프레트 헤르하우젠이 처참한 최후를 맞은 차량 폭발 사건 현장.

헤르하우젠이 타고 있던 벤츠 차량 앞뒤에는 경호 차량 두 대가 함께 이동하고 있었다. 폭탄은 근처에 세워져 있던 자전거 뒤에 설치되어 있었고 그를 태운 차량이 도로에 비춰진 적외선 불빛의 정가운데 위치한 바로 그 순간 터졌다. 경찰은 폭발 지점에서 약 200미터 떨어진 공원에 있던 케이블선을 통해 광선을 조정하고 있었다는 것을 발견했고, 암살범들은 광선을 쏘기 직전에 앞서가던 경호 차량을 한 대 보냈다고 전했다. 단 1초의 오차도 있으면 안 되는 치밀한 작전 수행이었다.

현장에 남겨진 메모는 서독 내 극좌 무장단체인 적군파를 가리켰다. 적군파는 오랫동안 방산 분야를 주요 표적으로 삼아 공격을 이어 왔다. 알프레트 헤르하우젠 사건의 경우 중도파 자본주의 세력에게 위기 의식을 느낀 극좌파의 두려움 때문이었는지, 혹은 단순히 그가 지닌 명성 때문이었는지 암살 동기가 명확히 드러나지 않았다. 3년 전 적군파는 원격 조정 폭탄을 이용해 뮌헨 출장 중이던 지멘스 기업의 연구 개발 총책임자 칼 하인츠 베크루츠를 살해한 적이 있었다. 정계와 법조계 거물도 적군파에게서 벗어날 수 없었다. 적군파는 독일 내에서 억압 받고 있는 민중을 위해 싸우기보다 제3세계를 대변하여 유럽 안의 부가 모인 곳을 없애 버리는 것이 자신들의 주요 임무라고 생각했다. 나아가 독일 정부가 폭력적으로 대응하여 더 광범위한 혁명 운동이 촉발되기를 바랐다. 적군파는 고등학교를 중퇴한 안드레아스 바델과 언론인 출신인 울리케 마인호프가 함께 세운 단체였다. 둘은 부모가 학계에 몸을 담고 있었다는 공통점이 있었다. 나중에 알려진 바에 따르면 유럽 내에서 공산주의가 무너진 후 동독 비밀경찰이 적군파에게 각종 훈련과 주거지, 물자를 제공해 주었다고 한다.

20세기 말에는 자살 폭탄 테러라고 하는 새로운 암살 방식이 등장했다. 500년 전 마키아벨리가 강조한 것처럼 몸을 사리지 않는 암살범을 막기가 가장 어려웠다. 1881년, 러시아 황제 알렉산드르 2세를 암살한 폭파범도 함께 목숨을 잃었다. 다만 범인이 처음부터 자결을 염두에 둔 것이라는 증거는 존재하지 않았다. 1991년 라지브 간디 전 인도 총리는 자살 폭탄 테러에 암살된 첫 정치인이었다. 암살범은 스리랑카 분리주의 운동 단체 타밀 호랑이에서 활동하던 여성으로, 라지브 간디가 타밀 나두 지역에서 선거 운동을 벌이고 있을 때 꽃바구니에 폭파 장치를 숨겨 둔 채 전 총리와 인사를 나누기 위해 부리나케 다가갔다. 폭발과 함께 목숨을 잃은 범인은 라지브 간디 외에 사망한 열네 명의 사람들에 대해서는 전혀 신경 쓰지 않았다.

　2007년 또 한 명의 자살폭탄 테러범이 파키스탄의 전 총리 베나지르 부토의 목숨을 앗아 갔다. 1988년 베나지르는 이슬람 국가의 첫 여성 수장이 되었지만 파키스탄의 정계는 결코 호락호락하지 않았다. 보수파 대통령이었던 굴람 이스하크 칸은 육군 장성 몇몇과 함께 부토의 취임과 동시에 부패 혐의를 조작해 베나지르를 짓밟으려 했다. 그러나 언론에게 이 같은 계획이 발각되었고 수많은 관련 육군 장교들이 감옥에 갔다. 그러나 칸 대통령은 결코 포기하지 않았고, 1990년 마침내 베나지르를 자리에서 쫓아냈다. 베나지르는 총리였던 아버지 줄피카르 알리 부토가 군사정변으로 축출되고 정적 살해를 꾸몄다는 음모에 휩싸여 처형당하는 것을 목격했다. 베나지르도 수년간 가택에 연금되어 지냈고, 남동생은 갑작스럽게 독살로 죽었다.

　1993년에 베나지르는 선거에서 다시 한번 승리를 거두며 총리로 취임했고, 1995년에는 군사정변이 실패로 돌아가 자리를 지켜 냈다. 하지만 남동생 한 명을 또 잃었다. 1996년에는 에파루크 레가리 대통령이 부패 혐의로 베나지르를 총리에서 해고했다. 그녀는 두바이에서 2007년까지 망명 생활을 이어 가며 수많은 암살 음모에서 살아남았고 마침내 군사정변으로 권력을 잡은 페르베즈 무샤라프 대통령이 베나지르에 대한 모든 범죄 혐의를 무효화하겠다고 선언했다. 베나지르는 총선 운동이 진행되던 때에 파키스탄으로 귀국했다. 10월 18일, 파키스탄 카라치에 위치한 진나국제공항에 도착하자마자 타고 있던 차량에서 폭탄 두 개가 폭발했다. 베나지르는 살아남았으나, 주변에 있던 지지자 다수를 포함한 150명의 사람들과 소속 정당인 파키스탄 인민당에서 파견한 경호원 50명이 사망했다. 알카에다의 야전 사령관 사이드 알마스리가 책임을 인정했으나, 파키스탄 정부는 탈레반 지도자 바이툴라 마흐수드를 지목했다. 베나지르의 가족과 인민당은 이를 모두 부정하며 군대와 정보 기관의 적대 세력이 배후에 있을 것이라고 말했다. 무샤라프 대통령은 국가 비상사태를 선포하며 베나지르에게 또다시 가택 연금을 선고하지만 국민의 거센 반발로 결정을 철회했다. 배후로 지목받은 알마스리와 마흐수드는 나중에 미국 무인기에 의해 살해됐다. 폭파 사건의 진범은 끝까지 밝혀지지 않았다.

2007년 12월 27일, 선거를 2주 앞두고 베나지르는 라왈핀디에서 선거 운동을 펼치고 있었다. 이곳은 56년 전 또 다른 총리가 암살당한 곳으로, 베나지르는 방탄 처리가 된 차량의 선루프로 몸을 내밀고 군중에게 손을 흔들고 있었다. 바로 그때 열다섯 살짜리 자살 폭탄 테러범이 다가와 총을 쐈고, 입고 있던 조끼에 설치된 폭발물을 터뜨렸다. 20명이 넘는 사망자가 발생했고 베나지르도 즉시 병원으로 옮겨서 응급 수술을 받았지만 곧 세상을 떠났다. 배후 세력을 추적하다 보면 끝이 없는 연결 고리를 발견하게 될 것이었다.

2009년, 무샤라프 전 대통령도 베나지르와 마찬가지로 파키스탄을 떠나 두바이에 정착했다. 그는 베나지르에게 고국으로 돌아오지 말라고 경고했다는 소문이 퍼지면서 살인죄와 살인 공모죄로 기소되었다. 무샤라프는 모든 혐의를 부인했고, 파키스탄의 기득권층 일부가 꾸민 일이라며 이름도 모르는 다른 세력에 혐의를 떠넘겼다. 암살 발생 후 몇 주가 지나지 않아 다섯 명의 인물이 자살 폭탄 테러범을 도왔다고 인정했지만 자백을 철회했다. 과학 수사로 일부 증거를 확보했음에도 사건은 흐지부지 무마되었다. 파키스탄의 일부 사람들은 베나지르의 남편인 아시프 자르다리를 의심했다. 그는 아내가 암살당한 후 2008년 대통령 선거에서 승리를 거머쥐며 5년간 대통령직을 지냈다. 아시프는 크게 화를 내며 모든 혐의를 부인했으나 범인들이 빠져나갈 시간을 벌어 줄 만큼 사건을 느슨하게 처리했다는 비판을 받았다. BBC 조사 결과 자살 테러범을 도운 조력자 남성 두 명이 군 검문소에서 총살당했다는 증거가 발견되었다. 관련이 있다고 추정되는 수많은 이도 피로 얼룩진 죽음을 맞이했다. 베나지르가 암살당할 당시 불과 몇 미터 떨어지지 않은 거리에 경호원이었던 칼리드 샤헨샤가 있었는데, 샤헨샤가 베나지르를 향해 눈을 치켜뜨며 손가락으로 목을 긋는 시늉을 하는 장면을 본 이가 있었다. 2008년 7월, 그도 집 앞에서 총에 맞은 채 발견되었고 2013년에는 사건을 조사하던 검사 차우드리 줄피카르가 친구들에게 이제야 사건이 진척되는 것 같다고 말하고 난 후 총에 맞아 사망했다.

앞에서 무인기가 어떻게 새로운 암살 무기로 활용되는지 살펴보았다. 각 정부가 무인기 기술 개발에 앞장서는 가운데 미국 외에도 영국, 이스라엘 등 적어도 아홉 개 국가에서 무인기가 살인 무기로 사용되었다. 한편 이슬람교 시아파 무장투쟁 조직 헤즈볼라는 2019년까지 원격 시찰용으로만 사용하던 무인기를 서서히 암살에 활용하기 시작했다. 또 다른 무기도 등장했다. 1994년에 쥐베날 하브자리마나 르완다 대통령의 전용기를 격추

한 것은 유도 미사일이었다. 수십 년 동안 르완다는 다수파 피지배계급 후투족과 소수파 지배계급 투치족 간의 갈등으로 극심하게 국가가 분열된 상태였다. 후투족 육군 장교였던 하브자리마나는 1973년 쿠데타를 통해 권력을 장악하고 철권 통치를 시행했으나 투치족에 대한 박해만은 자제해 왔다. 그러나 1980년대 중반 심한 가뭄과 더불어 기간 산업이었던 커피의 가격이 전 세계적으로 하락하자 르완다 경제는 경기 침체에 빠졌다. 반정부 조직인 르완다 애국전선RPF이 정권을 전복하려 했지만 실패로 돌아갔다. RPF는 지지자 중 일부가 후투족이기는 했으나 투치족이 다수를 구성하고 있었다. 민족 갈등 때문에 르완다 내에서 수백 명의 투치족이 희생당하기도 했다. 후투족과 투치족 간 대립이 계속되자 서구 세력은 하브자리마나 대통령에게 사태를 진압하라며 압박을 가했고, 결국 정부는 반정부군 RPF와 협정을 맺고 RPF 조직원 일부에게 정부의 몇몇 자리를 내주었다.

하지만 해당 타협안이 후투족 우월주의자들 사이에 반발심을 불러일으켰고, 이들은 후투 파워 운동을 전개하기 시작했다. 실업자와 사회 불만 세력 사이에서 후투 파워는 지지 기반을 넓혀 갔다. 동시에 후투족이 만든 책자와 신문은 투치족이 후투족을 상대로 대량 학살을 계획하고 있다는 소식을 퍼뜨렸다. 그러자 대검으로 무장한 후투족 불법 무장 자위대가 결성되어 나라 곳곳에서 봉기를 일으켰다. 1994년 4월 3일, 거침 없이 투치족 척결을 선동하던 한 라디오 방송국에서 곧 무슨 일이 벌어질 것이라고 방송을 내보냈다. 사흘 후, 탄자니아 다르에스살람에서 열린 아프리카 정상회의에 참석한 하브자리마나 대통령은 프랑수아 미테랑 프랑스 대통령이 선물해 준 전용기를 타고 돌아오는 중이었다. 전용기에는 르완다 정부 관료 일곱 명과 이웃 국가 브룬디의 대통령이 함께 타고 있었다. 비행기가 르완다 수도 키갈리에

다다르자마자 미사일 두 발이 날아와 비행기를 강타했고, 탑승해 있던 모든 사람의 목숨을 앗아 갔다. 누가 미사일을 쏜 것인가에 대한 수수께끼는 여전히 풀리지 않았지만, 하브자리마나 대통령 암살 사건의 여파는 너무나도 분명했다. 르완다 전역에 검문소가 설치되었고 후투족이 투치족을 무차별적으로 학살하기 시작했다. 100일 만에 최소 80만 명이 살해당하며 역사상 가장 빠른 속도로 이루어진 대량 학살로 남았다. 후에 RPF가 후투족 우월주의자들에게 패배를 안겨 주며 지금까지 르완다 정권을 유지하고 있다.

인도네시아의 인권운동가 무니르 사잇 탈립은 고전적인 독살 방식으로 암살당했다. 독살도 현대에 들어와 괄목할 만한 발전을 이루었다. 독살 기술의 발전에는 특히 러시아가 중요한 역할을 담당했다. 1957년과 1959년 소련의 KGB 요원이었던 보그단 스타쉰스키는 뮌헨에 망명 중이던 우크라이나 출신 반공주의자 두 명에게 맞춤 제작한 청산가리가 든 독약 분사기를 쏘아 살해했다. 독극물을 목표 대상의 얼굴에 직접 분사하자마자 피해자 둘은 마치 심장 마비로 죽은 것처럼 어떠한 흔적도 남기지 않고 즉사했다. 해당 사건은 이언 플레밍에게 영감을 제공해 제임스 본드 소설 《황금총을 가진 사나이》가 탄생하기도 했다. 두 차례 암살을 저지르고 2년이 지난 후, 스타쉰스키는 갓 태어난 아들의 장례식날 서유럽으로 날아갔다. 그는 살인 혐의로 서독 재판정에 서게 되었지만, 소련 비밀 경찰이 그의 가족을 협박해 어쩔 수 없이 임무를 받아들인 사실이 드러났다. 판사는 그를 명령에 어쩔 수 없이 복종한 불쌍한 악마라고 묘사하며 징역 4년형을 선고했다.

독극물 스프레이를 얼굴에 맞아 살해당한 이야기가 첩보 소설에나 나올 법한 이야기라면, 런던 거리에서 독이 묻은 우산에 찔리는 것은 또 어떠한가? 이것이 바로 BBC 불가리아 지사에서 일하던 불가리아의 반체제 인사 게오르기 마르코프에게 일어난 일이었다. 당시 소련의 위성 국가였던 불가리아는 토도르 지프코프의 공산주의 정권이 권력을 쥐고 있었고, 마르코프는 정부의 눈엣가시와도 같았다. 마르코프는 유명 작가였는데 그가 쓴 연극이 금지되자 1969년에 영국으로 떠났다. 본국을 벗어난 그는 지프코프가 보잘것없는 평범한 사람인 주제에 신이라도 된 것처럼 국가를 지배하려 든다며 더욱 가차 없이 불가리아 공산당을 비난했고 수위 높은 풍자 방송을 내보냈다. 당연히 불가리아 정계는 이를 가만히 두고 볼 수 없었다. 1978년 9월 7일 지프코프 서기장의 생일날 마르코프는 BBC에서 집으로 가기 위해 워털루 다리에서 버스를 기다리다가, 왼쪽 허벅지에 무언가 찔린 느낌을 받았다. 우산을 들고 지나가던 남성이 외국 억양으로 사과를 중얼거렸고 곧장 택시를 타고 자리를 떴다. 상처라고는 작고 빨간 자국뿐이었다. 하지만 이내 곧 온몸에 열이 오르기 시작했고 사흘 만에 세상을 떴다. 부검 결과, 치명적인 독극물인 리신이 아주 극소량 검출되었다. 독극물이 다리에 침투해 녹을 수 있게끔 표면이 밀랍으로 처리되어 있었다. 소련에서 망명 온 고위급 인사들이 불가리아가 작전을 앞두고 KGB에 도움을 요청한 사실을 확인해 주었으나, 우산을 든 남성은 결국 찾지 못했다.

소련이 붕괴되었지만 독극물 개발에 대한 러시아의 열정은 결코 식지 않았다. 2006년 런던에서 전직 KGB 관료인 알렉산드르 리트비넨코가 방사성 물질인 폴로늄으로 살해당했다. 소련이 무너진 후에도 리트비넨코는 KGB를 계승한 러시아 연방보안국에서 업무를 이어 갔다. 하지만 1997년 푸틴 대통령을 거침 없이 비판하던 러시아 사업가 보리스 베레조프스키 암살 명령을 받은 후 상사와 사이가 틀어지기 시작했다. 임무를 수행하는 대신 베레조프스키에게 정부 작전을 귀띔해 주었고, 베레조프스키가 전 세계에 이를 알리며 사건이 일파만파로 커졌다. 연방보안국은 직권 남용을 이유로 리트비넨코를 한 달 동안 감금한 후 그를 해고했다. 조국을 떠난다는 조건하에 석방된 리트비넨코는 런던으로 이주했고 영국 비밀정보부에서 일을 시작했다. 블라디미르 푸틴에 대한 공개적인 지탄도 서슴지 않았다.

2006년 11월 1일 영국인으로 귀화한 지 얼마 되지 않았을 때, 리트비넨코는 전 KGB 동료 요원이었던 드미트리 코브툰과 안드레이 루고보이와 함께 점심 식사를 나누고 차를 마셨다. 얼마 지나지 않아 리트비넨코는 병에 걸려 3주 동안 병원 신세를 지다 생을 마감했다. 병리학자들은 차에 탄 폴로늄에서 나온 방사성 독극물을 사망 요인으로 추정했다. 두 용의자는 안전하게 러시아로 돌아간 뒤였다. 영국이 범죄자 인도를 요청했지만 푸틴 대통령은 해당 사건과 러시아인은 전혀 무관하다며 요청을 거부했다. 얼마 후 루고보이는 러시아 의회에 한 자리를 차지했다. 특히 리트비넨코 피살 사건 때문에 등골이 오싹해지는 이유는 암살범들이 매우 치명적인 방사능 물질인 폴로늄을 사용하면서도 호텔, 식당, 택시와 민간 항공기 등 가는 곳마다 독극물의 흔적을 부주의하게 남겼고, 잠재적인 민간인 피해를 전혀 신경 쓰지 않았기 때문이다. 덧붙여 사업가 베레조프스키의 경우 2013년 버크셔 자택에서 목을 매단 상태로 발견되면서 수많은 의문을 남겼다.

러시아가 민간인 피해에 얼마나 무심하고 무모했는지를 보여 주는 또 다른 사건도 있다. 2018년 영국 솔즈베리에서 전직 러시아 스파이였던 60세의 세르게이 스크리팔과 그의 딸 율리아가 노비촉 계열 신경 작용제에 중독당했다. 세르게이는 러시아의 군 첩보 기관 대령으로 복무했는데, 2006년 영국 MI6에 위장 파견된 러시아 요원들의 신상을 공개한 혐의로 13년형을 선고받았다. 복역한 지 4년이 되었을 무렵, 포로 교환 때 석방되어 영국으로 건너왔다. 딸 율리아는 아버지를 만나기 위해 정기적으로 러시아에서 영국으로 건너왔고 2018년 3월 3일에도 마침 두 사람은 만났다. 다음 날 아버지와 딸은 솔즈베리에 있는 한 식당에 방문했고 그날 오후 둘은 식당 밖 의자에서 위독해 보이는 상태로 쓰러진 채 발견되었다. 율리아는 입에 거품을 물고 있었다.

경찰 조사에 따르면 세르게이의 대문 손잡이에 노비촉이 마구잡이로 칠해져 있었다고 한다. 세르게이의 집에 방문했던 경찰관도 갑자기 건강이 악화되었다. 딸 율리아는 한 달여간, 아버지 세르게이는 두 달 반 동안 병원에서 지내다가 퇴원 후 안전한 장소로 옮겨졌다. 하지만 두 사람과 경찰관이 겪을 장기 부작용에 대해서는 알 수가 없었다. 그 외에도 48명이 병원에서 검사를 받아야 했으며, 500명에 가까운 사람들이 옷을 세탁하고 소지품을 소독해야 했다. 또한 이 과정에서 대테러 요원과 군인 400명 이상이 투입되었고 솔즈베리 및 인근 지역 일부에 봉쇄령이 내려졌다. 더 이상한 점은 우연찮게도 세르게이의 일가 친척도 건강이 급속도로 나빠졌으며, 사건 발생 6년 전부터 아내와 형 그리고 아들이 모두 세상을 떠났다. 세르게이 가족 중 일부는 불가사의한 죽음을 맞이한 것이라 믿었다.

솔즈베리에서 16킬로미터 정도 떨어진 에임즈버리에서 한 쌍의 연인이 건강이 악화되어 3주간 병원에 입원했다. 남성이 구호 단체 수집함에서 향수병을 발견했는데, 두 사람 모두 노비촉에 노출되었던 것이다. 특수 제작한 분사구가 달린 병에는 신경 작용제가 담겨 있었다. 남성은 내용물 일부를 뿌려 보았고 여성은 손목에 직접 분사해 발랐다. 경찰은 알렉산더 페트로프와 루슬란 보시로프를 용의자로 지목했다. 둘은 3월 2일 런던에 비행기를 타고 입국해 솔즈베리를 신속하게 둘러본 다음 세르게이 집 대문 손잡이에 노비촉을 묻히고 3월 4일 밤 비행기로 다시 모스크바로 돌아갔다. 둘은 여러 곳의 CCTV에 포착되었다. 또한 뜬금없이 러시아 방송 인터뷰에 출연해서 관광객으로서 아름답기로 소문난 솔즈베리와 그곳에 있는 대성당을 둘러보고 왔다고 말했다. 두 사람 모두 가명을 사용하고 있었다. 보시로프라는 이름을 사용한 자는 실제로 러시아에서 다수의 훈장을 받은 군 장교이고, 페트로프는 지난 18개월간 영국에 세 번 방문한 기록이 있었던 러시아 정보 기관 소속 의사라는 것을 밝혀 냈다. 테레사 메이 영국 총리는 이번 사건이 러시아 최고위급 인사가 승인한 작전이라고 거의 확신한다고 발표했고 이번에도 범죄인 인도를 요청했다.

그러나 러시아는 이번에도 비꼬는 투로 연관성을 부인하며 메이 총리가 제정신이 아닌 것 같다고 의혹을 일축했다. 러시아는 솔즈베리에서 약 12킬로미터 떨어진 지점에 영국 국방과학기술연구소가 있다는 점을 강조하며 연구소에서 노비촉이 나온 것이 아니냐고 주장했다. 오히려 영국이 범죄 수사를 방해하고 있다는 주장을 펼쳤다. 일각에서는 스탈린 시절부터 듣기 싫은 소리나 비판을 견디지 못하는 러시아의 오랜 관행을 생각해 보았을 때 러시아가 의혹을 부인했다는 사실 자체도 믿기 어렵다고 맞받아쳤다. 영국은 20명이 넘는 러시아 외교관과 가족을 본국으로 귀국시킴으로써 보복했고, 영국의 동맹국도 러시아 관계자 150명을 추방했다. 러시아 또한 같은 방식으로 맞대응했다.

가장 기이한 독살 사건을 꼽는다면 고립주의 노선을 택해온 공산주의 정권, 바로 북한이 연루된 암살 사건일 것이다. 텔레비전의 시대가 열리며 연예인들이 방송가를 장악한 것이 대부분이지만, 20세기 말부터 리얼리티 쇼가 자리 잡으며 유명인이 되고 싶어 안달난 사람들도 하나둘씩 방송에 얼굴을 비추기 시작했다. 2017년, 두 젊은 여성이 쿠알라룸푸르 공항에서 북한의 김정은 위원장의 형 김정남을 살해한 범인으로 지목받았을 때, 두 용의자는 자신들이 그저 리얼리티 쇼 촬영에 참여한 줄 알았다고 항변했다. 인도네시아인 시티 아이샤와 베트남인 도안 티 흐엉은 안내원으로 근무하고 있었는데 북한 요원으로 추정되는 남성들이 접근해 왔고, 일본 유튜브 방송을 촬영하고 있으니 사람들의 얼굴에 로션을 묻히는 장난에 동참해 달라고 요청했다고 말했다. 그리고 김정남을 가리키며 저 사람이 대상이라고 알려 주었지만, 당시에 여성들은 목표물의 신원을 전혀 알지 못했고 신경독성제 VX를 그에게 묻힐 것이라고는 상상도 하지 못했다고 주장했다.

두 여성은 북한 정권과 함께 김정남 피살을 공모한 혐의로 기소되었다. 검찰 측에서는 도안이 김정남 뒤로 다가가 얼굴에 독성 물질을 묻혔고, 그 후 곧장 화장실로 달려가 손을 씻었다고 말했다. 20분 만에 김정남이 사망했다. 김정남은 어린 시절 아버지인 김정일의 후계자로 지명되어 총애를 받았으나, 2001년 북한의 경제적 어려움을 외면한 채 디즈니랜드를 방문하며 아버지의 눈 밖에 나기 시작했다. 결국 아버지에게 추방당한 김정남은 마카오에 정착했다. 남동생인 김정은이 권력을 쥐었을 때도 김정남은 콧방귀를 뀌며 얕잡아 보았다고 한다. 그러나 재판 과정에서 김정남은 늘 암살에 대한 두려움 속에 살았으며, 심지어 암살당한 당일도 가방 속에 VX 해독제를 소지하고 있었다는 것이 드러났다. 시티에 대한 기소는 2019년 3월 취하되었고 도안은 상해를 가한 혐의에 대해 유죄를 인정한 지 두 달 후 석방되었다. 북한 사람으로 추정되는 네 남성에 대한 인터폴 영장은 여전히 유효하다. 이들은 암살 당일 말레이시아를 떠나 아직까지도 잡히지 않았다.

미사일과 무인기, 폭탄과 독극물뿐만 아니라 기술 개발에 따라 총기 명중률이 더욱 발전하자 암살범은 더 쉽게 원거리 공격을 할 수 있게 되었다. 2003년 세르비아 대통령 슬로보단 밀로셰비치 대통령 퇴위에 기여한 총리 조란 진지치가 정부 청사로 들어가다가 저격수에게 총살당했다. 초국가적 불법 무장단체와 지하 범죄 조직과 관련된 용의자 열두 명이 유죄 판결을 받았다. 2010년 태국에서는 왕당파와 도시 중산층으로 구성된 노란 셔츠파와 농촌 노동자로 구성된 붉은 셔츠파가 극심한 갈등을 빚고 있었다. 5월 13일 붉은 셔츠파의 안보 책임자인 카티야 사와디폴 소장이 기자와 인터뷰를 하고 있었는데, 군인으로 추정되는 저격수에게 저격당해 사망했다. 사와디폴은 붉은 셔츠를 입은 지지자들 사이에서 늘 녹색 군복 착용을 고수해 왔고 당연히 눈에 잘 띌 수밖에 없었다. 이처럼 저격에 성공한 사례가 있더라도 현대에도 실력 있는 저격수 구하기란 하늘의 별 따기이기 때문에, 목표 대상과 개인적인 친분을 쌓아 가까이 접근하는 방식이 여전히 애용된다.

✒ 죽이려는 자와 막으려는 자

암살 기술이 발전을 거듭하는 동안에 암살을 저지하는 방법은 어떻게 되고 있을까? 혁명의 시대 장에서 암살에 희생된 에이브러햄 링컨이나 프레드릭 캐번디시, 호세 카날레하스 이 멘데스 스페인 총리가 놀라울 정도로 암살 위협에 개의치 않고 안일하게 대처하는 모습을 살펴보았다. 그렇다면 현대에 와서는 경계심이 높아졌을까? 1986년 2월 28일, 스톡홀름의 한 거리에서 한 남성이 올로프 팔메 스웨덴 총리에게로 걸어와 대뜸 총으로 쏘아 죽였다. 팔메 총리는 부인과 함께 영화를 보고 걸어서 집으로 가던 중이었다. 경호원은 단 한 명도 없었다. 하지만 이는 극히 예외적인 경우였고, 대부분의 주요 인사는 경호에 빈틈이 없게끔 주의를 기울였다.

이로 인해 생각지도 못한 결과가 생겨나기도 했다. 중요한 인물에 대한 경호가 강화되면 테러범들은 목표물을 변경한다. 중진 정치인 등 겹겹의 보호를 받는 정부 및 공권력 관계자가 아니라 공연을 관람하러 왔거나 사무실에서 일하는 평범한 시민을 공격한다. 1968~2005년에 전 세계에서 발생한 1만 2000건이 넘는 공격 사례를 분석한 조사에 따르면, 75퍼센트 이상이 민간인을 표적 삼아 공격한 것이었다. 2005년 5월 영국에서 G8 정상회담이 열렸을 때도 테러범들은 정상들의 모임에 눈길을 주지 않았다. 물론 회의장에 1500명의 경찰 및 경호 인력이 배치된 점도 한몫했을 것이다. 대다수가 런던에서 차출된 인력이었다. 자살 폭탄 테러범은 지하철과 버스를 타고 출근하던 평범한 런던 시민 50명 이상의 목숨을 빼앗았다. 테러 분야 전문가인 영국 애버딘대학교의 데이비드 카피탄치크는 테러범의 공격 전략을 "양이 이렇게 많이 널려 있는데 굳이 호랑이를 사냥할 필요가 있는가?"라고 설명했다.

1998년, 암살을 막기 위해 고안된 기술 덕분에 조지아 대통령 에두아르드 셰바르드나제는 목숨을 구한다. 중무장한 남성 열 명 이상이 기관총과 로켓 추진식 수류탄으로 대통령 차량을 공격했을 때 수행원 세 명은 목숨을 잃었으나 셰바르드나제는 방탄 처리된 리무진 덕분에 살아남았다. 하지만 1980년 아나스타시오 소모사 니카라과 대통령과 1989년 독일 기업가 알프레트 헤르하우젠의 경우, 방탄 차량이 죽음을 막아 주지 못했다.

여전히 암살을 막는 가장 효과적인 방법은 전통적인 방식이다. 첫째, 잠재적인 암살범을 다가오지 못하게 한다. 독재 정권은 위험인물을 감금해 버리면 되겠지만, 민주주의 국가에서는 더 정교하고 세심한 수단이 필요하다. 예를 들어 1950년대 프랑스는 소

1962년 인도. 존 F. 케네디가 암살되기 1년 전의 영부인 재클린 캐네디와 22년 후 암살의 희생양이 된 인디라 간디.

련 고위관리들의 공식 방문이 다가오자 러시아 망명자 중 문제를 일으킬 만한 요주의 인물을 모두 풍경 좋은 시골 대저택으로 여행을 보냈다. 비용은 모두 프랑스 국고에서 충당했다. 경호 인력에 투입되는 비용도 만만치 않았다. 대부분의 현대 국가 지도자나 저명인사는 경호원 배치에 신경을 썼고 일부는 수많은 경호원을 거느리기도 했다. 일례로 2018년 기준 남아공 대통령 경호국에는 1382명이 근무하고 있었다. 경호원이 자신의 생명을 바쳐 보호 대상을 구하는 경우도 많았다. 멕시코 혁명가 판초 비야의 경호원이 그랬고, 2003년 체첸 공화국 아흐마트 카디로프 대통령의 경호원 다섯 명도 한 여성 자살특공대원의 공격을 몸을 바쳐 막아 냈다. 이러한 희생이 무색하게도 카디로프는 1년 후 다른 폭발 사건에서 사망했다. 2007년 베나지르 부토를 노린 암살 미수 사건에서는 50명의 경호원이 폭탄에 목숨을 잃었다.

그러나 4300년 전 이집트 파라오 테티가 경비병에게 암살된 이래로 경호원을 고용하기 위해서는 수반되는 위험도 함께 감수해야 했다. 1984년, 라지브 간디의 어머니이자 당시 인도 총리였던 인디라 간디는 시크교도였던 경호원 두 명에게 살해당했다. 시크교도의 성지인 황금 사원을 급습하여 그곳에서 피신하던 분리주의자를 추방하라는 인디라 간디의 명령에 분노하여 저지른 일이었다. 2011년, 파키스탄에서는 펀자브 지역을 통치하던 살만 타시르가 신성모독법 폐지를 옹호했다는 이유로 경호원에게 살해당했다.

암살범이 될 법한 사람을 주변에서 제거하는 것 외에도 잠재적인 암살범을 결코 목표 대상 가까이에 접근할 수 없도록 만드는 것도 방어 수단 중 하나다. 그러나 민주주의 국가에서 이를 실현하기란 여간 어려운 것이 아니다. 특히 선거 운동 중에는 정치인이 유권자에게 다가갈 수밖에 없다. 2018년 멕시코에서는 선거를 앞두고 100명이 넘는 후보자가 살해당했고, 그중 한 명은 지지자와 함께 사진을 찍다가 등 뒤에서 날아온 총알을 뒤통수에 맞아 사망했다. 로버트 케네디도, 라지브 간디도, 베나지르 부토도, 모두 선거 운동 도중 유명을 달리했다.

미국 비밀경호국의 요원과 심리학자는 1949~1999년에 미국에서 발생한 74건의 암살 사건과 암살 계획에 가담한 83명이 저지른 범죄를 대상으로 과학적 분석을 시행했다. 74건의 암살 계획 중 34건이 실제로 실행되었다. 조사에 따르면 절반가량의 암살에서 권총이 사용되어 가장 인기가 있었고, 칼은 11번 사용되었다. 일부 경우는 총을 확보하지 못해 칼을 사용한 공격범도 있었다. 폭발물이 사용된 경우는 6건이었다. 이 연구에서 몇 가지 흥미로운 사실도 발견할 수 있었다. 암살 사건 관련자 중 71명이 남성으로 대다수를 차지했고 63명이 백인이었다. 절반가량은 미혼이었고 전체 83명 중 47명은 자녀가 없었다. 암살 계획 시점에 무장단체에 소속된 사람은 20명에 불과했으나 극단주의 조직에 참여하거나 관심을 보인 사람은 53명에 달했다. 16명은 폭력 관련 혐의로 한 번 이상 체포당했으며 44명은 폭력과 무관한 혐의로 체포된 적이 있었고 52명은 한 번도 감옥살이를 한 적이 없었다. 대부분 무기 사용 경험은 있으나 정식 훈련을 받은 것은 아니었다. 80퍼센트가 사전에 암살 계획을 세웠고 그중 소수는 대중문화를 통해 접한 전문 지식을 바탕으로 암살을 수행하려 했다. 탈출 계획을 세운 자는 25퍼센트가 채 되지 않았다. 14명은 자살하기 위해 암살을 저질렀다고 진술했으며 29명은 자살하겠다는 협박성 발언을 한 적이 있었다. 27명이 약물 복용 기록이 있고 29명이 공격 당시 망상증이 있었다고 기술했다. 좋든 나쁘든 유명세를 누리고 싶다고 한 암살범이 25명이었고 어떤 이는 복수나 정치 체제 전환, 공격 대상과 특별한 관계를 맺고 싶어서 등을 암살 동기로 꼽았다. 암살범의 연령대는 16~73세였다.

　연구진은 암살범 전체를 관통하는 특정 성격이나 특성은 없었으나 공통적으로 나타난 특성은 인생에 덧없음을 느끼며 여러 곳을 떠돌아 다녔고 사회적으로 고립된 이가 많았다고 밝혔다. 또한 이들은 삶에서 부딪히는 문제 해결에 몹시 어려움을 겪거나 겪고 있다고 믿었으며, 인생에서 큰 문제가 없다고 여기는 사람들은 암살에 아무런 관심을 두지 않는다고 강조했다.

　그렇다면 암살은 효과적이었을까? 라인하르트 하이드리히 사건에서 본 것처럼 끔찍한 복수로 이어지기도 한다. 혹은 전혀 예상치 못한 정반대의 결과를 낳기도 한다. 베니그노 아키노는 필리핀 대통령 페르디난드 마르코스가 계엄령을 발동한 당시 야당 지도자였다. 아키노는 8년을 감옥에서 보내며 1977년에는 사형 선고를 받지만 심장 수술을 위해 미국으로 출국을 일시 허용하며 형 집행이 유예되었다. 고국을 떠난 사이에 계엄령이 해제되었고 필리핀으로 귀국했다. 하지만 1983년 마닐라 공항에 발을 내딛자마자 머리에 총을 맞고 사망했다. 하지만 아키노는 이러한 상황을 예견한 듯 보였다. 비행기에서 그는 기자들에게 착륙하면 아주 빠르게 어떤 일이 벌어질 테니 카메라를 준비하고 있으라고 경고했다. 그리고 "여러분과 다시 이야기를 나눌 수 없을지도 모르겠군요."라고 덧붙였다. 그러나 아키노를 제거한 후 마르코스 대통령은 평온하기는커녕 몰락의 길로 들어섰다. 대규모 시위가 이어졌고 군 참모총장이 암살의 배후에 있었다는 것이 드러났다. 사건이 재판에 회부되었으나 대통령이 임명한 판사들이 참모총장과 그 외 25명의 관련자를 모두 무혐의로 풀어 주었다. 하지만 아키노의 부인 코라손 아키노는 결코 포기하지 않았다. 남편의 자리를 이어받아 1986년 대통령 선거에서 마르코스에게 참패를 안겨 주었고 마르코스는 퇴임 후 망명길에 올랐다.

2007년 전미경제연구소 소속 두 연구원은 1875년 이후 발생한 약 300건의 국가 지도자 암살 시도를 분석한 후 암살이 효과를 거둔 경우의 특징을 발견했다. 300건 중 성공한 경우는 59건이었다. 조사 결론에 의하면 민주적인 지도자가 살해된 경우 그다지 큰 변화가 일어나지 않았지만, 독재 정권하에서 암살이 성공할 경우에는 실패했을 경우에 비해 민주주의로 변화할 가능성이 13퍼센트 더 높다.

✒ 암살 트렌드 보고서

이 장에서도 현대에 발생한 암살 사건 100건과 희생자 103명을 분석했다. 리 하비 오스월드가 케네디 대통령을 저격했다는 점 등 대체적으로 널리 받아들여지는 이야기는 사실로 간주했다.

희생자를 살펴보면 대통령 9명과 전직 대통령 1명, 총리 6명, 전직 총리 4명을 포함해 47명이 고위급 정치인이었다. 왕실도 암살에서 자유로울 수 없었지만 왕위 2명, 황위 계승자 1명이 포함된 4명으로 피해 규모가 작았다. 다른 한편에서는 혁명가와 민족 해방 운동가, 인권수호자 26명이 암살당했다. 103명 중 4명이 유명인이었다. 예술계 인사 2명과 언론인 혹은 작가 6명, 선동가 2명이 암살에 희생되었다. 마이클 콜린스, 레프 트로츠키 그리고 1989년 이란에 살해당한 쿠르드인 1명을 포함해 최소 3명이 반격을 가했다. 적어도 4명은 과거 암살 시도에서 살아남은 경험이 있었다. 희생자 중 6명이 여성이었다.

암살 발생 장소별로 살펴보면 절반가량인 48건이 유럽, 구체적으로는 38건이 서유럽에서 발생했고 중동에서 12건, 인도 아대륙에서 10건, 그리고 북미에서 8건이 발생했다. 여기서 주의할 점은 아프리카나 중남미 지역 등 다른 지역에 비해 유럽과 북미에 관한 자료가 많이 남아 있었기 때문에 통계에 오차가 발생할 가능성이 있다는 것이다. 국가별로 살펴보면 독일과 미국이 각각 7건으로 공동 1위, 다음은 프랑스와 아일랜드가 각각 6건으로 공동 2위를 차지했다. 암살이 점점 세계화되며 20건이 국경을 초월해 발생했다. 즉, 희생자가 조국을 떠난 동안에도 암살당하거나 암살범이 해외에서 활동한 암살 사례도 늘었다.

25퍼센트 정도가 민족 해방 과정에서 발생했고 어떤 경우는 인종차별에 저항하며 발생했다. 암살범을 살펴보면 14명이 우파 활동가였으며 8명이 좌파였다. 종교가 암살 동기가 된 경우가 7건이었고 조직 범죄단이 저지른 암살이 3건이었다. 한편 암살범 중 최소 18명에서 최대 26명이 정부 요원이었다. 가장 많은 피를 손에 묻힌 정권은 4건 혹은 5건을 기록한 소련이었고 소련 해체후 러시아가 1건의 암살을 더 보탰다. 다음으로는 미국과 이란,

이스라엘이 각각 3건으로 2위를 차지했다. 암살범 중 4명이 경호원이었다. 왕위에 대한 욕심이 암살 동기로 작용하는 경우는 점점 줄었고 조카에 의한 암살이 2건 발생했지만 존속 살해도 수가 크게 줄어들었다. 이슬람 원리주의 단체 알샤바브에 의해 급진주의 사상에 빠진 소녀가 소말리아의 핵심 정치인이었던 삼촌을 상대로 자살 폭탄 테러를 실행했다. 이외에도 3건 혹은 4건이 자살 폭탄 테러범에 의한 암살이었다. 최소 12명에서 최대 19명이 단독으로 범행을 저질렀고 4명이 자칼처럼 살인청부를 받고 암살을 저질렀다. 가장 어린 암살범은 베나지르 부토를 죽인 15세의 자살 폭탄범이었고 17세짜리 암살범 3명이 더 있었다. 여성이 연루된 암살은 7건뿐이었다. 그중 하나는 2017년 속임수에 넘어가 북한의 김정남을 독살한 여성들이었다. 암살범 중 적어도 4명이 정신이 온전치 못했으며 리 하비 오스월드와 마크 채프먼의 경우 사회부적응자였다. 신념이 암살 동기가 된 경우 이외에도 복수, 적개심, 분노에 의한 암살이 25건이 있었다. 최소 12건의 암살 사건 후 음모론이 생겨났으며 소련 정치인 세르게이 키로프 피살 사건에 대한 의문을 공식적으로 제기한 세 사람이 처형을 당했다.

암살 방식에서도 혁명이 일어났다. 한때 자주 애용되던 칼로 찌르던 방식이 100건의 암살 중 단 2건에서만 활용되었다. 총이 가장 빈번히 사용되었다. 독극물이 든 총을 포함해 총 66건에서 사용되었으며《자칼의 날》과 같이 저격수가 암살을 수행한 경우는 4건뿐이었다. 총에 이어 폭탄이 18건에서 이용되었으며 암살범들이 즐겨 찾는 무기로 2위를 차지했다. 다음은 오랜 시간 사용된 독극물이 7건으로 3위에 올랐다. 눈부신 과학 기술 발전에도 불구하고 분석이 가능한 94건의 암살 사건 중 77건이 근거리에서 실행되었다. 르완다의 쥐베날 하브자리마나 대통령과 1943년 미국에 살해된 진주만 침공의 설계자 야마모토 이소로쿠 일본 사령관은 탑승한 비행기가 원거리 조종으로 격추되어 목숨을 잃었다. 폭탄이 자주 쓰였고 민간인 사상자도 자연스레 늘었다. 32건에서 민간인 피해가 발생했고 암살 대상 외에 총 300여명의 민간인도 사망했다. 가장 큰 인명 피해를 초래한 차량 폭탄 사건은 2003년에 발생한 이라크 시아파의 종교 지도자 아야톨라 모하마드 바키르 알하킴 암살 사건으로 120명의 민간인이 무고하게 목숨을 잃었다.

암살범의 운명은 어떻게 되었을까? 100건의 암살에 연루된 206명의 암살범을 살펴본 결과 26명이 처형당했다. 그 중 무지부르 라흐만 방글라데시 대통령 암살범 한 명을 체포해 법의 심판을 받게 하기까지 45년이 걸리기도 했다. 현장에서 사망하거나 심각한 부상을 입은 암살범은 13명이었고, 11명은 후에 사망하거나 살해당했다. 자살 폭탄 테러범 6명 이외에도 5명이 스스로 목숨을 끊었다. 이들 가운데 발터 라테나우 독일 외무장관을 죽인 극단적 민족주의자 독일 청년과 2016년 캐나다 가수 크리스티나 그리미를 살해한 정신질환을 앓는 남성이 있었다. 총 77명이 감옥 생활을 했다. 13명은 옥살이 도중에 사망했고 42명이 15년 이상 징역형을 복역한 후 만기 출소했다. 3명이 5년에서 15년을 복역했고 11명이 5년 이하로 복역했다. 2019년 기준 77명 중 8명이 20년 이상의 징역형을 선고받고 여전히 감옥에서 죗값을 치르고 있다. 4명은 정신 요양 시설로 보내졌고 3명은 병동에서 생을 마감했다. 나머지 한 명이 스포츠 방송인 브라이언 스미스를 살해한 자였는데 9년간의 시설 생활 후 석방되었다. 멕시코 혁명가 에밀리아노 사파타와 판초 비야를 살해한 암살범들을 비롯해 7명은 암살 후 후한 보상을 받았다. 50명 이상은 어떠한 법적 처벌도 받지 않았다.

암살 희생자를 살펴보면 20명 이상이 국가 영웅으로 추대되었다. 이들의 이름을 딴 마을이나 지명, 공항, 대학과 거리가 생겼고 멕시코 혁명가 사파타는 얼굴이 화폐에 새겨지기도 했다. 트로츠키는 국제적인 명성을 얻기도 했다. 소수의 암살범도 특정 집단에게 영웅 또는 순교자로 남았다. 장 조레스 살인범은 프랑스 우파에게는 영웅이 되었고 안와르 사다트 암살범은 이집트 이슬람 성전주의자인 지하디스트에게 영웅이 되었다.

　　지독하게 끈질긴 암살의 악순환을 보여 주는 예시도 있다. 바로 아일랜드의 유력 정치인 케빈 오이긴스 암살 사건이다. 오이긴스는 마이클 콜린스처럼 영국과의 평화협정을 지지했다는 이유로 1927년 암살됐다. 오이긴스를 기리는 추모비가 85년 만에 세워졌지만 일주일이 채 지나지 않아 추모비가 훼손됐다. 2011년 암살된 아프가니스탄 정치인 하미드 카르자이의 장례식에서도 자살폭탄 테러범이 등장해 4명의 생명을 빼앗아 갔다.

　　암살의 후폭풍을 처리하는 것도 수월하지 않았다. 제1차 세계대전을 촉발한 프란츠 페르디난트 대공 암살 사건과 르완다 대학살을 야기한 쥐베날 하브자리마나 대통령 암살 사건은 역사에 결코 지울 수 없는 결과를 가져왔다. 2018년 슬로바키아 언론인 얀 쿠차크가 살해된 후 시위가 발발하며 슬로바키아 정부가 교체되는 등 7건의 암살 사건 뒤에 사회 불안과 혼란이 발생했다. 5건의 암살은 끔찍한 복수를 낳았다. 라인하르트 하이드리히와 폴란드 나치 친위대장이 살해된 후 나치는 대규모 칼부림을 벌였다. 6건의 암살 이후에는 국가 보안이 더욱 강화되었다. 세르게이 키로프의 암살 후에 스탈린의 공포정치가 시작되었고, 안와르 사다트의 암살 후에 선포된 이집트 국가 비상사태는 31년간 지속되었다. 5건의 암살은 오히려 희생자가 생전에 원했던 바를 이루게 도와준 셈이 되었고, 일부는 목표와 정반대의 결과를 가져오기도 했다. 아마도 케네디 대통령과 마틴 루서 킹의 죽음이 미국 인권 운동의 발전을 도와준 것이 그 예일 것이다. 5건의 경우 암살로 타파하고자 했던 상황이 계속되었다. 남아공 인종차별 정책을 도입한 헨드릭 페르부르트 남아공 총리가 암살된 이후에도 정책은 28년간 계속되었다. 로버트 케네디 암살 이후에도 미국의 이스라엘 지원은 멈추지 않았고, 2016년 주터키 러시아 대사가 암살되었다고 해서 러시아군이 시리아에서 철수하지는 않았다. 반면 2006년 라지브 간디가 암살된 이후 인도는 스리랑카에 대한 간섭을 멈추었고, 시리아가 개입한 것으로 추정되는 라피크 알하리리 레바논 총리 암살 사건에 대해 레바논이 격렬하게 대응하자 1년 후 시리아군이 레바논에서 철수하기도 했다.

일부 암살의 경우 성공과 실패를 판가름하는 것이 어렵지 않다. 1989년 남아공 국가보안국의 인종차별 철폐 운동가 데이비드 웹스터 암살은 이듬해 인종차별 정책이 와해되기 시작하며 대실패로 끝났다. 반면 1990년 이스라엘의 캐나다 공학자 제럴드 불 암살은 이라크의 초장거리포 개발을 저지하며 성공을 거두었다. 하지만 많은 경우 암살범이 만족할 만한 결과를 얻었는가에 대해 명확한 답을 내리기가 어렵다. 분석한 바에 따르면 41건은 성공적이고, 8건은 성공에 가까웠으며, 14건은 완전히 실패로 돌아갔고, 8건은 실패에 가까웠다고 평가할 수 있을 것이다.

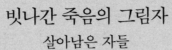

7장

빗나간 죽음의 그림자
살아남은 자들

소설 속에 등장하는 암살은 철저하게 잘 짜여진 계획을 바탕으로 이루어진다. 프레드릭 포사이스의 《자칼의 날》에서 프랑스의 샤를 드골 대통령을 노리는 암살자는 가짜 신원으로 발급받은 여권 뭉치를 단단히 준비한다. 특수 제작한 얄팍한 소총과 함께 끝이 수은으로 처리된 폭발성 총알로 무장하고 성공을 방해하는 모든 사람을 제거하며 소총을 숨겨 둔 목발을 짚고 다니면서 상이용사로 위장한다. 군인들이 껌처럼 씹던 코르다이트를 입에서 우물거리며 늙고 병약해 보이게 하여 아무런 의심을 사지 않고 보안 검색대를 통과한다. 이미 대통령을 겨누기에 완벽한 위치의 창문도 찾아 두었다. 제2차 세계대전 당시 파리 해방을 기념하기 위한 훈장 수여식에서 거사를 치를 계획이다. 자칼은 훔친 열쇠로 방 안에 들어간다. 대통령이 사정권 안에 들어온다. 하지만 결국 모든 암살의 80퍼센트가 실패로 끝난다는 전미경제연구소의 분석처럼, 자칼의 암살 시도 역시 미수로 그친다. 자칼은 정확히 사격하는 데 성공했지만 마지막 순간 드골 대통령이 한 퇴역 군인의 뺨에 가볍게 입맞춤을 하기 위해 고개를 숙이는 바람에 총알이 빗나가고 만다. 두 번째 총알은 쏘지도 못했다. 경찰이 암살자를 쫓아 그가 있는 곳을 습격했고 암살자는 즉각 사살당했다. 실제로 드골은 알제리를 해방시켜 이를 국가에 대한 반역으로 여긴 프랑스 우파의 분노를 샀다. 드골을 살해하려는 시도는 적어도 세 번이나 있었다. 소설의 도입부는 암살 시도에 여러 차례 가담한 실존 인물 장 마리 바스티앵 티리를 처형하는 것으로 이야기를 풀어 나간다.

인류 역사는 거물급 인사들이 명성이나 악행으로 이름을 알리기 전에 가까스로 암살을 피한 이야기로 가득 차 있다. '만약에'라는 가정을 하지 않기란 참 힘들다. 예컨데 '존 F. 케네디가 암살당하지 않았다면 어떻게 되었을까?'와 같은 가정 말이다. 예언자 마호메트도 622년 메카에서 죽음을 가까스로 모면한 적이 있다. 평소에 그는 재물의 부질없음과 가난한 자에게 나눔을 실천할 필요성을 설파해 왔기에 적이 많았다. 어느 날 마호메트는 자신을 암살하려는 계략을 눈치채고선 그의 사촌인 알리 이븐 아비 탈립에게 자신의 침대에 들어가 잠을 잘 것을 부탁했고, 그사이 자신은 평소 사람들이 다니지 않는 길을 이용해 메디나 지역으로 피신했다. 암살 공모자들이 비수를 겨누고 마호메트의 집으로 들어갔을 때 그 자리에는 알리가 있었다. 암살자들은 분노에 휩싸여 알리를 대신 죽이려 했으나 알리가 너무나도 용감하게 맞서는 바람에 그의 목숨을 살려 주기로 결정했다. 이슬람력은 예언자 마호메트가 메디나에 도착한 날부터 시작한다. 그는 결국 메디나에 신정 국가를 세웠고 그가 죽은 지 10년이 지났을 때 대다수 아랍 부족은 이슬람으로 개종했다.

✎ 아돌프 히틀러

히틀러가 대학살을 저지르고 전 세계에 가장 끔찍한 비극을 일으키기 전에 암살되었다면 어떻게 되었을지 상상해 보는 일은 매우 흥미롭다. 사실 1933년 권력을 잡기 전 히틀러는 적어도 일곱 번이나 생명의 위협을 받았다. 1921년 11월 아직 무명의 청년 극단주의자였을 때 히틀러는 처음으로 목숨을 잃을 뻔한 적이 있다. 뮌헨에 위치한 호프브로이하우스에서 연설할 당시, 술집 안에는 이제 막 구성된 나치 당원들과 함께 좌파 반대 세력도 모여 있었다. 그런 분위기에서 싸움이 일어났고 혼란 속에서 알 수 없는 집단이 히틀러를 향해 사격하기 시작했다. 히틀러는 털끝 하나 다치지 않았고 경찰이 도착하기 전까지 20분 동안 연설을 이어

1939년, 히틀러 암살을 시도한 게오르크 엘저를 기리는 베를린의 독특한 기념물.

갔다. 2년 후 튀링겐에서도 비슷한 사건이 있었고 1923년에도 라이프치히에서 그의 차가 총격을 받았다. 1932년에는 히틀러가 탄 뮌헨과 바이마르 간 열차에 누군가 총을 쏘기도 했다.

히틀러가 권력을 잡은 후에는 스물다섯 번의 암살 시도가 있었다. 그중에서 게오르크 엘저라는 공산주의자 목수가 꾸민 암살 계획이 가장 참신했다. 1938년 말부터 엘저는 시한폭탄을 제조하기 시작했다. 며칠 밤을 지새운 끝에 폭탄 제조를 끝냈고 1923년에 히틀러의 뮌헨 폭동이 일어난 장소인 뷔르거브로이켈러 맥주집에 잠입했다. 1939년 11월 8일에 히틀러가 그곳에서 연설을 한다는 것을 알고 있었기 때문에 엘저는 연단 옆의 돌기둥에 비밀 구멍을 뚫어 놓았다. 비록 미수로 그치긴 했지만 이날은 나치가 쿠데타를 일으킨 날이었기 때문에 정치적으로 중요한 기념일이었다. 마침내 엘저는 폭탄을 설치하고 히틀러의 연설 중간쯤 터지도록 설정해 두었다. 폭탄은 계획대로 잘 작동했고 아무런 문제 없이 정확한 시각에 폭발했다. 천장 일부가 부서져 연단 위로 곧바로 무너져 내렸다. 10여 명이 부상을 입었고 여덟 명이 사망했으나 그중에 히틀러는 포함되지 않았다. 전쟁 때문에 히틀러의 일정이 변경되었고 사전 계획보다 더 일찍 연설을 마쳤기 때문에 폭탄이 터졌을 때는 히틀러가 떠난 지 13분이 지난 후였다. 엘저는 붙잡혀 수용소에 수감되었고 종전을 며칠 앞두고 처형당했다.

히틀러에 대한 암살 시도 중 가장 유명한 것은 1944년 7월 20일 클라우스 폰 슈타우펜베르크가 계획한 암살이었다. 상이 전쟁 영웅이자 학자, 귀족 출신인 폰 슈타우펜베르크는 불만에 가득 찬 육군 장교 몇몇과 함께 히틀러 암살을 주도했다. 모두 히틀러를 암살하고 정권을 전복한 다음 연합국과 평화협정을 맺기를 원했다. 군 간부로서 폰 슈타우펜베르크는 히틀러와 함께 정기적으로 회의에 참석했다. 폰 슈타우펜베르크는 계획을 실행하기 위해 서류 가방에 플라스틱 폭발물을 넣어 최대한 히틀러 가까이 두었다. 자신은 전화하는 척하며 회의실을 떠났고 몇 분 후 폭탄이 터져 네 명의 목숨을 앗아 갔다. 그러나 히틀러는 작은 부상을 입기는 했으나 다시 한번 목숨을 건졌다. 회의 참석자 한 명이 폭탄이 터지기 직전에 서류 가방을 두꺼운 책상 다리 밑으로 치워 버렸기 때문이었다. 공모자들은 모두 검거되어 다른 수백 명의 반정부 인사와 함께 처형당했다. 폰 슈타우펜베르크의 암살 계획이 성공했더라도 그 시점에는 히틀러가 이미 여러 끔찍한 만행을 저지른 후이기는 했다.

1944년 8월 처칠은 영국 의회에 암살 계획에 너무 의존하지 말라고 경고하며 히틀러 이외에도 거대한 나치 세력이 존재한다고 말했다. 영국 특수작전부대는 나름대로 여러 계획이 있었지만 실패에 대한 위험 부담과 암살로 인해 히틀러가 순교자로 미화될 수 있다는 우려 때문에 막상 암살 작전을 실행하지는 않았다. 일각에서는 만약 히틀러가 죽고 좀 더 정상적인 사람이 권력을 잡을 경우 독일이 함부로 넘볼 수 없는 강적이 될 것이라고 생각했다. 실제로 폰 슈타우펜베르크 암살 미수 사건으로 히틀러는 더 기고만장해져서 "아무도 나를 건드릴 수 없지! 나는 절대 죽지 않아!"라는 말을 계속 반복해서 말했다고 한다.

그렇다면 히틀러가 권력을 장악하기 전에 암살 계획이 하나라도 성공했다면 어땠을까? 그가 초래한 끔찍한 비극에서 세상을 구할 수 있었을까? 어느 이론에 따르면 민주적인 지도자의 암살은 역사의 흐름에 그렇게 큰 파동을 일으키지는 않는다고 한다. 미국의 에이브러햄 링컨, 영국의 스펜서 퍼시벌, 스웨덴의 올로프 팔메 중 누가 암살을 당한다면 여러 어려움에 직면하겠지만, 이내 곧 암살당한 지도자와 크게 다르지 않은 새로운 지도자가 나타날 것이고 정부는 이전처럼 계속 운영될 것이다. 반면 전미경제연구소 통계에서 알 수 있다시피 독재자들이 암살되면, 상황이 급변할 확률이 높다고 한다. 특히 히틀러처럼 엄청난 영향력을 행사하는 괴물 같은 인물이라면 그가 사라진 세상이 예전과 변함없이 흘러갈 것이라고 기대하기는 어렵다. 물론 독일이 최악의 상황을 겪었던 것은 사실이다. 베르사유 조약이라는 굴욕을 겪어야만 했고, 이 조약으로 1918년에 독일군은 정치인에게 뒤통수를 맞았다고 생각했으며 1920년대에는 경제가 완전히 무너졌다. 히틀러는 카리스마와 무자비함과 교활함으로 국가적 위기를 악용할 수 있는 사악한 재능을 갖춘 인물이었다. 따라서 그가 없었다면 유럽 역사에 끔찍한 사건이 일어났다고 하더라도 이 정도로 참혹하게 끝나지는 않았을 것이다.

✎ 베니토 무솔리니

히틀러의 파시스트 동맹이었던 이탈리아 독재자 베니토 무솔리니도 여러 차례의 암살 시도에서 살아남았다. 1926년에는 일곱 달간 네 차례나 목숨에 위협을 받았다. 1926년 4월, 아일랜드 대법관의 딸 바이올렛 깁슨은 총으로 무솔리니의 코를 날릴 뻔했지만 절묘한 순간에 무솔리니가 고개를 돌리는 바람에 총알이 비껴가면서 스치는 정도의 상처만 입혔다. 무솔리니는 여성에게 총을 맞을 뻔했다는 것과 특히 못생기고 역겹다고 생각한 여성에게 총살당할 뻔했다는 사실에 몸서리쳤다. 당시에 영국은 무솔리니를 적으로 간주하지 않았기 때문에 깁슨은 정신병원에 이송되었고 1956년 병원에서 생을 마감했다. 깁슨의 암살 시도에서 6개월이 지났을 때 15세의 어린 무정부주의자가 무솔리니를 겨냥해 총을 쏘았지만 실패했다. 소년은 집단 폭행으로 사망했다. 무솔리니는 이 사건을 구실로 시민의 자유를 모두 억압하고 반대파 정당을 해산했다. 무솔리니는 자신을 죽이려는 자들보다 암살을 계획하는 데 확실히 더 뛰어났다. 무솔리니의 부하들은 정치적 반대파들을 몇 차례나 제거했다. 그러나 자신의 파시스트 정권이 패전하자 무솔리니는 1945년에 정부와 함께 도망치려 했고, 결국

1926년 암살 미수 사건으로 코에 부상을 입은 무솔리니.

공산주의자 게릴라 대원들에게 붙잡혀 총살당했다. 무솔리니가 정치적 반대파에게 가차 없었던 것처럼 이 공산주의자들도 가차 없이 그와 정부의 시체를 고기 걸이에 거꾸로 매달아 광장에 걸 어 두었다.

✏ 조그 1세

1939년 무솔리니는 알바니아를 침공해 이탈리아의 보호령으 로 선포하고 당시 왕이었던 조그 1세를 추방했다. 조그 1세는 잠 재적 암살자들에게 직접적으로 공격을 개시하여 암살을 막은 유 일한 왕이었을 것이다. 하지만 결코 흔히 상상할 수 있는 군주의 모습은 아니었다. 수려한 외모에 예의를 갖추었지만 비정한 면모 가 있고 골초이기도 했다. 알바니아가 오스만제국의 일부였을 때 조그 1세는 봉건영주 집안에서 태어났다. 알바니아가 독립하고 대통령이 되었지만 1928년에 스스로 왕이라 선포하며 유럽의 유 일한 이슬람 군주가 되었다.

2년 후 앙심을 품은 두 명의 군 장교가 매복해 있다가 오스트 리아 빈의 오페라하우스에서 나오는 조그 1세와 그의 일행을 습 격했다. 총소리가 울려 퍼졌고 음악을 즐기러 왔던 사람들이 상대 를 교란하기 위해 뛰쳐나왔다. 이때 조그 1세의 전속 부관도 목숨 을 잃고 그가 지키려던 왕 위로 쓰러졌다. 조그 1세는 시체를 밀 쳐 내고 허리띠에 있던 총을 꺼내 반격하기 시작했다. 결국 예복 을 입고 있던 암살자들은 항복했다. 조그 1세는 10여 차례의 암살 시도에도 살아남았고 나중에는 심드렁한 지경에 이르러서, 한 차 례 공격을 당한 후 부상을 입어 피를 흘리면서도 책상에 앉아 업 무를 이어 갔다. 그는 안락한 망명 생활을 하기 위해 수많은 암살 시도에서 살아남았는지도 모른다. 망명 생활 동안 런던의 리츠 호텔에 머무르며 수행단이 여행 가방에 넣어 배달해 준 금괴로 호화로운 생활을 했고 1961년에 파리에서 평화롭게 죽음을 맞이했다.

✎ 카이저 빌헬름 2세

히틀러가 몇 차례의 암살 시도에서 살아남았듯 제1차 세계대전의 주범이라 여겨지는 독일의 카이저 빌헬름 2세도 몇 차례 죽음의 고비를 넘겼다. 그에 대한 암살 시도는 히틀러가 겪은 것에 비하면 그다지 정교하진 않았다. 20세기에 막 접어들었을 무렵 유럽 왕실에서는 1898년 오스트리아의 엘리자베스 황후나 1900년 이탈리아 국왕 움베르토 1세 등 왕실 인사가 잇따라 암살로 목숨을 잃었다. 움베르토 1세가 암살당한 지 몇 개월이 지나지 않아 미치광이로 불리던 한 여성이 빌헬름 2세의 마차에 도끼를 던졌으나 인명 피해는 없었다. 1901년 독일 브레멘에서는 정신 이상이 있는 청년 노동자가 접근해 빌헬름 2세의 빰을 연장으로 긁었다. 해군 참모총장은 관자놀이나 눈을 공격했다면 상처가 심각할 수 있었다고 적은 바 있었다.

6장에서도 살펴봤듯이 제1차 세계대전의 발발이 불가피했다고 믿는 사람도 많지만 그래도 "빌헬름 2세가 전쟁 발발 전에 생을 마감했다면 어떻게 됐을까?"라고 상상해 보는 것은 견디기 힘든 유혹이다. 빌헬름 2세가 죽었다면 아마 그와 같은 이름을 가진 장남 빌헬름이 왕위를 이었을 것이다. 빌헬름 2세의 암살로 상황이 많이 바뀌었을 것이라고 단정하기는 어렵다. 왕세자였던 아들 빌헬름이 아버지보다는 상대적으로 분별력이 있었다고 평가하는 사람들도 있기는 하지만, 아들 빌헬름도 결국에는 독일의 팽창주의 노선을 따랐기 때문이다. 또한 그는 제1차 세계대전에서 혁혁한 공을 세웠고 1930년대에는 독일 극우 정치인들과 곧잘 어울리기도 했다.

영국 정부가 심지어 히틀러라는 거물 암살에 난색을 표했다는 점을 고려할 때, 영국은 신흥 세력에 불과하고 잉글랜드의 왕조 조지 5세의 사촌이기도 한 빌헬름 2세 암살을 꿈도 꾸지 않았을 것이다. 물론 1918년 6월 빌헬름 2세 암살 계획이 수면 위로 떠오르기는 했다. 연합군 첩보원이 벨기에 국경 지역과 마주한 빌헬름 2세의 프랑스 저택에서 비밀 본부를 발견했다. 열 명의 영국 공군이 공격을 개시했고 30개의 폭탄을 투하했으나 건물은 하나도 손상되지 않았다. 바깥에 주차되어 있던 차들이 대부분 파괴되었지만 빌헬름 2세는 이미 19시간 전에 그곳을 떠난 후였다. 같은 날 영국 항공기 한 대가 해당 저택으로 향하는 독일 황제 전용 열차를 발견하고 기관총으로 폭격을 퍼부었다. 다수가 사망했지만 열차에는 빌헬름 2세가 타고 있지 않았다.

✎ 레닌

1910년대 일어난 또 다른 지각 변동은 1917년 러시아 혁명이었다. 1918년 8월 30일, 파니 카플란이라는 28세 여성이 러시아 혁명의 설계자 블라디미르 일리치 레닌을 향해 근거리에서 세 발을 발사했다는 사실은 그다지 널리 알려지지 않았다. 한 발은 코트를 살짝 스쳐가 레닌의 몸에 닿지도 않았고 두 번째 총알은 팔에, 마지막은 목을 관통해 왼쪽 폐를 손상시켰다. 이 암살 시도는 군중이 모스크바 무기 공장에서 연설을 마친 그들의 혁명 영웅 레닌을 보기 위해 이리저리 서성이고 있을 때 일어났다. 카플란은 즉각 체포되었다. 그녀는 오늘날의 우크라이나에서 교사의 딸로 태어난 유대인 출신이었다. 10대에 모자 제작 기술을 배우기 위해 집을 떠났으나 열여섯 살이 되던 해 무정부주의 테러 조직에 가입했다. 1906년, 카플란의 집에서 폭탄이 터져 시종 한 명이 목숨을 잃었고 그녀는 시베리아 강제 노동 수용소에서 종신형을 살도록 선고받았다. 혁명이 일어나 석방되기 전까지 카플란은 수용소에서 고통스러운 나날을 보냈다.

카플란은 레닌이 이끄는 볼셰비키에 대항하는 사회주의혁명당에 가입했다. 레닌이 정권을 잡은 후 사회주의혁명당의 활동을 일절 금지하자 카플란은 레닌을 혁명의 반역자로 여겼다. 레닌을 쏜 후 즉각 다음과 같은 성명서를 발표했다. "나는 오늘 레닌을 쐈다. 독자적으로 행한 것이며 내 권총의 출처는 결코 밝히지 않을 것이다." 9월 3일 카플란은 머리에 총격을 가하는 총살로 처형당했다. 그 이전에 카플란은 수용소에서 제대로 치료를 받지 못한 탓에 눈이 실명에 이른 상태였기 때문에 의사들이 시력을 어느 정도 되찾아 줬다 하더라도 카플란이 실제로 레닌을 쏜 것이 맞느냐, 혹은 다른 누군가를 엄호하기 위해 카플란이 나선 것이냐를 둘러싼 논란이 여전히 존재한다. 그러나 이러한 암살 미수로 명확히 드러난 사실도 있다.

1918년 8월 30일에 레닌만 암살 대상이 된 것은 아니었다. 페트로그라드 비밀경찰대의 수장이었던 모이세이 우리츠키도 암살당했다. 진짜 두려움 때문이었는지 단지 암살을 구실로 삼은 건지는 모르지만, 같은 날 볼셰비키는 공포 정치를 실시했다. 비밀경찰대는 수천 명의 잠재적 반대파 인사를 대규모로 청산할 것을 명령받았다. 차르 정권 지지자와 부유층이 인질로 잡혀 갔고 필요하다면 처형이 이루어졌다. 총 14만 명이 목숨을 잃은 것으로 추정된다. 레닌은 총격으로 입은 부상에서 결국 완전히 회복하지는 못했고 설상가상으로 4년 후 발발한 뇌졸중으로 1924년 생을 마감했다. 만약 레닌이 1918년에 죽었다면 상황은 지금과는 많이 달라졌을지도 모른다. 레닌이 암살을 당했어도 볼셰비키가 건재했을까? 아니면 다른 좌파 정당이 정권을 차지했을까? 그도 아니면 러시아 백군이 승기를 거머쥐었을까? 수천만 명의 목숨을 앗아간 스탈린의 공포 정치가 러시아를 비껴갔을까? 레닌은 병석에서도 주변 동료들에게 스탈린을 조심하라고 경고했으나, 결국 스탈린이 최고 권력을 잡았다. 만약 레닌이 일찍이 1918년에 사망했더라면 스탈린은 권력을 손에 넣지 못했을 것이다.

✒ 나폴레옹

히틀러와 마찬가지로 나폴레옹 보나파르트도 카리스마 넘치고 무자비하며 대범한 사고방식을 가진 인물이었지만, 다행히도 히틀러처럼 대량 학살에 관심이 있지는 않았다. 그는 또한 역사상 가장 위대한 군 사령관이기도 했다. 물론 그 당시 프랑스 지도자였다면 절대로 놓치지 않을 천재일우의 기회를 나폴레옹이 손에 넣은 것도 사실이다. 프랑스는 최대의 적이었던 대영제국보다 두 배가 넘는, 유럽에서 가장 많은 인구를 가진 국가였을 뿐 아니라 낡고 비효율적인 구체제를 물리친 혁명으로 나라 안에 활력이 넘쳤다. 그럼에도 불구하고 나폴레옹처럼 효과적으로 주어진 자원을 활용하여 나라를 재건할 수 있었던 사람은 없었을 것이다.

나폴레옹은 많게는 약 서른 번의 암살 시도에서 살아남은 것으로 추정된다. 어떤 살인 미수범은 코담배에 독을 주입하려 했고 다른 이는 오페라 관람 중에 칼로 찌르거나 나폴레옹의 거처 주변의 작은 집들에 불을 질러 경호원이 불길을 잡으려 자리를 비운 사이 무방비 상태가 된 그에게 공격을 시도하기도 했다. 1809년에 나폴레옹이 오스트리아 빈을 점령한 후 한 독일인 의대생이 그를 칼로 찌르려 했으나 범행 도구를 꺼내기도 전에 체포되었다. 나폴레옹은 범인에게 사과한다면 목숨은 살려 주겠다고 했으나, 이 범인은 자신의 행동에 조금도 후회는 없으며 다시 한번 기회가 생긴다면 또 나폴레옹을 암살할 것이라고 말해서 결국 총살당했다.

아마도 가장 흥미진진한 암살 시도는 1800년 크리스마스 전날에 일어난 위장 폭탄 사건일 것이다. 암살범들은 오페라를 관람하러 가던 나폴레옹을 대상으로 공격을 계획했다. 프랑스 왕당파 일원들은 자신들의 이념적 반대파였던 극좌 성향 자코뱅파가 고안한 폭발물에 영감을 받아 나폴레옹을 죽일 폭파 공격을 꾸몄다. 당시 파리의 수도 관리원이 입던 옷과 유사한 파란 작업복을 구하고, 커다란 물통 안에 제조한 폭탄을 넣어 마차에 싣고서는 나폴레옹이 지나갈 경로로 운전을 했다.

당시 암살을 주도한 인물은 생 레제앙으로 다른 동료 공모자가 나폴레옹이 튈르리 궁전을 출발했다는 신호를 전달해 주기를 기다리고 있었다. 그러나 어떠한 신호도 오지 않았고 조급해진 생 레제앙은 무슨 일인지 살펴보려고 마차를 14세 소녀에게 맡기고 주변을 탐색했다. 알고 보니 당시 제1통령이었던 나폴레옹은 아내 조세핀이 집을 나서기 직전에 옷을 바꿔입겠다고 하는 바람에 늦게 출발한 것

나폴레옹 보나파르트. 19세기 초 판화.

이었다. 생 레제앙은 주변을 살피다가 갑자기 근위대 뒤에 있는 나폴레옹의 마차를 발견하고서는 길을 막고 있던 본인의 마차로 달려갔다. 근위대 선두에 있던 자가 마차를 밀치며 나아가자 생 레제앙은 도화선에 불을 붙이고 피신했다.

몇 초 후, 엄청나게 큰 폭발이 일어났고 창문이 깨지고 사람들이 공중에 날아다니며 유리와 타일 건물 파편들이 하늘에서 쏟아졌다. 마차를 맡고 있던 어린 소녀는 물론, 10여 명의 사람들이 목숨을 잃었을 것이다. 나폴레옹이 타고 있던 마차도 하늘로 솟구쳤다가 땅으로 떨어졌지만 나폴레옹은 다치지 않았다. 아내 조세핀은 다른 마차에 타고 있었다. 그는 러시아의 알렉산드르 2세와 달리 마차에서 내려 다친 곳은 없는지 확인하기보다는 오히려 마부에게 빨리 공연장에 가자고 재촉했다. 나폴레옹의 의붓딸이 마차 창문이 깨지며 팔이 살짝 베이긴 했지만 가족들도 심각한 부상을 입지는 않았다. 생 레제앙도 멀리 나가떨어져 파편 속에 묻혔다. 그는 정신이 들자마자 나폴레옹이 현장을 떠났다는 것을 발견하고서는 심각하게 다쳤음에도 불구하고 아무렇지 않은 척 현장에서 사라졌다. 그리고 의사를 찾아 가까스로 상처를 치료하고서 침대에 누워 경찰 조사를 피할 수 있기를 바랐다.

오페라 공연장 안에서도 폭발 소리가 크게 들렸다. 프랑스군이 또 다른 전쟁에서 승리한 것을 축하하는 대포 소리인가? 아니면 불길함을 알리는 신호인가? 공연장에 도착한 나폴레옹의 모습은 평온함 그 자체였다. 다만 조세핀은 약간 초췌한 모습으로 나타나기는 했다. 15분쯤 지난 후 나폴레옹은 경찰청장 조제프 푸셰를 만나 자코뱅파를 주범으로 꼽으며 푸셰에게 100명 이상의 자코뱅 일원을 잡아들이라 명하고 재판도 없이 즉각 카옌이나 세이셸 지역으로 이송해 버렸다. 이후 경찰청장은 해당 사건이 왕당파의 소행이라는 것을 깨닫고 나폴레옹에게 자코뱅파에 대한 처벌을 철회할 것인지 물었다. 나폴레옹은 수많은 적을 한꺼번에 처단할 수 있는 기회를 놓치지 않고 자코뱅파는 그들이 지금까지 해 온 일과 앞으로 저지를 일 때문에라도 추방당할 만하다고 대답했다. 이번 폭파 사건을 실제로 계획한 인물은 단지 세 명에 불과했지만, 실제로 20명의 사람들이 추가적으로 함께 재판에 회부되었다. 생 레제앙과 폭탄 제조자는 처형되었고 피고인 여덟 명은 무죄로 풀려났으며 생 레제앙을 치료해 준 의사 등 다른 이들은 각기 다른 형량을 선고받았다.

영국 정부는 히틀러를 암살하는 데는 미온적인 태도를 견지했지만 나폴레옹 암살 계획에는 적극적으로 행동했다. 물론 워털루 전투의 승리자 웰링턴 공작에게는 이 소식이 흘러들어가지 않은 듯했다. 전투 당시 저격수가 나폴레옹이 시야에 들어왔다고 보고했으나 웰링턴 공작은 시큰둥해 하며 일개 사령관의 판단으로 상대를 쏴 죽이는 것은 옳지 못하다고 말했다고 전한다. 그러나 최근 연구에서 사실은 영국 정부가 1904년에 마차 폭탄 사건을 꾸민 왕당파의 배후에 있었다는 것이 드러났다.

✏ 나폴레옹 3세

나폴레옹의 조카인 프랑스의 나폴레옹 3세 황제에 대한 암살 시도는 예상치 못한 결과를 낳았다. 1858년 1월 14일 이탈리아 민족주의자 펠리체 오르시니는 공범들과 파리의 오페라 극장으로 향하고 있는 황제와 황후의 마차에 폭탄 세 개를 투척했다. 폭발로 인해 여덟 명이 사망했지만 황제 부부는 다치지 않았고 오르시니는 체포되어 처형당했다. 공범 두 명도 사형을 선고받았지만, 그중 한 명은 감형을 받고 악마의 섬이라고 불린 악명 높은

372

카옌에서 탈출해서 미국 기갑부대에 입대해 리틀 빅혼 전투에 참전한 후 살아남았다.

　나폴레옹 3세가 공격을 당한 시기에 이탈리아는 각기 다른 주로 분열되어 있었고 대다수 북부 지역은 오스트리아의 지배하에 있었다. 오르시니는 15년간 이탈리아 통일을 위해 애써 왔던 인물로 그가 기록한 일대기가 인기를 끌어 유명세를 타기도 했다. 오르시니는 프랑스에서 혁명의 기반을 세운 나폴레옹을 죽이면 이탈리아로 혁명의 분위기가 확산될 것이라 믿었다. 아마 오르시니의 애국심이 자신의 추억 혹은 양심을 건드린 것인지, 나폴레옹 3세는 오르시니가 자신에게 보낸 서한을 출판할 것을 허가했다. 편지에는 '나의 조국을 해방시켜 달라!'라고 쓰여 있었다. 나폴레옹 3세는 자신도 소싯적 이탈리아 통일을 위해 싸웠다는 것을 떠올리며 이탈리아 통일 운동 지도부와 비밀 회담을 주고

1858년 미수로 그린 나폴레옹 3세에 대한 오르시니의 암살 시도. 사건 발생 24년 후 《Paris à travers les siècles》에 실린 삽화.

받기 시작했다. 그는 1859년 오스트리아 지배하에 있던 이탈리아 영토를 침략해 괄목할 만한 승리를 거두었다. 주세페 가리발디 등 민족주의 영웅이 연합하며 1861년 마침내 오르시니의 오랜 꿈이었던 이탈리아 통일이 이루어졌다. 나폴레옹은 이탈리아 영토를 돌려주고 엄청난 보상을 받았지만, 프로이센-프랑스 전쟁으로 왕권을 빼앗기며 승리의 달콤함을 그리 오래 즐기지는 못했다.

✒ 가이 포크스와 화약 음모 사건

많은 영국 군주가 잔인한 방식으로 죽음을 맞이해야 했다. 에드워드 2세, 리처드 2세, 헨리 6세를 비롯해 아마도 런던탑의 두 왕자 중 하나였던 에드워드 5세까지 그들을 인질로 잡고 있던 적에게 암살되었으며 찰스 1세는 참수당했다. 그러나 정복왕 윌리엄이 노르만 왕조를 연 이후로 이 책에서 정의한 암살에 의해 죽은 사람은 한 명뿐이다. 윌리엄 루퍼스로 더 잘 알려진 윌리엄 2세는 1100년 뉴 포레스트에서 사냥 중 '사고'로 목숨을 잃었다. 명사수가 실수로 잘못 쏜 화살에 맞았다고는 하지만, 후에 헨리 2세가 된 루퍼스의 동생이 이 궁수에게 두둑한 포상을 내렸다고 한다.

하지만 암살로 목숨을 잃은 사람이 없다고 해서 암살 시도조차 없었던 것은 아니다. 가장 극적인 사건은 단연 1605년 11월 5일에 발생한 그 악명 높은 화약 음모 사건이었다. 오늘날에는 가이 포크스라는 로마 가톨릭 교도가 국회의사당을 폭파하려다 잡혀 처형된 사건으로 더 잘 알려져 있으며, 영국에서는 매년 이를 기념해 수천 개의 모닥불을 피우기도 한다.

가이 포크스는 음모 주동자는 아니었다. 또 다른 로마 가톨릭 교도인 로버트 캐츠비가 주도했으며 암살의 목표는 당시 영국에서 탄압받고 있던 로마 가톨릭 신도들을 박해에서 해방시키려는 것이었다. 이 시기가 종교전쟁 시기라는 점을 기억해 둘 필요가 있다. 이들이 세운 음모 계획안은 꽤나 과격했다. 영국 국회의 사당을 폭파시키며 왕이었던 제임스 1세와 왕비, 장남과 여러 국회의원을 암살하려 했고 혼란을 틈타 가톨릭이 권력을 장악할 수 있기를 바랐다. 1605년, 서른여섯 개의 화약통을 몰래 들여와 3월에 석탄과 장작더미 아래 숨겨 두었다. 포크스와 몇몇은 유럽의 가톨릭 국가에 지원을 요청하러 갔고, 일부 가톨릭 인사는 11월 5일 영국 의회 개원식 행사에서 폭탄이 터지면 반란을 일으킬 준비를 하고 있었다.

그러나 공모자에게 닥친 난관이 있었다. 바로 폭발이 일어나면 개신교는 물론이고 자신의 친척이나 친구인 가톨릭계 의원들까지 목숨을 잃을 수 있었다. 실제로 어떤 가톨릭계 의원은 사건 당일 국회의사당에 가지 말라고 경고하는 익명의 서한을 받고 이를 국왕 아래서 일하는 각료 몇몇에게 보여 주었다. 불안하기는 했지만 소식이 새어 나갔다는 것을 공모자들이 눈치채지 않도록 화약을 숨겨 두었다는 저장고를 즉각 수색하지는 않기로 했다. 일부 공모자의 경우 정부가 이미 음모를 알고 있다는 것을 깨닫고 캐츠비에게 모든 계획을 취소하자고 간청했지만, 캐츠비는 수색 작업이 개시되지 않는 것을 보고 안심했고, 당국이 서한에 의구심을 품지 않았다고 확신했다. 그러나 11월 4일 밤, 마침내 지하실 수색이 개시되었고 화약을 지키던 포크스는 체포되었다. 그는 여전히 제임스 1세에 대항해 가톨릭 봉기가 일어날지도 모른다는 희망을 품으며 고문을 받다가, 결국 공범들의 이름을 실토했다. 공모자 일부는 이미 런던을 탈출한 후였다. 결국에는 아무 일도 일어나지 않았고, 11월 8일 공모자들은 스태퍼드셔에서 진퇴양난의 처지에 놓였다. 마지막으로 결판을 내기 위해 총격전을 벌였고 캐츠비 외 두 명이 이 과정에서 사망했다. 포크스 외 일곱 명은 처형당했다. 국회의사당 음모 사건 이후 영국의 로마 카톨릭은 이전보다 더 심한 탄압과 박해에 시달렸다.

✎ 조지 3세

조지 3세의 재위 기간은 60년으로 영국 역사상 가장 길다. 즉위 26년이었던 1786년, 마가렛 니콜슨이라는 여성이 주머니칼로 조지 6세를 찌르려다 실패했다. 영국 군주의 자문기관이었던 추밀원은 감정 결과 정신병으로 판정했다. 그로부터 8년 후 제임스 해드필드라는 군인이 프랑스와의 전쟁에서 조국을 위해 싸우다가 머리에 큰 부상을 입고 전역하게 된다. 그 후 그는 왕을 암살해야 한다고 주장하는 사이비 종교에 빠졌다. 해드필드는 자신이 예수와 소통하고 있고 조지 3세를 죽임으로써 예수 재림을 앞당길 수 있다고 믿었다. 이와 동시에 인생에 싫증이 나서 처형당하기를 바랐다. 1800년 해드필드는 런던 극장에 서서 국가를 제창하다가 조지 3세를 향해 권총을 발사했다. 그러나 이번에도 중요한 순간에 조지 3세가 관중을 향해 몸을 숙여 인사를 했고 총알은 빗나갔다. 조지 3세가 그를 부르자, 해드필드는 "전하에게 신의 가호가 있기를 바랍니다. 전하를 매우 존경하는 바이며 좋은 분이라 생각합니다."라고 말했다. 그는 반역죄로 기소되었지만 정신 이상을 근거로 무죄를 선고받은 후 베들램 정신병원으로 이송되었고, 그로부터 40년 후인 1841년 숨을 거두었다. 운명의 장난처럼 조지 3세도 주기적으로 정신 질환에 시달렸고 결국에는 아들을 섭정 왕자로 지정해 국정 운영을 대행하게끔 했다. 일부

1800년 신의 도움으로 런던 드루리 레인 왕립극장에서 발생한 암살 시도를 모면한 신성한 조지 3세를 기념하며 제작한 판화.

현대 학자들은 실제로 조지 3세는 유전적 혈액병인 포르피린증을 앓았을 것이라고 추정하기도 한다.

✒ 빅토리아 여왕

에이브러햄 링컨의 암살 소식을 들은 빅토리아 여왕은 이렇게 말한 바 있다. "이런 소식은 또 처음 들어 보네. 다른 곳에서 같은 일이 일어나지 않기만을 바랄 뿐이오." 빅토리아 여왕은 영국에서 두 번째로 긴 재임 기간을 보내며 여러 차례 암살 시도에서 살아남았다. 통치 기간을 통틀어 적어도 여덟 차례의 암살 위기를 맞이했다.

1840년 6월 10일, 임신 중이었던 빅토리아 여왕은 부군 알버트 공과 함께 버킹엄 궁전에서 마차를 타고 나가고 있었다. 앨버트 공은 약간 신경질적으로 생긴 남자가 자신들을 향해 무엇을 들고 있다는 것을 알아차렸다. 에드워드 옥스퍼드라는 어려 보이는 18세의 바텐더였는데, 그가 겨누고 있던 것은 결투용 권총이었다. 불과 약 5.5미터에서 총을 쏘았는데 빗나가고 말았다. 옥스퍼드는 다른 권총을 꺼내 들고 다시 한번 방아쇠를 당겼으나 빅토리아 여왕이 몸을 숙였고 총알은 빗나갔다. 군중이 옥스퍼드를 제압해서 바닥에 꿇렸고 여왕 부부는 아무 일도 없었다는 듯 가던 길을 계속 갔다. 앨버트 공은 국민에 대한 자신들의 믿음이 견고하다는 것을 보여 주기 위함이었다고 기록했다.

경찰이 옥스퍼드의 집을 수색했고 '청년 영국'이라는 비밀 단체와 관련된 문서를 발견했지만 실제 단체의 존재 여부를 증명할 근거는 없었다. 옥스퍼드의 공판 재판부는 그가 과도한 음주를 일삼고 이상한 행동을 하기 일쑤였으며 때때로 타인을 위협했다는 점과 어머니는 망상증에 시달렸고 아버지는 미치광이에다 거실에서 말을 탄 적이 있다는 점에 주목했다. 재판부가 옥스퍼드에게 정말로 여왕을 쏠 심산이었냐고 묻자 그는 "여왕님도 다른 이들과 마찬가지로 쏘아 버렸을 수 있다."라고 대답했다. 결국 그는 정신 이상으로 판정받고 정신병원으로 이송되었다가 호주로 강제 추방되었고 그곳에서 주택 도배공으로 일했다고 한다.

영국 군주 중 가장 많은 암살 음모에서 살아남은 빅토리아 여왕이 다시 한번 1940년 버킹엄궁 근처에서 에드워드 옥스퍼드가 쏜 총에서 살아남는 장면.

이로부터 2년 후 어느 일요일 빅토리아 여왕 부부가 교회에서 돌아오는 길에, 옥스퍼드가 사격한 바로 그 지점에서 앨버트 공은 작고 거무잡잡하며 인상이 험악한 한 남성이 자신들을 향해 작은 화승총을 겨누고 있는 것을 보았다. 남성이 방아쇠를 당겼으나 아무 일도 벌어지지 않았다. 그리고 나서 그는 외투 안쪽에 다시 총을 집어 넣고 그린파크 쪽으로 사라졌다. 빅토리아 여왕은 위협이 소용없다는 것을 보여 주기 위해 다음 날 저녁에도 천장이 없는 마차를 타고 행차를 나갔다. 앨버트 공은 자신들의 마음이 얼마나 편치 않았는지 누구나 짐작할 수 있을 것이라며 험상궂은 남성을 찾으려고 모든 나무 뒤를 살피며 사방팔방 돌아다니기에 바빴다고 기록했다. 여왕 부부는 평소와 다름없이 관중의 이목을 끌었고 남성을 찾기 위해 사복 경찰도 잠복했다. 그럼에도 불구하고 불과 몇 미터 밖에서 마차를 향해 총알이 날아들었다. 비껴가긴 했지만 이번에는 경찰이 범인을 붙잡았다. 현장에서 검거된 범인은 존 프랜시스라는 이름의 목수로 총이 장전되지 않은 상태였고 그저 장난을 친 것일 뿐이라고 주장했다. 그는 처음에는 사형을 선고받았다가 빅토리아 여왕의 선처로 종신형으로 감형되었다.

그로부터 겨우 5주 만에 같은 지역에서 등이 굽은 척추 장애인이 빅토리아 여왕을 조준해 사격했으나 실패로 돌아갔다. 그날 밤 경찰은 런던 시내의 모든 척추 장애인을 불러모았고 결국 범인인 윌리엄 빈을 검거했다. 윌리엄 빈의 아버지는 아들이 늘 유명해지고 싶어했고 에드워드 옥스퍼드를 보고 영감을 얻었다고 진술했다. 윌리엄 빈은 자신의 권총에 실제 총알이 아닌 담뱃잎을 넣었기 때문에 여왕의 생명을 위협한 적은 없다고 주장했다. 그는 결국 18개월간의 중노동을 선고받았다. 1849년에는 아일랜드 감자 대기근을 피해 영국으로 건너온 아일랜드인이 더 이상 실직 상태를 견딜 수 없다며 감옥에 가고 싶어 여왕에게 총을 쏘았다. 남성은 총에 화약만 넣었을 뿐 총알을 장전하지 않았다고 말했고 징역 7년을 선고받았다. 뿐만 아니라 전직 장교가 지팡이 끝으로 빅토리아 여왕의 머리를 가격해 징역 7년을 선고받았다. 1872년에도 한 아일랜드인이 여왕의 코앞에 총을 겨눴지만 여왕의 유명한 시종 존 브라운이 제압해 저지했다. 이 아일랜드인은 조국의 정치범 석방을 위해 총격을 계획했으나 총이 작동하지 않았다.

✎ 에드워드 8세

빅토리아 여왕이 영국 역사에서 가장 오래 통치한 왕 중 한 명이라면, 여왕의 증손자인 에드워드 8세는 가장 짧게 통치한 왕이었다. 그의 재위 기간은 겨우 10개월 정도였다. 그러나 이 짧은 기간에도 암살 시도는 있었다. 1936년 7월 16일 에드워드 8세가 버킹엄 궁전 근처에서 말을 타고 행진할 때 한 관중이 그에게 총을 겨누었다. 그러나 특수경찰 한 명이 돌진해 총을 낚아채고 체포했다. 바닥에 내동댕이쳐진 총은 왕의 발밑에 떨어졌다. 에드워드 8세의 공식 자서전에 따르면 폭탄이 떨어졌다고 생각해 더 큰 인명피해를 막기 위해 자신이 폭탄을 끌어 안아야겠다고 생각했다고 한다. 시종 무관이었던 존 에어드는 왕이 겁이 많다고 늘 생각해 왔으나 에드워드 8세가 끝까지 평정심을 유지하는 모습을 보고 그의 용기에 깊은 감명을 받았다.

목격자에 따르면 총격범은 멀리 떨어진 곳에서 잘 차려입은 신사와 이야기를 나누고 있었다고 한다. 그는 조지 앤드루 맥마흔이라고 자신의 신원을 밝히며 왕을 해칠 생각은 전혀 없었으며 단지 시위를 하고 싶었을 뿐이라고 진술했다. 간략한 취조 후 런던 경찰국은 맥마흔이 아일랜드 출신 기자로 영국 정부가 자신의 경력을 망치고 있다고 확신해 부조리를 명백히 밝히기 위해 일을 꾸민 것이라고 왕실에 보고했다. 하지만 알고 보니 맥마흔의 실제 이름은 제롬 바니건으로 건물 경비원이었으며 나치 동조자 혐의를 받고 있는 것으로 나타났다. 재판에서 바니건은 외국 세력에게서 왕을 암살하면 150파운드를 주겠다는 제안을 받았고 이 사실을 영국 국내 보안부에 알리려고 했다는 엉뚱한 이야기를 꺼냈다. 또한 외국 세력이 독일의 나치라는 점은 은연중에 드러냈지만 실제로 그가 이름을 댄 나치 관련자나 영국에 사는 독일인 중 정부가 가진 명단에 실린 이는 아무도 없었다. 결국 그는 12개월의 중노동을 선고받았다.

에드워드 8세는 바니건의 터무니없는 행동으로 그날 자신이 한 전쟁의 공포에 관한 연설에는 아무도 주의를 기울이지 않았다며 매우 분노했다. 왕이 버킹엄 궁전으로 돌아와 가장 먼저 받은 전보 중 하나는 히틀러에게 온 것으로 "방금 폐하의 생명을 위협하는 끔찍한 암살 시도가 있었다는 소식을 접했습니다. 무사 귀환을 온 진심을 다해 축하드립니다."라고 쓰여 있었다. 훗날 에드워드 8세는 나치 동조자를 숨겨 주었다는 혐의를 받기도 했다.

✦ 엘리자베스 2세

영국 통치자를 암살하려 했던 자들의 총은 대개 말을 잘 듣지 않았던 모양이다. 1981년 엘리자베스 2세 여왕의 공식 생일 행사에서 버킹엄 궁전 앞길을 행진하고 있을 때 마커스 사르장트라는 17세 소년이 여왕을 향해 몇 차례 총을 헛발사했다. 판사의 말에 따르면 사르장트는 진짜 총을 사용하고 싶었으나 장만하지 못했다고 한다. 사르장트는 사건을 저지르기 석 달 전부터 교황 요한 바오로 1세와 레이건 대통령에 대한 암살 시도에 깊은 관심을 가졌다. 존 레논을 살해한 범인 마크 채프먼처럼 온 세상을 깜짝 놀라게 해 세계에서 가장 유명한 10대가 되겠다고 일기에 적기도 했으나 결국 징역 5년을 선고받았고 출소 후 개명해서 새로운 삶을 살았다.

엘리자베스 2세를 대상으로 한 또 다른 암살 계획은 거의 40년간 세상에 알려지지 않았다. 1970년 여왕과 필립 공이 타고 있던 기차가 호주의 뉴사우스웨일스주에 위치한 작은 마을 리스고를 통과할 때 일어난 일이다. 여왕 부부가 탄 열차와 선로 확인을 위해 앞서 운행하던 열차 사이의 아주 짧은 시간 동안 누군가가 기차를 탈선시키려고 선로에 통나무를 끼워 두었다. 앞바퀴가 통나무를 쳤고 바퀴 아래 통나무가 끼었으나 기관사가 가까스로 열차 이탈을 막아서 아무도 다치지 않았다. 전문가들은 열차가 조금만 더 빨리 달렸더라면 열차가 선로를 벗어나 제방으로 고꾸라졌을 것이라고 말했다. 당시 경찰이 언론에 보도 금지를 요청했기에 해당 사건은 2009년에야 주목받았다. 이 사건으로 체포된 사람은 아무도 없었다.

✒ 살아남은 영국의 총리들

스펜서 퍼시벌은 역대 영국 총리 중 유일하게 암살당한 인물이다. 만약 아일랜드 공화군의 계획이 차질을 빚지 않았다면 아마 수많은 내각 장관과 적어도 두 명의 총리가 암살로 목숨을 잃었을 것이다. 1984년 아일랜드 공화군은 마가렛 대처 총리와 다수의 보수파 거물이 전당대회를 위해 머무르던 브라이튼 그랜드 호텔에 폭탄을 설치했다. 테러범은 거의 한 달 전에 폭발물을 숨겨 두고 전당대회 도중에 대처가 숙박하던 스위트룸 바로 위층 화장실에서 폭파하게끔 시간을 설정했다. 폭탄은 10월 12일 오전 3시 직전에 터지게 해 놨는데, 당시 대처는 그날 오후에 할 연설을 새벽까지 준비하고 있었다. 폭발로 건물의 여러 부분이 붕괴되었고 대처가 묵은 객실의 화장실이 심각하게 손상되었으나 대처는 다치지 않았다. 다섯 명이 사망했지만 주요 내각 인사는 보수당 의원이자 통상장관이었던 노먼 테빗이 심각한 부상을 입은 것을 제외하고는 모두 생명에 지장이 없었다.

주변인들이 대처에게 즉시 다우닝 가의 총리 관저로 피신할 것을 촉구했지만 대처는 그 제안을 거절하고서는 전당대회에서 열띤 연설로 사람들을 고취시키며 "오늘 당신들의 공격은 무참히 실패했으며 민주주의를 파괴하려는 모든 테러 시도는 앞으로도 결코 성공하지 못할 것이다."라고 선포했다. 관중은 대처에게 기립 박수를 보냈다. IRA는 "오늘 우리는 운이 없었지만 행운의 여신은 늘 한 번만 찾아온다는 사실을 명심하라. 영국은 항상 행운을 빌어야만 할 것이다."라고 대답했다. 결국 테러범은 체포되었고 벨파스트 협정 체결로 석방되기 전까지 14년간 복역했다.

IRA는 1991년 2월 7일 눈 내리는 아침, 다시 한번 자신들의 운을 시험한다. 영국 총리 관저가 있는 다우닝 가 10번지를 세 번 폭격하도록 설계된 수제 박격포를 실은 승합차를 버려 두었다. 마가렛 대처의 후임인 존 메이저 총리가 전시 내각을 이끌며 1차 걸프전의 최신 전개 양상을 논의하고 있었다. 폭탄 하나는 회

증거인멸: 승합차에서 존 메이저와 내각 인사를 향해 박격포를 쏜 IRA 공격 후 차량이 화재로 불탔다. 1991년 런던.

의 장소에서 약 27.4미터가량 떨어진 정원에서 폭발했다. 내각 각료들은 책상 밑으로 몸을 숨겼고 창문에 설치되어 있던 방공철망 덕분에 부상을 면했다. 경찰관 둘을 포함해 네 명이 날아오는 파편에 경미한 부상을 입었다. 만약 폭탄이 관저 건물을 강타했더라면 존 메이저와 각료들은 심각한 위험에 처했을 것이다. 마지막 폭탄이 터지고 경찰이 조사를 하기도 전에 미리 설치되어 있던 방화 장치로 차량이 전소되었다. 경찰 대테러부서의 고위 관리 하나는 "솔직히 기발한 계획이라고 인정하지 않을 수 없다."라고 고백했다.

✎ 살아남은 미국 대통령들

미국 대통령 네 명이 암살로 유명을 달리했지만 적어도 서른 건 이상의 암살 시도가 더 있을 것으로 추측된다. 앤드루 잭슨은 1835년 미국 최초로 암살의 표적이 된 대통령이었으며 자신이 예상한 것보다 더 많은 위협에 시달렸다. 실직한 페인트공인 리처드 로렌스가 한 의원의 장례식 행사 이후 국회의사당을 빠져나가던 앤드루 잭슨을 쏘려고 했으나 총이 불발되었다. 잭슨 대통령은 당시 67세로, 1815년 영국과 싸웠던 뉴올리언스 전투에서 대승을 거둔 국민 영웅이었다. 대통령은 사격에 실패한 로렌스를 지팡이로 가격했다. 로렌스가 가까스로 한 차례 더 사격을 했지만 이번에도 불발되었다. 테러범을 저지한 사람 중 하나가 바로 영화 〈풍운아 데이비 크로켓〉의 주인공에서 국회의원이 된 데이비 크로켓이다. 잭슨 대통령은 이번 공격이 정치적 반대파가 꾸민 짓이라 생각했지만, 후에 로렌스가 정신 이상자인 것이 밝혀졌다. 그는 정신병원으로 이송되어 그곳에서 여생을 보냈다. 한 세기 후 조사관들이 로렌스의 권총 두 개를 시험해 보았으나 단번에 발포에 성공했다.

미국 대통령을 표적으로 삼았다가 미수로 끝난 암살 사건 중 유일하게 부상을 입힌 사건은 로널드 레이건 암살 시도였다. 1981년 3월 30일 레이건 대통령은 워싱턴 힐튼 호텔에서 연설을 마쳤다. 군중 속에는 25세의 비틀스 광팬이었던 존 힝클리 주니어도 있었다. 3개월 전 존 레논이 암살당했는데도 어떻게 세상이 계속 돌아가고 있는지 의구심을 품은 청년이었다. 대통령이 등장하자 힝클리는 약 3미터 정도의 거리에서 여섯 발을 저격했다. 이런 상황에 대비해 왔던 대로 비밀 요원 한 명이 대통령을 차 안으로 긴급히 대피시켰고 다른 요원이 총알받이가 되기 위해 몸을 뻗어 엄호했다. 그는 복부에 심각한 부상을 입었고 다른 경찰관도 크게 다쳤다. 레이건 대통령의 백악관 대변인이었던 짐 브래디는 머리를 크게 부딪히며 중상을 여러 군데 입었다. 한 발이 리무진을 맞고 튕겨나가 대통령의 폐에 박혔는데 심장에서 겨우 3센티미터

목격자의 진술대로 재구성한 스케치. 1835년 워싱턴에서 발생한 앤드루 잭슨 대통령 암살 미수 사건.

정도 떨어진 부위였다. 군중이 힝클리를 붙잡았고 비밀 요원들이 존 F. 케네디의 암살범 리 하비 오스월드처럼 도중에 암살되지 않게끔 촘촘하게 포위하여 체포했다. 다른 이는 레이건 대통령을 현장에서 대피시키기 위해 기관단총으로 엄호했다.

피습 당시 이미 70세였던 레이건은 병원으로 긴급 호송되었고 엄청난 회복력을 보이며 무사히 두 번째 임기를 마치고 냉전 종식과 소련 연방의 쇠락도 지켜보았다. 수술실로 들어가는 길에 레이건은 산소 마스크를 잠시 올리고서는 영부인에게 "여보, 몸 숙이는 걸 깜빡했다오."라고 말했다. 또한 의료진에게 당신들이 모두 공화당이길 바란다고 농담을 건네기도 했다. 레이건 대통령은 나중에 길 잃은 양인 총격범을 위해 기도했다고 털어놓았다. 2주 만에 다시 업무에 복귀했을 때는 지지도가 껑충 뛰어서 복지비를 축소해 확보한 예산을 국방비로 편성하는 등 논란이 많았던 일부 정책을 의회에서 통과시키는 데 성공했다. 하지만 이 모든 국가 현안이 총격범의 관심사였을 리는 만무했다. 레이건 대통령

존 힝클리 주니어의 로널드 레이건 대통령 암살 시도 현장. 1981년 워싱턴.

저격도 총격범이 그저 망상에 빠져 일으킨 암살 시도였을 뿐이었다.

힝클리는 덴버 석유 회사 임원인 아버지에, 유복한 기독교 집안의 막내아들로 태어났다. 학창 시절에는 학교 생활을 원만하게 잘 했지만 대학 입학 후 전공 공부에 집중하기 힘들어 했다. 학교를 떠나 식당이나 술집에서 단순 노동을 하기 시작했고 결국 자퇴하고 작곡가가 되기 위해 할리우드로 떠났다. 그러나 일이 잘 풀리지 않아 길거리에서 노숙 생활을 했으며 부모의 도움을 받아야 했다. 힝클리는 또한 1976년에 개봉한 영화 〈택시 드라이버〉에 푹 빠져 여자 주인공인 조디 포스터에게 집착했다. 그는 대통령 후보 암살 계획을 세웠던 영화 속 주인공을 흉내 내기 시작했다. 가상의 여자 친구와 자신이 수장으로 있는 극우 정당을 상상 속에서 만들기도 했다. 총을 구매한 후 신경 안정제와 항우울제를 복용했고 1980년 지미 카터 대통령이 내슈빌 공항을 통과할 때 소형 총기 세 개를 소지한 혐의로 체포되기도 했다.

힝클리는 약물을 과다 복용한 후 존 레논의 암살 장소에서 자살할까 고민하는 동시에, 암살에 관한 자료를 찾아보며 당시 카터를 이어 대통령이 된 로널드 레이건을 스토킹하기 시작했다. 1981년 3월 29일 신문에서 레이건의 다음 날 일정을 살펴본 다음 그를 암살하기로 결심했고 조디 포스터에게 암살 기도 전 마지막 서한을 남겼다. 이전에도 엄청난 양의 편지, 엽서와 시를 보낸 적이 있던 힝클리는 마지막 메시지에서 당신의 존경과 사랑을 얻기 위해 이 역사적인 거사를 실행한다고 적기도 했다. 그는 암살 시도 후 재판에 회부되었지만 정신 이상을 근거로 무죄를 선고받았고 2016년 엄격한 조건하에 정신 병동에서 퇴원을 허락받았다. 힝클리가 대통령을 피격할 당시 미국 비밀경호국은 이미 고위험군의 잠재적인 암살범 400명과 그보다 낮은 위험군으로 분류한

1950년 11월 1일. 암살 미수에서 살아남은 직후 알링턴 국립묘지에서 차분하게 연설하는 해리 트루먼 대통령.

2만 5000명을 계속해서 감시하고 있었다. 힝클리는 여기에 포함 되지는 않았다.

이외에도 허버트 후버와 리처드 닉슨, 제럴드 포드, 아버지 와 아들 부시, 빌 클린턴, 버락 오바마 대통령이 암살의 표적이 된 적이 있었다. 또한 미국 역사상 가장 중요한 지도자, 뉴딜의 설계 자이자 제2차 세계대전을 승리로 이끈 주역인 프랭클린 루스벨트 대통령도 대업에 착수하기 전에 생을 마감할 뻔했다. 1933년 2월 15일 취임 전 당선인 시절, 루스벨트 대통령이 마이애미를 방문 했을 때 민주당 주요 인사와 대표단을 포함해 수천 명이 모였다. 대통령이 차에서 즉흥 연설을 마친 직후 총소리가 울려 퍼졌다. 이탈리아 출신 이민자로 만성 복통에 시달리던 실직한 벽돌공 주 세페 찬가라가 전당포에서 구매한 8달러짜리 총으로 쏜 것이었 다. 관중이 그를 즉시 바닥에 눕혀 제압했지만 이미 총알 한 발이 시카고 시장 안톤 체르막에게 치명상을 입힌 후였다. 그 외에도 네 명이 다쳤지만 루스벨트 대통령은 건재했다.

자칭 무정부주의자인 찬가라는 감옥에 수감되며 "우선 왕과 대통령들을 죽인 다음 모든 자본가를 없애 버리겠다."라고 선전 포고를 했다. 재판에서 유죄가 선고되었고 3월 20일 전기의자형이 집행되었다. 정작 찬가라는 죽음을 앞두고 이 중대한 사건을 아무 언론사도 보도하지 않는다는 사실에 격노했다고 한다. 만약 루스벨트가 암살되었다면 역사의 판도가 완전히 뒤바뀌었을 것이다. 당시 부통령 존 낸스 가너는 미국이 대공황에서 벗어나는 데 크게 기여한 뉴딜 사업에 그다지 적극적이지 않았다고 한다.

아마 루스벨트 뒤를 이은 해리 트루먼도 역사적인 중요성에서는 결코 뒤지지 않을 것이다. 트루먼 대통령은 일본에 대한 핵무기 사용을 승인했고 제2차 세계대전의 마지막 승리까지 쭉 지켜보았다. 이후 북태평양조약기구 창립과 서유럽 재건을 위한 마셜 플랜을 이행했다. 1950년 백악관이 대대적인 보수 공사에 들어가면서 트루먼 대통령은 워싱턴의 블레어 하우스에 머무르고 있었다. 11월 1일 푸에르토리코 민족주의자였던 오스카 코아조와 그라젤리오 트레솔라가 총을 발사하며 건물 안으로 침입했다. 커다란 소음에 트루먼은 잠에서 깼고 무슨 일인지 알아보기 위해 창문가로 다가갔으나 경호원이 피신하라고 소리쳤다. 치열한 총격전 끝에 트레솔라는 사망했고 코아조를 비롯한 경찰관 세 명이 부상을 입었다. 한 경찰관은 총상 때문에 결국 사건 당일 순직했다. 두 공모자는 전문적인 킬러와는 거리가 멀었다. 워싱턴 방문이 처음이었으며 심지어 코아조는 총을 쏜 경험이 전무했다. 코아조는 사람을 죽일 의도는 없었으며 상징적인 행위로서 푸에르토리코에 자유를 가져다주기를 촉구하는 시위가 미국에서 일어나기를 바랐다고 진술했다. 피격이 있고 30분 후 트루먼 대통령은 알링턴 국립묘지에서 한 연설에서 대통령이라면 암살 위협에 늘 시달릴 수밖에 없다고 이야기했다. 코아조는 사형을 선고받았지만 트루먼이 종신형으로 감형해 준 덕분에 1979년에 석방되었다.

✎ 교황 요한 바오로 2세

엘리자베스 2세에게 총을 겨눈 마커스 사르장트는 로널드 레이건과 교황 요한 바오로 2세 암살 시도에서 영감을 얻었다고 말했다. 중세시대에 적어도 네 명의 교황이 암살당했다. 이후 확인된 암살 사건은 없었지만 그렇다고 해서 암살 시도가 없었던 것은 아니다. 아마 오늘날 가장 유명한 교황으로 꼽히는 요한 바오로 2세는 첫 슬라브계 출신 교황이자 약 450년 만에 처음으로 탄생한 비이탈리아 출신 교황이다. 요한 바오로 2세가 교황으로 있었던 기간은 그의 조국인 폴란드가 소련의 지배에서 독립하고자 노력했던 시기와 겹친다. 1981년 5월 13일 23세의 터키인 청년 메흐메트 알리 아자가 지붕이 없는 차량을 타고 로마의 성 베드로 광장을 지나던 교황을 향해 근거리에서 두 번 사격했다. 교황은 한 발이 심장 근처를 관통하며 심각한 부상을 입었다. 피격이 일어난 날이 파티마의 성모 발현일이었기 때문에 요한 바오로 2세는 파티마 성모의 은총 덕분에 총알이 주요 장기를 건드리지 않고 빗나가 목숨을 구할 수 있었다고 감사의 기도를 올렸다.

암살 미수범 아자의 동기는 여전히 수수께끼로 남아 있다. 터키에서 아자는 극우 민족주의 단체인 회색 늑대들의 일원으로 활동했으나 일각에서는 불가리아 측의 동유럽 공산주의 정보기관이 아자를 고용해 당시 폴란드의 반공 연대 운동을 적극 지지하던 교황을 처리하려 했다고 믿었다. 당시 소련 국가보안위원회 주석이자 후에 공산당 서기장이 된 유리 안드로포프는 요한 바오로 2세를 주적으로 묘사하며 비범한 재능과 탁월한 유머 감각 때문에 위험한 교황이라고 말하기도 했다. 그러나 아자와 공산주의 기관 간의 어떠한 연결고리도 증명된 바는 없다.

1983년 교황은 수감되어 있는 아자와의 면회에서 그를 용서했다. 아자는 교황이 최종적으로 사면해 주기 전까지 19년 동안 복역했으며, 그 후 본국인 터키로 송환되었다. 하지만 또다시 인권 운동가를 살해한 혐의로 감옥에 수감되었다. 아자는 자신을 구세주라고 곧잘 일컬었으며 2010년 터키에서 석방되었을 때 "세상의 종말이 다가온다. 이번 세기 내로 전 세계가 멸망할 것이다. 모든 인간이 죽음에 이를 것이며 내가 바로 영생하는 예수다."라고 주장하는 성명서를 작성했다. 요한 바오로 2세는 피습당한 지 1년이 되는 해에 성모 발현지인 포르투갈의 파티마로 성지 순례를 떠났다. 그곳에서 교황은 다시 한번 피습당했다. 교황을 소련 요원으로 여긴 반개혁파 벨기에 신부가 총검으로 공격을 시도했으나 실패로 끝났고 범인은 3년간 복역했다. 요한 바오로 2세는 2005년까지 살았고 2011년 시복되었다.

1983년 로마. 자신을 살해하려 한 메흐메트 알리 아자를 만난 요한 바오로 2세 교황.

✒ 피델 카스트로

　피델 카스트로는 "만약 암살에서 살아남기라는 올림픽 종목이 있었다면 내가 금메달을 땄을 것이다."라는 말을 남겼다. 이를 제일 잘 보여 주는 자료가 아마 텔레비전 다큐멘터리 〈카스트로를 죽이는 638가지 방법〉일 것이다. 여기 등장하는 638이라는 숫자는 실제로 쿠바 첩보 기관이 카스트로에 대한 암살 시도 횟수를 헤아린 것이다. 미국 국방장관 로버트 맥나마라도 미국이 쿠바에 병적으로 집착한 면이 없지 않다고 인정한 바 있었다.

　1959년 카스트로는 풀헨시오 바티스타가 이끄는 독재 정권을 무너뜨렸다. 초기에 미국은 새 정권에 호의적이었으나 카스트로가 미국 소유의 토지와 기업을 국유화하고 미국 범죄 조직이 운영하는 도박장과 윤락업소를 폐쇄하자, 미국은 점점 적대적으로 변하기 시작했다. 상황이 바뀌면서 카스트로는 소련과 더욱 가까이 지냈고 이로 인해 미국은 공산주의가 쿠바에서 시작해 중앙아메리카 전체로 퍼져 나갈까 봐 전전긍긍했다.

　1959년 12월 CIA 국장 앨런 덜러스는 카스트로 제거도 고려해 보라고 지시했다. 물론 누구보다 카스트로를 제거하고 싶었던 사람은 드와이트 아이젠하워 대통령이었을 것이다. 카스트로 암살 작전에 '몽구스', '소총', '피'라는 다소 특이한 이름을 붙였는데 암살 방법은 더욱 심상치 않았다. 담배에 폭발 성분 넣기, 손수건에 독극물 묻히기, 독가스로 가득 찬 라디오 개발, 카스트로가 가장 좋아하던 스노클링 장소에 조개껍데기로 위장한 폭탄 숨겨두기, 다이빙에 사용하던 호흡 장치에 결핵균 넣어 두기 등이었다. 하루는 카스트로의 정부에게 독이 든 알약을 건네주며 독살을 시도했다. 그녀는 독약을 몰래 운반하기 위해 화장품 속에 넣어 두었지만 독약은 모두 녹아 버렸다. 정부는 카스트로가 잠이

들었을 때 그의 입에 녹은 화장품을 넣어 버릴까 생각했으나 양심의 가책이 몰려와 결국 카스트로에게 자백했다. 그는 총을 정부에게 건네며 자신을 죽이라고 했지만 정부는 "당신에게 그런 짓을 저지를 수는 없어요."라며 눈물을 터트렸다고 한다.

처음에 미국 정부는 쿠바를 침공하게 된다면 카스트로를 암살하는 것이 합당하다는 입장을 견지했다. 그러나 침공할 계획이 없다면 카스트로보다 별로인 그의 동생 라울 카스트로나 체 게바라가 정권을 계승할 것이기 때문에 암살은 소용없을 것이었다. 그러다가 존 F. 케네디 대통령이 취임하고 1961년 대실패로 끝난 피그스만 침공이 일어났다. 그로 인해 CIA 국장 덜러스가 해고당했다. 그러나 침공이라는 선택지가 사라졌다 해도 미국이 암살계획을 완전히 그만둔 것은 아니었다.

CIA는 지하 범죄 조직에 몸담은 암살자를 고용하기도 했다. 마피아 두목이 카스트로의 개인 비서였던 후안 오르타에게 독극물을 건넸지만 오르타가 발각되어 수감되었다. 1962년 FBI 국장인 존 에드거 후버가 법무부 장관 로버트 F. 케네디에게 CIA의 카스트로 암살안을 폭로하며 CIA와 FBI의 경쟁 구도가 시작되었다. 그러나 이 폭로는 대대적으로 조직 범죄를 소탕하겠다며 범죄와의 전쟁을 선포했던 케네디 법무장관에게는 특히 당황스러운 것이었다. 결국 케네디 장관은 폭력배와 공모했다는 혐의로 CIA를 질책했다. 그런데도 암살 시도는 계속되었다. 1963년 9월 7일 본인을 둘러싼 암살 음모를 알고 있느냐는 인터뷰 질문에 카스트로는 "똑같이 대응할 준비가 되어 있다."라고 대답했다.

그리고 존 F. 케네디가 암살당한 바로 그날 독극물이 든 펜으로 카스트로를 암살하려던 계획이 수포로 돌아갔다. 아마도 이와 같은 미국의 끈질긴 카스트로 제거 시도 때문에 워런 위원회의 케네디 암살 진상 조사 결과에도 불구하고 당시 린든 존슨 부통령은 존 F. 케네디 암살의 배후에 카스트로가 있다고 믿었을 것이다. 1975년 처치 위원회의 보고에 따르면 1960년과 1965년 사이에 CIA가 관여한 피델 카스트로에 대한 암살 시도가 적어도 여덟 차례는 있었다는 구체적인 증거를 찾았다고 한다. 알려진 마지막 암살 시도로는 2000년 카스트로가 파나마에 방문했을 때 과거 CIA 요원이었던 쿠바인이 약 90킬로그램에 달하는 초강력 폭발물을 카스트로가 사용할 연단에 설치했으나 보안팀이 이를 발견하고 즉시 해체한 사건이 있었다.

🔪 앤디 워홀

앤디 워홀은 피델 카스트로의 혁명 동지인 체 게바라를 비롯해 엘비스 프레슬리와 마릴린 먼로, 재클린 케네디, 마오쩌둥 등 세계적인 인물을 작품에 담았다. 유명 인사를 작품에 등장시키며 앤디 워홀 자신도 유명 인사가 되었다. 워홀은 미국에서 가장 유명한 예술가는 물론이고 예술계를 뛰어넘어 모든 분야에 존재감을 각인한 무서운 신예로 혜성처럼 등장했다. 그는 공개적으로 동성애자라고 밝히며 여장 남자나 각계각층의 자유로운 영혼을 가진 이들과 독특하고 세련된 사회 분위기 속에서 어울렸다. 1968년 워홀은 암살자의 손에 약 1분 30초간 죽다 살아났다.

워홀은 맨해튼에 위치한 작업실 '더 팩토리'에서 상당히 많은 작품을 쏟아 냈다. 워홀은 특이한 주변인에 대해 "세상 사람들이 미쳤다고 하는 이들은 너무나 창의적이기 때문에 오히려 내게는 영감을 준다."라고 말하곤 했다. 그리고 이러한 접근 방식은 성공을 거둔 것처럼 보였다. 워홀이 결코 가난한 예술가가 아니라는 점은 모두가 인정했다. 오히려 누가 봐도 막대한 부를 벌어들였다. 실크스크린에 담긴 캠벨 수프 통조림 그림이라든지, 스탠리 큐브릭보다 6년이나 먼저 영화화한 앤소니 버제스의 폭력적이고 문제적인 소설《시계 태엽 오렌지》, 존 F. 케네디 암살 사건 이후에 다룬 작품들에서 엿볼 수 있듯, 위홀의 예술은 유행을 주도했다. 물론 때때로 미국인이 가장 싫어하는 예술가로 꼽히긴 했지만 말이다.

1967년 어느 날 발레리 솔라나스라는 여인이 불쑥 위홀의 인생에 끼어들었다. 그러고서는 자신이 쓴 각본 〈Up Your Ass〉를 건네며 작품에 써 달라고 끈질기게 졸랐다. 위홀도 관심이 없던 것은 아니었지만 내용이 너무 외설적인 탓에 솔라나스가 자신을 함정 수사하려는 경찰이 아닌가 의심을 품고 경계했다. 솔라나스는 스스로 남성 혐오자라 선포한 여성이었다. 어릴 적 아버지에게 학대를 당했고 15세에 아이를 낳았지만 빼앗겼으며 매춘을 통해 번 학비로 고학하며 심리학 학위를 취득했다. 그 후 레즈비언 공동체에 발을 들였고 남성 거세 결사 단체인 스컴SCUM 을 조직했다. 회원 모집을 위해 주간지 〈The Village Voice〉에 광고를 냈지만 아무도 관심을 보이지 않아 결국 혼자 활동했다.

솔라나스는 길거리에서 "남성은 사랑할 능력이 없으며 세상의 모든 악은 사랑을 하지 못하는 남성들의 무능력함에서 비롯된다."라는 내용의 SCUM 선언서를 판매했다. 세계 평화를 위해서는 남성을 제거하는 일이 필수적이라는 것이었다. 초기 이행 과정에서는 공감력이 있고 스스로 세상에서 사라지기 위해 열심히 노력하는 일부 남성들을 살려 두어 남성 지원 군단을 꾸릴 것이라고 주장했다. 특히 여기에는 위대한 예술가와 거짓말쟁이 사기꾼은 결코 초대받을 수 없다고 명시했다. 이런 조건에도 불구하고 솔라나스는 위홀에게 회원 가입을 제안했다. 아기는 실험실에서 만들어질 수 있으므로 생식 활동에 더 이상 남성이 필요 없을 것이며, 노화와 죽음을 막을 수 있는 단계에 이르면 실험실 아기도 불필요한 세상이 올 것이라고 했다. SCUM 여성 회원들은 나쁜 여자, 폭력적인 혹은 이기주의자라는 다양한 이면을 내포하고 있을 것이라고도 했다.

워홀이 자신의 희곡을 작품화할 생각이 없어 보이자 솔라나스는 대본을 돌려줄 것을 요청했지만 워홀은 잃어버렸다고 대답했다. 사실 워홀에게 작업을 요청하는 제안서가 너무 많아서 사무실에는 살펴보지도 않은 편지가 산더미처럼 쌓여 있었다. 늘 돈이 부족해 허덕이던 솔라나스는 워홀에게 금전을 요구하기 시작했고 결국 워홀은 25달러와 함께 자신의 작품에 단역 자리를 배정해 주었다. 〈I, A Man〉이라는 영화로 여덟 명의 여자를 유혹하는 남자의 성생활 일대기였는데 솔라나스는 대담한 연기로 일부 평론가들의 이목을 끌었다. 그는 걸걸한 레즈비언으로 분장해 남자 주인공이 자신의 여자 친구에게 얼씬도 하지 못하도록 동거하는 집 계단에도 올라오지 못하게 하는 인물을 연기했다.

솔라나스는 혁명에 대한 열정을 보이며 유명해지고 싶어 안달이 난 인물이었다. "근사한 세계의 일부가 되고 싶다."라고 선언하기도 했다. 그리고 논란이 많았던 올림피아 출판사의 편집자 모리스 지로디아스와 자전적 소설에 대한 계약을 하는 데 성공했다. 지로디아스가 솔라나스에게 워홀과의 친분처럼 근사한 세계로 가는 표를 내민 것이다. 그러나 1967년 말 솔라나스는 극심한 빈곤에 시달렸고 제대로 된 집도 없었다. 솔라나스는 워홀에게는 지로디아스의 험담을, 지로디아스에게는 워홀의 험담을 해서 둘의 사이를 이간질했다. 워홀에 대해서는 남의 불행을 먹고사는 괴물이자 도둑이라고 불렀고 자신의 극본이 어디 있는지 대라며 여러 차례 협박해 워홀을 계속 성가시게 했다. 자연스레 워홀은 솔라나스의 전화를 피하기 시작했다.

1968년 여름은 격동의 시기였다. 마틴 루서 킹이 4월에 암살당했고 베트남전으로 미국 전체가 몸살을 앓았으며 유럽 전역에 퍼진 학생 시위가 끊임없이 보도되었다. 6월 3일 솔라나스는 빨래 가방에 권총 두 개를 넣고 지로디아스의 사무실로 향했다. 지로디아스가 사무실에 없었기 때문에 솔라나스는 장소를 옮겨 워홀 작업실 근처를 배회했다. 늦은 오후 워홀이 나타나자 대답할 틈도 없이 말을 쏟아 냈고 워홀과 함께 자연스레 건물 안으로 함께 들어갔다. 주변 사람들 말로는 솔라나스가 안절부절못하고 초조해 하는 것 같아 보였고, 워홀은 통화 중이었다.

그러다가 일순간 솔라나스가 워홀에게 총을 두 발을 쐈고 모두 조준에 실패했다. 워홀은 총질을 멈춰 달라고 애원하며 책상 밑으로 몸을 숨겼으나 솔라나스는 워홀에게 다가가 더 정교하게 조준하여 복부를 저격했다. 총알은 그의 몸을 관통했다. 이뿐만 아니라 워홀을 찾아온 손님의 머리에도 총을 겨누었지만 총이 불발되었다. 총상을 입은 피해자는 떠나 줄 것을 간곡히 청했다. 솔라나스는 몇 시간 후 워홀이 자신의 삶에 너무 많은 영향력을 행사했기 때문에 그를 총으로 쏘아 버렸다며 경찰에 자수했다. 기자들이 범행 동기를 묻자 솔라나스는 자신이 쓴 선언서를 읽어 보라고 대답했다.

병원으로 이송된 워홀은 의학적으로 사망 진단이 내려졌지만 의사들의 소생술 덕분에 90초 후 다시 살아났다. 그러나 평생 동안 의료용 보호대를 늘 착용해야 했고 이전의 삶으로 결코 돌아가지 못했다. 워홀이 회고한 바에 따르면 건강한 삶을 영원히 잃어버린 것은 물론 소극적으로 변했으며 창의성도 사라졌다. 워홀은 1987년까지 살았지만 사실 총격을 받은 그날 사망한 것이나 다름없었다고 전한다. 피습 사건 후 워홀은 병원에 대한 공포심이 생겨났고 신체뿐만 아니라 예술성도 함께 타격을 입었다. 결국 워홀은 수년간 담낭 수술을 미루다가 상황이 악화되었고 수술을 받은 후에 심장마비가 와서 58세의 나이로 별세했다.

솔라나스가 경찰에 자수한 이후 지로디아스가 그녀에게 기회가 주어진다면 또다시 워홀을 암살할 것이냐고 묻자 솔라나스는 피식 웃으며 그러지는 않을 것 같다고 대답했다. 자신은 이미 사건에 대해 신경 쓰지 않으니 다시 거사를 치를 필요가 없다고 말했다. 솔라나스는 정신 감정을 위해 보석으로 풀려났지만 워홀과 지로디아스를 다시 한번 위협하는 바람에 재수감되었다. 편집성 정신분열증을 진단받았음에도 불구하고 솔라나스는 직접 재판정에서 워홀에 대한 공격은 단지 워홀의 관심을 끌고 싶어서였다고 진술했다. 그리고 3년형을 선고받았다. 경찰이 워홀에게 법정에 나와 직접 진술하면 솔라나스의 형이 더 길어질 수 있다고 알려 주었지만 당시 몸이 극도로 쇠약해진 워홀은 이를 거부했다. 워홀이 제작한 실험적인 록밴드 벨벳 언더그라운드의 보컬 루 리드는 그녀가 지나치게 낮은 형량을 받은 것을 보고, 차를 훔쳐도 이보다는 더 큰 형량을 선고 받을 것이라며, 미국 사회가 얼마나 워홀을 싫어하는지 판결에서 보여 준다고 분노를 표했다. 솔라나스는 일부 급진적인 페미니스트와 히피 운동가 사이에서 영웅시되었다. 전미여성기구의 티 그레이스 앳킨슨은 솔라나스를 두고 여권 수호자로서 후대에 길이 칭송될 것이라고 말했다.

지로디아스는 솔라나스의 SCUM 선언서를 출판했지만 그 이후 솔라나스는 작품이라고 불릴 만한 글을 써내지 못했고 계속해서 사람들에게 시덥잖은 살인 협박만 늘어놓았다. 그녀는 워홀이 죽고 1년 정도 더 살다가 1988년에 폐렴으로 사망했다. 워홀 암살 시도는 엄청난 사건이었기에 〈타임스〉에서 양면으로 여덟 면을 할애하여 깊이 있게 다룰 예정이었으나, 다음 날 로버트 케네디가 암살되면서 그와 관련한 특종 기사로 지면을 빼앗겼다.

1968년의 과열된 사회 분위기 속에 누군가는 워홀 암살 시도가 솔라나스가 남긴 최대의 업적이라고 말했고, 다른 누군가는 워홀을 "수년간 갖은 종류의 음란함을 드러내며 패악과 타락을 그려 놓고서는 진실이라 포장하기 바빴다."라고 평하며 뿌린 대로 거뒀다고 말했다. 한편 워홀은 철학적인 인간이었다. 그는 "타이밍이 좋았기 때문에 지금까지 누구에게도 끔찍한 일이 일어나지 않았을 뿐이라는 것을 깨달았다. 그저 적절한 시기에 잘못된 장소에 있었을 뿐이었고 이것이 암살의 본질이다."라고 말했다.

옮긴이의 말

1980년대에 개봉된 할리우드 영화에서 주인공이 타임머신을 타고 미래에 다녀온 후 다시 현재에 발을 디디는 순간 많은 것들이 달라진 모습을 보고 놀라는 장면이 나온다. 그리고 과거의 어느 시점에서 저지른 실수 하나가 모든 변화를 만들어냈다는 것을 깨닫고는 다시 과거로 돌아가 잘못을 바로 잡으려고 고군분투하는 내용이었다.

《꼬리에 꼬리를 무는 암살의 역사》를 번역하며 이 영화가 떠올랐던 것도 언뜻 사소해보이는 암살 사건 하나가 인간의 역사에 엄청난 파장을 가져왔기 때문이다. 수천 년의 시간이 흐르는 동안 정치 형태가 다양하게 진화하는 과정에서도 암살은 시대를 불문하고 꾸준히 존재감을 자랑했다. 로마제국의 황제도, 절대군주 시대의 왕도, 현대의 대통령도 암살을 피해갈 수 없었고 권력자의 암살 다음에는 대체로 사회적 변화가 뒤따랐다.

그렇다면 이 책에서 다룬 수많은 암살 사건 중 현재 우리의 삶을 가장 근본적으로 흔들어 놓은 사건을 하나 꼽는다면? 단연코 1914년 6월 28일 보스니아 사라예보에서 세르비아계 학생 가브릴로 프린치프가 오스트리아-헝가리 제국의 프란츠 페르디난트와 조피 초테크 황태자 부부를 암살한 사건이지 않을까. 제1차 세계대전의 도화선으로 작용했고 사상 초유의 규모로 벌어진 첫 세계대전 이후로 정치·경제·사회 구조가 너무나도 달라졌기 때문이다. 암살범 프린치프는 자신이 저지른 암살로 인해 이렇게까지 세계가 재편되리라고는 상상조차 할 수 없었을 것이다.

역사란 과거에서 현재, 다시 미래로 진행되는 직선적 과정으로 인식되기 쉽다. 그러나 오래된 미래라는 역설적 표현에도 나타나듯, 역사는 순환 과정으로 바라볼 수도 있다. 모든 것이 동일한 상황이 반복되지는 않지만 비슷하게 흐르는 과정에서 과거의 역사에서 미래를 엿볼 수 있을 것이다. 우리가 역사를 이해하고 배우는 것도 과거 속에서 우리의 삶을 반추할 수 있기 때문일 것이다.

물론 역사 속 암살은 개인 대 개인, 집단과 집단 간 서로의 생명을 앗아가는 단순한 사건으로 기록되기도 한다. 하지만 어떤 암살은 당대 기록에는 담기지 않았어도 후에 의도치 않은 결과를 불러와 역사의 변곡점이 되기도 했다. 이처럼 오늘 마주친 아주 사소한 일 하나가 먼 미래에는 커다란 반향을 일으킬 수 있다는 점을 기억하며 이 책을 통해 역사 속 크고 작은 암살이 어떻게 우리가 사는 오늘날의 세계를 만들어 왔는지 알아갈 수 있기를 바란다.

도판 출처와 감사의 말

다음 도판을 사용 및 복사하는 데 허락해준 것에 저자와 출판사는 깊은 감사를 표합니다.

참고자료

[도서]

Ahmed, Dr Nazeer, *Islam in Global History,* vol. i (Bloomington, in, 2001)

Aiton, William, *A History of the Rencounter at Drumclog, and Battle at Bothwell Bridge* (Hamilton, 1821)

Antiphon, *On the Murder of Herodes,* www.perseus.tufts.edu, accessed 2 February 2020

Aristotle, *The Athenian Constitution* [330 bc], www.onemorelibrary.com

Armstrong, Karen, *Islam: A Short History* (London, 2001)

Azoulay, Vincent, *Pericles of Athens,* trans. Janet Lloyd (Princeton, nj, 2014)

Barker, F., and P. Jackson, *London: 2000 Years of a City and Its People* (London, 1983)

Barrett, Anthony A., *Agrippina* (London, 1996)

Boardman, John, and I.E.S. Edwards, eds., *The Cambridge Ancient History,* vol. iii, pt 2 (Cambridge, 1991)

Bockris, Victor, *Warhol* (London, 1990)

Breasted, J. H., ed., *Ancient Records of Egypt,* vol. iv (Chicago, il, 1906)

Briant, Pierre, *From Cyrus to Alexander: A History of the Persian Empire,* trans. Peter T. Daniels (Winona Lake, in, 2002)

Burstein, Stanley, *Outpost of Hellenism: The Emergence of Heraclea on the Black Sea,* University of California Publications: Classical Studies, vol. xiv (Berkeley, ca, 1974)

Cassius Dio, *Roman History,* http://penelope.uchicago.edu, accessed 2 February 2020

Constantino, Renato, with Letizia R. Constantino, *A History of the Philippines* (New York, 1975)

Cook, David, *Martyrdom in Islam* (Cambridge, 2007)

Crompton, Louis, *Homosexuality and Civilization* (London, 2006)

Deutscher, Isaac, *Stalin* (Harmondsworth, 1966)

Donald, David Herbert, *Lincoln* (New York, 1995)

Duka, Cecilio D., ed., *Struggle for Freedom* (Manila, 2008)

Dumas, Alexandre, *Celebrated Crimes* [1841], www.gutenberg.org

Falk, Avner, *Franks and Saracens: Reality and Fantasy in the Crusades* (London, 2010)

Fletcher, Catherine, *The Black Prince of Florence: The Spectacular Life and Treacherous World of Alessandro de' Medici* (Oxford, 2016)

Forsyth, Frederick, *The Day of the Jackal* (London, 1975)

Garmonsway, G. N., trans. and ed., *The Anglo-Saxon Chronicle* (London, 1975)

Gascoigne, Bamber, *A Brief History of the Dynasties of China* (London, 2003)

Geyl, Pieter, *The Revolt of the Netherlands* (London, 1966)

Gibbon, Edward, *The Decline and Fall of the Roman Empire* (London, 1912)

Grimal, Nicholas, *A History of Ancient Egypt* (London, 1992)

Henderson, Peter V. N., *Gabriel García Moreno and Conservative State Formation in the Andes* (Austin, tx, 2008)

Hibbert, Christopher, *The French Revolution* (London, 1988)

Hillsborough, Romulus, *Samurai Assassins: 'Dark Murder' and the Meiji Restoration, 1853–1868* (Jefferson, nc, 2017)

John of Fordun, *Chronicle of the Scottish Nation* [1872], www.archive.org

Josephus, Flavius, *The Wars of the Jews or The History of the Destruction of Jerusalem,* trans. William Whiston, 2009, www.gutenberg.org

Kanawati, Naguib, *Conspiracies in the Egyptian Palace: Unis to Pepy I* (London, 2002)

Kautilya, *Arthashastra,* trans. R. Shamasastry (Bangalore, 1915), www.archive.org

Kee, Robert, *The Green Flag,* vol. iii: *Ourselves Alone* (London, 1976)

Keeley, Lawrence H., *War Before Civilization: The Myth of the Peaceful Savage* (New York, 1996)

Keene, Donald, *Emperor of Japan: Meiji and His World, 1852–1912* (New York, 2002)

––, *Yoshimasa and the Silver Pavilion: The Creation of the Soul of Japan* (New York, 2003)

Kitto, John, *Palestine: The Bible History of the Holy Land* (London, 1841)

Knecht, Robert J., *Hero or Tyrant? Henry iii, King of France, 1574–89* (Abingdon, 2016)

Laqueur, Walter, *Terrorism* (London, 1978)

Lauderbaugh, George M., *The History of Ecuador* (Santa Barbara, ca, 2012)

Lewis, Kevin James, *Sons of Saint-Gilles: The Counts of Tripoli and Lebanon in the Twelfth Century* (Abingdon, 2017)

Love, Dane, *Scottish Covenanter Stories: Tales from the Killing Times* (Glasgow, 2000)

Lynch, Michael, *Scotland: A New History* (London, 1992)

Lynn, John A., *Battle: A History of Combat and Culture* (Philadelphia, pa, 2003)

Machiavelli, Niccolò, *The Prince,* www.gutenberg.org, accessed 2 February 2020

McKisack, May, *The Fourteenth Century* (London, 1959)

Malraux, André, *La Condition humaine* (Paris, 1946)

Manetho, *The Fragment of Manetho,* http://penelope.uchicago.edu, accessed 28
February 2020

Marsden, P., *Roman London* (London, 1980)

Meredith, M., *The State of Africa* (London, 2006)

Montefiore, Simon Sebag, *Monsters: History's Most Evil Men and Women* (London,
2008)

Mookerji, Radha Kumud, *Chandragupta Maurya and His Times* (Delhi, 1988)

Motley, John Lothrop, *The Rise of the Dutch Republic* (London, 1883)

Myers, J.N.L., *The English Settlements* (Oxford, 1998)

Newton, Michael, *Age of Assassins: The Loners, Idealists and Fanatics who
Conspired to Change the World* (London, 2012)

Newton, Michael, *Famous Assassinations in World History: An Encyclopedia,* 2
vols (Santa Barbara, ca, 2014)

Nicholas, David M., *Medieval Flanders* (Abingdon, 2014)

Onon, Urgunge, trans., *The History and the Life of Chinggis Khan* (Leiden, 1990)

Plutarch, *The Parallel Lives,* vol. vii: *The Life of Julius Caesar,* http://penelope.
uchicago.edu, accessed 2 February 2020

Poe, Edgar Allan, *Hymn to Aristogeiton and Harmodius* [1903], https://etc.usf.edu

Porter, Lindsay, *Assassination: A History of Political Murder* (London, 2010)

Poulsen, C., *The English Rebels* (London, 1984)

Prebble, John, *The Lion in the North: A Personal View of Scotland's History* (London,
1981)

Prescott, William H., *History of the Conquest of Peru* (Mineola, ny, 2005)

Robinson, John J., Dungeon, *Fire and Sword: The Knights Templar in the Crusades*
(Lanham, md, 2009)

Röhl, John C. G., *Wilhelm ii: Into the Abyss of War and Exile, 1900–1941,* trans.
Sheila de Bellaigue and Roy Bridge (Cambridge, 2014)

Roskam, Geert, *Plutarch's 'Maxime cum principibus philosopho esse disserendum':
An Interpretation with Commentary* (Leuven, 2009)

Runciman, Steven, *A History of the Crusades* (Harmondsworth, 1971)

Salmon, Edward T., *A History of the Roman World from 30 bc to ad 138* (London,
1972)

Salway, P., *Roman Britain* (Oxford, 1988)

Schama, Simon, *Citizens: A Chronicle of the French Revolution* (London, 2004)

Scobbie, Irene, *The A to Z of Sweden* (Lanham, md, 2006)

Smedley, E., *The History of France: From the Final Partition of the Empire of Charlemagne, ad 843, to the Peace of Cambray, ad 1529* (London, 1836)

Sommerstein, Alan H., *The Tangled Ways of Zeus: And Other Studies In and Around Greek Tragedy* (Oxford, 2010)

Stenton, F. M., *Anglo-Saxon England* (London, 1971)

Suetonius, *The Lives of the Twelve Caesars,* http://penelope.uchicago.edu, accessed 2 February 2020

Sun Tzu, *The Art of War*, www.suntzusaid.com, accessed 2 February 2020

Tacitus, *The Annals*, http://penelope.uchicago.edu, accessed 2 February 2020

Taylor, A.J.P., *The First World War: An Illustrated History* (Harmondsworth, 1966)

Thant Myint-U, *The Making of Modern Burma* (Cambridge, 2012)

Thucydides, *The History of the Peloponnesian War,* http://classics.mit.edu, accessed 2 February 2020

Vaughan, Richard, *John the Fearless: The Growth of Burgundian Power, vol. ii* (London, 1966)

Vieusseux, André, *The History of Switzerland: From the Irruption of the Barbarians to the Present Time* (London, 1840)

Walsh, Michael, and Don Jordan, *The King's Revenge: Charles ii and the Greatest Manhunt in British History* (London, 2012)

Watson, J. Steven, *The Reign of George iii, 1760–1815* (London, 1960)

Whitehorne, John, *Cleopatras* (London, 2001)

Williams, Anne, and Vivian Head, *Terror Attacks* (London, 2006)

Withington, John, *A Disastrous History of the World: Chronicles of War, Earthquake, Plague and Flood* (London, 2008)

Worthington, Ian, ed., *Alexander the Great: A Reader* (London, 2011)

Ziegler, Philip, *King Edward viii: The Official Biography* (London, 1990)

[기사와 소논문]

Alberge, Dalya, 'Plot to Kill Napoleon Linked to British Cabinet Minister', 27 September 2014, www.theguardian.com

Alexander, Harriet, 'John Lennon's Killer Revealed Details of Shooting as He Was Denied Parole for the Ninth Time', 16 September 2016, www.telegraph.co.uk

'Alleged Assassination Plots Involving Foreign Leaders: An Interim Report of the Select Committee to Study Governmental Operations with Respect to Intelligence

Activities', United States Senate, 20 November 1975, intelligence.senate.gov

'Anarchist Kills Spain's Premier', New York Times, 13 November 1912

Andrews, Evan, '6 Assassination Attempts on Adolf Hitler', 29 April 2015, www.history.com

'Armoured Cars: Essential Kit for Presidents', 18 November 2003, www.bbc.co.uk

'The Assassination of Reinhard Heydrich', cia Historical Review Program, 22 September 1993, www.cia.gov

'The Average Number of Bodyguards the President and Deputy President Have – 81 Each', 11 July 2018, www.mybroadband.co.za

'Barry George Not Guilty of Jill Dando Murder', 1 August 2008, www.belfasttelegraph.co.uk

Black, Ian, 'Rise and Kill First: The Secret History of Israel's Targeted Assassinations – Review', 22 July 2018, www.theguardian.com

Brincat, Shannon K., '"Death to Tyrants": The Political Philosophy of Tyrannicide', academia.edu, accessed 2 February 2020

Bronner, Ethan, 'Intelligence Correspondent Ronen Bergman Persuades Mossad Agents, Shin Bet and Military Personnel to Disclose their Stories on State-sponsored Killings', 28 January 2018, www.independent.co.uk

Brown, Adrian, 'Osama Bin Laden's Death: How it Happened', 10 September 2012, www.bbc.co.uk

Burnett, Amy Nelson, 'Randolph C. Head. Jenatsch's Axe: Social Boundaries, Identity, and Myth in the Era of the Thirty Years' War. Changing

Perspectives on Early Modern Europe', Renaissance Quarterly, lxii/1 (2009), www.cambridge.org

Cameron, Rob, 'Czech Pride in Jan Kubis, Killer of Reinhard Heydrich', 27 May 2012, www.bbc.co.uk

Campbell, Duncan, Richard Norton-Taylor and Conal Urquhart: 'They Say Why Attack a Tiger When There Are So Many Sheep?', 8 July 2005, www.guardian.com

––, '638 Ways to Kill Castro', 3 August 2006, www.theguardian.com

Cavendish, Richard, 'Claudius Died on October 13th, ad 54: Roman Opinion Was Convinced that Agrippina Had Poisoned Him', History Today, 10 October 2004

––, 'The Duke of Orleans Was Assassinated on November 23rd, 1407', History Today, 11 November 2007

'Chilean Agent Convicted over Prats' Killing', 21 November 2000, www.bbc.co.uk

Cook, Andrew, 'The Plot Thickens', 3 January 2003, www.theguardian.com

Corera, Gordon, 'Licence to Kill: When Governments Choose to Assassinate', 17 March 2012, www.bbc.co.uk

Dall'Aglio, Stefano, 'History's Coldest Case: The Assassination of Lorenzino de' Medici', 29 October 2015, http://blog.yalebooks.com

Dash, Mike, 'The Ottoman Empire's Life-or-death Race', 22 March 2012, www.smithsonianmag.com

David, Dr Saul, 'Mary, Queen of Scots, and the Earl of Bothwell', 17 February 2011, www.bbc.co.uk

Dearden, Lizzie, 'Osama Bin Laden could "Absolutely" Have Been Captured Alive, says u.s. Military Commander', 18 July 2017, www.independent.co.uk

Ekinci, Ekrem Buğra, 'The History of Fratricide in the Ottoman Empire', pts 1 and 2, 6–7 August 2015, www.dailysabah.com

'The Empress of Austria Assassinated', Los Angeles Herald, 11 September 1898

Everitt, Anthony, 'Empress of Rome: The Life of Livia, by Matthew Dennison', 23 April 2010, www.independent.co.uk

Fawthrop, Tom, 'Major-General Khattiya Sawasdipol Obituary', 17 May 2010, www.theguardian.com

Fein, Robert A., and Bryan Vossekuil, 'Assassination in the United States: An Operational Study of Recent Assassins, Attackers, and Near-lethal Approachers', Journal of Forensic Sciences, March 1999, www.secretintelligenceservice.org

'Findings of the Select Committee on Assassinations in the Assassination of President John F. Kennedy in Dallas, Tex. November 22, 1963', www.archives.gov

Fisk, Robert, 'My Conversation with the Son of Soghomon Tehlirian, the Man who Assassinated the Organiser of the Armenian Genocide', 20 June 2016, www.independent.co.uk

Fitterman, Lisa, 'Troubled Loner Killed Ottawa Sportscaster', 8 July 2017, www.theglobeandmail.com

Gallagher John, review of 'Killers of the King: The Men Who Dared to Execute Charles i', 31 October 2014, www.theguardian.com

Green, David B., 'This Day in Jewish History 1948: Stalin's Secret Police Murder a Yiddish Actor', 13 January 2013, www.haaretz.com

Harding, Colin, 'Enrique Gorriaran Merlo: Argentine Revolutionary', 26 September 2006, www.independent.co.uk

'He Took a Shot at a President-elect, and Could Have Changed History', 6 February 2017, miamiherald.com

Hersh, Seymour M., 'The Killing of Osama bin Laden', 21 May 2015, www.lrb.co.uk

Holder, Eric H. Jr, Letter to Patrick Leahy, 22 May 2013, www.justice.gov

Holmquist, Kate, 'Dallas Then: "Nut Country"', 22 November 2013, www.irishtimes.com

Hopkins, Nick and Steven Morris, 'Obsessive Whose Life of Fantasy Ended in Deadly Reality', 3 July 2001, www.theguardian.com

Hosken, Andrew, 'The Mafia Murders that Brought Down Slovakia's Government', 22 July 2018, www.bbc.co.uk

Hoyle, Ben, 'Reopen Bobby Kennedy Case File, Urges Son', The Times, 29 May 2018

Huggler, Justin, 'Tamil Tigers Apologise for Suicide Bomber's Murder of Rajiv Gandhi', 28 June 2006, www.independent.co.uk

Hughes-Hallett, Lucy, 'The Woman Who Shot Mussolini by Frances Stonor Saunders', 27 February 2010, www.theguardian.com

'Istanbul Court Orders Release of Two Suspects in Murder of Turkish-Armenian Journalist Hrant Dink', 21 December 2018, www.dailysabah.com

Jacobson, Gavin, "'By Now, There Was No Way Back for Me": The Strange Story of Bogdan Stashinsky', 19 January 2017, www.newstatesman.com

'Japan Socialist Party Leader Assassinated at Political Rally – Archive', 13 October 2016, www.theguardian.com

Jernigan, Kelly Diane, 'Political Conspiracy in Napoleonic France', PhD Thesis, Louisiana State University and Agricultural and Mechanical College, 2015, digitalcommons.lsu.edu

Jones, Benjamin F., and Benjamin A. Olken, 'Hit or Miss? The Effect of Assassinations on Institutions and War', National Bureau of Economic Research, May 2007

Jones, Owen Bennett, 'Benazir Bhutto Assassination: How Pakistan Covered Up Killing', 27 December 2017, www.bbc.co.uk

Keys, David, 'Britain Tried to Kill Kaiser Wilhelm ii in 1918 with Secret raf Bombing Raid, Reveals Archives', 30 May 2018, www.independent.co.uk

Klein, Christopher, '8 Times Queen Victoria Survived Attempted Assassinations', 30 May 2017, www.history.com

Knapton, Sarah, 'Face of Lord Darnley Revealed – Mary Queen of Scots' "Lusty and Well Proportioned" Husband', 15 August 2016, www.telegraph.co.uk

Kubie, Jiri, 'How to Foil an Assassin', 3 April 1993, www.newscientist.com

Leitenberg, Milton, 'Deaths in Wars and Conflicts in the 20th Century', 2003, www.

clingendael.org

Lennon, Troy, 'Blind Female Anarchist Executed for Lenin Assassination Plot', 30 August 2018, www.themorningbulletin.com.au

'The Life and Legend of the Sultan Saladin by Jonathan Phillips', The Economist, 1 June 2019

Lucas, Peter, 'King Zog Not Afraid to Open Fire', 23 November 2012, www.lowellsun.com

Lunacharsky, Anatoly, 'Revolutionary Silhouettes: Comrade Volodarsky' [1965], www.marxists.org

Lusher, Adam, 'Martin Luther King Jr Assassination: Did James Earl Ray Really Kill the Civil Rights Leader in Memphis?', 4 April 2018, www.independent.co.uk

Lynch, Patrick, '10 Brilliant Military Commanders You've Probably Never Heard Of', 18 March 2018, www.historycollection.com

Lynch, Suzanne, 'jfk Files: Seven Things We Now Know after Secret Papers Released', 27 October 2017, www.irishtimes.com

Macdonald, Cheyenne, 'The Gruesome Murder of Ramesses iii', Daily Mail, 22 March 2016

Macintyre, Donald, 'Israel's Forgotten Hero: The Assassination of Count Bernadotte – and the Death of Peace', 18 September 2008, www.independent.co.uk

McKeown, Rory, 'Shock Claim: "John Lennon Murdered by the cia"', 9 October 2017, www.dailystar.co.uk

Maclean, William, 'Dubai Cameras Shine Light on Killers' Dark Arts', 26 February 2010, www.reuters.com

MacNamee, Terence, 'dna Tests Aim to Identify 17th Century Figure', 17 April 2012, www.swissinfo.ch

McPhee, Rod, 'Was Lee Harvey Oswald's Killer Jack Ruby Injected with Cancer to Stop Him Revealing Who Really Shot jfk?', 6 January 2017, www.mirror.co.uk

Malkin, Bonnie, 'Plot "to Kill Queen and Duke of Edinburgh" Kept Secret by Media for 38 Years', 28 January 2009, www.telegraph.co.uk

Manzoor, Novo, '5 Absurdly Hard to Kill Historical Figures', 8 October 2015, www.thedailystar.net

Martin, Paul, 'Lincoln's Missing Bodyguard', 7 April 2010, www.smithsonianmag.com

Milton, John, 'The Tenure of Kings and Magistrates' [1650], www.dartmouth.edu

'No Safe Haven: Iran's Global Assassination Campaign', Iran Human Rights

Documentation Center, 2008, www.iranhrdc.org

Noyes, C. Lee, 'Custer's Conspirator Charles DeRudio led a Stranger-thanfiction Life', 6 April 2018, www.truewestmagazine.com

O'Neil, Des, 'Mercenary Conduct – An Irishman's Diary on Two Wild Geese and the Murder of Albrecht von Wallenstein', 20 February 2017, www.irishtimes.com

Osborne, Samuel, 'Lee Harvey Oswald's Killer Jack Ruby told fbi Informant to "Watch the Fireworks" Hours before jfk's Assassination', 19 November 2017, www.independent.co.uk

Partos, Gabriel, 'Analysis: Marathon Djindjic Trial', 23 May 2007, www.bbc.co.uk

Persio, Sofia Lotto, 'How the Mafia's Murder of an Italian Prosecutor Became a Turning Point in Italy's Fight Against the Mob', 23 May 2017, www.newsweek.com

Petersen, Daniel C., and William J. Hamblin, 'Who Were the Sicarii?', 7 June 2004, www.ldsmag.com

Preston, Richard, 'First World War Centenary: The Assassination of Franz Ferdinand, As it Happened', 27 June 2014, www.telegraph.co.uk

Protzman, Ferdinand, 'Head of Top West German Bank Is Killed in Bombing by Terrorists', 1 December 1989, www.nytimes.com

Pruitt, Sarah, 'Andy Warhol Was Shot By Valerie Solanas. It Killed Him 19 Years Later', 31 May 2018, www.history.com

'Revenge of the 47 Ronin', www.historychannel.com.au

Rodgers, Garry, 'Five Ways the jfk Assassination Changed the World', 20 November 2015, www.huffingtonpost.com

'Russian Spy Poisoning: What We Know So Far', 8 October 2018, www.bbc.co.uk

Ryan, Jason, 'aclu Sues u.s. Government Over Awlaki's Hit List Designation', 19 July 2010, abcnews.go.com

Saha, Abhishek, 'The Politics of an Assassination: Who Killed Gandhi and Why?', 28 May 2017, www.hindustantimes.com

Schindler, John R., 'Who Murdered Olof Palme?', 16 November 2016, www.observer.com

'Sheikh Mujibur Rahman had Ignored raw Alert Ahead of Bloody 1975 Coup', 12 July 2018, www.economictimes.indiatimes.com

'Slovak Officials say Ex-police Officer Killed Reporter Jan Kuciak', 1 October 2018, www.dw.com

Sofaer, Abraham D., 'Responses to Terrorism: Targeted Killing is a Necessary Option', 26 March 2004, web.archive.org

'The St Neots Assassin', www.bbc.co.uk

'This Day in History: 30 January 1835: Andrew Jackson Narrowly Escapes Assassination', www.history.com

Thomas, Gordon, 'Mossad's Licence to Kill', 17 February 2010, www.telegraph.co.uk

Timm, Leo, 'Desperate Measures in Ancient China: Assassins of the Eastern Zhou Dynasty', 5 February 2015, www.theepochtimes.com

Tran, Mark, 'Man who Shot Pope John Paul ii Gets Out of Prison', 18 January 2010, www.theguardian.com

'Trump Blocked Release of Hundreds of jfk Records at Last Minute', 27 October 2017, www.irishtimes.com

Turak, Natasha, 'More than 100 Politicians Have Been Murdered in Mexico Ahead of Sunday's Election', 26 June 2018, www.cnbc.com

'Turkish Ambassador to Vatican is Slain', 10 June 1977, www.nytimes.com

'Turkish Court Hands Prison Sentences for 9 Suspects in Dink Assassination', 17 July 2019, www.ahvalnews.com

'Turkish Police Chiefs on Trial Over Murder of Journalist Hrant Dink', 19 April 2016, www.theguardian.com

'u.s. Secretary of State Honors Slain Activist Munir Said Thalib', 8 September 2014, www.jakartaglobe.id, accessed 2 December 2019

van Rensburg, Alet Janse, 'The Man who Killed Apartheid: New Book Sheds Light on Verwoerd's Assassin', 5 November 2018, www.news24.com

Warren Commission Appendix 7: A Brief History of Presidential Protection, www.archives.gov/research

Weaver, Matthew, 'Poisoned Umbrellas and Polonium: Russian-linked uk Death', 6 March 2018, www.theguardian.com

Welch, Frances, 'The Sexual Obsession that Drove Rasputin to his Death', 7 February 2014, www.dailymail.co.uk

'Who Killed Georgi Markov?', www.yesterday.uktv.co.uk, accessed 3 February 2020

'Who Murdered Jill Dando? Six Theories on the Killing', 23 August 2018, www.theweek.co.uk, accessed 19 September 2018

Withington, John, 'Prime Minister Assassinated!', Scottish Portrait, May 1984
    Withington, John, 'Sarajevo', London Portrait, August 1984

'The World's Most Unusual Assassinations', 16 February 2017, www.bbc.co.uk

Zink, Dr Albert, 'Study Reveals that Pharaoh's Throat Was Cut during Royal Coup', British Medical Journal, 17 December 2012, www.bmj.com

찾아보기

416

418

꼬리에 꼬리를 무는
암살의 역사

1판 1쇄 인쇄 2022년 03월 25일
1판 1쇄 발행 2022년 04월 06일

지은이 존 위딩턴
옮긴이 장기현
펴낸이 김영곤
펴낸곳 ㈜북이십일 레드리버

전쟁사팀 팀장 배성원
책임편집 서진교 유현기 외주편집 한홍
디자인 김단아
출판마케팅영업본부장 민안기
마케팅1팀 배상현 이보라 한경화 김신우
출판영업팀 이광호 최명열
제작팀 이영민 권경민

출판등록 2000년 5월 6일 제406-2003-061호
주소 (10881) 경기도 파주시 회동길 201(문발동)
대표전화 031-955-2100 이메일 book21@book21.co.kr
내용문의 031-955-2746

ISBN: 978-89-509-0018-2